列宁的灌输理论及其当代价值

孙来斌 / 著

STUDY ON LENIN'S
INCULCATION THEORY AND
ITS CONTEMPORARY VALUE

社会科学文献出版社
SOCIAL SCIENCES ACADEMIC PRESS (CHINA)

国家社会科学基金项目
"列宁的灌输理论及其当代价值研究"(08BKS001)成果

目录

导论　列宁灌输理论的当代视界 ……………………………… 1
一　关于"灌输论"研究的学术扫描 ……………………………… 2
二　关于"灌输论"研究的选题意义 …………………………… 14
三　关于"灌输论"研究的思路与方法 ………………………… 20
附录一　改革开放以来的马列经典著作文本研究
　　　　（1978～2008年） ……………………………………… 23

第一章　列宁灌输理论的形成与发展 ………………………… 43
一　列宁灌输理论的思想渊源 …………………………………… 43
二　列宁灌输理论的形成过程 …………………………………… 58
三　列宁理论灌输的实践形式 …………………………………… 67
四　关于灌输论的首倡者问题再探 ……………………………… 76

第二章　列宁灌输理论的科学内涵：文本的分析 …………… 88
一　列宁灌输理论的核心内容 …………………………………… 88
二　列宁灌输理论的思想拓展 …………………………………… 92
三　列宁灌输理论的基本特征 ………………………………… 132

第三章　列宁灌输理论的科学内涵：比较的视野 ………… 163
一　理论回应：驳关于"灌输论"精神实质的责难 ………… 163

二　概念澄清：马克思主义"灌输论"与当代西方灌输批判理论的
　　话语差异 ………………………………………………… 176
附录一　西方灌输概念的历史嬗变及当代阐释 ……………… 195

第四章　列宁灌输理论的当代境遇 …………………………… 206
一　列宁灌输理论遭遇的"五大考验" ………………………… 206
二　列宁灌输理论遭遇的"四大矛盾" ………………………… 222
附录一　当前西方针对中国的意识形态挑战及应对 ………… 234

第五章　列宁灌输理论的当代价值 …………………………… 250
一　列宁灌输理论当代价值的学理支撑 ……………………… 250
二　列宁灌输理论当代价值的主要表现 ……………………… 257
三　关于否定列宁灌输理论当代价值观点的辨析 …………… 267
四　列宁灌输理论当代价值的实现路径 ……………………… 276
附录一　革命主体与阶级意识：《共产党宣言》的有关思想及其
　　当代意义 ………………………………………………… 313
附录二　"辩证法马克思主义"视野中的阶级意识 …………… 325

主要参考文献 ……………………………………………………… 328

后　记 ……………………………………………………………… 341

导论　列宁灌输理论的当代视界

在人类文化的思想传播、代际延续活动中，灌输是一种普遍的教育活动。在世界德育思想史乃至整个教育思想史上，"灌输"是一个影响深远同时又存在重大争议的概念，与"教育""宣传""传播"等概念存在各种交集。① 在马克思主义的话语体系之中，"灌输论"② 作为马克思主义思想理论教育的重要原理，自列宁在1902年3月出版的《怎么办？（我们运动中的迫切问题）》一书中对其加以系统阐发以来，对于扩大马克思主义的社会影响、促进工人阶级政党的社会动员一直起着非常重要的历史作用。西方主流思想受多种因素影响，对灌输做了重新"解读"，使其逐渐演化为"教育"的对立物，并不断使其污名化。受其影响，

---

① 有学者考察过几种西方主要文字中与中文"灌输"对应的词语。例如，陈力丹根据考察指出，马克思、恩格斯著作中文版里的"灌输"一词约有50处，对应其中大部分的德文、英文原著，所用动词各不相同（参见陈力丹《精神交往论：马克思恩格斯的传播观》，北京：中国人民大学出版社，2008，第215页）。囿于语言能力和学识水平，笔者只是不完全地考察过英文中的有关表达。在英语中，可以表达"灌输"的动词有 instil、inculcate、instruct、imbue、indoctrinate 等，这些词的具体含义虽然有所不同，但是往往包含着"教育""栽培""培养""输送"等多层含义。值得指出的是，对应于中文"宣传"的英文 propaganda，在现代西方政治学、传播学中往往带有贬义。
② 严格说来，列宁的灌输理论与马克思主义的"灌输论"不是一回事。本书将在第一章指出，在马克思主义发展史上，"灌输论"经历了从思想萌芽、体系初成到丰富完善的过程。从它的思想萌芽来看，无疑可以而且应该追溯到马克思、恩格斯的有关著作；从它的理论化、系统化的最初过程来看，考茨基在1901年前后（当时他还是一位马克思主义者）做出了重要贡献；从它在理论上的完善、在实践中的运用及其社会影响的扩大来看，这又要归功于列宁。出于历史和现实的原因，由于列宁对"灌输论"做出了巨大贡献，人们习惯于将"灌输论"与列宁的名字联系在一起。因此，本书在不同的语境中根据表达的需要，有时对这两种表达做了区分，有时则交替使用。

国内教育界许多人士谈"灌输"色变,唯恐避之不及。当前,国际国内形势正在发生深刻的变化,我们正在进行具有许多新的历史特点的伟大斗争,思想理论教育的内容、主体、客体、载体等表现出新的特征。在此情况下,思想理论教育要不要灌输?核心价值观的培育用不用灌输?"灌输论"遭遇许多现实难题和理论质疑,学术界对这些问题的看法可谓见仁见智、众说纷纭。因此,在新的时代条件下,"灌输论"要进一步发挥作用,就必须以其当代视界去着力回应思想理论教育领域中的时代问题。

一 关于"灌输论"研究的学术扫描

西方对于一般道德教育意义上的灌输早有理论关注。当代西方道德教育界一些学者对灌输持怀疑、否定态度。但是,其所理解的灌输与列宁所说的灌输并非一回事,他们往往从"灌输"一词的最初含义出发,将其理解为以教条式的教学内容、强制性的教学方法、盲目服从的教学目的为特征的一种非理性、反人道的教育方式。[①]

西方马克思主义、西方列宁学从不同侧面直接探讨了列宁灌输理论。前者的代表作有柯尔施的《马克思主义和哲学》、马尔库塞的《苏联马克思主义:一种批判性分析》,两书都论及列宁灌输理论的本质,并称其具有"教条论"或"唯意志论"色彩。后者的代表作有沃尔夫的《三个制造革命的人:传记史》、波索尼的《列宁:身不由己的革命家》,两书都论及列宁灌输理论的思想来源,但将列宁曲解为俄国民粹派的衣钵传人。西方马克思主义、西方列宁学有关研究既有共性也有区别:它们都论及列宁灌输理论,都提出一些责难,这是共性;前者尽管提出责难,但总体属于学术研究范畴,而后者则意在颠覆列宁主义,带有强烈的政治色彩。两者具有不同的思想倾向,对此我们应有所区别。

---

① 参见孙来斌、谢成宇《西方灌输概念的历史嬗变、当代阐释及其启示》,《新华文摘》2010年第22期。

苏联学者对列宁灌输理论普遍评价较高，其中托先科等著《共产主义教育概论》具有代表性。苏联解体以后，鲜见俄罗斯等国学者的相关著述。

改革开放以来，随着国内对马克思主义发展史和马克思主义经典著作研究的逐渐深入，特别是我国社会转型期思想理论教育新问题的不断凸显，国内学界对列宁的"灌输论"给予了高度关注。

1986年前后，余源培的《宜将"灌输"改"充实"》，王建中、王静波的《论"灌输论"：兼与李佩龙、金重、余源培同志商榷》等，围绕"灌输论"的内涵展开论争。此后，韩向前的《灌输原理质疑》、孙喜亭的《马克思主义与德育的灌输原理》等，就"灌输论"在人们文化水平普遍提高情况下的意义展开讨论。可以说，学术界当时将这项研究推到了一个相对的高潮和较高的水平。

1998年前后，学界开始关注灌输理论在社会主义市场经济条件下的意义，代表作有徐之顺的《论市场经济条件下的理论灌输》、胡河宁的《社会主义市场经济条件下可以不要思想理论灌输吗？》。

近年来，随着主体性德育思想的升温，探讨重点转向了马克思主义"灌输论"与西方德育思想的比较，如《建构主义与马克思主义理论教育的创新》《西方灌输概念的历史嬗变、当代阐释及其启示》《"灌输"的双重视界——马克思主义"灌输论"与当代西方灌输批判理论的话语差异》。除以上论文形式的成果外，一些关于列宁主义的研究专著，以及流行的思想政治教育学专著、教材，都关注了灌输理论。①

---

① 值得说明的是，拙著《列宁的马克思主义理论教育思想研究》（北京：中国社会科学出版社，2003年第1版，2010年修订重印，曾先后获得第五届湖北省社会科学优秀成果三等奖、第三届全国教育科学研究优秀成果三等奖），辟专章探讨了列宁的"灌输论"，并且提出，列宁的马克思主义理论教育思想的主题，是在一个农民占多数的国家里，为什么以及怎么样对无产阶级和广大群众进行马克思主义理论教育的问题；而作为列宁的马克思主义理论教育思想的集中概括，"灌输论"突出地反映了这一主题。当然，由于选题、篇幅和当时的认识水平所限，该书对"灌输论"研究的深度和广度明显不够。此外，笔者发表了几篇"灌输论"的研究论文，得到了学界的肯定。拙文《"灌输论"思想源流考察》在2009年被"上海交通大学学科信息服务博客——人文学科"列入"最近5年国内思想政治论文排行榜"（第24名，排名靠前的文章中有多篇作者为国家领导人和学界大家）。

总之,国内学界有关研究在内容上涵盖灌输理论的思想渊源、理论内涵、现实意义等方面,其中灌输究竟是原理、原则还是方法,一直是讨论焦点之一;关注重点逐渐由理论内涵转向现实意义;研究视野不断开阔。现有成果为本课题研究提供了良好基础。但是,现有研究在文本对象上主要侧重于《怎么办?》,对列宁的其他文献关注较少,文本考察的全面性有待加强;在成果形式上论文居多、专著鲜见(2017年3月28日,课题组以"灌输"为篇名搜索路径,在中国知网搜到1396篇;以"灌输论"为篇名搜索路径,在中国知网搜到136篇。其中,近十年相关研究论文篇数参见表0-1),研究的系统性有待加强。此外,在关于列宁灌输理论当代价值的生成根据及实现路径的深度研究,关于列宁灌输理论与西方道德教育理论的比较研究,关于西方列宁学、西方马克思主义有关思想的跟踪研究等方面,也还有很多工作可做。

表0-1 以"灌输""灌输论"为篇名搜索路径

单位:篇

篇名	2016年	2015年	2014年	2013年	2012年	2011年	2010年	2009年	2008年	2007年
"灌输"	45	63	75	77	80	77	75	85	72	70
"灌输论"	7	9	9	6	10	10	5	9	5	7

自1902年列宁在《怎么办?》中系统阐发"灌输论"以来,"灌输论"作为马克思主义政党开展思想宣传和理论教育的理论基础,在世界社会主义运动史上和中国革命、建设和改革的进程中,在扩大马克思主义理论的群众影响、实施马克思主义政党的社会动员等方面,发挥了极其重要的指导作用。然而,随着时代条件的变化,"灌输论"在理论和实践上都遇到了一些亟待解决的问题,并引发了许多学术争论。系统地梳理这些争论,实事求是地做一些澄清,对于推进"灌输论"的理论研究和实践运用,都是一件很有意义的事情。①

---

① 孙来斌、申海龙:《评"灌输论"的学术争论》,《探索与争鸣》2009年第11期。

1. 关于"灌输论"的精神实质问题

"灌输论"的精神实质到底是什么？换言之，其所强调的"从外面灌输"，到底是原则还是方法？这一问题，不仅直接关涉对"灌输论"基本内涵的理解，而且关涉对"灌输论"理论价值的判断。因此，学界近年来围绕这一问题争论颇多。

（1）"方法说"。该说认为，"灌输"是一种方法，即理论"灌输法"或理论学习法，是中国共产党对人民群众进行马克思主义宣传和教育的主要方法。"灌输"教育法是理论教育的主要途径，是由革命导师创立、为无产阶级政党在长期的革命和建设实践中所证明行之有效的科学方法。① 有研究者指出，"理论灌输"是宣传和教育工作的常用方法，也是思想政治教育最常用、最基本的方法。②

（2）"原则说"。该说认为，"灌输"是思想理论教育所要遵循的基本原则，而不是一种具体方法。"灌输"相对于党的思想政治教育目的和任务的实现而言，它体现为一种原则、一种在思想政治教育中必须遵循的法则和标准，因而应属于原则范畴。③"'灌输论'是一种政治教育的理念与原则。"④"灌输"从根本上说是属于原则的范畴，其本质是思想理论的系统教育和宣传。如果把"灌输"视为方法，就会对实施科学的"灌输"带来各种负面的影响。⑤

（3）"原则－方法说"。该说认为，"灌输"既是原则，又是方法。对"灌输"可以做两种解读，可以理解为教育方法，也可以理解为开展教育活动必须遵循的基本原则。"'灌输'有两种理解：一种是教育方针意义上

---

① 刘世保：《重新认识理论灌输的科学性》，《理论探索》2003年第6期。
② 刘卫星：《思想政治教育"灌输"存在的问题及增强其有效性的思考》，《广州大学学报》2001年第7期。
③ 吴君：《关于"灌输"的本质定位和实践走向的思考》，《探索》2000年第2期。
④ 彭斌：《"灌输论"的现代价值》，《理论界》2006年第2期。
⑤ 钟艺华：《新时期对灌输教育的再认识》，《当代教育论坛》（学科教育研究）2008年第2期。

的,与其相对的概念是'自发产生';一种是教育方法意义上的,与其相对的概念是'循循善诱'。"① 只把"灌输"看成原则或方法,都是片面的,应从不同角度、不同侧面来理解。从思想政治教育的目的和任务来看,"灌输"是原则。同时,相对于自我教育、寓教于乐等方法来说,"灌输"又是一种方法。②

在以上观点中,我们倾向于第三种,但认为需要做进一步解释和说明。在我们看来,"灌输论"的精神实质在于阐明实现革命理论与群众实践相结合的重要意义,揭示马克思主义理论教育和传播的一般规律。它既包含阐发灌输的意义从而确立灌输原则即为什么要灌输的问题,也包含灌输之方法即怎样灌输的问题。"灌输"的意义问题,是"灌输论"首先必须回答的问题,是探讨"灌输"方法的前提。就列宁而言,他是在批判"自发论"的错误,阐述社会主义理论产生、传播的一般规律及其对工人运动的意义的过程中,回答这个问题的。而"灌输"的方法问题则是对意义问题的逻辑延伸,不回答"怎样灌输"的问题,"要灌输"必将成为空洞的口号。在列宁的《怎么办?》《青年团的任务》等论著中,我们可以发现有很多关于"怎样灌输"的论述。

"方法也就是工具,是在主体方面的某个手段,主体方面通过这个手段和客体相联系。"③ 从一般意义上而言,作为原则或方法的"灌输",都是联系理论教育主体与客体的工具,很难被截然分开。在一定意义上,原则就是方法,即方法之方法,而方法则是原则的具体化。如果从方法层面来理解"灌输论",那么"灌输"并非单指某种具体的思想理论教育方法,它包括并可以表现为一系列具体方法,如讲授法、谈话法、讨论法等。既然"灌输论"强调的是工人阶级政党将社会主义理论"从外面灌输给工人",那么与"灌输"相对应的就是工人的"自我教育"。在这种意

---

① 黎元江、于幼军:《从〈社会主义四百年〉说起》,《红旗》1986 年第 24 期。
② 陈岸然:《对政治教育"灌输"问题的再思考》,《军队政工理论研究》1999 年第 1 期。
③ 列宁:《黑格尔〈逻辑学〉一书摘要》,《列宁全集》第 55 卷,北京:人民出版社,1990,第 189 页。

义上可以说，在理论教育的方法系统当中除自我教育以外，其余的都可以成为理论灌输的方法。

2. 关于"灌输"是否具有强制性的问题

"灌输论"强调用马克思主义占领思想阵地，注重用社会主义意识形态引领社会思潮，那么在实施过程之中，"灌输"是否具有强制性？近年来，学界对此问题也进行了较多探讨。

（1）强调"灌输"的强制性。归结起来，其依据在于以下几个方面。其一，任何阶级社会的意识形态教育必然具有强制性。统治阶级都十分重视对意识形态领域的控制，力图把自己的政治思想、价值理念"灌输"给社会成员，并使之内化为社会成员的共同信念和价值取向。就当前我国而言，"我们必须重申灌输活动的一个基本特征，那就是灌输的强制性。灌输确有其不可否认的强制性，它的特点就是'灌'。没有这种强制性的灌输，就不可能在纷繁复杂的社会思潮中坚定不移地突出主旋律"。① 其二，我国社会转型期的意识形态教育离不开强制性。无可否认，当前我国社会正处于转型过程中，政治认同、政治参与和政治信仰的危机都不同程度地存在，并在一定程度上对执政党的合法性、权威性和控制力提出了挑战。因此，对广大群众进行"灌输"教育不但具有强制性更具有紧迫性。其三，一定的强制"灌输"是应对西方和平演变战略、维护国家意识形态安全的有效路径。西方敌对势力竭力放大其社会制度、政治学说和价值观念，企图动摇我们对马克思主义、共产主义、中国特色社会主义的信仰、信念和信心。有鉴于此，坚持并强化马克思主义灌输就显得尤为迫切、尤为重要。其四，一定的强制"灌输"符合教育发展和心理认知的规律。认知心理学认为，个体在道德发展过程早期，需要基本的道德知识的积累。② 在青少年世界观、人生观和价值观尚未确立之时，对其进行必要的社会行为规范、社会价值取向教育

---

① 胡河宁：《马克思主义灌输论及其现实意义》，《中国人民大学学报》1998年第6期。
② 罗佳：《道德灌输的改良》，《湘潭师范学院学报》2007年第2期。

是必要的，其中必定蕴含着一定程度、一定范围的强制性。从教育学角度来看，"'灌输'是一个从外部灌注、植入式的过程，是一个由外而内的过程，表现为一种外在的力量。这种外在性在教育实践中往往表现为强制性。外在性是强制性的前提，强制性是外在性的体现"。①

（2）强调"灌输"的非强制性。该说不同意前述强制性观点，认为："赋予社会主义灌输教育以强制性，在理论上是不成立的，在实践上是有害的。"② 归结起来，其理由如下：其一，所谓"灌输"具有强制性的观点，存在对经典作家文本的曲解。列宁强调"从外面灌输"，不是说要从工人的头脑外面对其"生灌硬输"，而是说要超越工人自身认识条件和狭隘社会分工的局限性，把社会主义意识"从经济斗争外面，从工人同厂主的关系范围外面灌输给工人"。③ 所谓强制性的观点，实际上将"灌输"理解为"填鸭式"教育，理解为"生灌硬输"，忽视了教育对象的主体性、能动性和创造性，不符合经典作家的原意。其二，所谓"灌输"具有强制性的观点，存在对西方教育思想的误解。事实上，道德灌输在西方社会经历了一个否定之否定的辩证发展过程，不能将"灌输"等同于强制灌输，当前西方德育界更侧重于"柔性灌输"，提倡非强制性"灌输"。其三，所谓"灌输"具有强制性的观点，没有认识到马克思主义"灌输论"和一般强制灌输思想的本质区别。中外历史上都存在倡导强制灌输的思想流派，它们站在少数统治阶级立场上，要求民众机械、被动、盲目地接受其思想观点，目的在于维护剥削制度及其伦理秩序；马克思主义"灌输论"站在人民大众的立场上，希望工人阶级积极、主动地思考，目的在于启发他们的革命意识，实现社会解放。可见，"'强制灌输'才等同于西方教育界所批判的'inculcate'或'indoctrinate'"。④

---

① 孟志中：《不同语境下"灌输"的含义与属性》，《学校党建与思想教育》2007年第11期。
② 李义民：《试论社会主义灌输教育的非强制性及其现实意义》，《理论月刊》2002年第12期。
③ 列宁：《怎么办？》，《列宁全集》第6卷，北京：人民出版社，1986，第76页。
④ 李菲：《重释"灌输"的内涵及实质》，《教师教育研究》2004年第1期。

在我们看来，上述两种说法，看似相互矛盾，实则从不同侧面反映了马克思主义理论灌输的特点，完全可以统一起来加以理解。"统治阶级的思想在每一时代都是占统治地位的思想。这就是说，一个阶级是社会上占统治地位的物质力量，同时也是社会上占统治地位的精神力量。"① 统治阶级将自己的思想作为统治社会的精神力量，这本身就是一种强制。我国是一个以马克思主义为指导思想的社会主义国家，对社会成员进行马克思主义理论教育，是公有制主体地位和人民当家作主政权性质的体现。从这个必须遵循的原则上讲，马克思主义理论灌输无疑具有一定的强制性。但是，马克思主义作为揭示世界发展一般规律的科学，它依靠科学理论的魅力吸引人，依靠严谨的逻辑征服人。马克思、恩格斯在开创"灌输论"思想源头时，就一再告诫革命者不要将理论生"灌"硬"输"给人们。"越少从外面把这种理论硬灌输给美国人，而越多由他们通过自己亲身的经验（在德国人的帮助下）去检验它，它就越会深入他们的心坎。"② 列宁在论及青年的理论教育时明确提出要反对"简单生硬地把政治灌输给尚未准备好接受政治的正在成长的年青一代"。③ 他在讲到对农民进行社会主义思想灌输时，提醒全党："不能强迫农民接受社会主义，而只能靠榜样的力量，靠农民群众对日常实际生活的认识。"④ 可见，从具体的宣传手段和教育方法来讲，马克思主义理论灌输又无疑具有非强制性。总之，马克思主义理论灌输是强制性与非强制性的辩证统一。这种统一，体现了"灌输"的原则性与方法性的辩证统一，归根到底，体现了马克思主义的意识形态性与科学性的辩证统一。

---

① 马克思、恩格斯：《德意志意识形态》，《马克思恩格斯文集》第 1 卷，北京：人民出版社，2009，第 550 页。
② 恩格斯：《致弗·凯利－威士涅威茨基夫人（1887 年 1 月 27 日）》，《马克思恩格斯文集》第 10 卷，北京：人民出版社，2009，第 562 页。
③ 列宁：《在全俄国际主义者教师第二次代表大会上的讲话》，《列宁全集》第 35 卷，北京：人民出版社，1985，第 422 页。
④ 列宁：《全俄工兵农苏维埃第三次代表大会文献》，《列宁全集》第 33 卷，北京：人民出版社，1985，第 265 页。

3. 关于西方德育界对"灌输"的态度问题

众所周知，在西方教育学界特别是德育学界的话语体系中，灌输与反灌输是近年来的一大热门话题。改革开放以来，随着对外学术交流的发展，我国学者对此也给予了关注，并因此出现了两种不同的解读倾向。

（1）"否定说"。该说认为，灌输式教育曾经是西方最有影响的教育方式之一，后来经历了从怀疑、批判到否定的发展过程。西方最早明确对灌输式教育进行怀疑和批判的是16世纪法国思想家蒙田，18世纪卢梭随之进行了更猛烈的批判，19世纪英国教育家斯宾塞又从资本主义发展的时代特点角度进行了深刻的批判。20世纪以来，以美国教育家杜威等人为代表，西方教育学界彻底否定了以非理性、强制性等为特征的灌输式教育。在20世纪，西方教育领域的最大变化就在于其"对灌输式教育的彻底否定"。[①] 可以说，西方"近代以来对'灌输'的界定基本都是呈现负面性或者负面倾向的，也就是说，'灌输'和'道德灌输'成了教育学界鞭挞的对象"[②]，"灌输"被视为"极权、专横的代名词"。[③] 有学者进一步引申指出，我国思想政治教育的低效应的原因就在于"灌输"，就在于对其过分迷信和依赖，走出当前的德育困境的出路是应用"无灌输道德教育"。[④]

（2）"主线说"。该说将"灌输"视为西方德育思想发展的主线，认为尽管西方教育学界对"灌输"的态度前后有过变化，但"灌输"教育一直是西方德育常用的手段，从来没有被完全否定和抛弃过。有学者指出："西方学校道德教育经历了从古代的强制道德教育模式到近代的理性主义道德教育模式再到现代社会的科学化、人性化道德教育模式，因

[①] 郭法奇：《灌输式教育：从怀疑、批判到否定——20世纪西方教育的最大变化》，《比较教育研究》2004年第11期。

[②] 蔡连玉：《道德灌输：两种不同视角的审视》，《中国教育学刊》2008年第1期。

[③] 王凡：《东西方道德教育灌输法与价值澄清法之比较》，《佛山科学技术学院学报》2001年第3期。

[④] 刘惠：《走出困境："无灌输道德教育"及其现实意义》，《教育探索》2005年第4期。

此，我们认为，灌输是西方学校道德教育的主要特征和基本形式。"① "纵观西方道德教育史，从古代、近代坚持和注重道德灌输，到20世纪初至70年代末的批判灌输，再到20世纪末重新探寻灌输的新形式和新方法，西方道德教育可谓一波三折，又从终点回到终点。"②

根据以上我国学界两种不同的观点，结合对西方教育思想史特别是德育思想史的考察，我们不难看出以下几点。其一，西方教育学对"灌输"的认识经历了一个变化发展的过程，对此必须做系统的历史考察，不能笼而统之。以古希腊的"种子说"和古罗马的"蜡印说"为代表，西方古代道德教育的灌输特征无疑是非常明显的。西方近代虽有卢梭等人对道德灌输提出诸多质疑，但也有夸美纽斯的"印刷说"、洛克的"白板说"提倡灌输。可以说，灌输在西方近代道德教育中仍居主导地位。至于批判和反对灌输的倾向，则只是在西方现代教育学中才成为主流。其二，西方现代教育学界对"灌输"的认识也非铁板一块，对此必须做辩证分析，不能一概而论。毫无疑问，杜威的实用主义、雅斯贝尔斯的存在主义以及柯尔伯格的道德推理法等，无不以反对灌输为宗旨，占据西方现代教育学的主流。但是，这种一味反对道德灌输的思潮在实践中产生了消极影响，导致西方在20世纪60年代开始出现道德危机。这种现象，早已引起了当代西方有识之士的深刻反思，推动他们去重新认识并肯定灌输的道德教育功能。其中，美国教育界权威人士托马斯·里克纳、政治学家梅里亚姆等人都对此做过深刻阐述。③ 其三，西方德育话语体系中的"灌输"与我们所讲的马克思主义"灌输"存在本质区别，不能混为一谈。西方德育话语体系中的"灌输"有其特定内涵，特指以教条式的教学内容、强制性的教学方法、盲目服从的教学目的为特征的一种非理性、反人道的教育方式。毫无疑

---

① 杨新宇：《西方学校道德教育的灌输特征及启示》，《学校党建与思想教育》2004年第1期。
② 刘梅：《西方"道德灌输批判"的意义及启示》，《理论探讨》2000年第5期。
③ 陈华洲：《西方社会道德教育中的灌输理论及其对我国的启示》，《马克思主义与现实》2006年第6期。

问，这与马克思主义"灌输论"话语体系中的"灌输"，是两个不同的概念。马克思主义理论灌输是以马克思主义科学理论为内容、以启发与引导为方法特征、以实现工人阶级主体意识为目的的理论教育活动。两者具有本质区别，根本不是一回事。

4. 关于"灌输论"的当代价值问题

众所周知，列宁在1902年系统阐发"灌输论"有其时代依据和现实针对性。同列宁所处的时代相比，当前马克思主义理论教育的环境、客体、载体等都发生了很大变化。在这种时代境遇下，"灌输论"的当代价值问题也就成为争论的一大焦点。

（1）"质疑说"。该说根据现实条件的变化，对"灌输论"的当代价值提出了质疑。归结起来，该说的依据和特点如下：其一，强调时代主题的变化，认为"灌输论"旨在培养工人阶级的革命意识，是革命战争年代的产物；现在是和平建设时期，再提"灌输"已不合时宜。其二，强调经济体制的变化，认为"灌输"强调的是一元性、强制性，是计划经济的产物；而市场经济崇尚的是多样性、选择性，市场经济的发展必然使理论灌输失效。其三，强调教育客体文化水平的变化，认为"'灌输'的原则和方法是一种只能在文盲和半文盲占人口绝大多数、由少数社会精英来实施教育的社会中才能发挥效用。随着社会上人们整体文化素质的不断提高，'灌输'的效用就会越来越低；而在一个逐渐普及高等教育的社会中，这种'灌输'的原则和方法基本已失去了效用"。[①] 其四，强调教育载体的变化，认为网络载体所具有的虚拟、开放、互动、可选择、信息海量等特点，必将使理论灌输软弱无力并因此失效。正是出于以上原因，理论灌输在当前收效甚微，可谓"有想法、没办法""想法不少、效果甚小"；高校学生对理论灌输的态度是"你讲你的、我想我的""上课记笔记、考前背笔记、考完扔笔记"。

---

① 陈长欣：《思想政治教育扬弃"灌输"原则刍议》，《西安航空技术高等专科学校学报》2006年第2期。

（2）"肯定说"。该说充分肯定"灌输论"的当代价值，并认为"在任何历史时期都应该坚持马克思主义理论的灌输"。① 归结起来，理由如下：其一，时代主题的变化并不改变理论灌输的重要性。"由于社会主义首先在经济文化相对落后的少数国家取得胜利，使得这些国家必然长期处于各种非马克思主义、反马克思主义思想的影响和包围之下。"② 因此，我们必须加强理论灌输、抢占思想阵地。其二，灌输客体文化水平的提高，只是为其接受马克思主义灌输创造了有利条件，并不会使其自然产生马克思主义。一则因为马克思主义具有较强的专业性，"科学文化知识与马克思主义理论体系分属于不同的学科范畴，二者不能互相替代，自行转化"；二则因为马克思主义具有较强的系统性，它具有自身的学说史和逻辑体系，"它不可能自发产生，不学而知"。③ 其三，市场经济的选择性不等于意识形态的选择性。市场经济并不是一种独立的经济形态，而是与一定的社会基本经济制度相结合的。我国现在实行的市场经济，是坚持公有制的主体地位、坚持人民民主专政的政权性质、坚持共产党的执政地位前提下的市场经济。反映这种经济关系和政治关系的主流意识形态，只能是马克思主义而不能是非马克思主义。其四，网络只是工具，它不会把信息自动变成系统的理论，这种信息载体也不能使接受者必然产生系统的理论；同时，"由于网络信息的杂芜性，思想、观点的多样性，尤其需要正确的理论去引导学生做出正确的判断"。④ 基于以上原因，马克思主义理论灌输只能加强而不能削弱。

对于以上两种说法，我们支持第二种。在我们看来，虽然时代条件

---

① 王汝秀：《从苏共垮台看"灌输"理论的现实意义》，《烟台师范学院学报》2006 年第 1 期。
② 张鸿雁：《对高校思想政治"灌输"教育的再认识》，《学校党建与思想教育》2005 年第 10 期。
③ 杨芷英：《浅谈新时期灌输客体的变化与灌输理念的更新》，《马克思主义研究》2004 年第 3 期。
④ 许光中：《网络时代的"灌输"教育》，《青海师专学报》2004 年第 1 期。

发生了重大变化，但是，只要世界上存在社会主义与资本主义两种制度，就必然存在两大意识形态之间的较量，"灌输论"就具有无可替代的存在价值。当然，作为一种理论认识和学术观点，"质疑说"的合理性和积极意义在于提醒我们：与以前相比，当前理论灌输确实面临着许多新情况、新问题，理论灌输的实效性确实亟待增强。如何应对灌输环境、内容、客体、载体等方面的新变化，解决好"外灌"与"内引"、灌输与接受、一元与多样等一系列重要关系，确实是"灌输论"必须直面并积极回应的时代难题。唯有如此，"灌输论"才能永葆其理论魅力，体现其当代价值。

二 关于"灌输论"研究的选题意义

"灌输论"是否具有当代价值以及如何实现其当代价值，是学术界存在争议的理论问题，也是当下思想政治理论教育教学无法回避的现实问题。从理论上讲，它关涉我们对马克思主义经典作家有关思想的正确理解，具有马克思主义专题史研究和马克思主义经典著作研究的性质，是马克思主义发展史、马克思主义基本原理、思想政治教育、科学社会主义等学科共同关心的课题。就实践层面而言，它是工人阶级政党历来关心的课题，关涉其如何运用马克思主义去唤醒阶级意识、掌握群众、动员社会从而实现历史使命的重大问题，从而关涉和影响马克思主义理论教育的针对性、实效性以及马克思主义大众化的实现程度。

1. 弥补国内外列宁主义研究的薄弱环节之需

因其内容特殊，"灌输论"在列宁的马克思主义理论教育思想乃至列宁主义的整个体系中占据着特殊的重要地位。从一定意义上可以说，以"灌输论"为支撑的理论教育活动是列宁主义产生和发展的基础。没有列宁的理论教育思想及其实践活动，就没有列宁主义的产生、形成和发展，就没有伟大的十月革命和世界上第一个社会主义国家的产生及其发展。相反，正是列宁以后的几代领导人，在理论教育这个根基方面出了问题，而且越走越远，特别是戈尔巴乔夫全面背叛列宁主义及其理论教育思想，从根本上否定"灌输论"的精神实质和基本原则，最终葬送了苏共和苏联的社会主义。从这个意义上说，进行列宁灌输理论的研究，有助于深化对列宁主义的科学体系及其重要历史地位的认识，总结苏联解体的历史经验教训。

相比而言，国内外理论界却对此重视不够。目前，学术界对列宁灌输理论展开研究的论文为数不少，但对之进行深入、系统研究的专著缺乏。2002年2月8日，我们查阅了中国国家图书馆关于列宁主义的研究文献，经多种路径搜索发现，它共收录308部专著和教材（中文222部，外文86部）。2012年8月15日，我们重新查阅中国国家图书馆关于列宁主义的研究文献，在馆藏目录中输入"列宁"为搜索词，发现它共收录4303部（中文4220部，外文83部）。2017年2月8日，我们第三次查阅中国国家图书馆关于列宁主义的研究文献，在馆藏目录中输入"列宁"为搜索词，发现它共收录4855部（中文4669部，外文186部）。以2012年8月15日的搜索为例，有关数据表明，由于该馆增收了硕士和博士学位论文，因而有关馆藏大幅增加；在4303部著作中包含了各种版次和文字的列宁著作2196部；此外还有少量重名收录的情况。综合考虑到上述因素，根据粗略估算，该馆收藏的关于列宁主义的研究专著、教材大约为500部。从研究内容来看，大体可分为如下几类：列宁的思想发展史研究，理论体系研究，传记，经济、政治、哲学、科学社会主义、军事、外交等方面的专题研究。就研究的论文情况来看，其研究的内容大体上与专著、教材的情况相同。从国外的研究情况来看，苏联的学者对列宁的研究较为全面，但未见关于列宁的理论教育研究的专著或教材；西方"马克思主义者学"、西方马克思主义、西方"列宁学"等各派学者出于不同的目的，从不同的角度研究列宁及其思想，也未见关于列宁的"灌输论"研究的专著。① 因此，研究"灌输论"从而丰富列宁主义研究，可以达到正本清源的目的。

2. 夯实马克思主义理论教育学科的基础之需

当代中国是以马克思主义为指导的社会主义国家，中国共产党和中国政府十分重视马克思主义理论教育。新中国成立以来，我们在马克思主义理论教育方面取得了很大的成绩，积累了丰富的实践经验。如何总结这些经验，并将其用来更好地指导理论教育的实践，需要学界同仁的共同努力。有学者在20世纪90年代初期就提出，要构建一门马克思主义理论教育学，但至今看来，并未真正构建起来。究其原因，除了构建一门新的学科本身的难度较大以外，在很大程度上还与人们的认识有关。偏重理论本身的研究而忽视理论教育的研究，偏重教育内容的研究而忽视教育规律和方法的研究，这种现象的长期存在制约了马克思主义理论教育学的发展。令人欣慰的是，这种现象已引起了有关领导、专家的重视。原国家教委党组成员朱新均在1997年马克思主义理论与思想政治教育专业博士生培养工作座谈会上指出，新学科应该将侧重点放在马克思主义理论教育上，否则的话，与马克思主义其他学科就没有区别了。顾海良教授撰文，特别强调了教学法研究的重要性。他认为，从高校思想政治理论课建设的实际情况来看，关于教学方法的研究当前有着更为现实的意义。这是因为，关于教学内容的研究，如在教学中涉及的马克思主义理论与思想政治教育中一些重点、难点、疑点问题的研究，不仅高校思想政治理论课教师会给予重视，高校其他相关学科的教师也会给予高度重视。但是，对高校思想政治理论课的教学方法的研究，就不可能

---

① 从笔者掌握的有限资料来看，西方学者在论著中提及列宁的"灌输论"的大有人在，但很少有人对此进行专门研究。拉尔斯·T. 利（Lars T. Lih）所著《重新发现的列宁：〈怎么办?〉的语境》（Lars T. Lih, *Lenin Rediscovered: What is to be Done in Context*, Chicago: Haymarket Books, 2008）是一本系统研究列宁的《怎么办?》的专著，也许可以算得上一本"灌输论"的研究专著。从学术上看，拉尔斯·T. 利无疑是一位值得尊敬的学者，为了写作该著，他重新英译了列宁的《怎么办?》，并附录在该著后面。

这样。高校思想政治理论课的教学方法，不仅有教学方法上的一般规定性，更有其特殊规定性。从目前高校思想政治理论课建设的实际来看，教学方法上的"滞后"现象确实存在，在有些方面还表现得比较突出。注重教学方法上的改革和创新，对推进高校思想政治理论课程建设有着重要的意义。① 2013年，他再次撰文强调马克思主义理论学科的理论教育功能："高校党委要统筹马克思主义理论学科对大学生的教育功效。要发挥课堂的思想政治理论课的教学、学校校园文化建设、大学生党的建设工作和大学生社会实践活动的综合作用和功能，以增强学科建设的集约优势。马克思主义理论教育要体现于教学的整体过程和各个环节。"② 应该说，重视理论本身的研究而忽视乃至轻视理论教育研究的现象，现在已经有所改变，但是在许多地方仍然不同程度地存在。例如，关于马克思主义理论、马克思主义哲学、马克思主义经济学、科学社会主义等方面内容的学术期刊（包括各种核心期刊），实在是不在少数；而专门探讨马克思主义理论教育、高校思想政治理论课教育教学的学术期刊（特别是核心期刊），却是少之又少。一般综合类学术期刊和大学学报探讨马克思主义及其中国化问题的专栏的，实在是不在少数；而专门探讨马克思主义理论教育、高校思想政治理论课教育教学的专栏，却是少之又少。值得高兴的是，中国人民大学书报资料中心在2016年关注到了这一现象，创办了《人大报刊复印资料·高校思想政治理论课教学研究》。毫无疑问，这对于推动马克思主义理论教育教学研究，将起到积极的作用。

构建马克思主义理论教育学，方法与途径是多样的，既可以从理论教育的实践中总结经验并将其上升至理论的高度，又可以从教育学、心理学等相关学科中借鉴知识，还可以从系统科学、信息科学、行为科学等新兴学科中得到启发。但是，无论怎样都不能忘记，马克思主义理论

---

① 参见顾海良《加强"两课"建设，发挥思想理论教育的主渠道和主阵地作用》，《思想理论教育导刊》1999年第1期。需要说明的是，当时所说的"两课"，主要是指高校开设的马克思主义理论课和思想品德课。由于课程设置等方面的变化，现在的一般提法为"思想政治理论课"。

② 顾海良：《高校马克思主义理论学科建设的新要求》，《中国高等教育》2013年第24期。

教育施教的内容是马克思主义理论，施教的方法也离不开马克思主义的指导，以其为研究对象的马克思主义理论教育学，必须重视马克思主义理论，尤其要重视马克思主义经典作家关于理论教育的原著。因为这其中不仅包含着马克思主义的一般原则，而且包含着马克思主义经典作家从实践中总结而来的宝贵经验，凝聚着他们对理论教育问题的直接思考的智慧。恩格斯曾经指出："即使只是在一个单独的历史事例上发展唯物主义的观点，也是一项要求多年冷静钻研的科学工作，因为很明显，在这里只说空话是无济于事的，只有靠大量的、批判地审查过的、充分地掌握了的历史资料，才能解决这样的任务。"① 因此，从马克思主义经典文献中梳理出理论教育的思想，加以研究，无疑是马克思主义理论教育学科化的前提和基础。而在这个方面，关于列宁"灌输论"的研究又具有特别重要的意义。列宁成功地开展理论灌输，运用马克思主义教育了俄国无产阶级和广大群众，领导俄国人民建立了世界上第一个社会主义国家。他既有"灌输"的理论，又有"灌输"的实践，既有革命条件下的理论教育经验，又有建设时期的理论教育经验。以列宁的"灌输论"作为研究对象，如果研究清楚了，对于马克思主义理论教育学的构建，其意义不言自明。

3. 强化马克思主义思想理论教育史研究之需

马克思主义思想理论教育②是由马克思主义理论教育与思想政治教

---

① 恩格斯：《卡尔·马克思〈政治经济学批判。第一分册〉》，《马克思恩格斯文集》第 2 卷，北京：人民出版社，2009，第 598 页。
② 在国务院学位委员会、教育部公布的《学位授予和人才培养学科目录（2011 年）》以及《关于调整增设马克思主义理论一级学科及所属二级学科的通知》中，都没有"马克思主义理论教育"或"马克思主义思想理论教育"这个学科设置，因为两份文件主要涉及的只是学科门类、一级学科、二级学科三个层面，规定的是一般性、普遍性的问题。根据《关于调整增设马克思主义理论一级学科及所属二级学科的通知》，原先政治学一级学科下的"马克思主义理论与思想政治教育"二级学科取消，调整到马克思主义理论一级学科下，分别归入"马克思主义基本原理"和"思想政治教育"两个二级学科。在马克思主义理论一级学科点，有的设置了"马克思主义理论教育"或"马克思主义思想理论教育"招生方向，有的将其归于"马克思主义基本原理"，有的将其归于"思想政治教育"。

育这两个学科调整、融合而成的新学科方向。在马克思主义理论一级学科当中，它与各个二级学科都有关联，特别是与马克思主义基本原理、马克思主义发展史、思想政治教育的联系更为紧密。在这个新的学科方向中，马克思主义是整个学科建设的理论指导，马克思主义经典作家关于思想理论教育的思想是整个学科的理论基础。因此，加强对经典作家有关思想的研究，是学科建设的基本要求。而列宁的"灌输论"是列宁马克思主义理论教育的核心，研究这一核心，在相当大的程度上也就是研究列宁的思想理论教育思想。不搞清列宁的"灌输论"，也就无法搞清楚列宁的思想理论教育思想。此其一。其二，列宁在马克思主义发展史上占有特别重要的地位，不研究列宁的"灌输论"，就无法理清马克思主义思想理论教育思想发展的脉络。而这恰恰是目前学科建设中的薄弱环节，有关研究现状并不能令人满意。从对马克思主义经典作家的思想理论教育思想的研究来看，整个研究呈现出不平衡性。十多年前，有学者指出："目前对毛泽东、邓小平思想政治教育理论的研究相对较多，而对其他经典作家的探讨则比较少，应该加强这方面的研究。"[①] 经过十多年的努力，应该说，这一状况虽有所改变，但是总的情况仍然如此。从对马克思主义思想理论教育思想发展史的研究来看，根据我们的了解，至今缺少专门的教材与专著。[②] 因此，加紧对马克思、恩格斯、列宁等有关思想的研究，应该成为新学科建设的重要内容。

此外，本课题研究对于回应关于"灌输论"的质疑、挑战，探索实现"灌输论"的当代价值，增强人们对社会主义核心价值体系的认同，巩固我国意识形态安全，积极促进马克思主义大众化，也具有一定的参考价值。

[①] 王树荫：《近年来思想政治教育学科理论研究述评》，《教学与研究》2000年第9期。
[②] 武汉大学石云霞教授主编、笔者参与撰写并与袁银传教授共同担任副主编的《马克思主义理论教育思想发展史研究》（上、下册），在这方面做了积极的尝试。该书由中国社会科学出版社于2012年出版，并荣获第七届高等学校科学研究优秀成果（人文社会科学）三等奖。但是，编者深知，受各方面条件的制约，该书与成熟的、系统的马克思主义理论教育思想发展史著述目标相比，还有较大的差距。

三 关于"灌输论"研究的思路与方法

1. "灌输论"研究的总体思路

前文梳理了当前学术界关于"灌输论"的几大争论,事实上,有关争论远不止于此。可以说,自列宁系统阐发"灌输论"以来,就一直存在各种争论。从历史上看,发生了由20世纪初期俄国经济派挑起的关于"灌输论"是不是"唯意志论"的争论,以柯尔施为代表发起的"灌输"是否会导致教条主义的争论。① 就当前而言,在关于"内引"与"外灌"的关系、"灌输论"与马克思主义大众化的关系等问题上也存在不同看法。毫无疑问,这些争论也有待我们去梳理和澄清。

综观各种论争,有的带有一定的政治色彩,涉及对马克思主义的认同问题;有的则属于学术研究范畴,源于对"灌输论"的学术歧视。毫无疑问,就学术研究范畴而言,出现不同的甚至截然相反的观点,在一定程度上有助于人们全面把握"灌输论",从而避免理解上的片面性;同时也给人们的理解增加了困难,让一般人无所适从,并因此影响其对"灌输论"理论价值和现实意义的判断。根据中央关于经典作家思想研究"四个分清"的要求,在"灌输论"研究上,无疑也要努力分清哪些是必须长期坚持的马克思主义"灌输论"基本原理,哪些是需要结合新的实际加以丰富发展的理论判断,哪些是必须破除的对它的教条式的理解,哪些是必须澄清的附加在它名下的错误观点。

本课题总体遵循历史、理论与现实相结合的研究思路,除导论从总体上引出问题以外,正文共包括四大部分:第一章侧重于历史,探讨列宁灌输理论的思想渊源与形成发展;第二章、第三章侧重于理论,分别基于文本分析的角度和比较分析的角度,探讨列宁灌输理论的科学内涵;

---

① 孙来斌:《"灌输论"是指导思想理论教育的科学理论》,《马克思主义研究》2004年第3期。

第四、第五章侧重于当代，分别探讨列宁灌输理论的当代境遇、当代价值及实现路径。上述五个部分的内容既各成一体又紧密相连，力图体现以历史考察为背景、以理论分析为基础、以现实关注为重点的总体思路。课题突出问题意识，针对列宁灌输理论的当代境遇，结合国内外学界有关论争，紧密围绕它在当代有没有价值、何以有价值、有哪些价值、如何实现其价值等问题逐一展开。本课题将着力突破如下重点、难点：其一，列宁灌输理论的科学内涵和精神实质到底是什么？这是课题立论的基础，也是研究的一大重点。其二，列宁灌输理论的时代境遇是什么？其理论根据和现实根据何在？这是本课题研究的另一重点，也是一大难点。其三，如何实现列宁灌输理论的当代价值？如何坚持问题导向来回应和解答思想理论灌输的时代课题？这是本课题研究的主要旨趣所在，因而也是研究的重点和难点。

2. "灌输论"研究的基本方法

在我们看来，要做好相关研究工作，从方法论层面来看，至少应该遵循如下基本路径。

（1）坚持历史方法与辩证方法的统一。本书注重从思想发展史维度揭示列宁的"灌输论"，阐明其特点与价值。但是，在总体揭示列宁灌输理论的形成时，本书将考察其思想渊源及其形成、发展的历史，并尽可能遵循其思想发生发展的历史过程。因此，本书在展开历史分析时，注重从历史与逻辑的统一中来研究列宁灌输理论，坚持从俄国革命的历史进程、列宁主义的形成发展过程中来把握它。当然，逻辑和历史的统一是有差别的统一，列宁灌输理论的发展有其自身的特点，因此在研究和叙述时，对其"每一个要素可以在它完全成熟而具有典型性的发展点上加以考察"。[①] 因此，本书在考察列宁的有关思想时，不是也不可能是详尽地考察其思想发展的每一历史细节，而是侧重于对其成熟而有代表

---

① 恩格斯：《卡尔·马克思〈政治经济学批判。第一分册〉》，《马克思恩格斯文集》第2卷，北京：人民出版社，2009，第603页。

性的思想的研究。与此同时，对"灌输论"当中那些在一定条件下所做的具体论述，应该进行历史的和辩证的分析。本书将在坚持马克思主义基本立场、观点、方法的前提下，从纵向角度，考察马克思、恩格斯的思想与列宁灌输理论之间的关系，说明列宁对马克思主义的继承、丰富和发展；同时探讨列宁之后苏联领导人的有关思想，探讨马克思主义理论教育的经验和教训。从横向角度，开展列宁灌输理论与西方思想道德教育理论、西方列宁学及西方马克思主义有关思想的比较研究，评析西方各派学者在理论教育问题上对列宁主义的怀疑与责难。就列宁《怎么办?》而言，该文对工人运动自觉性的作用论述得比较详细，而对自发性的作用论述得不够。这种情况的出现并不是列宁的过错，而是历史条件造成的。当时列宁的主要任务是反对经济派对自发性的迷恋，要"把经济派弄弯了的棍子直过来"，因而"使用的是后来常常被引用的矫枉过正的说法"。对此，列宁自己说得很清楚："《怎么办?》是用论战方式来纠正'经济主义'，因此离开小册子的这个任务来看它的内容是不对的。"① 即便如此，《怎么办?》当中关于"灌输论"的系统概括仍然是科学的，整体精神仍然是正确的。我们不能因为其个别具体论述存在局限性，而忽视乃至否定其总的内容和整个精神的科学性。

（2）坚持文献研究与现实关注的统一。"灌输论"是经典作家的思想，文献研究是"灌输论"研究的基础，因此，系统梳理有关文献，依据文献做出合理结论，是研究的基本路径。仅就列宁而言，他对"灌输论"的论述是丰富的，除了在《怎么办?》等著作中做过集中的阐发外，有关思想散见于其不同时期的论著中。因此，我们需要根据列宁的原著及相关研究著作进行认真的研究，其中主要的文献包括《列宁全集》《列宁选集》《列宁专题文集》《列宁教育文集》《列宁论教育》《斯大林全集》《斯大林选集》，以及国内外学者关于列宁思想的研究专著、教材，列宁的亲友的回忆录，等等。我们希望通过认真细致的梳理工作，

---

① 列宁：《〈十二年来〉文集序言》，《列宁全集》第16卷，北京：人民出版社，1988，第99~100页。

系统整理和深入发掘列宁灌输理论。在当前的研究中，存在诸如文献依据单一、文献理解片面甚至脱离文献搞主观臆断的倾向，并由此造成一些毫无必要的争论。今后的研究无疑应竭力避免和克服上述倾向。与此同时，"灌输论"研究应该坚持理论联系实际的马克思主义学风，重点关注当前理论灌输的现实境遇，直面实践难题，不能一味引经据典地搞考据，不能背离马克思主义的实践本质。

（3）坚持理论继承与实践创新的统一。在经济文化落后国家如何对广大群众进行马克思主义理论教育，是一个重大历史课题。"灌输论"不是也不可能是解决这个问题的最终答案，但它所阐明的革命理论与群众实践相结合的重要意义，所揭示的马克思主义理论教育和传播的一般规律，具有普遍的适用性，是我们要长期坚持的基本原理。当前，国际形势更加错综复杂，我国改革开放深入发展，全面建成小康社会的任务艰巨，同时，思想意识多样化、价值取向多元化、认识时空多维化不断发展，这对马克思主义理论教育提出了新的历史要求。"加强思想理论建设，用马克思主义武装全党，是我们党永葆先进性的根本保证。党的理论创新每推进一步，理论武装就要跟进一步。"[1] 坚持"灌输论"的基本原理，同时结合新的实际做出新的创造，根据时代要求赋予其新的内涵、新的话语、新的形式，是我们对待"灌输论"的正确态度。[2]

附录一　改革开放以来的马列经典著作文本研究（1978～2008年）[3]

改革开放以来的这一时期，是我国马克思主义经典著作文本研究空

---

[1] 胡锦涛：《在学习〈江泽民文选〉报告会上的讲话》，北京：人民出版社，2006，第15页。
[2] 孙来斌、申海龙：《评"灌输论"的学术争论》，《探索与争鸣》2009年第11期。
[3] 在开展"列宁的灌输理论及其当代价值研究"课题研究的过程中，为了配合《中国高校哲学社会科学发展报告：1978-2008.马克思主义理论》的研究和编撰工作，课题组对改革开放以来的有关经典著作的研究情况进行了总体扫描，并以《改革开放以来马克思主义经典著作文本研究》为篇名，刊发于《思想理论教育》2009年第7期。中国人民大学复印报刊资料（转下页注）

前活跃的一段时期，在经典著作的编译出版、版本比较、文本研究、名篇解读等方面均取得了重大进展，并表现出良好的发展态势。这方面研究的开展状况和重大进展从一个侧面反映了我国改革开放的历史进程和伟大成就，生动演绎了马克思主义理论发展与实践发展的互动逻辑，充分证明了"国家兴则学术兴"的朴素真理。

1. 改革开放以来马列经典著作文本研究的基本特点

改革开放30年来，马克思主义经典著作文本研究参与者多、成果丰富，从总体上看表现出如下特点。

第一，研究进程与改革开放的伟大实践紧密相关。改革开放初期，随着思想路线问题的深入讨论，《关于费尔巴哈的提纲》《反杜林论》《哲学笔记》等经典名篇引人关注；20世纪90年代前后，随着经济体制改革的推进，《资本论》《哥达纲领批判》《论粮食税》因其有关思想而成为探讨热点；近年来，随着对外开放的扩大，《德意志意识形态》《共产党宣言》等因其全球化思想又引起广泛探讨。除经典著作关注重点的变迁以外，马克思主义经典著作编译出版工作的不断推进，中央马克思主义理论研究和建设工程的实施，都反映了改革开放伟大的实践需要。

第二，开展状况与马克思主义理论学科发展紧密相关。党的十一届三中全会以后，为了适应新时期马克思主义理论工作的需要，一批专门教研机构得以恢复和建立。1978年中国人民大学重建马列主义发展史研

（接上页注③）《马克思列宁主义研究》2009年第6期全文转载。收入本书时，做了一些更新和改动。附录于此，既是为了从一个侧面反映马克思主义经典著作在中国灌输、传播的大致情况，也是力图为有意了解这一时期经典著作文本研究情况的读者提供一点参考资料。事实上，学术界对"马克思主义经典作家""马克思主义经典著作"存在不同的理解和界说。参考中央编译局多项马克思主义理论研究和建设工程课题的提法，以及教育部马克思主义理论研究和建设工程重点教材博士研究生思想政治理论课教学大纲《马克思恩格斯列宁经典著作选读》（北京：高等教育出版社，2013），我们所理解的"马克思主义经典作家"主要包括马克思、恩格斯、列宁；与此相应，"马克思主义经典著作"大致是指马克思、恩格斯、列宁的有代表性、标志性、影响力的著作。一般说来，为了避免歧见，完整的称呼应该是"马克思恩格斯列宁经典著作"。为简便起见，可称之为"马克思主义经典著作"，或者"马列经典著作"。

究所，1979年中国社会科学院成立马克思列宁主义毛泽东思想研究所，其他高校和地方社会科学院也随之纷纷成立相应机构。在这些机构中，有一批学者专门从事马克思主义经典著作的教研工作。从20世纪90年代始，随着马克思主义理论与思想政治教育学科点的设立，各学科点普遍开设了马克思主义经典著作的学位课程和研究方向，这对马克思主义经典著作文本研究起到了推动作用。近几年来，随着马克思主义理论一级学科的设立和建设，马克思主义经典著作文本不仅在一级学科层面上得到了普遍重视，而且在马克思主义发展史这个二级学科层面得到了专门研究。

第三，研究成果的学术性、学理性不断增强。改革开放以来，学界先后成立了一批马克思主义经典著作研究团体，如1981年成立中国《资本论》研究会、1982年成立全国《反杜林论》研究会等。2000年5月5日，北京大学在马克思诞辰纪念日成立了旨在推动马克思主义经典文本研究的"马克思主义文献研究中心"。中央编译局2004年开始牵头承担的马克思主义经典著作基本观点研究课题，是中央实施的马克思主义理论研究和建设工程的重要组成部分，吸收了全国200多名专家学者参与研究。2007年北京地区一批致力于马克思文本解读研究的中青年学者发起成立"马克思学论坛"。近年来，《高校理论战线》《中华魂》等期刊还先后开设专栏，刊登马克思主义经典著作系列研究文章。经多方努力，相关研究成果的广度、深度、学术含量得以不断提升，一般宣传、介绍型成果渐少，深度挖掘、学理阐释型成果渐增。

第四，研究视野的国际性、开放性不断增强。改革开放以来，随着我国对外学术交流活动的逐渐开展，马克思主义经典著作文本研究的国际视野不断拓宽。在这个方面，以中国社会科学院、中央编译局和北京大学等为代表，在聘请外籍专家、派出访问学者、关注国外研究动态等方面做了许多有意义的工作。在此过程中，我国学界逐渐认识到自身研究的不足，意识到国际学术话语权的重要性。同时，国外学界也开始关注我国的有关研究动态，如近期日本学者参与中国学界关于《德意志意识形态》的文本讨论，德国学者与中国学者合作撰文批驳关于恩格斯晚年思想的曲解。①

2. 马列经典著作编译出版工作的重大进展

改革开放新的伟大实践呼唤新的理论指导。1978年以来，马克思主义经典著作的编译出版工作一直受到中央高度重视。经过中央编译局精心组织和具体实施，马克思主义经典著作编译出版工作取得了重大进展。

第一，完成《马克思恩格斯全集》中文第1版编译出版，积极开展中文第2版编译工作。1977～1983年，中央编译局完成《马克思恩格斯全集》中文第1版11卷补卷的翻译工作，并于1985年出齐。这标志着《马克思恩格斯全集》中文第1版编译工作顺利完成。为了进一步提高编译质量以适应新时期实践需要，1986年7月中央决定编译出版《马克思恩格斯全集》中文第2版。这套全集的编译出版是一项跨世纪的宏伟工程，从1995年起陆续问世，迄今已出版20卷②，拟于2020年完成共60～70卷的出版计划。

第二，顺利完成《列宁全集》中文第2版的编译出版工作。《列宁全集》中文第1版系中央编译局根据《列宁全集》俄文第4版译出，由人民出版社在1955～1963年出版。为了适应形势发展的需要，中共中央于1982年5月做出我国自行编辑新版《列宁全集》的决定。新版《列宁全集》共60卷，全书分成著作、书信、笔记三大部分，收入列宁文献9000多件，共约3000万字，已经在1984～1990年出齐。③ 这是目前世界上收载列宁文献最多的版本。

---

① 参见〔德〕项观奇、李红岩《谢韬先生是如何曲解马克思恩格斯著作的》，《马克思主义研究》2007年第5期。

② 根据中央编译局提供的资料，截至2008年12月，《马克思恩格斯全集》已经出版的卷次如下：第1～3卷、第10～13卷、第16卷、第19卷、第21卷、第25卷、第30～33卷、第44～48卷。

③ 中央编译局在《列宁全集》中文第2版出齐以后，将新发现的少量列宁著作编成《列宁全集补遗》，其第1卷已由人民出版社于2001年出版。

第三，编译出版中文新版《马克思恩格斯选集》《列宁选集》，以及中文版《斯大林选集》。改革开放以前，《马克思恩格斯选集》《列宁选集》分别出了中文第 1 版、第 2 版。为了适应新时期马克思主义理论工作的需要，中央编译局着手编译《马克思恩格斯选集》中文第 2 版、《列宁选集》中文第 3 版，并于 1995 年交由人民出版社出版。斯大林著作的选本情况稍有不同。改革开放以前，中央编译局编译了《斯大林文选（1934-1952）》一书，出版后在内部发行。1979 年，中央编译局编译并由人民出版社出版《斯大林选集》，收入 1901~1952 年斯大林的重要著作 56 篇。

第四，编辑出版《马克思列宁主义文库》。为了满足读者对马列著作的不同需要，中央编译局从 1995 年开始着手编辑《马克思列宁主义文库》。该文库有计划地收编马克思主义经典作家的若干重要著作，以单行本形式陆续出版。这些著作凡可独立成书者，则一文一书，有些重要文章和书信则按专题编成文集。译文和资料均以新版全集、选集为准，有些著作尚无新版者，则按新版要求重新校订译文、编写资料。迄今已出版的"文库"著作有 22 本。①

此外，在出版上述选集、文选、文库的同时，一些部门还编选出版了一些"选读本""导读本"，如人民出版社 1999 年出版的《马克思主义经典著作选读》（全国硕士研究生马克思主义理论课教学用书）、武汉大学出版社 1999 年出版的《普通高等学校马克思主义理论课原著导读》、上海大学出版社 2004 年出版的《马克思主义经典原著选编导读》（文科研究生通用教材）、人民出版社 2005 年出版的《马克思主义经典

---

① 根据中央编译局提供的资料，截至 2008 年 12 月，已收入并出版的《马克思列宁主义文库》著作有：《1844 年经济学哲学手稿》《德意志意识形态（节选本）》《共产党宣言》《资本论（节选本）》《路易·波拿巴的雾月十八日》《哥达纲领批判》《古代社会史笔记》《马克思恩格斯论中国》《恩格斯论宗教》《路德维希·费尔巴哈和德国古典哲学的终结》《家庭、私有制和国家的起源》《反杜林论》《社会主义从空想到科学的发展》《唯物主义和经验批判主义》《哲学笔记》《帝国主义是资本主义的最高阶段》《国家与革命》《社会主义和宗教》《列宁论马克思主义》《列宁论新经济政策》《列宁短篇哲学著作》《列宁最后的书信和文章》。

著作选编与导读》等。

3. 关于马列经典文本研究的方法探讨

改革开放以来，特别是近十年来，随着马克思主义经典文本研究的升温，关于文本研究方法的成果渐增。总体来看，这些成果探讨的主要问题和基本观点大致如下。

其一，关于文本研究的方法论自觉。高度的方法论自觉是推进马克思文本研究、把握马克思本真精神的前提。当前马克思文本研究存在考据学、解释学和历史唯物主义三种方法。前两种方法有一定的启发价值和应用空间，但创造性地把历史唯物主义方法引入马克思文本研究是方法论自觉的根本。① 要进一步深化马克思文本解读研究，研究者至少应有如下方面的方法论自觉：要基于历史考证版第 2 版（MEGA2），要建立在充分了解国外马克思学研究成果的基础上，要以马克思文献学研究的新成果为基础，要善于参照主要语种的马克思著作版本。②

其二，关于文本研究的基本路径。研究路径和研究方法是相互映现的，科学的研究方法最终要通过正确的研究路径体现出来。在新的时代境遇下进行马克思文本研究，应在通盘考虑的基础上渐次展开如下工作：文本研究的前提性工作，即版本考证与方法省思；重要文本的具体解读；对马克思思想的重新阐释和评价。③ 我们应该超越西方马克思学和苏联马克思学的研究，创建有中国特色的马克思学，倡导创新性研究和科学的解读模式，注重对马克思文本的历史语境还原与本原意义挖掘。④ 我们注意到，在马克思主义理论一级学科成立后，一些学者主张在马克思主义发展史二级学科中设立马克思主义文献学研究方向，专门研究马克

---

① 张志丹、侯惠勤：《马克思文本研究的基本方法论探要》，《学海》2007 年第 4 期。
② 鲁克俭：《方法论自觉与学派构建》，《光明日报》2007 年 4 月 10 日。
③ 聂锦芳：《马克思文本的一般途径勾勒》，《光明日报》2007 年 4 月 10 日。
④ 王东：《马克思学新奠基——马克思哲学新解读的方法论导言》，北京：北京大学出版社，2006。

思主义文本系统。① 而马克思主义文献学包括文献考据和文献诠释两个方面；只有把考据和诠释结合起来，才能建立统一、完整的马克思主义文献学。②

文本解读有不同的模式。关于马克思主义经典著作的现有解读方式大体有"以恩解马""以苏解马""以西解马""以我解马""以马解马"等模式。其中，"以马解马"无疑是一种值得提倡的模式。这种模式要求我们做到以下几点：认真研究马克思、恩格斯的文本；弄清经典著作中一些重要概念的字面含义和独特语境；既研究"小语境"，又研究"大语境"；联系我们所处的时代和实践的需要来研究；建立我国科学的"马克思学"乃至"马克思主义学"；理顺文本研究与其他研究之间的关系等。③

其三，关于"回到马克思"的讨论。"回到马克思"是近年来在学术界具有广泛影响且存在诸多争议的口号。1999 年张一兵所著《回到马克思：经济学语境中的哲学话语》出版，引发了学界的热烈讨论。一种观点认为，"回到马克思"这一口号虽然适应了中国社会变革时期重建意识形态的需要，但存在片面性。其中，有学者认为，这一口号与它所要表达的实际要求之间存在距离，其片面性来自它所依据的古典解释观。④ "回到马克思"现象在方法论上存在重逻辑轻历史的倾向，这是它产生负面效应的认识论根源。⑤ "回到马克思"在引用马克思"文本"方面存在把作者不愿意出版的著作当成他的主要的真实的思想等问题，其思维方法仍是传统"本质主义"的方法。⑥ 对马克思的文本不应采取经院哲学式的研究方式。无论是"告别马克思"还是"回到马克思"，在

---

① 中国人民大学马克思主义研究院：《马克思主义发展史研究报告（下）》，《思想理论教育导刊》2007 年第 6 期。
② 张云飞：《学科建制视角下的马克思主义文献学》，《教学与研究》2007 年第 3 期。
③ 杨金海：《改革开放以来的马克思主义经典著作研究》，《人民日报》2008 年 6 月 3 日。
④ 李涛：《"回到马克思"：一个可疑的口号》，《哲学研究》2000 年第 4 期。
⑤ 何萍：《论"回到马克思"现象》，《学习与探索》2004 年第 5 期。
⑥ 何丽野：《对"回到马克思"的"文本"质疑》，《浙江社会科学》2005 年第 2 期。

绝对的意义上都是错误的，也是有害的。正确的态度应当是创造性地重读马克思。① 这个口号的适用范围十分有限，它只是客观性解释马克思文本和正确书写马克思主义理论史的学术口号，而不是我们这个时代指导实践的口号。②

与上述观点相反，一些学者则对"回到马克思"持肯定态度。其中，有学者认为，以现代诠释学为标准对"回到马克思"这个口号进行评判是不恰当的。时代要求我们"回到马克思"，以其中说出的时代真理为指引去研究现实问题。③ 而回到马克思与发展马克思是一个有机统一的整体，存在继承与超越、手段与目的的关系。必须把两者结合起来，这样才能不断地推进理论的发展，更有效地解决实践中遇到的各种重大问题。④

4. 关于马列经典著作全集和选集的版本研究

随着中文新版马克思主义经典著作全集和选集的编译出版，以及我国学术界对历史考证版（MEGA）的不断了解，一些学者开始关注版本研究。

（1）关于马克思主义经典著作全集和选集中文版的研究。在改革开放初期得以出齐的《马克思恩格斯全集》中文第 1 版和正在陆续出版的中文第 2 版，对于促进马克思主义在我国的传播和我国的思想理论建设发挥了重要作用。《马克思恩格斯全集》中文第 1 版虽以俄文第 2 版为依据，但在收录文献、编辑体例、注释资料等方面与俄文版有所不同。它的出版，纠正了马克思、恩格斯著作历史上出现过的各种中译本的误译，

---

① 何中华：《是重读马克思，还是回到马克思》，《北京日报》2004 年 4 月 5 日。
② 郝敬之：《解读马克思的五种方式及"回到马克思"》，《南京政治学院学报》2005 年第 2 期。
③ 潘中伟：《"回到马克思"：有何不可?》，《江淮论坛》2004 年第 2 期。
④ 邵汉明、吴海霞：《回到马克思与发展马克思》，《光明日报》2006 年 4 月 25 日。

方便了读者阅读和研究。① 它的不足主要表现在译文质量有待改进、收文不全、误收他人文献以及编辑工作不尽如人意等方面。② 由于中文第2版处于陆续出版之中,因此除中央编译局关于出版计划的介绍外,尚无版本探讨方面的系统成果。

《列宁全集》中文第2版一经出版,就以其完整的文献收录、准确的译文质量吸引了学术界的高度关注。可以说,它在文献收录、编辑体例、参考资料编写等方面都具有自己的特色。③ 同俄文第5版相比,它在文献收录和参考资料编写等方面具有优点;同中文第1版相比,它不仅文献增加,而且译文更为准确、通畅。④ 从出版角度来说,与第1版比较,它在装帧和版式设计上有较大改进。⑤

《马克思恩格斯选集》中文第1版与第2版是在不同的历史条件下编辑出版的,在编辑思路和编辑原则上两者存在一些差异:中文第1版虽然发挥过极其重要的历史作用,但它也不可避免地带有历史局限。与第1版相比,第2版在着眼于马克思主义三个组成部分的辩证统一、着眼于理论与现实的辩证统一、着眼于坚持和发展的辩证统一等方面具有重要的理论意义和实践价值。⑥ 从选编的文章上看,第2版比第1版有较明显的变动,增删了若干篇文章。而增删的原则在于:尽量删去一些马克思、恩格斯对具体事件的分析文章,增加一些涉及基本观点的文章。这进一步昭示了学习马克思主义要学习其立场、观点、方法的原则。⑦

(2) 关于《马克思恩格斯全集》MEGA2 的研究。关于苏联和民主

---

① 王锡君:《跨世纪的工程,不朽的理论宝库——〈马克思恩格斯全集〉中文第一、二版翻译、编辑和出版工作简介》,中央编译局网站,http://www.cctb.net/llyj/llgc/basictheory/200401/t20040107_2490.htm,最后访问日期:2016年10月1日。
② 周亮勋:《〈马克思恩格斯全集〉中文第二版编译介绍》,《经济学动态》1996年第12期。
③ 吴道弘:《新版〈列宁全集〉的特色》,《教学与研究》1984年第6期。
④ 林基洲:《〈列宁全集〉第二版编译随记》,《读书》1985年第4期。
⑤ 张惠卿:《谈谈新版〈列宁全集〉》,《读书》1984年第11期。
⑥ 江丹林、荆忠:《社会主义改革开放的精神武器——读〈马克思恩格斯全集〉中文第二版》,《北京大学学报》1997年第1期。
⑦ 董仲社:《浅议〈马克思恩格斯选集〉第二版前六篇文章的增删》,《毛泽东思想研究》2007年第6期。

德国共同编辑的《马克思恩格斯全集》历史考证版,国内在20世纪80年代前后就有一些零星介绍。例如,刊载在《中国出版》杂志1978年第2期的文章《苏联和东德合作编辑〈马克思恩格斯全集〉国际版》,就反映了当时我国学界对此问题的关注。苏联解体、东欧剧变以后,由于编辑出版机构、出版计划的变动,MEGA2的命运也牵动着中国学界的关注。① 近年来,随着对外学术交流的深入开展,国内学界加强了这个方面的研究,并重点关注了以下问题。

其一,MEGA2的结构体系、内容安排。国际马克思恩格斯基金会接手MEGA2的出版工作后,将原计划的出版规模由164卷减少为114卷(包含分卷共122卷),分为4个部分:第一部分包括著作、文章、草稿;第二部分包括《资本论》及其前期工作;第三部分包括马克思和恩格斯之间的信件;第四部分包括摘要、笔记、注释。这四个部分同时编辑出版。有学者在2001年撰文指出,其中第一部分32卷,已经出版15卷;第二部分15卷,已经出版10卷;第三部分35卷,已经出版10卷;第四部分32卷,已经出版11卷。② 原先我们所说的《马克思恩格斯全集》(MEW),确切地说应当称为"马克思恩格斯著作",与《马克思恩格斯全集》历史考证版相比,在收载内容、语言文字、文稿形式、参考资料等方面存在许多区别。③

其二,MEGA2的编辑原则、编辑体例。MEGA2编委会坚持遵循自己的编辑原则,在编辑体例上也有自己的特色。MEGA2体现了完整性、可靠性、历史性、考证性、学术性、技术性等编辑原则,所采用的是西方编辑历史考证版著作通行的异文处理方法。④ 同时,MEGA在人名索

---

① 参见李国麟《百卷本〈马克思恩格斯全集〉的命运》,《马克思主义研究》1995年第1期。
② 魏小萍:《马克思主义研究将向更加精确和科学的方向发展——马克思恩格斯全集(MEGA)的研究、编辑和出版》,《马克思主义研究》2001年第4期。
③ 李涛:《MEGA中国工作站:一次难得的机遇》,《哲学动态》2003年第11期。
④ 鲁路:《〈马克思恩格斯全集〉历史考证版(MEGA)的异文处理方法》,《马克思主义与现实》2006年第1期;鲁路:《结合MEGA2谈历史考证版的编辑准则》,《马克思主义研究》2006年第4期。

引的具体编辑方法以及注释的具体编写方法等方面也有一套自己的方法。①

其三，MEGA2对于我们的意义。我们应该承认，同国外编辑和研究MEGA2的学者相比，我国学者在外语水平、研究手段和敬业精神方面存在差距。因此，MEGA2的出版，要求我们要下大功夫深入研读马克思、恩格斯手稿，跟踪国外研究的新进展；大力推进马克思主义中国化，积极促进中国化马克思主义在国际上的交流和影响。② 同时，我们也应注意，MEGA2编辑工作呈现"去政治化""国际化""学术性"等特征，如果不注意识别其西方马克思学的方法论倾向，中国的马克思主义研究就会在尚未彻底摆脱苏联模式的时候，又面对新的西方马克思学神话。③

5. 关于部分马列经典名篇的研究

改革开放以来，学术界关于马克思主义经典著作研究涵盖面广、文献量大。根据我们在中国知网中国期刊全文数据库和中国重要报纸全文数据库武汉大学镜像站的搜索结果（以某一经典著作篇名为论文篇名搜索词），1979年以来（截至2008年7月30日），关于部分经典著作的研究论文篇数分别为：《1844经济学哲学手稿》，396篇；《关于费尔巴哈的提纲》，148篇；《德意志意识形态》，311篇；《共产党宣言》，877篇；《资本论》，2376篇；《反杜林论》，157篇；《唯物主义和经验批判主义》，92篇；《哲学笔记》，145篇；《国家与革命》，49篇。如果考虑到许多论文在篇名上并未包含经典著作篇名的情况，实际上有关论文数远不止于此。限于篇幅，下面仅介绍部分经典名篇的研究情况。

（1）关于《德意志意识形态》的研究。《德意志意识形态》是马克思、恩格斯基本完成第一个伟大发现的标志作之一。改革开放以来，

---

① 参见韦建桦《MEGA版人名索引析要》，《马克思恩格斯研究》1990年第3期；韦建桦《MEGA版注释管窥》，《马克思恩格斯研究》1990年第4期。
② 鞠立新：《关注国际马克思研究的新动向——MEGA2版即新版〈马克思恩格斯全集〉出版介评》，《中共中央党校学报》2007年第3期。
③ 夏凡：《学园版MEGA与西方马克思学的渗透》，《南京社会科学》2007年第10期。

《德意志意识形态》一直是学界关注的重点。但是，在较长一段时期内，一般评介性成果居多。近年来，文本研究的色彩渐浓，并集中于以下方面的探讨。

其一，关于《德意志意识形态》在马克思主义发展史上的地位。众所周知，《德意志意识形态》第一次系统阐发了唯物史观的基本原理，在马克思主义发展史上占有极其重要的地位。《德意志意识形态》基本上完成对黑格尔唯心主义哲学和费尔巴哈人本主义哲学的批判，实现了人类哲学史上最伟大的变革，因而它在马克思主义思想史上是一部里程碑式的重要著作。① 改革开放以来，哲学界有人怀疑甚至否定辩证唯物主义作为马克思主义哲学核心部分的地位。在这场争论中，如何理解《德意志意识形态》的有关思想，成为关键问题。②

其二，关于《德意志意识形态》版本编辑问题。由于《德意志意识形态》特殊的文本性质，长期以来学术界对其版本编辑存在不同看法。近年来，有学者以《马克思恩格斯年鉴》一书为基础，针对《德意志意识形态》未定稿部分的归类和排列这个版本编辑问题，初步分析了其基本内容及其相互关联。③ 有学者梳理了这一文本原始手稿的保存情况、《费尔巴哈》一章的不同版本以及 MEGA2 的编排设想和编排顺序。④ 有学者认为，在国际上诸多《德意志意识形态》手稿编排方案中，《马克思恩格斯年鉴》刊登的编排方案最为合理。⑤

其三，关于广松涉版《德意志意识形态》的讨论。2005 年初，中国学者组织翻译出版了日本学者广松涉的《文献学语境中的〈德意志意识

---

① 侯惠勤：《〈德意志意识形态〉的理论贡献及其当代价值》，《高校理论战线》2006 年第 3 期。
② 黄楠森：《〈德意志意识形态〉与当代中国马克思主义哲学研究的三个问题》，《马克思主义研究》2005 年第 4 期。
③ 魏小萍：《〈德意志意识形态〉未定稿部分的内容及其相互关联》，《马克思主义研究》2007 年第 5 期。
④ 聂锦芳：《文本的命运（上）——〈德意志意识形态〉手稿保存、刊布与版本源流考》，《河北学刊》2007 年第 4 期。
⑤ 鲁路：《〈德意志意识形态〉手稿编排最新方案》，《江苏行政学院学报》2008 年第 2 期。

形态〉》，并给予高度评价。此事引起国内外学界的关注。有学者认为，组织者忽视国外学者版本研究新成果，造成了他在一些问题上的误判。① 有日本学者也对广松涉版《德意志意识形态》的编辑方式提出批评，同时对中国学者为广松涉版所写"代译序"中的褒扬之词持否定态度。② 此外，有学者针对广松涉提出的《德意志意识形态》写作过程中的"恩格斯主导论"，从文献学考证、文本学解读的视角进行了反驳，认定马克思在写作过程中的主导作用。③ 与此相反，有学者则对广松涉版持肯定态度，认为现阶段中国《德意志意识形态》研究应该遵从以汉译广松涉版为基本文本，同时参照新 MEGA 的先行版和涩谷版的原则。④

此外，还有学者针对《德意志意识形态》研究中存在的薄弱环节，提出了自己的观点：赫斯起草了第 2 卷中的一章，理应归入作者之列；现存手稿中遗失的两章，是刊于中文版《马克思恩格斯全集》第 4 卷中的《反克利盖的通告》和《诗歌和散文中的德国社会主义》。⑤ 在《德意志意识形态》一书中，大约有 2/3 的篇幅是批评以虚无主义问题而与马克思恩格斯遭遇的施蒂纳的，但我们过去对此并未给予应有的重视。当前，施蒂纳论及的虚无主义问题意义凸显，因此，应该把马克思批判施蒂纳的部分放在与批判费尔巴哈的部分同样重要的位置。⑥

（2）关于《共产党宣言》的研究。作为马克思主义公开问世的宣言书，《共产党宣言》对马克思主义基本原理做了系统而精辟的阐述。鉴于《共产党宣言》在马克思主义发展史上的重要地位，学界对它展开了

---

① 鲁克俭：《"马克思文本解读"研究不能无视版本研究的新成果——评张一兵"文献学语境中的〈德意志意识形态〉代译序"》，《马克思主义与现实》2006 年第 1 期。
② 参见〔日〕大村泉、〔日〕涩谷正、〔日〕平子友长《MEGA2〈德意志意识形态〉之编辑与广松涉版的根本问题》，《学术月刊》2007 年第 1 期。
③ 姚顺良：《论马克思在〈德意志意识形态〉写作中的主导作用——析广松涉"恩格斯主导论"的文献学依据》，《马克思主义研究》2007 年第 5 期。
④ 韩立新：《〈德意志意识形态〉研究的四个问题》，《学术月刊》2007 年第 3 期。
⑤ 聂锦芳：《〈德意志意识形态〉对"真正的社会主义"思潮的批判》，《马克思主义研究》2007 年第 3 期。
⑥ 刘森林：《为什么我们在〈德意志意识形态〉研究中不重视施蒂纳?》，《广西师范学院学报》2007 年第 4 期。

深入、广泛的研究。

《共产党宣言》的产生经历了一个曲折的过程，其创作史也值得研究。其中，有学者对《共产主义信条草案》的作者及其对《共产党宣言》的影响发表了意见。一种观点认为，《共产主义信条草案》出自恩格斯的手笔，是恩格斯所著《共产主义原理》的原型，也是《共产党宣言》创作过程中的第一阶段。① 另一种观点则认为，《共产主义信条草案》不是恩格斯的著作，它大大低于当时马克思和恩格斯的思想发展水平。② 在此问题上，学界普遍持第一种观点。

众所周知，《共产党宣言》是1848年2月在伦敦首次公开发表的。那么，它到底是在哪一天发表的？对于这一问题，此前有各种说法。有学者通过长期跟踪研究，确认《共产党宣言》出版的具体日期是1848年2月24日，澄清了原先流传的各种错误说法。③ 这一观点，可以在德国学者的有关文章中得到印证。④

《共产党宣言》自传入中国起至今，已经有多个中文译本。有学者对此进行了版本考证。其中，有学者系统考察了1949年以前《共产党宣言》六个完整的中文译本。⑤ 有学者考察了1949年以后的中文版本。⑥ 此外，还有较多的论文考证了《共产党宣言》中文首译本。

《共产党宣言》在马克思主义文本序列中经典地位的确立依据是什么？有学者提出，这种地位并不完全是由其本身的思想和内容奠定的，更主要的是由后继者对它思想中的某些部分的突出强调和与实践的紧密结合而形成的。⑦ 有学者不同意前述观点，认为判断某一部马克思主义

---

① 王先恒：《关于共产主义者同盟第一次代表大会的若干事实》，《历史研究》1978年第10期。
② 蔡金发：《〈共产主义信条草案〉的作者是恩格斯吗？——和王先恒同志商榷》，《江西社会科学》1981第1期。
③ 高放：《〈共产党宣言〉是何日出版的？》，《马克思主义与现实》1997年第6期。
④ 参见李军林《近十年来〈共产党宣言〉研究述评》，《史学月刊》2008年第2期。
⑤ 参见杨金海、胡永钦《解放前〈共产党宣言〉的六个中文译本》，《纵横》1999年第4期。
⑥ 参见孙玉祥《〈共产党宣言〉在中国的翻译出版》，《新闻出版交流》2003年第4期。
⑦ 聂锦芳：《经典的地位是如何确立的——〈共产党宣言〉创作史、传播史新探》，《学术研究》2004年第12期。

文献是否经典，不能单纯从文本学角度着眼，而是要结合它的思想内容和结构形式，看它在实践中所发挥的作用。①

与此同时，关于《共产党宣言》中一些重要概念、经典句子的翻译，近年来引起了学界的论争。此外，还有大量的论著从多个角度探讨了《共产党宣言》的理论意义和现实价值。其中，从全球化的视角进行探讨是近年来《共产党宣言》研究的一大热点。2001年北京大学马克思主义文献研究中心所编《〈共产党宣言〉与全球化》论文集，反映了国内学者对此问题的关注。

（3）关于《资本论》的研究。《资本论》是马克思主义发展史上极其重要的里程碑，它不仅是马克思主义政治经济学诞生的标志之作，也是对马克思主义理论体系最为全面的科学论证。近30年来，我国学术界关于《资本论》的研究论著数量多、内容丰富、涵盖面广，下面仅介绍几个方面的研究情况。

其一，关于《资本论》的结构和方法。《资本论》运用科学的研究方法和严谨的逻辑体系，论证了资本产生、发展和灭亡的运动规律。因此，关于它的结构和方法的探讨，一直是学术研究的重点。有学者对《资本论》的整个结构做了深入浅出、具体详明的介绍，把《资本论》由抽象到具体的说明方法与逻辑结构结合起来进行了剖析。② 有学者考察了马克思、恩格斯在《资本论》第1卷出版后对它进行修订的过程和各种版本的特点，探讨了《资本论》第2卷的结构形成过程及其特点。③还有学者专门探讨了《资本论》第3卷的结构和方法问题。④

其二，关于《资本论》第4卷的编辑出版。《资本论》第4卷在马

---

① 马拥军：《〈共产党宣言〉与马克思主义"经典"的读法》，《学术研究》2005年第6期。
② 参见骆耕漠《〈资本论〉的结构问题（上）》，《社会科学辑刊》1982年第3期。
③ 参见汤在新《〈资本论〉第1卷几种版本对结构的调整》，《武汉大学学报》1992年第4期；汤在新《〈资本论〉第二卷结构的形成——纪念〈资本论〉第二卷出版一百周年》，《武汉大学学报》1986年第1期。
④ 参见陈征《〈资本论〉第三卷的研究对象、结构和方法》，《福建师范大学学报》1982年第2期。

克思的政治经济学体系中占有特殊的地位,它的编辑出版又经历了曲折的过程。有学者考察了《剩余价值理论》编辑出版的历史,并对有关版本做了比较研究。① 有学者评价了考茨基所编《剩余价值学说史》,肯定他为此所做的贡献,也指出了其中存在的缺陷和错误。② 针对学界关于恩格斯对《资本论》第4卷主题理解问题上的质疑,有学者认为,恩格斯晚年对《剩余价值理论》手稿做了深入研究;将之作为《资本论》第4卷出版,并提出具体编辑思路,是恩格斯在深入理解马克思原意基础上得出的合理结论。③

其三,关于《资本论》的现实意义。《资本论》以严密的逻辑揭示了资本主义经济的内在矛盾,科学阐述了人类社会的经济发展规律,其中的许多思想不仅对于研究资本主义经济来说是适用的,对于研究社会主义经济来说也具有指导意义。马克思在《资本论》中提出的关于"剩余劳动""按劳分配""资本循环和周转""再生产"等理论,对社会主义生产和建设具有重要的指导作用。④ 《资本论》作为批判旧社会的武器,其批判的目标所指非常明显。现在我们处于社会主义社会,研究《资本论》的基本思维,不应该当批判家,而应该当建设者,即根据《资本论》的逻辑和思维,寻求建设新社会的理论,对国家的改革开放提出建议。⑤

此外,《资本论》法文版在《资本论》出版史上占据重要地位,它的独立的科学价值引起了我国学者的关注。⑥ 《资本论》在中国的翻译、出版和传播情况比较复杂,它所阐发的理论原理在中国革命、建设和改

---

① 参见王辅民《〈剩余价值理论〉编辑出版的历史与版本比较研究》,《中国人民大学学报》1987年第5期。
② 袁博文:《评考茨基编〈剩余价值学说史〉》,《人文杂志》1987年第6期。
③ 顾海良:《试论恩格斯晚年对〈资本论〉第四卷的独特理解》,《江淮论坛》1991年第5期。
④ 许涤新:《论〈资本论〉的生命力》,《经济研究》1982年第2期。
⑤ 洪银兴:《以与时俱进的态度研究马克思主义经典著作》,《光明日报》2005年9月27日。
⑥ 参见张钟朴《〈资本论〉法文版的独立科学价值》,《人民日报》1983年3月9日;冯文光《法文版〈资本论〉的独立科学价值》,《中国社会科学》1983年第2期。

革等不同时期都程度不同地得到了运用与发展。①

（4）关于列宁《哲学笔记》的研究。列宁《哲学笔记》以全面阐发包括认识论在内的唯物主义辩证法为重点，进一步推进和深化了马克思主义哲学。改革开放初期，随着马克思主义哲学热潮的兴起，《哲学笔记》成为我国学界的探讨重点。苏联解体、东欧剧变后，《哲学笔记》研究陷入低谷。近年来，一些学者对《哲学笔记》做了新的研究。大致看来，有关研究主要关涉以下问题。

其一，关于《哲学笔记》的历史地位。1981 年 12 月在厦门大学召开了首次全国《哲学笔记》研究与教学讨论会。与会专家一致认为，《哲学笔记》既是列宁酝酿哲学新突破的思想实验室，又是一个取之不尽、用之不竭的理论宝库。我们不能因为它是笔记文本形式，就忽视和低估它对发展马克思主义哲学的意义。② 我们不同意西方列宁学制造的"两个列宁"等说法。有学者指出，《哲学笔记》是列宁哲学思想发展的一个高峰，它的创造性探索和成果形成了全面发展的列宁主义的哲学基础，但它又是《唯物主义和经验批判主义》基本思想的继续、发展和升华。③ 从列宁的读书思路出发，《哲学笔记》在理解和发展唯物辩证法思想进程中产生了重要的逻辑转变和飞跃性认识。④

其二，关于《哲学笔记》的文献生成和编译出版情况。《哲学笔记》不是供发表而是供列宁自己进一步研究用的，因此，它在文献学上具有自己的特点。有学者注意到这个方面的特点，认为《哲学笔记》不是一本现成在手的著作，只是一部由后人收集、整理和编辑出版的列宁在二十余年中陆续写下的各种不同性质的读书笔记、心得和阅读批注之汇集，

---

① 宋涛、胡钧：《〈资本论〉（中文版）的翻译、理论传播及其运用和发展》，《东南学术》2002 年第 1 期。
② 梁映东：《对列宁〈哲学笔记〉的新探索——全国〈哲学笔记〉讨论会情况综述》，《哲学研究》1982 年第 2 期。
③ 张翼星：《列宁哲学思想的历史命运》，重庆：重庆出版社，1992，第 179 页。
④ 张一兵：《论列宁深化唯物辩证法过程中的认识飞跃——新版〈哲学笔记〉研究要得》，《哲学研究》1992 年第 5 期。

对这部书稿的整理、编辑、出版和中文翻译经历了一个漫长的历史过程。①改革开放前,《哲学笔记》已有中文译本。1981年,中国社会科学院和哲学研究所鉴于社会上科研和教学的需要,提出了重新译校列宁《哲学笔记》的任务,并最终由中共中央党校出版。这个版本遵循了比较科学的译校原则。②列宁《哲学笔记》俄文版也有不同版本,中央编译局根据俄文版第5版翻译的中文新版《哲学笔记》,体现了一些新的编排体例和编译思路。③

其三,关于《哲学笔记》的理论内涵和当代价值。《哲学笔记》包含列宁的许多精辟见解和新思想,是一座有待发掘的思想宝库。《哲学笔记》是一部内容广博、思想深刻、富于创造性的哲学著作,是列宁留给我们的宝贵遗产。从这个宝库中发掘丰富的辩证法思想,对于掌握唯物辩证法这个伟大认识工具具有重要意义。④《哲学笔记》不仅在马克思主义哲学观、辩证唯物主义世界观、实践观、认识论、方法论等方面具有重要的学术价值,而且对列宁创造性提出"一国胜利论"具有方法论贡献,对坚持科学发展观和构建社会主义和谐社会也有重大的现实价值。⑤

此外,《哲学笔记》中的许多单篇文献也具有自己独立的科学价值。其中,有学者认为,列宁的《黑格尔〈逻辑学〉一书摘要》不仅对黑格尔辩证法思想进行了批判改造,丰富和发展了马克思主义的唯物主义辩证法,而且为我们树立了一个认真研读哲学典籍、正确对待人类文化遗产的光辉典范。⑥

---

① 张一兵:《文献学视域中的列宁"哲学笔记"》,《南京社会科学》2007年第4期。
② 参见林利:《列宁〈哲学笔记〉新版译后记》,《内蒙古社会科学》1990年第3期。
③ 参见顾锦屏:《列宁〈哲学笔记〉新版介绍》,《读书》1990年第6期。
④ 顾锦屏:《列宁〈哲学笔记〉新版介绍》,《读书》1990年第6期。
⑤ 黄楠森:《列宁的〈哲学笔记〉及其历史意义和当代价值》,《高校理论战线》2006年第10期。
⑥ 杨焕章:《论黑格尔〈逻辑学〉与列宁的〈黑格尔逻辑学一书摘要〉——兼论加强马克思主义经典著作的学习》,《中国青年政治学院学报》2006年第3期。

6. 马列经典著作文本研究的发展趋势

综合30年来的研究现状和有关方面在此方面的谋划来看，马克思主义经典著作文本研究在今后一段时期内将进一步呈现如下发展趋势。

第一，编译出版与学术研究并进。根据中央编译局的编译安排和实际进展状况，《马克思恩格斯全集》中文第2版将陆续推出新的卷次，在2010年编译出版30卷左右，完成一半编译任务。10卷本《马克思恩格斯文集》和5卷本《列宁专题文集》2009年已出版。经典著作编译工作的进展将为经典著作研究提供新的文本依据、思想材料，对马克思主义经典著作文本的学术研究产生推动力。

第二，文献研究与现实关注兼顾。文献研究是马克思主义经典著作文本研究的基础。可以预期，这一基础在今后无疑会得到进一步加强，并且会随着马克思主义理论学科子学科的设立、学术研究分工的发展而出现专业化研究趋向。但是，从总体来看，马克思主义具有强烈的实践指向性，马克思主义经典著作文本研究也绝非书斋之学。在今后一段时期内，以扎实的文献研究为基础，坚持理论联系实际的马克思主义学风，进一步落实中央有关要求，努力分清哪些是必须长期坚持的马克思主义基本原理，哪些是需要结合新的实际加以丰富发展的理论判断，哪些是必须破除的对马克思主义的教条式的理解，哪些是必须澄清的附加在马克思主义名下的错误观点，无疑是今后马克思主义经典著作文本研究努力的方向。

第三，"请进来"与"走出去"结合。从前一段时期我国哲学社会科学对外交流的总体情况来看，"西学东渐"有余，而"东学西渐"不足。当前，中国通过改革开放保持了经济的高速增长、社会的持续稳定，中国的发展道路引起世人广泛关注。这种背景，为我国实施哲学社会科学"走出去"战略和扩大中国马克思主义理论研究的国际影响力提供了有利条件。马克思主义经典著作文本研究无疑也应抓住这一有利条件，在进一步关注国外学术动态的同时，积极向国际学术界推介我国学者的研究成果，增进国际学术界对我们的了解，争取和扩大我们在国际马克思主义文献研究领域的话语权。

　　第四，学术发展与队伍建设并重。学者是学术研究的主体，学术队伍建设是学术发展的根本。30年来马克思主义经典著作文本研究虽然取得了不少成绩，但在队伍建设上却存在很大问题，研究人员偏少、队伍青黄不接的现象十分突出。要实现这方面研究的可持续发展，必须源源不断地充实、提高我们的学者队伍。党中央反复强调，要着力建设一支政治强、业务精、作风正的马克思主义理论队伍，明确提出了造就马克思主义理论大家、学科的领军人物、较高素质的后备人才等方面的任务，这给我们抓好研究队伍建设指明了方向。

第一章　列宁灌输理论的形成与发展

列宁曾经指出："在社会科学问题上有一种最可靠的方法，它是真正养成正确分析这个问题的本领而不致淹没在一大堆细节或大量争执意见之中所必需的，对于用科学眼光分析这个问题来说是最重要的，那就是不要忘记基本的历史联系，考察每个问题都要看某种现象在历史上怎样产生、在发展中经过了哪些主要阶段，并根据它的这种发展去考察这一事物现在是怎样的。"[①] 列宁的这段话无疑具有社会科学方法论的意义。对待他的灌输理论，无疑也可以采取这一历史考察的方法。唯物辩证法的发展论告诉我们，任何新事物都不是凭空产生的，都有一个形成和发展的过程。就列宁灌输理论而言也同样如此，它具有自己的思想渊源，并经历了一个形成与发展的过程。

一　列宁灌输理论的思想渊源

"灌输论"最先是由谁提出来的？迄今为止，理论界对此仍存有不同意见。显然，要搞清楚这个问题，首先有必要从思想发展史的角度来考察一下列宁主义的思想来源以及"灌输论"的源流。从整个列宁主义形成的这个角度来看，并结合列宁"灌输论"形成的历史特点，我们认为其思想来源主要体现在以下几个方面。[②]

[①] 列宁：《论国家》，《列宁全集》第37卷，北京：人民出版社，1986，第61页。
[②] 孙来斌：《"灌输论"思想源流考察》，《武汉大学学报》（哲学社会科学版）2004年第1期。中国人民大学复印报刊资料《思想政治教育》2014年第4期转载。

1. 理论基础：马克思、恩格斯的有关思想

要搞清楚马克思主义对列宁主义形成的影响，首先必须了解列宁是如何接受马克思主义的。在还是辛比尔斯克中学高年级的一名学生时，列宁就从哥哥亚历山大那里第一次知道了马克思主义，第一次看到了马克思的《资本论》。后在因参加学生运动而遭流放的近一年时间里，列宁发愤用功，阅读了包括马克思主义在内的大量革命著作。1888年9月流放结束后回到喀山，他参加了由费多谢也夫领导的马克思主义小组。在那里，列宁深入研究了他所能得到的一切马克思主义著作，特别是精心研读了《资本论》。他的姐姐乌里扬诺娃后来回忆说："记得每天晚上我下楼来跟他聊天时，他就热情洋溢地给我讲解马克思学说的基本原理和这一学说所开拓的新天地。他坐在厨房里堆满报纸的炉灶上起劲地做着手势的情景，至今还历历在目。"① 可以说，学习和研究马克思、恩格斯及相关研究著作，直接从中汲取营养，这是列宁接受马克思主义的一个主要途径。

（1）马克思、恩格斯学说的整体指导。要搞清楚马克思主义对列宁灌输理论形成的作用，还必须了解这种作用的具体表现。马克思、恩格斯关于理论教育的直接论述，无疑是列宁灌输理论形成的直接理论依据。但是，这样的直接论述不多，也不够系统，因此，马克思主义对于列宁灌输理论形成的作用，更主要地表现在前者为后者提供了世界观和方法论的指导。

一是在哲学思想方面的指导。列宁说："只有马克思的哲学唯物主义，才给无产阶级指明了如何摆脱一切被压迫阶级至今深受其害的精神奴役的出路。"② 列宁将马克思主义认识路线贯穿在灌输理论之中，强调

---

① 〔苏〕安·伊·乌里扬诺娃－叶利扎罗娃：《回忆伊里奇》，《回忆列宁》第1卷，上海外国语学院列宁著作翻译研究室译，北京：人民出版社，1982，第19页。
② 列宁：《马克思主义的三个来源和三个组成部分》，《列宁全集》第23卷，北京：人民出版社，1990，第48页。

对无产阶级群众进行理论教育时，必须"从大家公认的事实出发"。① 列宁谙熟具体问题具体分析这一马克思主义的精髓和活的灵魂，强调理论教育和理论宣传应考虑不同的对象、环境，采取不同的方法："应该充分发挥每个鼓动员的个人特长，全面照顾地区、职业及其他方面的特点。"② 列宁坚持和运用唯物辩证法，强调理论教育必须根据党的中心工作、主要任务的变化来改变教育的重点内容和方法；列宁坚持和运用群众史观，反复强调"工人的解放应当是工人自己的事情"③，多次批驳轻视工人阶级力量、视群众为群氓的反动观点。他认为："马克思学说中的主要的一点，就是阐明了无产阶级作为社会主义社会创造者的世界历史作用。"④ 开展马克思主义理论灌输的目的是帮助工人阶级增强阶级意识和革命意识，认识自己的历史使命。一句话，列宁灌输理论中的每一个重要原理，无一不体现着马克思主义哲学思想的指导作用。

二是在经济学思想方面的指导。列宁说："只有马克思的经济理论，才阐明了无产阶级在整个资本主义制度中的真正地位。"⑤ 19世纪末20世纪初，针对自由主义民粹派散布的所谓"资本主义在俄国不可能得到发展""马克思主义不适合于俄国"等荒谬言论，列宁坚持和运用马克思主义政治经济学的基本原理和方法，运用大量无可辩驳的事实，科学论证了俄国资本主义发展的历史必然性，揭示了俄国工人阶级的历史使命。这为马克思主义在俄国的传播和发展确立了科学依据，也是列宁灌输理论开始形成的起点。第一次世界大战前夕，第二国际机会主义理论

---

① 列宁：《民粹主义的经济内容及其在司徒卢威先生的书中受到的批评》，《列宁全集》第1卷，北京：人民出版社，1984，第356页。
② 列宁：《俄国社会民主党中的倒退倾向》，《列宁全集》第4卷，北京：人民出版社，1984，第235~236页。
③ 列宁：《论苏维埃共和国女工运动的任务》，《列宁全集》第37卷，北京：人民出版社，1986，第193页。
④ 列宁：《马克思学说的历史命运》，《列宁全集》第23卷，北京：人民出版社，1990，第1页。
⑤ 列宁：《马克思主义的三个来源和三个组成部分》，《列宁全集》第23卷，北京：人民出版社，1990，第48页。

家提出了"超帝国主义论",试图从经济学上为帝国主义政策论证,向马克思主义进攻。列宁根据大量的关于帝国主义经济的新材料,运用马克思主义政治经济学的基本方法,提出了关于帝国主义的理论。这捍卫和发展了马克思主义,也使列宁灌输理论得到重大发展。十月革命胜利以后,列宁运用马克思主义经济学的基本原理,结合俄国国情,探索社会主义建设道路,提出新经济政策,并要求新时期的政治教育必须与新经济政策相适应。这是列宁对建设时期理论教育规律的新探索,是其灌输理论的新发展。一句话,列宁的理论教育思想发展的每一个重要阶段,都离不开马克思主义政治经济学的指导。

三是在科学社会主义方面的指导。列宁说:"马克思和恩格斯的具有世界历史意义的伟大功绩,在于他们向各国无产者指出了无产者的作用、任务和使命就是率先起来同资本进行革命斗争,并在这场斗争中把一切被剥削的劳动者团结在自己的周围。"① 在列宁看来,科学社会主义所揭示的人类社会发展的必然趋势,是确立理论灌输目的的科学依据;科学社会主义关于无产阶级的斗争方法与策略,是理论灌输方法与策略的基础;等等。"俄国社会民主党人的社会主义工作,就是在工人中间宣传科学社会主义学说"②,列宁灌输理论离不开科学社会主义的指导。

"马克思学说具有无限力量,就是因为它正确。它完备而严密,它给人们提供了决不同任何迷信、任何反动势力、任何为资产阶级压迫所作的辩护相妥协的完整的世界观。"③ 列宁的这段话,是对马克思主义理论体系指导作用的高度概括。列宁灌输理论正是在这个完整的世界观的指导下形成的。

(2) 马克思、恩格斯有关论述的直接影响。从国内外研究状况来

---

① 列宁:《在马克思恩格斯纪念碑揭幕典礼上的讲话》,《列宁全集》第35卷,北京:人民出版社,1985,第164页。
② 列宁:《俄国社会民主党人的任务》,《列宁全集》第2卷,北京:人民出版社,1984,第430页。
③ 列宁:《马克思主义的三个来源和三个组成部分》,《列宁全集》第23卷,北京:人民出版社,1990,第41页。

看，一些相关论著在谈到"灌输论"的时候，煞费周章地去考察谁最先使用"灌输"一词，它在德文、俄文、中文里分别是什么意思。实际上，这种做法的实际意义不大。我们所关心的不是一般意义上的"灌输"，而是作为马克思列宁主义重要内容的"灌输"。因此，不管马克思主义经典作家是否提出了"灌输"的概念，只要他们提出了相关的思想，就是研究"灌输论"所必须考察的内容。从这一角度出发，我们认为，"灌输论"的理论源头可以追溯至马克思和恩格斯。

19世纪40年代，资本主义正经历急剧的时代变化，面临复杂的社会矛盾。西欧无产阶级此时已经登上社会历史舞台，并将斗争的矛头从它的"敌人的敌人"转而指向它的敌人。在这种情况下，它亟须冲破资产阶级意识形态迷雾的笼罩，呼唤反映自己利益的世界观，从而在其指导下变革不合理的旧世界。

可以说，"灌输论"思想是伴随着科学世界观的诞生而萌发的。《〈黑格尔法哲学批判〉导言》的发表，标志着马克思在建立科学世界观方面迈出了具有决定意义的一步。正是在这篇光辉文献中，"灌输论"的思想萌芽破土而出。"哲学把无产阶级当做自己的物质武器，同样，无产阶级也把哲学当做自己的精神武器；思想的闪电一旦彻底击中这块素朴的人民园地，德国人就会解放成为人。""这个解放的头脑是哲学，它的心脏是无产阶级。哲学不消灭无产阶级，就不能成为现实；无产阶级不把哲学变成现实，就不可能消灭自身。"[①] 在这里，"头脑"与"心脏"的结合，就是"精神武器"与"物质武器"的结合，就是德国哲学家与工人的"联盟"，也就是理论与实践的结合。如何实现这种结合，"思想的闪电"怎样"彻底击中"尚未被理论武装起来的、处于自发状态的"素朴的人民园地"，这就蕴含着社会主义理论需要从工人运动外面灌输进来之意，可以理解为对"灌输论"思想的最初表达。

马克思、恩格斯在同魏特林的平均共产主义理论作斗争的过程中，

---

① 马克思：《〈黑格尔法哲学批判〉导言》，《马克思恩格斯文集》第1卷，北京：人民出版社，2009，第16、18页。

进一步表达了这一思想。德国早期工人运动领袖魏特林从其粗糙的、纯粹出于阶级本能的空想共产主义思想出发，反对制定科学共产主义纲领，反对组织无产阶级政党和向无产阶级进行理论教育。魏特林等人停留在工人运动的最初阶段，错误地认为："培养广大的人民大众具有社会主义思想，似乎是一件没有希望的工作。这些群众所能提供的唯一东西，就是把满腔的绝望，爆发出来，以为这样就能摧毁现社会，为社会主义扫清道路。"① 魏特林固执地认为："我们有能力实现共产主义；因此，让我们切实地为此工作吧；光靠宣传是全然无济于事的。"② 他还荒谬地声称，马克思、恩格斯是资产阶级出身的知识分子，不是通过自己的困苦走向共产主义的，因而是不可信赖的。对魏特林的这些错误言论，马克思、恩格斯给予了严厉的批评和耐心的教育，他们希望魏特林懂得：如果不给工人阶级以严格的科学思想，那就同传教士所玩弄的空洞而无知的把戏没有什么两样；那种不给工人阶级以科学的行动依据就鼓动工人革命的做法，不仅不能帮助工人脱离苦海，反而会把他们引向毁灭的深渊。但是，魏特林执迷不悟，不仅不改正错误，反而同"真正的社会主义者"同流合污，共同对抗马克思的科学革命理论。因此，马克思、恩格斯决定从思想上彻底清算魏特林空想社会主义的消极影响。这一任务是在《共产党宣言》中完成的。

在《共产党宣言》中，马克思、恩格斯批判了空想社会主义和各种反动的社会主义，强调了科学理论对于工人运动的意义，进一步表达了"灌输论"的思想。他们指出："在实践方面，共产党人是各国工人政党中最坚决的、始终起推动作用的部分；在理论方面，他们胜过其余无产阶级群众的地方在于他们了解无产阶级运动的条件、进程和一般结果。"③ "共产党一分钟也不忽略教育工人尽可能明确地意识到资产阶级

---

① 〔奥〕卡尔·考茨基：《考茨基文选》，王学东编，北京：人民出版社，2008，第43页。
② 转引自庄福龄主编《马克思主义史》第1卷，北京：人民出版社，1996，第140页。
③ 马克思、恩格斯：《共产党宣言》，《马克思恩格斯文集》第2卷，北京：人民出版社，2009，第44页。

和无产阶级的敌对的对立。"① 在这里，他们明确地表达了共产党必须加强对工人阶级的思想理论教育、党是社会主义同工人运动的结合的思想。他们还进一步解释了为什么社会主义理论需要从工人运动外面灌输进来，因为"贫困"不能产生"理智"，社会主义不能从自发的工人运动中产生，它最初只能由"转到无产阶级方面来了"的、"特别是已经提高到能从理论上认识整个历史运动的一部分资产阶级思想家"② 提出来。当然，马克思、恩格斯在《共产党宣言》中除了指明这一点以外，还指出了无产阶级获得教育因素的另外两种路径：其一，无产阶级从"追随"资产阶级反对封建贵族的斗争中受到教育："在这一切斗争中，资产阶级都不得不向无产阶级呼吁，要求无产阶级援助，这样就把无产阶级卷进了政治运动。于是，资产阶级自己就把自己的教育因素即反对自身的武器给予了无产阶级。"③ 其二，无产阶级从一些资产阶级成员的生活遭遇中受到教育："工业的进步把统治阶级的整批成员抛到无产阶级队伍里去，或者至少也使他们的生活条件受到威胁。他们也给无产阶级带来了大量的教育因素。"④

马克思、恩格斯在与蒲鲁东主义者的斗争中再次表达了有关思想。在第一国际筹建之时，蒲鲁东主义者就竭力阻挠国际建立在科学理论的基础之上，主张把国际建成一个国际信贷和合作社之类的组织。他们在第一国际伦敦代表大会和日内瓦大会上先后抛出了"不让脑力劳动者参加国际"的建议。这一建议遭到了马克思领导的国际大会的否决。在《国际工人协会成立宣言》中，马克思告诫工人阶级："工人们所具备的一个成功因素就是人数众多；但是只有当群众组织起来并为知识所指导

---

① 马克思、恩格斯：《共产党宣言》，《马克思恩格斯文集》第2卷，北京：人民出版社，2009，第66页。
② 马克思、恩格斯：《共产党宣言》，《马克思恩格斯文集》第2卷，北京：人民出版社，2009，第41页。
③ 马克思、恩格斯：《共产党宣言》，《马克思恩格斯文集》第2卷，北京：人民出版社，2009，第41页。
④ 马克思、恩格斯：《共产党宣言》，《马克思恩格斯文集》第2卷，北京：人民出版社，2009，第41页。

时，人数众多才能起决定胜负的作用。"① 再一次强调了工人运动与科学理论结合的重要意义。马克思还指出，蒲鲁东主义者仇视革命理论，"把自己的注意力都集中在排斥一切文人等等上面"的行为是"荒唐的"②，指出国际委员会"坚决反对只有工人才可以在我们协会里担任职务的原则"③，强调革命理论家与工人运动的结合和党对工人运动的领导。

此外，恩格斯在 1880 年的《社会主义从空想到科学的发展》中指出，完成解放世界的事业，"是现代无产阶级的历史使命"。"深入考察这一事业的历史条件以及这一事业的性质本身，从而使负有使命完成这一事业的今天受压迫的阶级认识到自己的行动的条件和性质，这就是无产阶级运动的理论表现即科学社会主义的任务。"④ 这段话明确指出了科学社会主义理论对于唤醒工人阶级的阶级意识的重要意义。

上面撷取的只是"灌输论"思想萌生的几个片断，提及的也只是与马克思、恩格斯有关的部分文献。可以说，与此相关的思想在他们的论著中是很丰富的。值得一提的是，马克思、恩格斯就曾多次直接使用过"灌输"一词。例如，马克思在 1875 年 4 月批评《哥达纲领草案》的制定者歪曲了"那些花费了很大力量才灌输给党而现在已在党内扎了根的现实主义观点。"⑤ 恩格斯在 1887 年 1 月告诫美国的社会主义理论家不要"从外面把这种理论硬灌输给美国人"。⑥ 但是，总的来看，马克思、恩

---

① 马克思:《国际工人协会成立宣言》,《马克思恩格斯全集》第 21 卷, 北京: 人民出版社, 2003, 第 14 页。
② 马克思:《致恩格斯（1865 年 2 月 25 日）》,《马克思恩格斯全集》第 31 卷, 北京: 人民出版社, 1972, 第 85 页。
③ 马克思:《总委员会关于巴黎支部中的冲突的决议》,《马克思恩格斯全集》第 21 卷, 北京: 人民出版社, 2003, 第 123 页。
④ 恩格斯:《社会主义从空想到科学的发展》,《马克思恩格斯文集》第 3 卷, 北京: 人民出版社, 2009, 第 566 页。
⑤ 马克思:《哥达纲领批判》,《马克思恩格斯文集》第 3 卷, 北京: 人民出版社, 2009, 第 436 页。
⑥ 恩格斯:《致弗·凯利－威士涅威茨基夫人（1887 年 1 月 27 日）》,《马克思恩格斯文集》第 10 卷, 北京: 人民出版社, 2009, 第 562 页。

格斯并没有直接、专门来探讨"灌输"问题,其有关论述因而显得不够集中、不够系统,没有形成关于"灌输论"的观点体系。因此,可以将他们的有关思想视为"灌输论"的思想源头。然而,正是他们阐发的这些宝贵的思想火花,与他们关于无产阶级解放的其他原理一起,构成了列宁"灌输论"的理论基础。列宁评价说:"马克思和恩格斯对工人阶级的功绩,可以这样简单地来表达:他们教会了工人阶级自我认识和自我意识,用科学代替了幻想。"①

2. 积极启示:考茨基关于灌输的思想论述

19世纪最后30年,国际共产主义运动出现了一些新的情况。一方面,正如列宁指出:"到处都在形成就其主要成分来说是无产阶级的社会主义政党,这些政党学习利用资产阶级议会制,创办自己的日报,建立自己的教育机构、自己的工会和自己的合作社。马克思学说获得了完全的胜利,并且广泛传播开来。"② 另一方面,无产阶级在合法斗争中不断取得一些成果,但随之产生了崇拜资本主义民主、醉心于合法斗争和议会道路的思想。后一情况的出现,除了客观原因外,也有社会主义政党主观上的原因,即它们忽视了社会主义运动的根本目标,放松了马克思主义理论教育,淡化了对各种错误思潮的批判,致使党在自发的群众运动中随波逐流。因此,加强各国社会主义政党的理论建设和组织建设,成为国际共产主义运动的当务之急。考茨基此时的理论活动顺应了这种形势的要求。

考茨基曾经是一位出色的马克思主义理论家。他在1881年就结识了马克思和恩格斯。在马克思逝世以后,他同恩格斯一直保持着密切关系。1885年以后,考茨基随同德国社会民主党的理论刊物《新时代》杂志迁至伦敦,得到了当时住在伦敦的恩格斯的更直接的指导和帮助。在恩格斯的影响和带动下,考茨基积极参加了帮助各国社会主义政党建党的工

---

① 列宁:《弗里德里希·恩格斯》,《列宁全集》第2卷,北京:人民出版社,1984,第2页。
② 列宁:《马克思学说的历史命运》,《列宁全集》第23卷,北京:人民出版社,1990,第3页。

作，并同放弃马克思主义理论指导的错误言行展开了斗争。正是在这一过程中，考茨基对"灌输论"的理论形成和发展做出了重要贡献。

1886年，考茨基在《新时代》杂志上发表评介马克思、恩格斯著作的系列文章，提出了一些重要观点。首先，他总结社会主义由空想到科学的发展历史，论证了从工人运动中不可能自发产生社会主义学说。他说："无产阶级的代表，即社会主义者的情况不同，他们最初绝不是来自无产者阶层。在资本主义生产方式的初期，工业雇佣工人还过于分散，还过分地由于小资产阶级和小农的传统，过多地把自己的贫困混同于封建社会的停滞，这是因为他们无法达到这样的认识，即把自己的状况不是作为个别人的现象，而是作为一个完整的阶级所特有的现象来理解，以便在资本主义生产方式的规律中寻求自己阶级状况的原因。不是从雇佣工人的行列中，而是从那些掌握和领导生产的人的行列中，产生出无产阶级整体利益的第一批代表。"① 其次，他论证了社会主义学说同工人运动由分离走向结合的历史进程是由马克思完成的。考茨基认为，社会主义同工人运动的彼此分离是各国都经历过的历史现象，而结束这种分离是历史发展的需要。魏特林之所以成为工人运动的弃儿，是由于其主张缺乏科学性，没有"认识到工人阶级的历史发展规律"，没有在社会主义和工人运动之间建立起联系。马克思在创立科学社会主义的过程中，充分占有了资本主义文明的全部积极成果，并对资本主义生产方式和阶级斗争进行了深入的科学研究，在这样的基础上，"马克思实现了社会主义同工人运动的结合"。② 再次，考茨基论述了无产阶级政党对于唤醒无产阶级的自觉性的重要作用。他认为，社会主义的根本目的既不是"伟人"随意构想出来的东西，也不是某种"永恒的"正义原则，而是通过现代生产方式和阶级斗争的发展自然而然地产生出来的，理论只不

---

① 转引自王学东《略谈考茨基的"灌输论"思想的形成过程》，《国际共运史研究》1988年第4期。
② 转引自王学东《略谈考茨基的"灌输论"思想的形成过程》，《国际共运史研究》1988年第4期。

过是对这个发展过程的认识。考茨基强调，无产阶级政党的任务就在于使工人运动摆脱自发而走向自觉。他说："很明显，是明确地认识到这一目的并时刻牢记在心，还是受社会关系的摆布以日常需求替换工人运动的方向，这对工人运动的进程及其达到其目的的方式和方法不是无关紧要的。社会主义政党的任务就在于此。它既不能制造工人运动，也不能规定工人运动的目的。它应当认识这一目的并在实现这一目的的过程中担任领导。"①

由此可见，考茨基当时虽没有直接使用"灌输"这种提法，但已大致形成"灌输论"的思想框架。两年以后，考茨基参加了奥地利社会民主工党海因菲尔德纲领的讨论和最后定稿工作。这个纲领使用了"灌输论"意义上的"灌输"提法："从政治上把无产阶级组织起来，把认识无产阶级地位及其任务的意识灌输到无产阶级中去，是指在精神上和体力上具有战斗力并保持这种战斗力，这就是奥地利社会民主工党的真正纲领。"②

考茨基在1891年参与了德国社会民主党新党纲（即爱尔福特纲领）的制定工作。他在为这个新纲领所做的解说中，再次从自觉性的角度表达了"灌输论"思想。他提出，早期的工人运动参加者在学识方面不可能超过资产阶级的空想社会主义者，因为"无产者至多只能掌握资产阶级学术界获得的一部分知识，使它适应于自己的目的和需要。同时，只要无产者继续是无产者，他们就既没有必要的余暇，又没有资金来独立发展科学，使它超过资产阶级思想家所达到的水平"。③ 对于像社会民主党这样的革命政党的要求应该是："如果这个革命政党能够认识导向新社会的那些趋势，从而使它的政治活动具有自觉性，而不单纯具有自发

---

① 转引自王学东《略谈考茨基的"灌输论"思想的形成过程》，《国际共运史研究》1988年第4期。
② 转引自王学东《略谈考茨基的"灌输论"思想的形成过程》，《国际共运史研究》1988年第4期。
③ 〔奥〕卡尔·考茨基：《考茨基文选》，王学东编，北京：人民出版社，2008，第42页。

性,那么,它对进步事业的补益,就已经很大了。"① 他还说:"使无产阶级的阶级斗争能够成为更自觉和更合目的的斗争,这就是社会民主主义的任务。"②

1901年10月,正当伯恩施坦主义盛行,攻击和修正马克思主义成为一种"时髦"的时候,考茨基参加了反对伯恩施坦主义的斗争。他在《新时代》杂志发表文章,引证了上述纲领中关于"灌输"的提法,并对其前述"灌输"思想做了比较完整的表述。其基本内容是:其一,社会主义意识不是无产阶级斗争的必然的直接的结果,两者虽然具有相同的经济根源和社会根源,但它们是在不同的前提下并列地产生的,而不是一个从另一个中产生出来的。其二,现代社会主义意识,只有在深刻的科学知识的基础上才能产生出来。"但科学的代表人物并不是无产阶级,而是**资产阶级知识分子**〈黑体是卡·考·用的〉;现代社会主义也就是从这一阶层的个别人物的头脑中产生的。"③ 其三,社会主义意识是一种从外面灌输到无产阶级的阶级斗争中去的东西,而不是一种从这个斗争中自发地产生出来的东西。"因此,旧海因菲尔德纲领说得非常正确:社会民主党的任务就是把认清无产阶级的地位及其任务的这种意识灌输到无产阶级中去(直译就是:充实无产阶级)。假使这种意识会自然而然地从阶级斗争产生出来,那就没有必要这样做了。"④

综上所述,考茨基根据时代变化和国际共产主义运动发展的需要,结合新的实际,出色地发挥了马克思、恩格斯的有关思想,使"灌输论"初步具备了比较完整的理论形态。考茨基是国际共产主义运动史和马克思主义发展史上一个复杂而重要的人物,虽然他后来蜕变为机会主义者,但在1909年以前,他还是一位著名的马克思主义者,"是机会主

---

① 〔奥〕卡尔·考茨基:《爱尔福特纲领解说》,陈冬野译,北京:三联书店,1963,第111页。
② 〔奥〕卡尔·考茨基:《爱尔福特纲领解说》,陈冬野译,北京:三联书店,1963,第186页。
③ 〔奥〕卡尔·考茨基:《修改奥地利社会民主党纲领》,转引自列宁《怎么办?》,《列宁全集》第6卷,北京:人民出版社,1986,第37页。
④ 〔奥〕卡尔·考茨基:《修改奥地利社会民主党纲领》,转引自列宁《怎么办?》,《列宁全集》第6卷,北京:人民出版社,1986,第37页。

义的敌人",其关于马克思主义理论灌输的论述,是射向机会主义者的重磅炮弹。他对于"灌输"思想的理论化所做的重要贡献,与他所撰写的其他马克思主义文献一起,"永远是社会主义文献中有价值的成果"。① 毫无疑问,列宁的思想受到过考茨基有关理论的宝贵启示。例如,在列宁的成名之作《什么是"人民之友"以及他们如何攻击社会民主党人?》当中,他曾指出:"考茨基说得十分正确:社会民主党是工人运动和社会主义的结合……他们应该进而把这个理论(即马克思主义——引者注)通俗化,把它灌输给工人"。② 再如,列宁在《怎么办?》中再次引证了考茨基关于"灌输"的有关论述,并且称其是"一段十分正确而重要的话"。③

3. 重要影响:普列汉诺夫的有关阐述

普列汉诺夫1883年发表《社会主义和政治斗争》时,列宁才13岁。作为俄国马克思主义的先行者和宣传家,普列汉诺夫的著作培养了俄国马克思主义者,这其中自然也包括列宁。有西方学者认为:"对列宁发生决定性影响的是普列汉诺夫和他对马克思主义的解释。"④ 至于是不是"决定性影响",这是可以商榷的,但影响是不容忽视的。⑤ 列宁熟读了

---

① 列宁:《共产主义运动中的"左派"幼稚病》,《列宁全集》第39卷,北京:人民出版社,1986,第81页。
② 列宁:《什么是"人民之友"以及他们如何攻击社会民主党人?》,《列宁全集》第1卷,北京:人民出版社,1984,第284页。
③ 列宁:《怎么办?》,《列宁全集》第6卷,北京:人民出版社,1986,第37页。
④ 〔美〕戴维 W. 洛弗尔:《从马克思到列宁》,叶卫平《西方"列宁学"研究》,北京:中国人民大学出版社,1991,第90页。
⑤ 关于列宁的思想与普列汉诺夫思想之间的关系,苏联理论界受政治因素的影响,先后大致有三种看法:20世纪20年代,德波林等人抬高普列汉诺夫而贬低列宁,片面强调列宁在哲学和理论方面是普列汉诺夫的学生,否认马克思主义哲学已经发展到列宁主义阶段;30~50年代,米丁等人认为,列宁是当代唯一的、独立的马克思主义理论家,否认普列汉诺夫对列宁主义形成的积极影响;50年代以后,许多学者重新肯定普列汉诺夫的历史地位,有人将列宁与普列汉诺夫的关系概括为"青出于蓝而胜于蓝"。我国理论界曾长期对普列汉诺夫的历史地位重视不够,80年代后局面有重大转变,此方面的研究成果渐增。其中,高放、高敬增合著的《普列汉诺夫评传》(北京:中国人民大学出版社,1985)认为,普列汉诺夫"是列宁的师长和战友,后来又变成列宁的主要政敌"。

他所能得到的普列汉诺夫的所有著作,当他在 1895 年 5 月第一次会晤普列汉诺夫时,他显露出的马克思主义水平包括对普列汉诺夫著作的了解,给普列汉诺夫留下了极其深刻而良好的印象。普列汉诺夫后来在致彼得堡的社会民主主义者的一封信里曾说,他在国外这么多年,俄国有许多人到他那里去过,可是,可以说他对任何人都没有抱过像对年轻的列宁那样大的希望。了解此信内容并深知普列汉诺夫为人的老布尔什维克克尔日札诺夫斯基因此感慨道:"普列汉诺夫一生予人以好评时,并不是特别慷慨的。"① 可以说,普列汉诺夫对列宁思想的影响是很大的。列宁的夫人克鲁普斯卡娅回忆说,列宁曾对普列汉诺夫有"深厚感情",因为"他曾从普列汉诺夫那里学到很多东西"。② 在普列汉诺夫后来犯了许多错误的情况下,列宁也从不否认这一点。在十月革命胜利后,他结合自己的切身体会,郑重地向年轻的党员推荐普列汉诺夫的著作。他说:"不研究——正是研究——普列汉诺夫所写的全部哲学著作,就不能成为一个自觉的、真正的共产主义者,因为这些著作是整个国际马克思主义文献中的优秀作品。"③ 列宁对待普列汉诺夫的这些态度和做法,充分体现了一个真正的马克思主义者的修养和胸襟,永远值得后人学习。④

具体而论,普列汉诺夫关于"灌输论"的有关阐述,对列宁同样产生过重要影响。例如,普列汉诺夫在向俄国介绍马克思主义时曾说:"马克思的学说是现代'革命的代数学'。凡是要想同我们现存秩序进行自觉斗争的人们,都必须了解这种学说。"⑤"这个理论,这个由于它的

---

① 〔苏〕克尔日札诺夫斯基:《伟大的列宁》,泽湘译,北京:人民出版社,1956,第 15 页。
② 〔苏〕娜·康·克鲁普斯卡娅:《列宁的为人》,《回忆列宁》第 1 卷,上海外国语学院列宁著作翻译研究室译,北京:人民出版社,1982,第 748 页。
③ 列宁:《再论工会、目前局势及托洛茨基同志和布哈林同志的错误》,《列宁全集》第 40 卷,北京:人民出版社,1986,第 292 页。
④ 孙来斌:《列宁与普列汉诺夫关于俄国革命道路的争论及其启示》,《政治学研究》2009 年第 1 期。
⑤ 〔俄〕普列汉诺夫:《普列汉诺夫哲学著作选集》第 2 卷,北京:三联书店,1961,第 822 页。

所谓宿命论把资产阶级吓坏了的理论,灌输给无产阶级以无比的干劲!"①普列汉诺夫的这些名言,在列宁的著作中多次被引用。而"没有革命的理论,就没有革命的运动",这条后来经列宁的阐发而成为马克思列宁主义的至理名言,最初就是出自普列汉诺夫之口。②

  总之,就列宁而言,马克思、恩格斯、考茨基、普列汉诺夫等人的有关论述,构成了其"灌输论"的思想资源。而列宁对这些思想资源的汲取,是通过刻苦钻研达到的。在列宁的一生之中,无论是在沙皇统治的反动年代还是在十月革命后的新时期,无论是在被逮捕遭流放期间,还是为革命奔走呼号的时候,他都时刻不忘刻苦攻读马克思主义著作。列宁很早就开始接触《资本论》,当他决心成为一名马克思主义者以后,对马克思主义著作的学习达到了如饥似渴、废寝忘食的地步。因此,当他开始参加马克思主义小组活动的时候,他对马克思的著作的熟悉程度和表现出来的理论水平,令他的同志们感到吃惊。列宁24岁写就了《什么是"人民之友"以及他们如何攻击社会民主党人?》。仅在这本书中,他就引证了马克思、恩格斯的《哲学的贫困》《共产党宣言》《资本论》《反杜林论》《家庭、私有制和国家的起源》等十几部重要著作和书信。第一次世界大战前后,歪曲和攻击马克思主义在国际范围内成为一种时髦,列宁更加努力攻读马克思、恩格斯的著作。他说:"我还在'热恋着'马克思和恩格斯,任何对他们的恶意非难,我都不能漠然置之。不,这是真正的人!应当向他们学习。我们不应该离开这个立场。"③十月革命胜利后,列宁国务缠身,但他仍将学习马克思主义著作作为自己每日的必修课。他多次与主管图书馆的梁赞诺夫联系,借阅有关文献,

---

① 〔俄〕普列汉诺夫:《普列汉诺夫哲学著作选集》第2卷,北京:三联书店,1961,第212页。
② 普列汉诺夫在1883年就提出:"要知道,没有革命的理论就没有名副其实的革命运动。"参见〔俄〕普列汉诺夫《普列汉诺夫哲学著作选集》第1卷,北京:三联书店,1959,第98页。
③ 列宁:《致伊·费·阿尔曼德(1917年1月30日)》,《列宁全集》第47卷,北京:人民出版社,1990,第534页。

交流研究心得。直到临终前的最后几天，他还在反复阅读马克思、恩格斯的著作。列宁一生到底阅读了多少马克思主义著作，无法统计。1920年9月，列宁在填写党员重新登记表时，在填写"您读过哪些马克思、恩格斯、列宁、考茨基和普列汉诺夫的著作"一栏时，列宁填上了"几乎全部"。① 在列宁的全部著作中，引用和提到的马克思、恩格斯的著作就有143篇，书信172封，著作集21种。② 在艰苦的环境、繁忙的工作中能做到这一点，没有对马克思主义的坚定信仰，没有顽强的毅力、刻苦的精神，是不可想象的。列宁说得好："不付出相当的独立的劳动，无论在哪个重大的问题上都是找不到真理的；谁怕付出劳动，谁就没有可能找到真理。"③

二 列宁灌输理论的形成过程

"一切划时代的体系的真正的内容都是由于产生这些体系的那个时期的需要而形成起来的。所有这些体系都是以本国过去的整个发展为基础的，是以阶级关系的历史形式及其政治的、道德的、哲学的以及其他的后果为基础的。"④ 与列宁的其他思想一样，"灌输论"的形成、发展也有其时代的需要，经历了一个历史过程。我们认为，要还原这一历史过程，首先要明确关于它的历史分期的方法论原则。其一，对列宁灌输理论进行历史分期，必须把握它发展的阶段性与连续性的统一，既要分别考察列宁在理论教育方面发表的阶段性的、标志性的著作，又要将有关思想前后联系起来，将其看成不断发展的、统一的整体。其二，对列

---

① 参见《俄共（布）莫斯科组织党员重新登记表》，《列宁文稿》第3卷，北京：人民出版社，1978，第313页。
② 参见魏泽焕《学习列宁攻读马克思恩格斯著作的精神和方法》，《理论学刊》2000年第5期。
③ 列宁：《几个争论的问题》，《列宁全集》第23卷，北京：人民出版社，1990，第66页。
④ 马克思、恩格斯：《德意志意识形态》，《马克思恩格斯全集》第3卷，北京：人民出版社，1960，第544页。

宁"灌输论"进行历史分期，必须把握历史与逻辑、理论与实践的统一，注意把对思想形成发展过程的分析与思想背后的实践动因的分析联系起来，从而更好地把握思想形成发展过程本身。其三，对列宁"灌输论"进行历史分期，必须将其与列宁主义整个理论体系联系起来，在对总体的分析中把握部分，在对部分的分析中丰富对总体的研究。依据以上方法，遵循列宁"灌输论"形成、发展的轨迹，可以大致将其分为以下几个阶段。

1. 萌芽阶段（从1893年春至1897年底）

根据目前掌握的资料来看，列宁写于1893年春天的《农民生活中新的经济变动》，是现已发现的列宁的最早著作。我们以为，可以将其视为列宁主义的发端①，同样也可以视为列宁灌输理论和理论教育思想的发端。而列宁灌输理论和理论教育思想的萌芽阶段以1897年结束，相应的著作为《我们拒绝什么遗产》《俄国社会民主党人的任务》。

在这一阶段，年轻的列宁开始运用马克思主义的立场、观点和方法分析俄国现实，登上了马克思主义理论舞台。此时，俄国的马克思主义宣传还主要在同工人运动缺乏联系的秘密小组中进行，马克思主义还没有同工人运动真正结合起来。在俄国广为流行的民粹主义思想，虽受到普列汉诺夫的有力批判，但影响远未肃清。特别是此时的自由主义民粹派，抛弃了旧民粹主义的革命纲领，走上与沙皇政府相妥协的道路，利用手中的合法刊物，攻击马克思主义，挑起同俄国社会民主党人的论战。

---

① 列宁主义到底发轫于何时？对此问题，国内外学术界存在不同看法。有学者认为，应该是列宁开始接受马克思主义和参加革命活动的1887年；有学者认为，应该是列宁发表《什么是"人民之友"以及他们如何攻击社会民主党人？》的1894年，《列宁选集》中文四个版本（即1960年版、1972年版、1995年版、2012年版）也均以此文作为第1卷的第1篇；还有学者认为，应该是列宁发表《怎么办？》的1902年。我们认为，第一种看法确定的起点偏早，现在尚未发现列宁此时的论著；第三种看法确定的起点偏晚，《怎么办？》实际上是列宁主义形成的重要标志，而不是其起点；第二种看法比较有代表性，我们也并不反对。但是，我们认为还可以追溯至1893年的《农民生活中新的经济变动》。该篇是《列宁全集》第1卷第1篇。

与此同时，俄国知识界还出现了一种披着马克思主义外衣的资产阶级思潮，即所谓的"合法马克思主义"。这是国际修正主义思潮在俄国的萌芽，它采纳了马克思主义理论中的某些能为资产阶级接受的论点，打着客观主义的旗号，极力颂扬资本主义。因此，列宁此时主要的理论任务是批判自由主义民粹派和"合法马克思主义"，为实现马克思主义同俄国工人运动真正结合扫除思想障碍，为建立一个统一的无产阶级政党做准备。

在理论灌输和理论教育方面，列宁此时尚未形成系统的思想，但是，他提出了一些重要观点。这主要表现在他的以下几篇文章中。

在《什么是"人民之友"以及他们如何攻击社会民主党人?》（1894年）中，列宁阐明了俄国工人阶级的历史使命思想，指出工人阶级是全体被剥削劳动群众唯一的和天然的代表，是推翻沙皇专制制度和资本统治的整个解放运动的领导力量；第一次通过引用考茨基的话，强调社会民主党是工人运动和社会主义的结合，党应该把马克思主义理论通俗化并灌输给工人。①

在《社会民主党纲领草案及其说明》（1895~1896年）中，列宁提出并定义了工人阶级的"阶级自觉"，而且强调："社会民主党对工人的阶级斗争所能给予的帮助应该是：在工人争取自己最迫切的需要的斗争中给予帮助，以提高他们的阶级自觉。"②

在《俄国社会民主党人的任务》（1897年）中，列宁明确提出："俄国社会民主党人的社会主义工作，就是在工人中间宣传科学社会主义学说"，理论宣传和革命鼓动"在俄国目前的政治条件和工人群众的发展水平下，自然成为首要的工作"。③ 第一次通过引证普列汉诺夫的观

---

① 参见列宁《什么是"人民之友"以及他们如何攻击社会民主党人?》，《列宁全集》第1卷，北京：人民出版社，1984，第284页。
② 列宁：《社会民主党纲领草案及其说明》，《列宁全集》第2卷，北京：人民出版社，1984，第88页。
③ 列宁：《俄国社会民主党人的任务》，《列宁全集》第2卷，北京：人民出版社，1984，第430页。

点，阐发了"没有革命的理论，就不会有革命的运动"①的著名论点；第一次对理论教育客体进行了层次上的区分，指出"我们的工作首先和主要是针对城市工厂工人的"②，但丝毫不意味着放弃其他工人阶级和群众；第一次提出革命宣传要讲究策略和方法；等等。

由此可见，列宁在开始革命斗争和理论活动的初期，就非常注重理论宣传和理论教育，提出了许多极具创见的观点，为他后来进一步探讨理论教育的规律、形成系统的灌输理论奠定了基础。正因为如此，我们将这一阶段视为列宁灌输理论的萌芽阶段。

2. 形成阶段（从1898年初至1903年夏）

根据列宁有关理论和实践来看，这一阶段的起点是1898年春俄国社会民主工党的成立，终点是1903年夏召开的社会民主工党第二次代表大会。俄国社会民主工党虽于1898年已宣告成立，但是没有制定党纲和党章。这时，包括列宁在内的许多马克思主义革命家遭流放，党缺乏一个坚强的领导核心。沙皇政府的镇压使党的组织受到很大打击，党的中央委员会建立不久就被破坏，各地的社会民主党人大批被捕。因此，党在思想上和组织上还处于一种分散的状态，并没有形成一个集中而统一的党。在这种历史条件下，19世纪90年代中期出现的俄国经济派在党内一时占了优势，经济派推崇的"自发论"成为提高无产阶级的阶级觉悟、建立新型的马克思主义政党的严重障碍。

1899年，列宁在流放地就十分关注俄国革命运动的发展和俄国社会民主工党的命运。次年结束流放以后，他除了继续批判民粹主义和"合法马克思主义"以清除其影响外，将相当多的精力放在揭露和批判党内的经济主义倾向上。他与其他革命者一起创办《火星报》，发表一系列

---

① 列宁：《俄国社会民主党人的任务》，《列宁全集》第2卷，北京：人民出版社，1984，第443页。
② 列宁：《俄国社会民主党人的任务》，《列宁全集》第2卷，北京：人民出版社，1984，第430页。

论文，阐明了俄国革命运动中的迫切问题，提出了一套比较完整的无产阶级建党理论，促进了统一的无产阶级政党的建立，列宁主义（布尔什维主义）由此诞生。①

可以说，在俄国经济派"自发论"大行其道的历史条件下，列宁系统阐发"灌输论"，使之具有了新的现实针对性。但是，他这样做的时候，正是俄国社会民主工党地方党组织中小组习气浓厚、工人运动分散性和自发倾向普遍存在、伯恩施坦主义及其在俄国的变种经济主义大行其道的时候。经济派推崇西欧的伯恩施坦主义，迷恋工人运动的自发性，满足于分散状态，醉心于经济斗争，忽视无产阶级运动的政治任务，否认党的领导作用。工人运动中的自发倾向助长了经济主义，经济主义思潮的发展又加剧了社会民主党人的思想混乱和组织涣散，使党进入了混乱、瓦解、动摇的危机时期。所以，揭露和批判党内的经济主义倾向，已经成为俄国工人运动发展的迫切需要。在这样的历史条件下，列宁开始了对经济主义的坚决斗争。他明确指出，同伯恩施坦主义一样，俄国经济主义的实质是要腐蚀社会主义的意识，把马克思主义庸俗化，宣传社会矛盾缓和论，硬说社会革命和无产阶级专政的思想是荒谬的思想，把工人运动和阶级斗争缩小为狭隘的工联主义运动。"这就完全等于资产阶级民主派否认社会主义运动的独立自主权，从而也就否认它的生存权；这在实践上就是想把刚刚开始的工人运动变成自由派的尾巴。"② 因此，凡是在实际上而不是仅仅在口头上愿意反对机会主义的人，应当担负起捍卫马克思主义理论的工作，积极地同严重腐蚀人们意识的经济主义作斗争，"揭穿并且驳斥一切自觉或不自觉地降低我们的纲领和我们的策略的行为"。③

正是在同经济主义作斗争的过程中，列宁对灌输理论做出新的理论

---

① 关于列宁主义诞生的时间，学术界一般无大的分歧，普遍采用列宁的结论："布尔什维主义在1903年诞生"（参见《共产主义运动中的"左派"幼稚病》，《列宁全集》第39卷，北京：人民出版社，1986，第13页）。
② 列宁：《怎么办?》，《列宁全集》第6卷，北京：人民出版社，1986，第16页。
③ 列宁：《怎么办?》，《列宁全集》第6卷，北京：人民出版社，1986，第18页。

概括，形成了新的完整的理论体系，使之成为马克思主义的重要原理。

在理论灌输和理论教育方面，列宁在《俄国资本主义的发展》（1895～1899年）、《俄国社会民主党人抗议书》（1899年）、《为〈工人报〉写的文章》（1899年）、《俄国社会民主党中的倒退倾向》（1899年）等文章中，尤其是在《怎么办？》（1901～1902年）这本列宁主义及其灌输理论诞生的标志之作中，对前一阶段提出的一些重要观点做出了具体阐发，并提出了一系列新的观点，开始形成了比较系统的理论体系。这主要表现在：科学地论证了俄国社会的资本主义性质及工人阶级的历史地位、历史使命，彻底摧毁了自由派民粹主义，清除了它对马克思主义在俄国的传播的障碍，确立了理论教育在俄国革命中的地位；明确提出"只有革命马克思主义的理论，才能成为工人阶级运动的旗帜"①，进一步阐明了理论教育的意义；提出了理论联系实际、因材施教等理论教育的原则；从理论教育主客体的关系角度，对领袖、阶级、政党、群众的关系进行了探讨；批判经济派的"自发论"，系统地阐述"从外面灌输"的问题；等等。

可以说，列宁灌输理论的主要内容②，在这一时期已基本反映出来，并得到比较科学的阐述。此外，此时列宁灌输理论和理论教育思想的发展有一个突出表现，即他的思想在党的文件中得到了比较充分的反映，如《关于俄国社会民主工党各委员会和团体向全国党代表大会的报告的问题》③（1902～1903年）、《为俄国社会民主工党第二次代表大会准备的决议草案》（1903年）等。这既表明列宁在党内地位和影响的提高，也表明俄国马克思主义理论教育的现实意义逐渐得到党的高度重视。

3. 十月革命前的发展（从1903年秋至1917年十月革命）

这一阶段的时间跨度较长，其起点是 1903 年 10 月孟什维克夺取

---

① 列宁：《俄国社会民主党人抗议书》，《列宁全集》第4卷，北京：人民出版社，1984，第155页。
② 关于列宁灌输理论的主要内容的逻辑呈现，可分别参见本书第二章、第三章。
③ 值得一提的是，在这篇文献当中，第16～31个问题是专门论及理论教育、宣传和鼓动的。

《火星报》编辑部,终点是十月革命的爆发。这一时期,俄国革命的发展起伏跌宕,既经历了1905年第一次革命的高潮,又经历了革命失败后的低潮;既面临着第一次世界大战的重大考验,又通过列宁领导的布尔什维克的努力,经受考验而迎来了伟大的十月革命。正是在这样的环境下,列宁主义在同马克思主义的内部和外部的敌人的斗争中,不断发展完善。1903年夏秋以后,孟什维克在普列汉诺夫的支持下,一度占据上风。列宁同孟什维克的机会主义进行了坚决的斗争,提出马克思主义政党的组织原理;在1905年革命失败以后,针对唯心主义思潮的侵袭,列宁坚决捍卫马克思主义哲学的唯物主义基础;批判考茨基的"超帝国主义论",揭露帝国主义的本质;提出"一国胜利"学说,探讨俄国无产阶级革命的道路,领导十月革命并取得了伟大胜利。

在理论灌输和理论教育方面,列宁在《谈谈政治同教育的混淆》(1905年)、《党的组织和党的出版物》(1905年)、《〈无产者报〉扩大编辑部会议文献》、《论马克思主义历史发展中的几个特点》(1910年)、《马克思学说的历史命运》(1913年)、《马克思主义的三个来源和三个组成部分》(1913年)、《卡尔·马克思》(1914年)、《论策略书》(1917年)等著作中,结合新的革命形势,做出新的阐述,在许多方面发展了其理论灌输和理论教育的思想。这主要表现在以下几个方面。

其一,对理论灌输的重要意义做出高度概括。列宁指出:"我们严格地单独组成为一个独立的无产阶级政党,其全部意义很大程度上就在于我们要始终不渝地进行这项马克思主义的工作。"[①]

其二,对马克思主义的理论体系、根本特点、历史命运做出了科学总结,体现了列宁科学的马克思主义观,为理论灌输内容的科学性奠定了基础。

其三,对理论灌输的原则和方法进行了全面的论述。就对原则的论

---

① 列宁:《谈谈政治同教育的混淆》,《列宁全集》第10卷,北京:人民出版社,1987,第335页。

述而言，主要有：具体性原则——"没有抽象的真理，真理总是具体的"①；理论联系实际原则——"马克思主义者必须考虑生动的实际生活，必须考虑现实的确切事实，而不应当抱住昨天的理论不放"②；就对方法的论述而言，主要有：批评与自我批评的方法——"自我批评对于任何一个富有活力、朝气蓬勃的政党来说都是绝对必要的"③；揭露批判的方法——"揭穿机会主义者和社会沙文主义者实际上背叛和出卖群众的利益，揭穿他们维护少数工人暂时的特权，揭穿他们传播资产阶级的思想和影响，揭穿他们实际上是资产阶级的同盟者和代理人，从而教育群众认清自己的真正的政治利益。"④

其四，对理论灌输的主体进行了具体的探讨。例如，列宁论述了社会主义青年团体在理论教育中的作用："这些团体都是担负着党的重要工作的庞大组织。"⑤强调了党校在理论教育中的作用："如果办好一所真正的党校，哪怕是办在国外，也会在一定程度上有助于地方组织从工人中培养合格的党的工作者。"⑥

此外，列宁多次论述了党报在理论教育中的特殊作用，提出党的出版物原则；批判"寻神说""造神说"的错误，论述了马克思主义理论教育与反宗教宣传的关系，等等。

4. 十月革命后的新发展（从1917年十月革命至1924年）

十月革命胜利后，布尔什维克党面临着建立和巩固无产阶级国家政

---

① 列宁：《进一步，退两步》，《列宁全集》第8卷，北京：人民出版社，1986，第369页。
② 列宁：《论策略书》，《列宁全集》第29卷，北京：人民出版社，1985，第139页。
③ 列宁：《谈谈政治同教育的混淆》，《列宁全集》第10卷，北京：人民出版社，1987，第334页。
④ 列宁：《帝国主义和社会主义运动中的分裂》，《列宁全集》第28卷，北京：人民出版社，1990，第84页。
⑤ 列宁：《反军国主义的宣传和社会主义青年团体》，《列宁全集》第16卷，北京：人民出版社，1988，第107页。
⑥ 列宁：《〈无产者报〉扩大编辑部会议文献》，《列宁全集》第19卷，北京：人民出版社，1989，第39页。

权、建设社会主义新社会的新任务。在新的形势下，如何将马克思主义与俄国实际相结合，探寻俄国社会主义建设的新道路，成为列宁此时的理论活动的中心。

面对新的形势和任务，马克思主义理论教育在教育目的、教育重点内容、教育方法等方面也要随之发生相应的变化，列宁灌输理论在新的历史条件下得到了新的发展。具体说来，主要表现在以下几个方面。

其一，提出新时期理论灌输和理论教育的目的。理论灌输和理论教育的目的不再限于启发无产阶级的革命意识。列宁提出，理论教育必须为社会主义建设服务，"以培养能够最终实现共产主义的一代人"。[1]

其二，阐明了新时期理论灌输和理论教育的作用。列宁强调，理论教育是获得进一步的成就和社会主义最终胜利的保证。他指出，社会主义建设要"特别注意加强和巩固劳动者的同志纪律并从各方面提高他们的主动性和责任心"，而"要达到这一目的，就需要坚持不懈地耐心地重新教育群众"。[2]

其三，提出新时期理论灌输和理论教育的重点内容。他说："现在，老一套的政治鼓动，即政治空谈，占的篇幅太多了，而新生活的建设，建设中的种种事实，占的篇幅太少了。"应该"多谈些经济"，"少来一些政治空谈"。[3]

此外，列宁还结合新的实际、新的事例，对理论灌输和理论教育的原则、方法做出了新的论述；根据新的实际需要，组建理论教育的专门领导机构，对理论教育主体组织形式进行了新的探索；反思理论教育的经验与教训，论述了理论教育的艰巨性、复杂性、长期性；等等。特别需要指出的是，1920年10月2日，列宁在《青年团的任务》这一篇为

---

[1] 列宁：《俄共（布）纲领草案》，《列宁全集》第36卷，北京：人民出版社，1985，第87页。

[2] 列宁：《俄共（布）纲领草案》，《列宁全集》第36卷，北京：人民出版社，1985，第109页。

[3] 列宁：《论我们报纸的性质》，《列宁全集》第35卷，北京：人民出版社，1985，第91~93页。

俄国共产主义青年团第三次代表大会所做的讲话中，对青年为什么要学习马克思主义、怎么样来学习马克思主义以及青年团如何带领广大青年学习马克思主义等问题，做了系统阐发。①《青年团的任务》是列宁关于马克思主义理论教育的重要文献。如果说《怎么办？》是他在革命时期关于"灌输论"的代表作的话，那么《青年团的任务》则毫无疑问是他在建设时期关于"灌输论"的代表作。

总之，透过列宁思想形成和发展的历程，我们发现，其"灌输论"正是他从无产阶级解放事业的需要出发，继承马克思和恩格斯"教会工人阶级自我认识和自我意识"这一伟大事业，结合俄国革命和建设的实际，对为什么和怎么样对无产阶级及广大群众进行理论教育这一重大问题，进行专门、深入的思考，在领导俄国革命和建设的过程中逐渐形成和发展起来的。

三 列宁理论灌输的实践形式

列宁不仅从理论上强调理论灌输对于俄国革命的极端重要性，而且身体力行，积极开展理论灌输的实践，为他人和后人留下了宝贵的经验。在考察列宁灌输理论的形成与发展过程的同时，我们不妨以语言灌输和文字灌输这两种形式为例②，简要梳理列宁在这个方面的实践及其经验。

1. 列宁的语言灌输艺术

语言灌输是指利用语言这个人类借以表情达意的最重要的交际工具，来开展思想理论传播和教育的灌输形式。列宁在其革命的一生中，非常善于运用语言灌输的形式，向工人阶级灌输马克思主义理论。他或在各

---

① 参见列宁《青年团的任务》，《列宁全集》第39卷，北京：人民出版社，1986，第293~312页。
② 按照概念的一般分类方法，无疑可以依据不同的分类标准对"灌输"进行不同的分类。本书将列宁理论"灌输"的实践形式分为语言灌输和文字灌输，主要依据灌输所使用的信息传递媒介。

种集会上发表热情洋溢的讲演，或为各种形式的理论学习活动进行系统讲授，或与党内同志就某一理论问题进行亲切谈话，甚至展开激烈的讨论，等等。概而言之，从列宁身上，我们可以学习到以下语言灌输的艺术。

第一，简洁。列宁的讲演、报告等有一个重要的特点：语言简洁明了。他不喜欢冗长的句式，尤其反感故弄玄虚的做派。他特别善于将复杂的工作布置条理化，并在对工农群众宣传时辅之以适当的、简明的口号。他曾以选举宣传为例，指出："提出体现社会民主党选举纲领的简明的共同口号即选举口号常常是有益的，而且有时是必要的，因为这种口号提出了当前政治实践中最根本的问题，为全面开展社会主义宣传提供最方便、最迫切的理由和材料。"① 对列宁的这一语言特点，很多听过他的讲演、报告的人都打心眼里佩服。斯大林曾赞叹道："非凡的说服力，简单明了的论据，简短通俗的词句，没有矫揉造作，没有专为加深听众印象的令人头晕的手势和力求效果的词句，——这一切都使列宁的演说远胜于通常'议会'演说家的演说。"②

第二，通俗。列宁曾经对马克思主义理论宣传、教育提出了一个目标："最马克思主义＝最通俗和朴实（转化）。""最马克思主义＝（转化）最通俗。"③ 列宁给工人讲课，不追求措辞造句的艺术和抑扬顿挫的技巧，他特别善于联系工人熟悉的实际，分析他们亲眼看见的事件，使大家很容易地就接受了他的理论分析。例如，他在批评所谓"群众不能理解政治斗争的思想"的"群氓"观点时指出："这种思想，连文化水平很低的工人也能理解，当然，这是要有条件的，就是要鼓动员或宣传

---

① 列宁：《关于选举运动和选举纲领》，《列宁全集》第 20 卷，北京：人民出版社，1989，第 358 页。
② 斯大林：《论列宁》，《斯大林选集》（上卷），北京：人民出版社，1979，第 176 页。
③ 此处引自《列宁全集》中文第 2 版译文，参见《列宁全集》第 30 卷，北京：人民出版社，1985，第 422 页。在《列宁全集》中文第 1 版中，此处中译文是"最高限度的马克思主义＝最高限度的通俗化"，参见《列宁全集》第 36 卷，北京：人民出版社，1959，第 468 页。笔者认为，就整体编译水平而言，《列宁全集》中文第 2 版无疑比第 1 版有较大的提升，但单就此处的翻译来说，旧译可能更符合中国人的表达习惯。

员善于做他们的工作,能够把这种思想告诉他们,在传达这种思想时,要善于用通俗易懂的语言,并且能够借助于日常生活中他们所知道的事实。"① 列宁还反复强调指出,庸俗化绝非通俗化。例如,他在1901年批评《自由》杂志的某些作者,用"畸形的语言","翻来复去地谈论那被有意庸俗化了的、陈腐的社会主义思想,而不引用新的材料、新的例证,也不进行新的加工。……通俗作家并不认为读者是不动脑筋的、不愿意或者不善于动脑筋的,相反,他认为一个不够开展的读者也是非常愿意动脑筋的,他帮助这些读者进行这种艰巨的工作,引导他们,帮助他们迈开最初的几步,教他们独立向前走。在庸俗作家的眼里,读者是不动脑筋和不会动脑筋的,他不是引导读者去了解严肃的科学的初步原理,而是通过一种畸形简化的充满玩笑和俏皮话的形式,把某一学说的全部结论'现成地'奉献给读者,读者连咀嚼也用不着,只要囫囵吞下去就行了"。②

第三,逻辑性强。开展马克思主义理论灌输和理论教育,必须掌握马克思主义理论的内在逻辑。1914年,列宁针对司徒卢威先生所谓马克思主义"不合逻辑""不值一提"等谬论,强调指出,马克思主义"是欧洲整个历史科学、经济科学和哲学科学的最高发展。这是合乎逻辑的结论"。③ 1916年,列宁针对阿尔曼德抓住《共产党宣言》中"工人没有祖国"这句话所做的片面理解,明确指出:"马克思主义的全部精神,它的整个体系,要求人们对每一个原理只是(α)历史地,(β)只是同其他原理联系起来,(γ)只是同具体的历史经验联系起来加以考察。"④ 由于列宁对马克思主义的透彻而科学的理解,他的讲授或讲演虽然语言简洁、通俗,但逻辑性强。列宁的战友在回忆列宁时,常常钦佩地提到

---

① 列宁:《论〈宣言书〉》,《列宁全集》第4卷,北京:人民出版社,1984,第277页。
② 列宁:《评〈自由〉杂志》,《列宁全集》第5卷,北京:人民出版社,1986,第322页。
③ 列宁:《又一次消灭社会主义》,《列宁全集》第25卷,北京:人民出版社,1988,第51页。
④ 列宁:《致伊·费·阿尔曼德》,《列宁全集》第47卷,北京:人民出版社,1990,第464页。

列宁的"逻辑力量"。斯大林回忆了列宁在1905年12月在一次会议上演说的情况："这种逻辑力量虽然有些枯燥,但是紧紧地抓住听众,一步一步地感动听众,然后就把听众俘虏得一个不剩。我记得当时很多代表说'列宁演说中的逻辑好像许多万能的触手,从各方面把你钳住,使你无法脱身:你不是投降,就是完全失败'。"①

2. 列宁的文字灌输原则

文字灌输是指利用文字这种语言的书面形式来进行思想理论传播和教育的灌输形式。就其具体的表现而言,又可以进一步分为书写革命传单、创办革命报刊、出版理论书籍等形式。列宁非常注重利用文字来进行马克思主义理论的灌输,他以自己从事这项工作为荣。在1921年俄共十大代表的表格"职业"一栏里填写了"著作家",属"记者工会"。在苏维埃代表证上又填写为"记者",属"记者工会"。这是很能说明问题的。

列宁曾经从事过各种形式的文字灌输工作。例如,从最初撰写工人传单开始,到积极创办党报,撰写了大量理论研究论著,整理、出版马克思和恩格斯的著作,等等。在这些工作中,列宁积累了丰富的文字灌输经验。在此,我们主要以列宁的办报理论与实践为例,来说明他在此方面的探索。

十月革命前列宁创办、领导和编辑的革命报刊主要有《工人事业报》《火星报》《前进报》《无产者报》《新生活报》《浪潮报》《回声报》《社会民主党人报》《工人报》《明星报》《真理报》。十月革命胜利后,列宁不仅与当时的全国性报纸《真理报》《消息报》《经济生活报》《贫农报》《民族生活》等保持经常联系,为这些报纸撰稿,而且还同其他的一些专业性、地方性报刊,如《汽笛报》《矿工》《拥护苏维埃政权报》《红色哥萨克》《国民教育通报》《工人的莫斯科报》等,也有较多

---

① 斯大林:《论列宁》,《斯大林选集》(上卷),北京:人民出版社,1979,第176~177页。

的通信往来，并抽出时间给它们撰稿。

正是在长期的办报实践中，列宁总结了党报在理论灌输中应该遵循的基本原则。

第一，党性原则。列宁在创办《火星报》时就明确指出，党报必须以马克思主义为指导，以宣传马克思主义为己任。他说："我们不打算把我们的机关报变成一个形形色色的观点简单堆砌的场所。相反，我们将严格按照一定的方针办报。一言以蔽之，这个方针就是马克思主义。"① 1905年，他针对党内出版物中存在的名利主义和个人主义，明确强调党的出版物的党性原则。他说："党的出版物的这个原则是什么呢？这不只是说，对于社会主义无产阶级，写作事业不能是个人或集团的赚钱工具，而且根本不能是与无产阶级总的事业无关的个人事业。无党性的写作者滚开！超人的写作者滚开！写作事业应当成为整个无产阶级事业的一部分。"② 在马赫主义流行的时候，列宁反对在党的刊物上刊登波格丹诺夫的文章，强调："工人创办了自己的报纸，目的是捍卫马克思主义，而不能让报纸按照资产阶级'学者'的意思来歪曲马克思主义。"③ 十月革命胜利后，针对一些党内同志受到资产阶级提出的"出版自由"口号的影响，他明确揭露和批判了这一口号的虚伪，提出必须首先要弄清楚"是什么样的出版自由？是干什么用的？是给哪一个阶级的？"④ 等问题，进一步强调了无产阶级在出版事业中必须坚持党性原则。

第二，先进性原则。无产阶级政党在开展理论灌输和理论教育时，必须在组织、宣传、鼓动等方面发挥带头作用，尤其要意识到："先进部队只是整个无产阶级中的一小部分，而无产阶级又只是全体居民群众

---

① 列宁：《〈火星报〉编辑部声明》，《列宁全集》第4卷，北京：人民出版社，1984，第316页。
② 列宁：《党的组织和党的出版物》，《列宁全集》第12卷，北京：人民出版社，1987，第93页。
③ 列宁：《给编辑部的信》，《列宁全集》第24卷，北京：人民出版社，1990，第325页。
④ 列宁：《关于"出版自由"》，《列宁全集》第42卷，北京：人民出版社，1986，第85页。

中的一小部分。"① 党报要发挥理论灌输的功能，必须保持其思想内容的先进性。在"自发论"流行的时候，列宁就明确提出，从党报的办报目的和思想水平上，不能向"群众"看齐，而应该把已经有所行动的群众提高到有组织的政治运动的水平。② 针对《工人事业》杂志散布"自发论"的错误，列宁严肃指出："'思想家'所以配称为思想家，就是因为他走在自发运动的前面，为它指出道路，善于比其他人更早地解决运动的'物质因素'自发地遇到的一切理论的、政治的、策略的和组织的问题。"③ 当马赫主义风行俄国的时候，列宁要求党报必须及时开展批判，他说："报纸要是落后，就会毁灭。报纸，无论《涅瓦明星报》还是《真理报》，都应该走在大家前头。……单调和迟误都是与报刊工作不相容的。何况《真理报》还担负着一种特殊的极为重要的责任：'它能率领谁'——这一问题所有的人都在关心，所有的人都力图从字里行间找到答案。"④

第三，现实性原则。尊重事实是新闻出版的生命，实事求是是现实性原则的第一要求。列宁厌恶虚假的宣传报道。一位长期协助列宁编辑党报的助手回忆，列宁在编辑过程中特别注意审读、核对原稿中的事实、数字、引文，即便是最简短的报道也要做到没有差错。他强调："马克思主义是以事实，而不是以可能性为依据的。马克思主义者只能以经过严格证明和确凿证明的事实作为自己的政策的前提。"⑤ 报纸的宣传报道要联系现实，为党的现实政治任务服务，这是现实性原则的又一要求。早在《火星报》时期，列宁就指出："在这些刊物上应当用很多篇幅来

---

① 列宁：《论粮食税》，《列宁全集》第41卷，北京：人民出版社，1986，第216页。
② 参见列宁《致谢·奥·策杰尔包姆（1901年7月）》，《列宁全集》第44卷，北京：人民出版社，1990，第159页。
③ 列宁：《同经济主义的拥护者商榷》，《列宁全集》第5卷，北京：人民出版社，1986，第326~327页。
④ 列宁：《致〈涅瓦明星报〉编辑部（1912年7月24日）》，《列宁全集》第46卷，北京：人民出版社，1990，第114页。
⑤ 列宁：《致尼·达·基克纳泽（1916年12月14日以后）》，《列宁全集》第47卷，北京：人民出版社，1990，第477页。

讨论理论问题，即讨论社会民主主义的一般理论以及怎样把这一理论同俄国实际结合起来。"① 十月革命胜利以后，党的现实政治工作的重心转移到经济工作上，党报的宣传重点也随之发生了变化。列宁提出，报刊应当把实践中直接提出的劳动问题放在首要地位，应当"从报道政治新闻的普通工具，从驳斥资产阶级谎言的工具，变成在经济上重新教育群众的工具，变成向群众介绍如何按新的方式组织劳动的工具"。② 他不满意党报转变的滞后，批评说："我们报纸的面貌还没有改变得符合从资本主义向社会主义过渡的社会的要求。""我们很少用现实生活各个方面存在的生动具体的事例和典型来教育群众，而这正是报刊在从资本主义到共产主义的过渡时期的主要任务。"③

坚持现实性原则，还必须全面地而不是片面地把握实际材料。列宁曾说："只见树木不见森林，——这就是小资产阶级学说的基本特点。"④ 在他看来，工人运动内部之所以总会有一部分人蜕变为机会主义者，一个很重要的原因在于他们了解的是客观实际的片面而不是全部，代表的是工人运动中的少数人而不是整体的利益。为了克服这一恶习，列宁撰文告诫全党："要真正地认识事物，就必须把握住、研究清楚它的一切方面、一切联系和'中介'。我们永远也不会完全做到这一点，但是，全面性这一要求可以使我们防止犯错误和防止僵化。"⑤ 在这一方面，列宁为我们树立了典范。例如，第一次世界大战爆发以后，考茨基等人站在狭隘的民族主义立场上，认为战争不是"纯粹的"帝国主义战争，散

---

① 列宁：《〈火星报〉和〈曙光〉编辑部声明草案》，《列宁全集》第4卷，北京：人民出版社，1984，第285页。
② 列宁：《〈苏维埃政权的当前任务〉一文初稿》，《列宁全集》第34卷，北京：人民出版社，1985，第137~138页。
③ 列宁：《论我们报纸的性质》，《列宁全集》第35卷，北京：人民出版社，1985，第91、93页。
④ 列宁：《民粹主义的经济内容及其在司徒卢威先生的书中受到的批评》，《列宁全集》第1卷，北京：人民出版社，1984，第347页。
⑤ 列宁：《再论工会、目前局势及托洛茨基同志和布哈林同志的错误》，《列宁全集》第40卷，北京：人民出版社，1986，第291页。

布社会沙文主义言论。这实际上是为帝国主义战争辩护,号召各国的无产阶级不要反对这场战争。在大是大非面前,列宁毫不含糊,他发表文章明确指出:"马克思的辩证法,作为关于发展的科学方法的最高成就,恰恰不容许对事物作孤立的即片面的和歪曲的考察。"① 他认为,能够证明战争的真实社会性质、阶级性质的,自然不是战争的外交史,而是对各交战国统治阶级的客观地位的分析。"为了说明这种客观情况,应当利用的,不是一些例子和个别的材料(社会生活现象极其复杂,随时都可以找到任何数量的例子或个别的材料来证实任何一个论点),而必须是关于所有交战大国和全世界的经济生活基础的材料的总和。"② 列宁指出,对于这场战争的百分之一左右的参加者来说,战争是资产阶级解放运动的"政治的继续";而对于百分之九十九的参加者来说,战争是帝国主义战争,只能是腐蚀各民族而不能解放各民族的、已经衰朽的资产阶级的政治的继续。列宁的正确分析,及时地教育了无产阶级,为布尔什维克利用帝国主义战争发动并夺取革命胜利奠定了理论基础。那么,如何做到全面地而不是片面地把握实际?列宁有一段非常经典的论述:"在社会现象领域,没有哪种方法比胡乱抽出一些个别事实和玩弄实例更普遍、更站不住脚的了。挑选任何例子是毫不费劲的,但这没有任何意义,或者有纯粹消极的意义,因为问题完全在于,每一个别情况都有其具体的历史环境。如果从事实的整体上、从它们的联系中去掌握事实,那么,事实不仅是'顽强的东西',而且是绝对确凿的证据。如果不是从整体上、不是从联系中去掌握事实,如果事实是零碎的和随意挑出来的,那么它们就只能是一种儿戏,或者连儿戏也不如。"③

第四,群众性原则。列宁坚持党报的先进性,同时也主张党报的群众性。他认为,党报应该面向群众,为群众提供精神食粮。他反对把党

---

① 列宁:《第二国际的破产》,《列宁全集》第26卷,北京:人民出版社,1988,第252页。
② 列宁:《帝国主义是资本主义的最高阶段》,《列宁全集》第27卷,北京:人民出版社,1990,第326页。
③ 列宁:《统计学和社会学》,《列宁全集》第28卷,北京:人民出版社,1990,第364页。

报办成"供知识分子阅读"的专门读物,认为"必须从理论上阐明每一个事件,必须向最广大的工人阶级群众宣传政治问题和党的组织问题"。①他反对党报把马克思主义的无产阶级专政理论"只当作背得烂熟的流行公式来谈论",要求"应该很好地进行宣传,使每一个普通的工人、士兵、农民都能通过我们报刊上每天不断报道的活生生的事实,认识到无产阶级专政的必要性"②;他反对用"畸形的语言"对群众谈论理论问题,要求"从最简单的、众所周知的材料出发,用简单的推论或恰当的例子来说明从这些材料得出的主要结论,启发肯动脑筋的读者不断地去思考更深一层的问题"。③他主张通俗化,认为只要领导有力,方法得当,"办通俗的机关报来向广大群众解释我们的口号"是可行的,"如果我们不办通俗的机关报,群众就会被其他政党夺去,受它们利用"。④他提倡发挥群众的作用,明确指出,无产阶级执政党不应当也不可能靠资产阶级的"出版自由"来克服自身的"弱点、错误、偏差、毛病"⑤,而必须依靠工人和农民、依靠广大党外群众来检查和监督党员的工作,从而使苏维埃变得生气勃勃。

与此同时,列宁认为,党报必须及时反映人民群众的要求和呼声,为充分发挥其历史主动性提供舆论工具。十月革命胜利后,经济工作中出现了许多问题,群众意见很大。列宁对此极为重视,提出要通过报刊来"揭露每个劳动公社经济生活中的缺点,无情地抨击这些缺点,公开揭露我国经济生活中的一切弊病,从而呼吁劳动者的舆论来根治这些弊病"。⑥他认

---

① 列宁:《〈火星报〉和〈曙光〉编辑部声明草案》,《列宁全集》第4卷,北京:人民出版社,1984,第287页。
② 列宁:《为共产国际第二次代表大会准备的文件》,《列宁全集》第39卷,北京:人民出版社,1986,第199页。
③ 列宁:《评〈自由〉杂志》,《列宁全集》第5卷,北京:人民出版社,1986,第322页。
④ 列宁:《俄国社会民主工党(布)彼得堡委员会会议文献》,《列宁全集》第30卷,北京:人民出版社,1985,第195页。
⑤ 列宁:《关于"出版自由"》,《列宁全集》第42卷,北京:人民出版社,1986,第86页。
⑥ 列宁:《〈苏维埃政权的当前任务〉一文初稿》,《列宁全集》第34卷,北京:人民出版社,1985,第136页。

为，党将自己的缺点公开暴露在群众面前，通过讨论解决问题，这本身就是教育群众。他还说："公开报道这方面的情况，本身就是一个重大的改革，它能够吸引广大人民群众主动地参加解决这些与他们最有切身关系的问题。"①

在列宁的领导下，党报正是由于正确贯彻了以上原则，所以在理论灌输中充分发挥了重要作用。列宁在《真理报》创办两年后欣慰地说："我们看到，在报纸创办后的两年内，觉悟的工人真理派不仅在思想上团结了起来，而且在一定程度上也在组织上团结了起来……始终不渝地向着坚定而明确的彻底马克思主义的目标迈进，从而为完成无比艰巨的历史任务奠定了基础。"② 列宁的这些论述，对于今天我们办好党报仍具有重要的指导意义。

四 关于灌输论的首倡者问题再探

"灌输论"的首倡者问题，不仅关涉马克思主义灌输原理及其发展史研究，而且关涉思想政治教育重要理论基础的思想缘起及历史地位。不少学者都探讨过这个问题，笔者也曾对此做过专门的思想考察。但是，国内学界在这个问题上至今仍存有争议，不同观点仍不时见诸各种论著，常常让人感到莫衷一是。因此，重新对这个问题进行一些分析，并着重于对现有流行观点做出比较与回应，无疑是一件很有必要的事情。③

1. 关于首倡的判断标准问题

在考察思想史和回应具体观点之前，首先应该讨论一下首倡的判断标准问题。在笔者看来，在这个问题上至今存有分歧的一个重要原因，

---

① 列宁:《〈苏维埃政权的当前任务〉一文初稿》,《列宁全集》第34卷,北京:人民出版社,1985,第138页。
② 列宁:《我们的任务》,《列宁全集》第25卷,北京:人民出版社,1988,第107页。
③ 孙来斌:《"灌输论"首倡者问题再探》,《思想理论教育》2010年第7期。

就在于以前我们往往忽略了对这个问题的探讨，缺乏一个明确的、统一的判断标准（当然，每个论者的思想意识中可能会有自己的标准）。正因为标准不明确或者不统一，就难免在这个并不复杂的问题上出现众说纷纭、自说自话的现象，也就难以达成共识。

根据笔者不成熟的理解，对于人文社会科学而言，一种思想的首倡，一般应该具备以下特征：其一，标志性，即公开使用了标志这种思想诞生的核心概念；其二，系统性，即提出的思想观点比较完整，并非零碎的思想火花；其三，原创性，即第一个在思想史上明确提出这种观点，并公开发表。这三个特征是统一而不可或缺的，如果缺少任何一个，就难以明确判定首倡者：若不具备标志性特征，那就难以区别这一思想与相关思想，容易导致解读的随意性；若不具备系统性特征，那就难以区别思想火花与思想创造，容易把一种思想的来源当成这一思想本身；如果不具备原创性特征，那就难以区别首倡与借鉴，容易将阐释性、发展性论述当成原创性论述。

就"灌输论"的首创而言，这些特征可以具体表述如下。

其一，标志性，即率先同时使用了"灌输""工人阶级（或无产阶级）""社会主义意识"等标志"灌输论"产生的核心概念。我们在梳理这个问题时，应注重这些概念的独特性，不宜用其他相关概念来替代。由于人文社会科学概念具有复杂性、关联性，找到相关的替代概念并非难事。同时，应注重几个核心概念使用的同时性，不应只看"灌输"一词。因为我们所要探讨的"灌输论"，是作为马克思主义重要原理的"灌输论"，因此不可能也没有必要对"灌输"概念做训诂式的词源考察，要知道在各种文字当中，它无疑是早已存在的。

其二，系统性，即提出了由灌输的意义、方法、主客体等方面思想构成的比较完整的观点体系。在人类思想史上，任何有价值的理论，都是由一系列概念、判断、推理组成的观点体系，有其内在的系统性。毫无疑问，"灌输论"亦是如此。在不同场合下表达的个别类似观点，零星迸发出来的有关思想火花，无疑够不上系统的"灌输论"。因此，我们在探讨这个问题时，应该对此加以适当区分，不应把零星的思想火花当成系统的论述，要知道在浩如烟海的社会主义思想文献中，这样的思想火花无疑是很多的。

其三，原创性，即第一个在马克思主义发展史上明确提出"灌输论"，并见之于公开发表的文献，后来者的相关思想是对它的阐释或完善。马克思主义发展史具有阶段性与连续性相统一的特征，马克思主义者在不同历史条件下进行的理论创造活动，既有相互联系，又有各自特色，不应将其对立或混同。具体到"灌输论"而言，许多马克思主义者先后都对此做过思想贡献，但是贡献的大小和形式不同，存在前创（思想萌芽）、原创（首次系统阐发）、继创（完善发展）的区别。我们在梳理这个问题时，应该避免思想僭越，尊重历史文献本身，既不宜将思想萌芽拔高为系统性的原创，也不宜将继创性论述当成原创性观点。

2. 德萨米是"灌输论"的首倡者吗？

将19世纪40年代法国著名空想共产主义者泰·德萨米视为"灌输论"的首倡者，这是20世纪80年代末期我国学者提出的一种观点。该观点的直接文献依据是德萨米在1842年出版的《公有法典》的一段话："要往无产者的头脑里灌输真理：你有责任给无产者进行这一洗礼！"[①]概括起来，该观点的分析思路大致是：德萨米已意识到无产阶级是变革现存制度的力量，并认为无产者不会自发地在理论上达到共产主义；德萨米的这段话，是社会主义思想史上关于必须从外面对无产阶级加以灌输的思想的最早表述；马克思十分熟悉德萨米的著作（包括《公有法典》），他两年后开始接受和使用这一概念，大约就是受到德萨米著作的启示。[②]

有学者并不赞成这种观点，并提出如下商榷意见：德萨米尚未科学地认识到无产阶级是一个独立的阶级，他所说的"无产者"构成成分复

---

① 〔法〕德萨米：《公有法典》，黄建华等译，北京：商务印书馆，1982，第98页。
② 孙代尧：《"灌输"论探源》，《江西社会科学》1989年第6期。

杂；他所说的"真理"，并不是作为"无产阶级解放运动的理论表现"的科学社会主义，而是他那套建立在抽象人性论基础上的空想社会主义"法典"；他所说的"洗礼"，并不是指无产者通过社会革命在推翻旧制度的同时也"抛掉自己身上的一切陈旧的肮脏东西"，而是要无产者像虔诚的基督徒接受宗教洗礼一样听从他的说教。因此，德萨米所说的"灌输"，同我们所说的"灌输论"有着原则性的区别。虽然德萨米在社会主义思想史上最早使用了"灌输"一词，但他并不能算是"灌输论"的首创者。他的观点只是为马克思主义"灌输论"的提出提供了一个重要的思想材料。①

笔者认为，"德萨米首倡说"从社会主义思想史角度对"灌输论"所做的马克思主义思想前史的考察，无疑是具有学术价值的。但是，德萨米所说的灌输，是在空想社会主义思想体系之内提出的，同马克思主义"灌输论"有本质区别。从这种意义上讲，笔者基本赞同前述商榷意见。对照首倡的三个特征来看，德萨米的论述因其提出了"灌输""无产阶级"等概念，而部分符合标志性特征（当然，他对这些概念的理解并不是马克思主义的）；德萨米关于灌输的只言片语，无疑够不上系统的"灌输论"，因此，不符合系统性特征；德萨米关于灌输的论述，因其属于空想社会主义思想体系，并不属于马克思主义"灌输论"思想之列，因而也不符合原创性特征。马克思阅读并评价过德萨米的著作，从一般意义上也可以说从中汲取了思想营养，因此大致可以将德萨米的相关论述视为马克思主义"灌输论"的思想来源之一（严格说来，还需要一定的文献证明）。而前述两种观点都认为德萨米在社会主义思想史上最早使用了"灌输"一词，对此笔者持保留态度。因为社会主义思想源远流长，有关文献浩如烟海，笔者未做详尽的思想考察，不敢妄论。

---

① 王建华：《试析关于"灌输论"首创者的几种观点——兼论马克思主义灌输理论的形成》，《思想教育研究》1994年第5期。

3. 马克思、恩格斯是"灌输论"的首倡者吗?

关于马克思、恩格斯对"灌输论"的贡献,我国学界在20世纪80年代曾经有过热烈讨论,当时有学者就提出了"马恩首倡说"。例如,有学者在1986年撰文明确指出:"灌输论"的首倡者不是考茨基而是马克思、恩格斯。[①] 另有学者随后撰文表示"完全同意"这一观点。[②] 近年来还有不少学者抱持类似观点,如有学者重申,在马克思主义发展史和传播史上,"最早提出和使用'灌输'概念的是马克思和恩格斯"。[③]"马克思恩格斯首先提出并阐述了'灌输论'。"[④]

综观有关论著,金重先生不仅较早提出了"马恩首倡说",而且从"灌输论"主要组成观点角度比较系统地论证了马克思、恩格斯的思想贡献:向工人运动灌输社会主义,是和社会主义同工人运动结合的原理紧密相关的,而这一原理是他们首先提出并论证的;他们最先论证从外面灌输社会主义理论,才能使工人运动从自发状态变成自觉斗争;他们最先论证社会主义不能从自发工人运动中产生,它是由理论家创造并灌输给工人;他们最先论证并以实践表明,灌输社会主义,必须开展两种世界观的斗争,批判资产阶级思想体系和工人运动中的各种错误思潮。[⑤]

与上述看法相反,一种看法认为:"马克思恩格斯就从来没有'灌输论'的观点,他们还特别反对'工人太缺少教育,不能自己解放自己'的观点。"[⑥] 依此逻辑,马克思、恩格斯连"灌输论"的观点都没

---

① 金重:《"灌输论"的首倡者不是考茨基而是马克思恩格斯》,《北京大学学报》(哲学社会科学版)1986年第6期。
② 李佩龙:《关于马克思主义"灌输论"的论战——兼与余源培、蔡小隽等同志商榷》,《宁夏大学学报》1987年第1期。
③ 韩晓乐、张扬:《对思想政治教育灌输原理的再认识》,《中国地质教育》2007年第1期。
④ 宋迎法:《灌输论思想发展脉络及现实意义》,《中国矿业大学学报》(社会科学版)2000年第3期。
⑤ 金重:《"灌输论"的首倡者不是考茨基而是马克思恩格斯》,《北京大学学报》(哲学社会科学版)1986年第6期。
⑥ 李洪林:《我们坚持什么样的马克思主义》,《马克思主义研究》1989年第1期。

有，那就更谈不上首倡"灌输论"了。

在笔者看来，马克思、恩格斯对"灌输论"的思想贡献是毋庸置疑的，他们确实在不同场合下分别论述过对工人进行科学理论灌输的意义、方法等问题。但是，这些思想，散见于《〈黑格尔法哲学批判〉导言》《共产党宣言》《国际工人协会成立宣言》《社会主义从空想到科学的发展》等文献中。总的来看，他们并没有直接、专门探讨"灌输"问题，有关论述显得不够集中、不够系统，也没有同时使用"灌输论"的核心概念（虽然他们偶尔直接使用过"灌输"概念，经常使用"工人阶级"等概念），不符合首倡的系统性、标志性特征。一些学者将马克思、恩格斯关于"灌输论"的零散思想火花系统化，这对于我们全面理解他们的思想贡献无疑是很有帮助的，但是，如果将此直接等同于马克思、恩格斯本人的系统原论，似乎有思想僭越之嫌。

至于那种否定马克思、恩格斯有"灌输论"思想的观点，毫无疑问是站不住脚的。马克思、恩格斯确实批判过"工人太缺少教育，不能自己解放自己"的观点，但这是他们针对当时德国社会民主党内的机会主义者"苏黎世三人团"而言的，意在批判这些人公开鼓吹的投降主义和反对阶级斗争的观点，强调工人阶级的历史主体作用及其接受科学社会主义指导的重要意义。正因为如此，他们指出："我们不能和那些公开说什么工人太没有教养，不能自己解放自己，因而必须由仁爱的大小资产者从上面来解放的人们一道走。"① 可见，靠引证这段话来断定马克思、恩格斯反对"灌输论"，无疑是断章取义、曲解原意的。

总之，马克思、恩格斯一贯重视对工人阶级的思想理论教育，他们虽未系统阐发"灌输论"，但是为之做了重要的奠基性贡献。可以说，"灌输论"的每一个重要观点都可以在他们那里找到思想起源。对于这种贡献，列宁曾经评价说："马克思和恩格斯对工人阶级的功绩，可以这样简单地来表达：他们教会了工人阶级自我认识和自我意识，

---

① 马克思、恩格斯：《给奥·倍倍尔、威·李卜克内西、威·白拉克等人的通告信》，《马克思恩格斯文集》第3卷，北京：人民出版社，2009，第484页。

用科学代替了幻想。"①

4. 考茨基是"灌输论"的首倡者吗?

考茨基对"灌输论"有无贡献、贡献多大?对于这个问题,学界存有很大争议。其中,有学者将考茨基视为"灌输论"的首倡者,认为他在社会主义史上首次提出了这一思想。②还有学者具体梳理了考茨基"灌输论"思想的形成过程:1886年,考茨基在《新时代》杂志上发表评介马克思、恩格斯著作的系列文章,提出并论证了从工人运动中不可能自发产生社会主义学说等一系列重要观点;1888年,考茨基参加了奥地利社会民主工党海因菲尔德纲领的讨论和最后定稿工作,这个纲领使用了"从政治上把无产阶级组织起来,把认识无产阶级地位及其任务的意识灌输到无产阶级中去"的提法;1891年,德国社会民主党通过了由考茨基和伯恩施坦起草的新党纲,其中明确阐发了有关思想;考茨基的"灌输论"思想到1890年前后就已经基本形成,并于1901年10月在《新时代》上发表的文章中第一次得到完整表述。③

另外一种观点认为,考茨基不是"灌输论"的首倡者,他只不过是重申了马克思、恩格斯等人的思想观点。有学者还提出质疑:既然奥地利社会民主党1888年的旧纲领中已提出了"灌输"任务,又怎能把"从外部向工人运动灌输社会主义意识的思想"说成考茨基1901年文章中"首先提出来的"呢?此外,考茨基早在1892年写的《爱尔福特纲领解说》中,已单用一节解释"社会民主主义是工人运动和社会主义的结合",并指明"这一具有全世界历史意义的事业,应归功于马克思和恩格斯"。这不难看出,考茨基重申的是他本人也不认为是自己首次提

---

① 列宁:《弗里德里希·恩格斯》,《列宁全集》第2卷,北京:人民出版社,1984,第2页。
② 中共中央党校科学社会主义教研室:《社会主义思想史》(上册),北京:中共中央党校出版社,1984,第362页。
③ 王学东:《略谈考茨基"灌输论"思想的形成过程》,《国际共运史研究》1988年第4期。

出"灌输论"的思想。①

对于以上两种观点，笔者倾向于第一种意见，因为从现在掌握的文献来看，考茨基先后多次直接论及"灌输"问题，其中1901年10月发表的《修改奥地利社会民主党纲领》一文，对"灌输论"做了集中而系统的阐发，有关论述符合首倡标准：其一，该文相关段落同时使用了"灌输""无产阶级""社会主义意识"等标志"灌输论"产生的核心概念，符合标志性特征。其二，该文明确提出了社会主义意识不是无产阶级斗争的必然的直接的结果、现代社会主义意识只有在深刻的科学知识的基础上才能产生出来、马克思主义政党的任务就是把认清无产阶级的地位及其任务的意识灌输到无产阶级中去等观点，包含了灌输的意义、方法、主客体等方面的思想，符合系统性特征。其三，该文在马克思、恩格斯有关思想的基础上，将其分散的思想火花加以集中概括，将其蕴含的思想加以明确表达，在马克思主义发展史上第一次明确、系统地阐发了"灌输论"，有关表达后来被列宁等人直接引用，符合原创性特征。

至于有学者提出的奥地利社会民主党1888年旧纲领已有"灌输"表达，考茨基后来只不过是重申这个表达的问题，笔者认为这与考茨基首倡"灌输论"并不矛盾：一则考茨基本人参与了该纲领的起草与修改，纲领本身包含了他的思想贡献；二则该纲领中的有关表达还不够系统，也为考茨基后来的理论创造留下了理论空间。

总之，由于考茨基对"灌输论"的原创性贡献，国际上许多学者往往将"灌输论"视为他的一个标志性思想。其中，英国学者迪克·吉尔里指出，强调理论灌输是考茨基区别于倍倍尔等同时期其他理论家的一个重要思想。②

---

① 金重：《"灌输论"的首倡者不是考茨基而是马克思恩格斯》，《北京大学学报》（哲学社会科学版）1986年第6期。
② Dick Geary, *Karl Kautsky*: *Lives of the Left*, Manchester: Manchester University Press, 1987, p. 92.

5. 列宁是"灌输论"的首倡者吗？

提及"灌输论"，不能不提列宁。众所周知，"灌输论"成为马克思主义的重要原理，列宁功不可没。那么，到底怎样看待列宁对此所做的思想贡献呢？国内许多学者都将列宁视为"灌输论"的首倡者。其中，有学者指出："'灌输论'是列宁首先提出来的，是列宁在考茨基那篇文章和《怎么办？》以前很久就提出来的。""列宁1894年在《什么是'人民之友'》中第一次提出了'灌输'的思想。其后作了多方面的阐述，使之趋于完整。"① 另有学者持类似观点，认为列宁的"灌输论"思想始于1894年，并在1899~1900年批判经济派的一系列文章中达到成熟和完善；列宁1902年在《怎么办？》中引证考茨基的话，只是出于补充说明的需要。"而考茨基的那段话刊登在《新时代》杂志第20卷（1901~1902年）第1分卷第3期上，其发表时间为1901年10月19日。这显然比列宁明确提出'灌输论'要晚。由此可见，明确提出马克思主义'灌输论'的第一人并非考茨基，而是列宁。那种认为考茨基首先提出'灌输论'，后来列宁'对考茨基的提法加以确认和补充'，从而形成灌输理论的观点是不符合历史事实的。"②

笔者认为，这些学者对列宁"灌输论"思想的形成、发展过程所做的文献考察，无疑是很有价值的。但是，他们在做文献比较时，对考茨基的思想贡献显得重视不够。如前所述，考茨基的"灌输论"思想也有一个形成、发展的过程。从现在掌握的有限的考茨基文献来看（由于种种原因，考茨基著作的中译本很少），他对"灌输论"的最初论述至少可以追溯到1886年，而列宁的最初论述则是在1894年。同时，我们只要认真读一读《什么是"人民之友"以及他们如何攻击社会民主党人？》就会发现，列宁在该文中对灌输问题的初步论述，就直接引证了考茨基

---

① 王启文：《"灌输论"是谁最早提出来的？》，《当代世界与社会主义》1988年第2期。
② 王建华：《试析关于"灌输论"首创者的几种观点——兼论马克思主义灌输理论的形成》，《思想教育研究》1994年第5期。

的观点，强调社会民主党是工人运动和社会主义的结合，党应该把马克思主义理论通俗化并灌输给工人。① 换言之，从"灌输论"的思想起点看，考茨基要比列宁早，并且对列宁产生了重要影响。如果从"每一个要素可以在它完全成熟而具有典型性的发展点上加以考察"②，即从"灌输论"的系统阐发来看，考茨基的《修改奥地利社会民主党纲领》比列宁的《怎么办?》发表时间要早，并且同样对列宁产生了重要影响。因为列宁在《怎么办?》中对考茨基的有关论述做了大段的直接引证，并称其是"一段十分正确而重要的话"。③

当然，我们并不否认列宁对"灌输论"所做的创造性贡献。列宁在《怎么办?》等著作中的有关思想，绝不是单纯地解释考茨基的观点。固然，其中有的是考茨基已有的论述，但是列宁根据新的实际又做了新的阐发（如关于"从外面灌输"的解释）；有的是考茨基虽有所论述，但是论述得不够全面，深究起来还不够准确，列宁做了新的论述，使之更准确（如关于自发性与自觉性关系问题，考茨基对两者之间的联系强调得不够，列宁对此做了新的辩证阐释）；有的是列宁根据马克思主义的一般原理，结合俄国的实际而做的全新概括，为"灌输论"增添了新的内容（如在俄国如何具体对工人进行理论灌输的问题）。④

总而言之，列宁在新的历史条件下结合新的实际，把蕴含在马克思、恩格斯的有关文献中的思想进一步阐发出来，把考茨基等人对"灌输"的论述进一步系统化、理论化，并进行了新的理论创造，使之成为马克思主义的重要原理。与考茨基相比，列宁关于"灌输论"的论述，同样具有首倡的标志性特征，具有更突出的系统性特征，稍显不足的是原创性特征，总体而言应属于继创性贡献。

---

① 参见列宁《什么是"人民之友"以及他们如何攻击社会民主党人?》，《列宁全集》第1卷，北京：人民出版社，1984，第284页。
② 恩格斯：《卡尔·马克思〈政治经济学批判。第一分册〉》，《马克思恩格斯文集》第2卷，北京：人民出版社，2009，第603页。
③ 列宁：《怎么办?》，《列宁全集》第6卷，北京：人民出版社，1986，第37页。
④ 孙来斌：《灌输论是指导思想理论教育的科学理论》，《马克思主义研究》2004年第3期。

6. 简短结论

应该承认，我国学界在"灌输论"首倡者问题上存在不同看法，这对我们全面了解"灌输论"思想的发展脉络，具有一定的积极意义。事实上，除"德萨米首倡说"从马克思主义前史的角度对"灌输论"做了有价值的探讨以外，其他各说分别从不同角度揭示了马克思、恩格斯、考茨基、列宁对"灌输论"所做的贡献。从"灌输论"的思想萌芽来看，无疑可以而且应该追溯到马克思、恩格斯；从"灌输论"理论化、系统化的最初过程来看，考茨基做出了重要贡献；从"灌输论"在理论上的完善、在实践中的运用及其社会影响的扩大来看，这又要归功于列宁。正是一代又一代马克思主义者相继不懈努力，"灌输论"才成为马克思主义理论宝库中的重要组成部分。他们这么做的时候，唯一关心的是如何增强工人阶级的阶级自觉，积极推动工人阶级的革命实践，没有也不可能有任何将"灌输论"归至自己名下的功利意识。有鉴于此，笔者曾经多次提议在此问题上不妨来一点"模糊学"："灌输论"的首倡者是马克思主义者。[①]

但是，"模糊学"虽有免了争议的好处，但是也存在模糊不清的弊端。因此，在"模糊"之余，一定的明确性也显得很有必要。依据相关历史文献，参照前述首倡者标准，我们应该实事求是地承认考茨基对"灌输论"的首倡贡献。考茨基是马克思主义发展史上一个复杂而重要的人物，由于他后来与列宁出现了重大分歧并蜕变为机会主义者，因此我们以前在评价他时往往显得太简单，或者一批了之，或者有意回避，或者加以漫画式处理，实际上这并不符合历史唯物主义的基本原则。当然，在"灌输论"首倡者的问题上，现在的多数不同看法更多地属于学术歧见，并非出于前述原因，但也不能因此就认为这个原因对我们完全没有影响。有学者曾经指出，考茨基阐发"灌输论"时还没有变成"叛

---

① 孙来斌：《"灌输论"思想源流考察》，《武汉大学学报》（哲学社会科学版）2004年第1期。人大复印报刊资料《思想政治教育》2014年第4期全文转载。

徒";就算他后来变成了"叛徒",难道能因人废言吗?① 这是对曾经左右我们研究的某种思维惯性的质疑,笔者对此深有同感。考茨基在1909年以前,是一位出色的马克思主义者,"是机会主义的敌人",其关于马克思主义理论灌输的论述,是射向机会主义者的重磅炮弹。他关于"灌输论"的重要阐述,与他所撰写的其他马克思主义文献一起,"永远是社会主义文献中有价值的成果"。②

需要强调指出的是,肯定考茨基在"灌输论"首倡方面的贡献,并不意味着否定列宁在此方面的贡献,并不影响我们对列宁灌输理论的独特价值的尊重。从思想理论史的角度来看,由于两人"灌输论"的基本观点一致,又各有特色,且阐发于同一时期,因此,一些国外学者往往在这个问题上将他们相提并论。例如,法国学者迈克尔·罗伊在其著作中就是这么做的。③ 从世界社会主义运动史的角度来看,列宁对"灌输论"的综合贡献最大,因为他不仅在理论上对"灌输论"加以完善、发展,使之成为马克思主义的著名原理,而且他在实践中加以科学运用,使之产生了重大的历史影响并结出了伟大的硕果——用马克思主义理论武装了俄国工农群众,从而为夺取十月革命的胜利奠定了思想基础和阶级基础。从这种意义上说,在"灌输论"前面冠以列宁的名字,是实至名归的。

---

① 李佩龙:《关于马克思主义"灌输论"的论战——兼与余源培、蔡小隽等同志商榷》,《宁夏大学学报》(社会科学版)1987年第1期。
② 列宁:《共产主义运动中的"左派"幼稚病》,《列宁全集》第39卷,北京:人民出版社,1986,第81页。
③ Michael Löwy, *Fire Alarm*: *Reading Walter Benjamin's "On the Concept of History"*, London: Verso, 2005, p. 78.

第二章　列宁灌输理论的科学内涵：文本的分析

作为列宁主义的一个重要组成部分，作为马克思主义思想理论教育的重要原理，"灌输论"有其相对独立的理论内容、精神实质。然而，自列宁系统阐发"灌输论"以来，就出现了关于这一理论的各种质疑。这些质疑，将矛头最终指向了"灌输论"的科学性。回应这些质疑，有必要系统地梳理"灌输论"的理论内容，研判其精神实质，并有针对性地进行理论分析。

一　列宁灌输理论的核心内容

"灌输论"的精神实质到底是什么，它与马克思主义大众化之间有何理论上的关联？这一问题，不仅直接关涉对"灌输论"基本内涵的理解，而且关涉对"灌输论"理论价值的判断。

1.《怎么办?》的集中阐发

为了弄清这个问题，有必要先回到文本，回顾一下列宁在《怎么办?》中对"灌输论"的经典阐述。[①] 概括起来，列宁的阐述可归为以下几点：其一，工人运动不可能单独产生科学社会主义。自发性是自觉性的萌芽状态，但它毕竟不同于自觉性。工人本来也不可能有社会主义的

[①] 孙来斌：《"灌输论"思想源流考察》，《武汉大学学报》（哲学社会科学版）2004年第1期。

意识。"各国的历史都证明：工人阶级单靠自己本身的力量，只能形成工联主义的意识。"① 其二，社会主义学说是从有产阶级的有教养的人即知识分子创造的哲学、历史学、经济学理论中发展起来的。无论从德国还是从俄国来看，它都是"完全不依赖于工人运动的自发增长而产生的，它的产生是革命的社会主义知识分子的思想发展的自然和必然的结果"。② 其三，由于资产阶级思想体系渊源久远，且拥有强大的传播工具，因此，对工人运动自发性的任何崇拜，对社会主义思想体系的任何轻视和任何脱离，对"自觉因素"的作用即无产阶级政党的作用的任何轻视，"完全不管轻视者自己愿意与否，都是加强资产阶级思想体系对工人的影响"。③ 其四，没有革命的理论，就没有革命的运动。要使自发的工人运动变为自觉的革命运动，就必须实现社会主义与工人运动的结合，把社会主义意识"从外面灌输给工人，即只能从经济斗争外面，从工人同厂主的关系范围外面灌输给工人"。④ 其五，"对于怎么办才能向工人灌输政治知识这个问题"，列宁回答说，社会民主党是工人运动和社会主义的结合，"为了向工人灌输政治知识，社会民主党人应当到居民的一切阶级中去，应当派出自己的队伍分赴各个方面"。⑤ "应当既以理论家的身分，又以宣传员的身分，既以鼓动员的身分，又以组织者的身分'到居民的一切阶级中去'。"⑥

在上述五点内容中，第一点至第三点主要论述的是灌输之必要性，回答的是为什么要灌输的问题；第四点和第五点主要论述的是灌输之方法，回答的是怎样灌输的问题；所有内容都论及了灌输的主客体问题，实际上也回答了对谁灌输、谁来灌输的问题。从内在逻辑来看，这三个方面是相互联系的：灌输的意义问题，是"灌输论"首先必须回答的问

---

① 列宁：《怎么办？》，《列宁全集》第 6 卷，北京：人民出版社，1986，第 29 页。
② 列宁：《怎么办？》，《列宁全集》第 6 卷，北京：人民出版社，1986，第 29 页。
③ 列宁：《怎么办？》，《列宁全集》第 6 卷，北京：人民出版社，1986，第 36 页。
④ 列宁：《怎么办？》，《列宁全集》第 6 卷，北京：人民出版社，1986，第 76 页。
⑤ 列宁：《怎么办？》，《列宁全集》第 6 卷，北京：人民出版社，1986，第 76 页。
⑥ 列宁：《怎么办？》，《列宁全集》第 6 卷，北京：人民出版社，1986，第 79 页。

题，是探讨灌输方法的前提；灌输的方法问题，是意义问题的逻辑延伸，不回答"怎样灌输"的问题，"要灌输"必将成为空洞的口号；主客体问题是意义、方法问题得以提出的前提，而意义、方法问题又进一步彰显了主客体问题的重要性。① 由此可见，列宁同时论及了灌输的意义、方法和主客体等问题，仅某一方面来理解"灌输论"而无视其他方面的内容，无疑是片面的。

值得指出的是，列宁针对如何唤醒和增强俄国工人阶级的阶级意识这一问题的思考，围绕着"灌输论"这一核心，形成了比较完整系统的关于马克思主义理论教育的丰富理论。

2."灌输论"的精神实质

有些人将"从外面灌输"理解为从工人的头脑外面向其生灌硬输马克思主义理论，无疑曲解了列宁的原意。所谓"从外面灌输给工人"，列宁其实说得很明白，其意在强调"从经济斗争外面，从工人同厂主的关系范围外面灌输给工人"②。换言之，即马克思主义的知识分子要帮助工人克服自身认识能力和狭隘社会分工的局限性，从而超越经济斗争的范围、超越单个工人与厂主的范围去认识工人运动的意义，将其上升到政治斗争和阶级斗争的认识高度。做到了这一点，马克思主义就从最初由少数知识分子提出的理论转变成为工人阶级掌握的理论，工人的意识也就从单个个体的意识转变成为阶级的群体意识。

"灌输论"的精神实质在于阐明实现革命理论与群众实践相结合的极端重要性，揭示马克思主义理论教育的一般规律，以及如何实现马克思主义大众化的基本原理。从马克思主义大众化本身来讲，它不仅是指马克思主义理论由深奥到通俗、由少数人理解到多数人理解的理论普及过程，也是指马克思主义理论由少数人运用到多数人运用的实践开展过

---

① 关于列宁灌输理论的思想观点的内在关系问题，本章后面在论及其科学性问题时将做进一步阐发。
② 列宁：《怎么办？》，《列宁全集》第6卷，北京：人民出版社，1986，第76页。

程。这一过程的实现,不是无条件的、自动完成的。而马克思主义政党开展积极的理论灌输,就是推进马克思主义大众化的重要路径。因此,如果将"马克思主义大众化"视为一个概念,那么它与"灌输论"至少具有以下共性。

其一,在理论基础上,两者依据马克思主义的认识论和群众史观,都体现着个体意识与群体意识、革命理论与群众实践、领袖与群众的辩证关系。

其二,在反映对象上,两者都揭示了马克思主义社会影响不断扩大的动态过程和思想理论传播的一般规律,灌输的意义、方法和主客体,事实上也就是马克思主义大众化的意义、方法、主客体。

其三,在根本旨趣上,两者都体现了马克思主义的实践品格和服务人民的价值取向。就以上意义而言,"灌输论"的理论主旨就在于实现马克思主义大众化,它的实践过程实际上就是马克思主义大众化的实现过程。[①]

总之,"灌输论"是以列宁等人所提出和阐发的关于工人阶级理论教育原则—方法的原理,实际上也是关于如何实现马克思主义大众化的基本原理。马克思主义理论灌输是强制性与非强制性的辩证统一。从马克思主义政党必须坚持的原则而言,它具有一定的强制性;从具体的方法而言,它具有非强制性。这种强制性与非强制性的辩证统一,不仅体现了"灌输"的原则性与方法性的辩证统一,而且归根到底体现了马克思主义的意识形态性与科学性的辩证统一。有学者深刻地指出,不加分析地把"灌输"完全当成贬义词,是不能令人认同的。"马克思主义是精湛的科学理论,不经过灌输是不可能'掌握群众'的。把符合认识规律的灌输与不讲道理的硬灌混为一谈是不对的。"[②]

[①] 孙来斌:《"灌输论"与马克思主义大众化》,《高校理论战线》2012 年第 11 期。
[②] 于涓、佘双好:《从文化建设的视角看社会主义核心价值观的培育和践行——访中国社会科学院马克思主义研究院顾问、武汉大学教授陶德麟》,《马克思主义研究》2014 年第 4 期。

二 列宁灌输理论的思想拓展

如果不局限于《怎么办?》的文本限制和具体论述,而基于列宁的整个理论和实践,我们可以对列宁灌输理论的有关内容做更具体、更详细的梳理和解读。就其主要之点而言,也为了保持与《怎么办?》相关概括的一致性,列宁灌输理论可以从理论灌输的主要目的、根本原则、主客体三个方面展开。

1. 理论灌输的主要目的

就理论灌输而言,其目的既是理论灌输这种特殊教育活动开展的起点,又是这种特殊教育活动所要致力达到的目标。因此,目的是否明确,关系到理论灌输的实际成效。列宁根据马克思主义理论的本质及俄国革命和建设的需要,阐明了为什么要进行理论灌输即理论灌输的目的问题,为马克思主义政党开展理论灌输实践明确了奋斗方向。

(1)确立理论灌输目的的依据。列宁在《哲学笔记》中曾经从一般层面论及人类活动的目的问题。例如,阿贝尔·莱伊在《现代哲学》中指出:"目的是不能描绘的,因为它们不是物质地存在着。"列宁在这句话旁批注:"失言了!"[①] 在列宁看来,目的虽然不是当前的现实,但它是可以描述的,因为它具有客观的依据,且能客观化为现实,表现为现实的作用。

众所周知,自觉目的性是人类实践的一个基本特征。人们在开始实践之前就已经观念地存在着的实践结果,这就是实践目的。作为理想客体的观念模型,目的具有一定的主观性,但它绝非人们主观臆想的产物,它总是指向一定的客体,并以一定的客观现实为依据。换言之,人们只能由一定的客观现实出发提出目的,并通过改造客观现实的实践来达到

---

① 列宁:《阿贝尔·莱伊〈现代哲学〉一书批注》,《列宁全集》第55卷,北京:人民出版社,1990,第492页。

目的。

作为无产阶级革命事业一部分的理论灌输活动，是在一定目的指导下的自觉革命活动。同样，这一目的不是个别人物主观臆想的产物，它必须以客观条件为依据，必须反映社会发展和无产阶级革命事业的要求。列宁摘录马克思和恩格斯的话说："问题不在于目前某个无产者或者其至整个无产阶级把什么看作自己的目的。问题在于究竟什么是无产阶级，究竟无产阶级根据它本身的这种存在而不得不在历史上做些什么。它的目的和它的历史行动已经由它本身的生活状况以及现代资产阶级社会的整个结构最明显地无可辩驳地预示出来了。"① 那么，有哪些因素"无可辩驳地预示"了理论灌输的目的，从而成为列宁自觉表达理论灌输目的的客观依据呢？归结起来，这些因素主要表现在以下四个方面。

第一，依据人类社会发展的必然趋势和无产阶级的历史使命。理论灌输是整个无产阶级事业的一部分，它反映整个无产阶级事业的要求，为实现无产阶级和人类的解放这一奋斗目标服务。列宁认为："人类的最高任务，就是从一般的和基本的特征上把握经济演进（社会存在的演进）的这个客观逻辑，以便使自己的社会意识以及一切资本主义国家的先进阶级的意识尽可能清楚地、明确地、批判地与它相适应。"② 因此，代表了无产阶级革命利益的列宁理论灌输思想，特别是其中的理论灌输目的的思想，正是自觉实现这一最高任务，从而正确认识社会发展的总趋势及其实现力量的结果。

那么，"经济演进的这个客观逻辑"是什么呢？这就是人类社会从低级向高级不断发展的演进规律，就是资本主义终将走向社会主义的发展趋势。就后者而言，这个客观逻辑取决于资本主义社会的深刻的内部矛盾。产生于封建社会内部的资本主义，曾经是人类历史上最先进的制

---

① 列宁：《马克思和恩格斯〈神圣家族〉一书摘要》，《列宁全集》第55卷，北京：人民出版社，1990，第11页。
② 列宁：《唯物主义和经验批判主义》，《列宁全集》第18卷，北京：人民出版社，1988，第340页。

度，代表了当时先进的生产力。随着生产力的巨大发展，资本主义由于其自身无法克服的基本矛盾，即生产资料的私人占有制与生产的社会化之间的矛盾，逐渐丧失了其存在的合理性，日益成为生产力的桎梏。经济危机的出现使资本主义"发生一种在过去一切时代看来都好像是荒唐现象的社会瘟疫"——它被迫自己毁掉很大一部分已经造成的生产力。"资产阶级的生产关系和交换关系，资产阶级的所有制关系，这个曾经仿佛用法术创造了如此庞大的生产资料和交换手段的现代资产阶级社会，现在像一个魔法师一样不能再支配自己用法术呼唤出来的魔鬼了。""资产阶级的关系已经太狭窄了，再容纳不了它本身所造成的财富了。"尽管资产阶级也竭力采取各种办法，试图在资本主义生产关系的范围内解决矛盾，但"这不过是资产阶级准备更全面更猛烈的危机的办法，不过是使防止危机的手段越来越少的办法"。① 解决资本主义基本矛盾的唯一出路，就是消灭资本主义私有制，实现生产资料的社会占有，用社会主义代替资本主义。

但是，资本主义必然灭亡并不等于它会自行消亡，资产阶级绝不会心甘情愿地退出历史舞台。而无产阶级正是克服资产阶级反抗的社会力量，因为它与先进的社会化大生产相联系，代表着先进的生产力；它除了自己的劳动力以外，一无所有，革命最坚决、最彻底；它受大机器生产的训练，最有组织性和纪律性。列宁得出结论："无产阶级，就其本身的地位而言，是最先进和唯一彻底革命的阶级。"② 依据这种认识，列宁将最先进的阶级与最先进的理论联系起来，将无产阶级作为理论灌输的主要对象，将教会它认清历史发展的总趋势，增强其历史使命感作为理论灌输的主要目的。列宁指出："马克思的学说直接为教育和组织现代社会的先进阶级服务，指出这一阶级的任务，并且证明现代制度由于

---

① 马克思、恩格斯：《共产党宣言》，《马克思恩格斯文集》第 2 卷，北京：人民出版社，2009，第 37 页。
② 列宁：《关于武装起义的决议》，《列宁全集》第 10 卷，北京：人民出版社，1987，第 113 页。

经济的发展必然要被新的制度所代替。"① 可见，人类社会发展的必然趋势和无产阶级的历史使命，是列宁确立理论灌输目的最根本的依据。

第二，依据俄国革命历史发展进程的客观要求。就马克思主义对俄国革命的指导意义，列宁曾经说过："科学的直接任务就是提出真正的斗争口号，也就是说，善于客观地说明这个斗争是一定生产关系体系的产物，善于了解这一斗争的必然性、它的内容、它的发展进程和条件。要提出'斗争口号'，就必须十分详细地研究这一斗争的每种形式，考察它由一种形式转为另一种形式时的每一步骤，以便善于随时判定局势，不忽略斗争的总性质和总目的——完全地和彻底地消灭任何剥削和任何压迫。"② 在这里，列宁是以"斗争口号"为例，说明和强调理论和理论灌输要反映现实政治。他还说："马克思主义的理论工作以及这个工作的深入和扩大，不决定于某些人的情绪，不决定于个别集团的热心，甚至不完全决定于那种使许多人不得不远离'实际'的外部警察条件，而决定于国内的整个客观情况。"③ 这就非常明确地揭示出俄国革命的实际对于理论工作和理论灌输的意义。在列宁看来，及时而准确地把握整个客观情况，并"通过教育、训练和争取愈来愈多的劳动群众来支持、巩固和扩大自己的统治"，这就是"政治家的艺术"。④ 以此来看，列宁娴熟地运用这种艺术，他在确立理论灌输目的时，充分考虑了俄国革命的客观形势，紧紧依据俄国无产阶级革命事业的发展要求。

十月革命以前，布尔什维克党和俄国无产阶级面临的奋斗目标和主要任务是推翻沙皇专制制度和资本主义剥削制度。据此，列宁确立了理论灌输的目的：唤醒和增强无产阶级的革命意识，从而把他们组织起来，

---

① 列宁：《马克思主义和修正主义》，《列宁全集》第17卷，北京：人民出版社，1988，第11页。
② 列宁：《什么是"人民之友"以及他们如何攻击社会民主党人?》，《列宁全集》第1卷，北京：人民出版社，1984，第292页。
③ 列宁：《关于两封来信》，《列宁全集》第17卷，北京：人民出版社，1988，第270页。
④ 列宁：《共产主义运动中的"左派"幼稚病》，《列宁全集》第39卷，北京：人民出版社，1986，第31页。

推翻反动统治,实现无产阶级专政。他在 1899 年指出:"社会民主党的任务就是把工人组织起来,在他们中间进行宣传和鼓动,从而把他们反对压迫者的自发斗争变成整个阶级的斗争,变成一定的政党争取实现一定的政治理想和社会主义理想的斗争。"①

十月革命胜利后,布尔什维克党和俄国无产阶级面临的主要任务和奋斗目标是巩固无产阶级政权,建设一个新的社会主义苏维埃共和国。据此,列宁确立了理论灌输的奋斗目标:发动无产阶级和广大群众全力保卫新生政权,积极投身新社会的建设。他说:"苏维埃工农共和国的整个教育事业,无论在一般的政治教育方面或者具体的艺术方面,都必须贯彻无产阶级阶级斗争的精神,这一斗争是为了顺利实现无产阶级专政的目的,即推翻资产阶级、消灭阶级、消灭一切人剥削人的现象。"②他特别指出,政治教育工作的基本任务,"就是帮助培养和教育劳动群众,使他们克服旧制度遗留下来的旧习惯、旧风气,那些在群众中根深蒂固的私有者的习惯和风气"③,从而以更大的积极性、更强的纪律性参加社会主义建设。

第三,依据俄国无产阶级的实际状况。作为生活追求的目标,理想必须有现实的根基。教育目的作为教育客体的理想状态,其确立必然要受到教育客体的现实状态的制约。无产阶级是理论灌输的主要对象,列宁在理论灌输的长期实践中,逐步认清了俄国无产阶级在构成、文化水平、历史传统等方面的特点,在理论上进行了科学的分析,为其确立理论灌输的目的奠定了科学的基础。

列宁认为,同其他国家的无产阶级一样,作为大工业发展的产物,俄国无产阶级也是革命最彻底、最有组织性、最有纪律性的阶级。同时,

---

① 列宁:《为〈工人报〉写的文章》,《列宁全集》第 4 卷,北京:人民出版社,1984,第 166 页。
② 列宁:《关于无产阶级文化》,《列宁全集》第 39 卷,北京:人民出版社,1986,第 331~332 页。
③ 列宁:《在全俄省、县国民教育局政治教育委员会工作会议上的讲话》,《列宁全集》第 39 卷,北京:人民出版社,1986,第 401 页。

俄国无产阶级具有自己突出的特点。就其优点来说，其一，分布比较集中，大都集中在少数大城市，特别是这些城市的少数大企业。其二，对革命的要求强烈。俄国无产阶级遭受沙皇君主、封建地主和资产阶级的多重压迫，产生了极其迫切的革命要求和异常强大的革命冲击力量。其三，同农民有着特殊的联系。"俄国的落后使得无产阶级反对资产阶级的革命与农民反对地主的革命独特地结合了起来。""无产阶级同农民的特殊关系便利了从资产阶级革命过渡到社会主义革命，便利了城市无产者去影响农村半无产的贫苦劳动阶层。"① 这些特点，是发动和组织俄国无产阶级参加革命、对其开展理论灌输的有利条件。

但是，俄国无产阶级也有自己的弱点。这主要表现在三个方面：其一，俄国无产阶级和广大群众文化水平不高，其中的文盲、半文盲所占比例较大。其二，正如列宁所说："俄国无产阶级的人数较少，觉悟和组织程度不够。"② 其三，与此相联系，俄国无产阶级易受小资产阶级思想的影响。列宁认为，在欧洲各国中，俄国是最富有小资产阶级性的国家。农民和其他小生产者"用小资产阶级的自发势力从各方面来包围无产阶级，浸染无产阶级，腐蚀无产阶级，经常使小资产阶级的懦弱性、涣散性、个人主义以及由狂热转为灰心等旧病在无产阶级内部复发起来"。③ 毫无疑问，这些是对俄国无产阶级开展理论灌输的不利因素。

目的是人的意识对客体的超前改造。确立理论灌输的目的，不能满足于现状，提出过低的要求，迁就落后，而应该具有一定的超前性，也不能脱离教育客体的实际情况，提出不切实际的过高要求，而应该具有实现的可能性。因此，一方面，列宁指出，理论灌输绝不是反映群众的一般情绪，而是引导群众前进，因而它必须代表无产阶级先进分子的革

---

① 列宁：《第三国际及其在历史上的地位》，《列宁全集》第36卷，北京：人民出版社，1985，第294页。
② 列宁：《无产阶级在我国革命中的任务》，《列宁全集》第29卷，北京：人民出版社，1985，第155页。
③ 列宁：《共产主义运动中的"左派"幼稚病》，《列宁全集》第39卷，北京：人民出版社，1986，第24页。

命要求,"故意迎合工人的不开展状态,是最危险和最有罪的事情"。①另一方面,他一再提醒全党,俄国无产阶级的整体理论素养不高,要把改变这一状况作为理论灌输的主要任务。可以说,列宁在俄国革命发展的各个时期所提出的理论灌输目的,都是依据并适合俄国无产阶级实际的。

第四,依据马克思主义理论的强大社会功能。教育内容是否科学、合理,对能否顺利实现教育目的具有重要的影响作用。理论灌输的内容是既定而明确的,即马克思主义理论。因此,列宁确立理论灌输的目的,充分考虑了理论本身的特点和功能。从根本上而言,理论和理论灌输属于社会意识活动领域,其之所以能够通过人们的实践达到改造社会的目的,是由于社会意识对社会存在的能动作用。正如马克思所说:"批判的武器当然不能代替武器的批判,物质力量只能用物质力量来摧毁;但是理论一经掌握群众,也会变成物质力量。"② 对于社会意识的能动作用,列宁是有充分认识的。他曾说:"人的意识不仅反映客观世界,并且创造客观世界。"③ 他还说:"思想一旦掌握群众,就变成力量。"④

作为一种理论,马克思主义无疑属于社会意识,其社会功能是社会意识能动作用的具体表现。但是,与一般社会意识不同,马克思主义是科学性与革命性内在统一的理论。列宁在确立理论灌输的目的时,充分考虑了这一特点。他说:"马克思学说具有无限力量,就是因为它正确。"⑤ 高度的科学性将其与各种非科学的社会意识形态区别开来,使得它对于社会存在的能动作用表现为积极的、符合历史发展趋势的推动力。

---

① 列宁:《论〈宣言书〉》,《列宁全集》第 4 卷,北京:人民出版社,1984,第 276 页。
② 马克思:《〈黑格尔法哲学批判〉导言》,《马克思恩格斯文集》第 1 卷,北京:人民出版社,2009,第 11 页。
③ 列宁:《黑格尔〈逻辑学〉一书摘要》,《列宁全集》第 38 卷,北京:人民出版社,1959,第 228 页。
④ 列宁:《布尔什维克能保持国家政权吗?》,《列宁全集》第 32 卷,北京:人民出版社,1985,第 324 页。
⑤ 列宁:《马克思主义的三个来源和三个组成部分》,《列宁全集》第 23 卷,北京:人民出版社,1990,第 41 页。

在各种思想理论、社会意识形态当中，"严格的无产阶级世界观只有一个，这就是马克思主义"。① 彻底的革命性将其与各种剥削阶级的、自诩为"超阶级"的社会理论区别开来，使得它最容易受到无产阶级和广大群众的欢迎，最容易转化为亿万群众的革命实践。高度的科学性与彻底的革命性的内在统一，使马克思主义对世界各国社会主义者和无产阶级具有不可遏止的吸引力，表现出对社会发展和人类解放事业强大的指导和推动功能。

基于对马克思主义理论的强大功能的正确认识，列宁确立了理论灌输的科学目的：实现马克思主义理论与工人阶级的结合，实现理论对群众的广泛掌握，使它由批判的武器变成武器的批判。列宁总结道："被革命工人极其丰富的新鲜经验光辉地加以证实的马克思主义理论，曾经帮助我们懂得了当前事变的发展完全合乎规律。今后它还将帮助为推翻资本主义雇佣奴隶制而斗争的全世界无产者更加明确自己的斗争目的，更加坚定地沿着既定的方向前进，更加扎实地夺取胜利和巩固胜利。"②

（2）理论灌输的主要目的。在俄国革命、建设的不同时期，针对发展变化的革命形势和随之变化的党的工作重心，列宁对理论灌输的目的先后有过一些不同提法和具体论述。概括起来，可以归结为以下几个方面。

第一，启发无产阶级的自我意识。在革命时期，无产阶级政党的主要任务是发动和组织群众起来革命，因此，列宁将启发无产阶级的自我意识，视为理论灌输的主要目的和作用。列宁的这一思想在十月革命前党的纲领性文件及历次代表大会决议中都有突出反映。例如，在1895~1896年起草的俄国社会民主党的第一个纲领中，他就明确提出，俄国社会民主党宣布自己的任务是帮助俄国工人阶级进行斗争，"方法是提高

---

① 列宁：《新的革命工人联合会》，《列宁全集》第10卷，北京：人民出版社，1987，第271页。
② 列宁：《争取到的和记载下来的东西》，《列宁全集》第35卷，北京：人民出版社，1985，第506页。

工人的阶级自觉，促使他们组织起来，指出斗争的任务和目的"。①

无产阶级政党必须注重启发无产阶级的自我意识，这是马克思主义一贯强调的观点。马克思、恩格斯早在《共产党宣言》中就指出："共产党人的最近目的是和其他一切无产阶级政党的最近目的一样的：使无产阶级形成为阶级，推翻资产阶级的统治，由无产阶级夺取政权。"② 列宁进一步发挥了马克思、恩格斯的上述思想。在他看来，无产阶级之所以长期受剥削制度的奴役，一个很重要的原因就在于无产阶级没有阶级的自我意识，没有团结起来真正发挥作为一个阶级的力量。无产阶级要摆脱受剥削、受压迫的地位，首先要增强自己的阶级意识。列宁指出："奴隶一旦意识到自己的奴役地位，并且站起来为自身的解放而斗争，他就有一半已经不再是奴隶了。"③ 而要增强阶级意识，就必须接受马克思主义理论灌输，掌握马克思主义理论武器。列宁说："如果工人掌握了马克思的学说，即认识到只要资本的统治地位保持不变，雇佣奴隶制就不可避免，那么他们就不会上资产阶级任何改良的当。"④ 他们就会把命运掌握在自己的手里，通过阶级斗争推翻资产阶级的统治。

那么，无产阶级的自我意识到底是怎样的一种意识呢？为了统一全党和无产阶级群众的认识，从而更好地发挥理论灌输的作用并达到理论灌输的目的，列宁在俄国社会民主党的第一个纲领中就对此做了明确的解释。一方面，他通过正面定义工人的"阶级自觉"回答了这个问题。他说："工人的阶级自觉就是工人认识到，只有同大工厂所造成的资本家、厂主阶级进行斗争，才是改善自己状况和争得自身解放的唯一手段。其次，工人的自觉就是工人认识到，本国所有工人的利益是相同的，一致的，他们

---

① 列宁：《社会民主党纲领草案及其说明》，《列宁全集》第2卷，北京：人民出版社，1984，第70页。
② 马克思、恩格斯：《共产党宣言》，《马克思恩格斯文集》第2卷，北京：人民出版社，2009，第44页。
③ 列宁：《社会主义和宗教》，《列宁全集》第12卷，北京：人民出版社，1987，第132页。
④ 列宁：《马克思主义和改良主义》，《列宁全集》第24卷，北京：人民出版社，1990，第1页。

全体组成了一个不同于社会上所有其他任何阶级的独立的阶级。最后，工人的阶级自觉就是工人认识到，为了达到自己的目的，工人必须争取对国家事务的影响，就象土地占有者和资本家已经争取到并且在继续争取对国家事务的影响一样。"①

为了更清楚地讲明问题，列宁又从反面进一步阐明了工人阶级的自我意识的含义。他说："当工人还没有学会对各种各样的专横和压迫、暴行和胡作非为（不管这些现象是针对哪些阶级的）作出反应，并且正是从社会民主党的观点，而不是从其他什么观点来作出反应时，工人阶级的意识是不能成为真正的政治意识的。当工人还没有学会根据各种具体的、而且确实是大家关心的（迫切的）政治事实和政治事件来观察其他每一个社会阶级在思想、精神和政治生活中的一切表现时，当工人还没有学会在实践中对一切阶级、阶层和居民集团的活动和生活的各个方面作出唯物主义分析和唯物主义评价时，工人群众的意识是不能成为真正的阶级意识的。"②

在阐明理论灌输的这一目的之后，列宁要求全党都为实现这一目的而奋斗。他指出："提高工人对自身团结的认识，提高作为一个统一的工人阶级，作为全世界无产阶级大军的一部分的全体俄国工人对自己共同利益和共同事业的认识。"③ 这是无产阶级政党重要而紧迫的任务。正是在实现这一目的的过程中，理论灌输发挥了启发无产阶级意识的重要作用，俄国无产阶级日渐成为一个独立的阶级在俄国革命舞台上扮演着越来越重要的角色，成为最终推翻沙皇专制和资本主义统治的历史主角。

第二，实现先进战士的作用。列宁认为，理论灌输对无产阶级政党具有至关重要的意义。在他看来，无产阶级政党自身是建立在马克思主义基础之上的，它是否坚持对自己及无产阶级群众进行理论灌输，是关

---

① 列宁：《社会民主党纲领草案及其说明》，《列宁全集》第 2 卷，北京：人民出版社，1984，第 85~86 页。
② 列宁：《怎么办？》，《列宁全集》第 6 卷，北京：人民出版社，1986，第 66~67 页。
③ 列宁：《俄国社会民主党人的任务》，《列宁全集》第 2 卷，北京：人民出版社，1984，第 430 页。

系到它能否保持革命性、先进性乃至其存在意义的根本。

首先，马克思主义是无产阶级政党的旗帜。恩格斯曾经自豪地说："我们党有个很大的优点，就是有一个新的科学的世界观作为理论的基础。"① 这个"新的科学的世界观"就是马克思主义。在领导俄国革命的过程中，为了肃清民粹主义、"合法马克思主义"等错误思潮的影响，列宁多次强调马克思主义在党内的指导地位。他说："我们完全以马克思的理论为依据，因为它第一次把社会主义从空想变成科学，给这个科学奠定了巩固的基础，指出了继续发展和详细研究这个科学所应遵循的道路。"② 没有马克思主义这面旗帜，即"没有革命理论，就不会有坚强的社会党，因为革命理论能使一切社会党人团结起来，他们从革命理论中能取得一切信念，他们能运用革命理论来确定斗争方法和活动方式"。③ 加强理论灌输，就是高举马克思主义这面伟大旗帜，并以此达到党的思想统一。

其次，党对无产阶级进行理论灌输是党自身存在的"全部意义"。列宁指出："我们严格地单独组成为一个独立的无产阶级政党，其全部意义很大程度上就在于我们要始终不渝地进行这项马克思主义的工作，尽可能把整个工人阶级提高到自觉的社会民主主义的水平，不让，坚决不让任何政治风暴——尤其是政局变幻——使我们放弃这项迫切的工作。"④ 他分析说："正是为了使一定阶级的群众能够学会认识自己的利益、自己的处境，学会推行自己的政策，正是为了这个目的，才必须立即建立而且无论如何也要建立这个阶级先进分子的组织，即使起初这些人只占本阶

---

① 恩格斯:《卡尔·马克思"政治经济学批判"》,《马克思恩格斯文集》第 2 卷, 北京: 人民出版社, 2009, 第 599 页。
② 列宁:《为〈工人报〉写的文章》,《列宁全集》第 4 卷, 北京: 人民出版社, 1984, 第 160 页。
③ 列宁:《为〈工人报〉写的文章》,《列宁全集》第 4 卷, 北京: 人民出版社, 1984, 第 161 页。
④ 列宁:《谈谈政治同教育的混淆》,《列宁全集》第 10 卷, 北京: 人民出版社, 1987, 第 335 页。

级的极少部分也无妨。"① 列宁还引用德国社会民主党的老战士李卜克内西的话，特别强调：无产阶级政党的全部工作（包括理论工作和实际工作）归结起来就是："研究，宣传，组织。"② 如果无产阶级政党轻视理论工作，忽视对理论的研究，那么，它就不能当思想领导者；如果它不在工人中间宣传这个理论的成果并帮助他们组织起来，它也不能当思想领导者。一句话，它就没有存在的必要。

再次，先进理论的武装是实现先进战士的作用的保证。在俄国工人运动蓬勃发展的时候，经济派崇拜工人运动的自发性，他们错误地理解马克思的名言——"一步实际运动比一打纲领更重要"③，轻视理论和理论灌输。列宁指出，在理论混乱的时代来重复这句话，如同在看到人家送葬时高喊"但愿你们拉也拉不完"④一样，是非常不合时宜的。"没有革命的理论，就不会有革命的运动。"⑤ 列宁认为，由于存在三种时常被人忘记的情况，这句话对于俄国社会民主党来说，具有特别重要的意义。第一，俄国社会民主党还刚刚在形成，刚刚在确定自己的面貌，同革命思想中有使运动离开正确道路危险的其他派别进行的清算还远没有结束。第二，社会主义运动就其本质来说是国际性的运动。这不仅意味着应当反对民族沙文主义，还意味着在年轻的国家里开始的运动，只有在运用别国的经验的条件下才能顺利发展。第三，俄国社会民主党担负的民族任务是世界上任何一个社会党都不曾有过的。列宁得出的结论就是：

---

① 列宁：《维·查苏利奇是怎样毁掉取消主义的》，《列宁全集》第24卷，北京：人民出版社，1990，第41页。

② 列宁：《什么是"人民之友"以及他们如何攻击社会民主党人?》，《列宁全集》第1卷，北京：人民出版社，1984，第262页。

③ 马克思：《哥达纲领批判》，《马克思恩格斯文集》第3卷，北京：人民出版社，2009，第426页。

④ 列宁在《怎么办?》中引用的这句话，出自俄罗斯民间故事《十足的傻瓜》。傻瓜伊万努什卡经常说一些不合时宜的话，并因此而挨揍。一次，他看到农民在脱粒，叫喊道："你们脱三天，只能脱三粒!"为此他挨了一顿打。傻瓜回家向母亲哭诉，母亲告诉他："你应该说，但愿你们打也打不完，运也运不完，拉也拉不完!"第二天，傻瓜看到人家送葬，就叫喊道："但愿你们拉也拉不完!"结果又挨了一顿打（参见《列宁全集》第6卷，北京：人民出版社，1986，第101页）。

⑤ 列宁：《怎么办?》，《列宁全集》第6卷，北京：人民出版社，1986，第23页。

"只有以先进理论为指南的党,才能实现先进战士的作用。"①

最后,列宁还结合俄国革命的历史进程和马克思主义传播发展的规律,论述了在两种特殊的情况下尤其要加强马克思主义理论灌输,以保持党的先进性。第一种情况,马克思主义不断取得胜利,工人运动处于高潮。在这种情况下,有不少理论修养很差甚至毫无理论修养的人,由于看见运动有实际意义和实际成效而加入了运动,加入了党的组织。这就使得党的理论水平有了某种程度的降低。因此,列宁指出,为了保证无产阶级先锋队的先进性,必须对在自由时期加入社会民主党的人,"对主要是被口号的坚决性、革命性和'引人注目'所吸引的人,对缺乏坚毅精神,只能在革命节日,不能在反革命得势时期坚持斗争的人,不断进行锤炼和教育"。② 第二种情况,马克思主义遭到攻击,工人运动处于低潮。在这种情况下,一方面,由于原先马克思主义内部的某些人蜕变成机会主义者,机会主义泛滥成灾,因而宣传、捍卫马克思主义的任务特别突出;另一方面,党需要从理论上对革命的经验教训进行总结,理论工作和理论灌输工作也显得格外重要。列宁在总结斯托雷平反动时期党的理论和理论灌输工作时说:"马克思主义的理论,我们的整个世界观以及我党的全部纲领和策略的'原则基础'现在被提到党的整个生活的首要地位,这不是偶然的,而是必然的。在革命遭到挫折之后,社会的所有阶级和最广大的人民群众对整个世界观(直到宗教问题和哲学问题,直到我们的马克思主义全部学说的原则)的深刻基础都发生了兴趣,这不是偶然的,而是必然的。被革命卷入由策略问题引起的尖锐斗争中来的群众,在缺乏公开言论的时代,提出了对一般理论知识的要求,这也不是偶然的,而是必然的。应当重新对这些群众阐明马克思主义的基本原理:捍卫马克思主义理论的任务又提到日程上来了。"③ 列宁在这里接连提出三个"不是偶然的,而是必然的",充分表明了理论灌输的重要意义。

---

① 列宁:《怎么办?》,《列宁全集》第6卷,北京:人民出版社,1986,第24页。
② 列宁:《取消取消主义》,《列宁全集》第19卷,北京:人民出版社,1989,第46页。
③ 列宁:《论党内状况》,《列宁全集》第20卷,北京:人民出版社,1989,第59~60页。

第三，培育共产主义新人。在革命取得胜利和政权基本巩固以后，苏俄的经济建设任务日益凸显。要搞建设就离不开建设人才，那么，大量的建设人才从何而来？大体看来，列宁提出了两条解决途径。从短期来看，列宁指出："我们可以（而且必须）利用资本主义遗留下来的人才，而不是利用虚构的和我们特别造就的人才来着手建设社会主义。这当然是很'困难的'，不过，想用其他任何办法来完成这项任务都是异想天开，简直不值一提。"① 列宁当然了解旧知识分子的缺点，深知改造旧知识分子的必要性，但是，他更清楚，形势不允许等待，必须立刻用资本主义昨天留下来可供无产阶级今天用的那些材料来建设社会主义。因此，他努力说服全党，给旧知识分子提供优厚的报酬，吸引他们为新社会的建设服务。但是，这只是不得已而为之的办法。从长远看，积极培养社会主义的接班人，即"共产主义新人"。社会主义建设和将来的共产主义的实现依靠的正是这样的新人。在列宁看来，这是根本的解决办法。

那么，"共产主义新人"是什么样的人？如何培养共产主义的新人？就第一个问题而言，列宁分别使用过"将来要建设共产主义社会的新一代人"②、"最终实现共产主义的一代人"③、"年青一代的共产主义者"④等提法。从列宁的用语和相关论述来看，"新一代人"是相对于"老一代人"而言的，两者区分的主要根据在于其所面临的不同任务。对此，列宁在《青年团的任务》中讲得很清楚。他对青年团的代表说："老一代人的任务是推翻资产阶级。那时的主要任务是批判资产阶级，激发起群众对资产阶级的仇恨，提高阶级觉悟，提高团结自己力量的本领。新一代人面临的任务就比较复杂了。你们不只是应当团结自己的一切力量来支持工农政权抗击资本家的侵犯。这一点你们应当做到。这一点你们

---

① 列宁：《共产主义运动中的"左派"幼稚病》，《列宁全集》第39卷，北京：人民出版社，1986，第30页。
② 列宁：《青年团的任务》，《列宁全集》第39卷，北京：人民出版社，1986，第293页。
③ 列宁：《俄共纲领草案初稿》，《列宁全集》第36卷，北京：人民出版社，1985，第87页。
④ 列宁：《青年团的任务》，《列宁全集》第39卷，北京：人民出版社，1986，第302页。

完全了解，每个共产主义者都非常清楚。但是这还不够。你们应当建成共产主义社会。前一半工作在许多方面已经完成了。"①

那么，具备什么样的素质才能胜任新任务？也就是说，"新一代人"究竟应该是什么样的人呢？列宁在《青年团的任务》中给青年提出了具体的要求和建议，其中的如下几点尤其值得我们注意：第一，"青年团和所有想走向共产主义的青年都应该学习共产主义"。② 第二，"应该使培养、教育和训练现代青年的全部事业，成为培养青年的共产主义道德的事业"。③ 第三，"每个青年必须懂得，只有受了现代教育，他才能建立共产主义社会，如果不受这种教育，共产主义仍然不过是一种愿望而已"。④ 第四，"我们已经废除了旧学校里的旧的强迫纪律，代之以自觉的纪律"。⑤ 这几点当中，第一点侧重讲青年应该具备共产主义理想，第二点侧重讲青年应该培养共产主义道德，第三点侧重讲青年应该接受现代教育，第四点侧重讲青年应该有自觉纪律。将之综合起来，用我们熟悉的表达方式来说，就是邓小平提出的"四有新人"。⑥ 因此，我们可以将列宁所讲的"共产主义新人"理解为"有理想、有道德、有文化、有纪律"，承担建设共产主义这一新任务的人。

---

① 列宁：《青年团的任务》，《列宁全集》第 39 卷，北京：人民出版社，1986，第 302 页。
② 列宁：《青年团的任务》，《列宁全集》第 39 卷，北京：人民出版社，1986，第 294 页。
③ 列宁：《青年团的任务》，《列宁全集》第 39 卷，北京：人民出版社，1986，第 302～303 页。
④ 列宁：《青年团的任务》，《列宁全集》第 39 卷，北京：人民出版社，1986，第 301 页。
⑤ 列宁：《青年团的任务》，《列宁全集》第 39 卷，北京：人民出版社，1986，第 310 页。
⑥ 1980 年 5 月 26 日，邓小平为《中国少年报》和《辅导员》杂志社题词："希望全国的小朋友，立志做有理想、有道德、有文化、有纪律的人，立志为人民作贡献，为祖国作贡献，为人类作贡献。"参见《邓小平为〈中国少年报〉和〈辅导员〉杂志社题词（1980 年 5 月 26 日）》，人民网，http://cpc.people.com.cn/GB/69112/69113/69672/4719717.html，最后访问日期：2016 年 10 月 8 日。《人民日报》1982 年 5 月 4 日发表的社论《当代青年的历史使命》中把邓小平的题词延伸为"培养青年成为有理想、有道德、有文化、有纪律、有强健体魄的新一代。这不仅是学校和共青团的责任，而且要靠所有家庭和整个社会的共同努力"。1985 年，全国共青团思想政治工作会议提出，要加强和改进新时期的青年思想政治工作，在四化建设的伟大实践中培养和造就一代有理想、有道德、有文化、有纪律的共产主义新人。站在今天的视角，对照列宁在《青年团的任务》的有关论述和邓小平的有关题词，我们不难发现两者思想的相通之处。这种相通，反映出两位无产阶级革命家在不同历史条件下对社会主义事业后继有人的深刻思考，表达了他们对青年一代成长成才的殷切希望。

如何培养这样的共产主义新人呢？要做的工作很多，其中最基本的一点在于："全体青年的任务，尤其是共产主义青年团及其他一切组织的任务，可以用一句话来表达：就是要学习。"① 学习的内容是多方面的，对于如何进行有效的安排，列宁做出了自己的回答："我应当指出，看来首先的和理所当然的回答是：青年团和所有想走向共产主义的青年都应该学习共产主义。"② 这里的共产主义，就其理论形式而言，就是马克思主义理论。③ 可见，加强对青年一代的马克思主义理论灌输，是造就共产主义新人的一条根本途径。换言之，理论灌输应该以培养共产主义新人为重要目的，应该为此发挥重要作用。对此，列宁在另一次讲话中指出："在无产阶级专政时期，即为使共产主义的完全实现成为可能而准备条件的时期，学校不仅应当传播一般共产主义原则，而且应当对劳动群众中的半无产者和非无产者阶层传播无产阶级在思想、组织、教育等方面的影响，以培养能够最终实现共产主义的一代人。"④ 这不仅是对学校的要求，也是对全党和全社会的要求。

列宁关于理论灌输的目的的上述思想，概括起来可以归为三个方面：为革命、为建设、为育人，简单地说就是：革命、建设、育人。其中，革命、建设侧重于社会变革和社会发展的角度，育人侧重于人的发展角

---

① 列宁：《青年团的任务》，《列宁全集》第39卷，北京：人民出版社，1986，第293页。
② 列宁：《青年团的任务》，《列宁全集》第39卷，北京：人民出版社，1986，第294页。
③ 在许多情况下，"马克思主义"可以与"共产主义"交替使用，列宁就曾多次这样使用。例如，列宁在1902年发表的《政治鼓动和"阶级观点"》一文中说："科学社会主义学说，也就是马克思主义"（《列宁全集》第6卷，北京：人民出版社，1986，第251页）；同年，他在《一个针对社会革命党人的基本论点》中提出："科学的、革命的、社会主义（＝马克思主义）的立场"（《列宁全集》第7卷，北京：人民出版社，1986，第39页）；在1903年发表的《革命青年的任务》中，他号召社会民主党人到最广泛的大学生中间去宣传"科学的社会主义即马克思主义"（《列宁全集》第7卷，北京：人民出版社，1986，第335页）；1906年，他在《再论杜马内阁》中又说："社会主义的学说，即马克思主义的学说"（《列宁全集》第13卷，北京：人民出版社，1986，第263页）；1920年，他在《青年团的任务》中提出："主要由马克思创立的共产主义理论，共产主义科学，即马克思主义学说"（《列宁全集》第39卷，北京：人民出版社，1986，第298页）。
④ 列宁：《俄共（布）纲领草案》，《列宁全集》第36卷，北京：人民出版社，1985，第87页。

度，三者相辅相成、互为条件，反映了社会发展和人的发展的辩证统一。

从社会发展对于人的发展的意义而言，革命和建设是育人的前提。革命是为了摧毁旧世界，为无产阶级和人类解放开辟道路；建设是为了创立一个新世界，为无产阶级和人类解放事业奠定物质基础。只有当这两个目的相对实现以后，培育共产主义新人的目的与任务才会相应凸显出来，进而才有实现的可能。正如恩格斯指出："由整个社会共同经营生产和由此而引起的生产的新发展，也需要完全不同的人，并将创造出这种人来。"①

从人的发展对于社会发展的意义而言，育人是革命和建设的条件。革命和建设是无产阶级的事业，需要无产阶级来完成。当"老一代人"基本完成推翻剥削制度的革命以后，将革命继续下去，建设新社会，就是"新一代人"的重要任务了。因此，列宁在十月革命胜利后特别注重青年的培养和教育。他指出："旧东西应该摧毁，而且已经摧毁了，它应该变成废墟，而且已经变成了废墟。地基已经清理好，年青一代的共产主义者应当在这块地基上建设共产主义社会。"②

人是社会的人，社会是人的社会，社会的发展与人的发展互为条件、互为前提，双向建构。马克思主义者的最终目的即社会发展的最终归宿是共产主义社会，而这个社会的根本内容和根本原则是"每一个个人的全面而自由的发展"③。依据这一最终目的并以自觉促进其实现为特征的理论灌输活动，在确立自己的目的时尤其体现了对社会发展和人的发展的双重规定、相互影响。可以说，列宁深刻认识并正确反映了这种关系。一方面，他强调在革命和建设中育人："我们的学校应当使人们在学习期间就成为铲除剥削者这一斗争的参加者。共产主义青年团只有把自己的训练、培养和教育中的每一步骤同参加全体劳动者反对剥削者的总斗

---

① 恩格斯：《共产主义原理》，《马克思恩格斯文集》第1卷，北京：人民出版社，2009，第688页。
② 列宁：《青年团的任务》，《列宁全集》第39卷，北京：人民出版社，1986，第302页。
③ 马克思：《资本论》，《马克思恩格斯文集》第5卷，北京：人民出版社，2009，第683页。

争联系起来，才符合共产主义青年团这一称号。"① 另一方面，他强调育人是为了革命和建设："为巩固和完成共产主义事业而斗争，这就是共产主义道德的基础。这也就是共产主义培养、教育和训练的基础。这也就是对应该怎样学习共产主义的回答。"② 正是在实现其目的、体现其作用的理论灌输实践过程中，革命、建设、育人达到了内在的、辩证的统一。

2. 理论灌输的根本原则

在教育学中，教育原则一般是指教育主体对教育客体实施教育时必须遵循的基本要求，是开展教育活动、处理教育过程中基本矛盾的基本准则。作为一种特殊的教育实践活动，马克思主义理论教育无疑也有其教育原则。列宁依据马克思主义的理论本质和理论灌输的目的，提出理论联系实际是理论灌输的根本原则，形成了关于理论灌输的方法论。而理论与实际的结合，既是理论的需要，又是实际的需要。列宁从理论对于实践的指导作用和实践对于理论的决定作用两个维度，论述了理论联系实际在理论灌输中的重要地位。在他看来，理论联系实际是实现理论灌输目的、是开展理论灌输活动的根本原则。

（1）"没有革命的理论，就没有革命的运动。"作为一种将"改变世界"作为理论旨趣的革命理论，马克思主义本身就是理论与实践相结合的产物。马克思主义的创始人非常重视革命理论对革命实践的指导。他们强调："为了保证革命的成功，必须有思想和行动的统一。"③ 为了实现这种统一，他们贡献了自己的毕生精力。

然而，马克思主义理论与各国工人阶级的结合却经历了一个历史过程。在这之前，各国都经历过社会主义和工人运动互不联系、各行其是

---

① 列宁：《青年团的任务》，《列宁全集》第39卷，北京：人民出版社，1986，第307页。
② 列宁：《青年团的任务》，《列宁全集》第39卷，北京：人民出版社，1986，第307页。
③ 马克思、恩格斯：《社会主义民主同盟和国际工人协会》，《马克思恩格斯全集》第18卷，北京：人民出版社，1964，第385页。

的时期。这种情况在俄国也曾经出现过。对此，列宁曾经指出："我国社会主义在长达数十年的时期内一直脱离工人同资本家的斗争，脱离工人的罢工等等。一方面，这是因为社会党人不了解马克思的理论，认为它不适用于俄国；另一方面，是因为俄国工人运动还完全处于萌芽状态。"① 由于俄国的工人运动长期得不到先进理论的指导，所以长期在低水平徘徊，规模和影响都受限。

在 19 世纪末，俄国无产阶级饱受各种苦难、历经艰难求索，最终找到了马克思主义这个唯一正确的革命理论。正当俄国工人运动由于有了马克思主义的指导而蓬勃发展的时候，经济主义这个伯恩施坦主义在俄国的变种，却在此时大肆鼓吹"自发论"，贬低理论的意义。如果任这种思潮自由泛滥，工人运动必将受其影响而误入歧途。在这个关键时刻，列宁挺身而出，大声疾呼："没有革命的理论，就不会有革命的运动。"他郑重地提醒全党："在醉心于最狭隘的实际活动的偏向同时髦的机会主义说教结合在一起的情况下，必须始终坚持这种思想。"② 他强调："只有依靠革命的马克思主义理论，依靠国际社会民主党的经验，我们才能把我国的革命运动同工人运动结合起来，才能建立不可战胜的社会民主主义运动。"③ 在列宁的正确领导下，俄国工人运动终于走上了与马克思主义紧密结合的道路，并走向了十月革命的胜利。应该说，列宁从其投身俄国无产阶级事业起，就反复强调理论对于实践的指导作用，并贯彻于其一生的理论与实践活动之中。这里，我们不妨看一看斯大林的有关论述。

在一段时期内，布尔什维克党内外有些人认为列宁是一位马克思主义的实践家，而不是理论家，认为列宁对于理论似乎是很不关心的。斯大林对此提出了自己的看法，认为对列宁和列宁主义所持的这种非常奇

---

① 列宁：《俄国社会民主党中的倒退倾向》，《列宁全集》第 4 卷，北京：人民出版社，1984，第 213 页。
② 列宁：《怎么办？》，《列宁全集》第 6 卷，北京：人民出版社，1986，第 23 页。
③ 列宁：《论社会民主主义运动的任务》，《列宁全集》第 7 卷，北京：人民出版社，1986，第 41 页。

特的见解是完全不正确的，而且是丝毫不符合实际情况的；实际工作者忽视理论的趋向是和列宁主义的全部精神相矛盾的，而且对工作是有很大的危险的。他说："离开革命实践的理论是空洞的理论，而不以革命理论为指南的实践是盲目的实践。可是，理论如果是在和革命实践密切联系中形成的，那么它就能成为工人运动的极伟大的力量；因为理论，而且只有理论，才能使运动具有信心，使它有确定方针的能力，使它能了解周围事变的内部联系；因为理论，而且只有理论，才能使实践不仅了解各阶级在目前如何行进和向哪里行进，而且了解这些阶级在最近的将来会如何行进和向哪里行进。不是别人而正是列宁说过和重复过几十次下面这个著名的原理：'没有革命的理论，就不会有革命的运动'。"①斯大林得出结论："列宁比谁都更了解理论的重要意义，特别是对于我们党这样一个党的重要意义，因为我们党负有国际无产阶级的先进战士的作用，因为我们党处于复杂的国内环境和国际环境中。"②

　　必须承认，斯大林的上述结论是非常正确的。对于理论的重视，对于理论之于实践作用的重视，这在列宁的理论灌输思想中是非常突出的。列宁在《哲学笔记》中曾这样评价资产阶级革命思想对于法国大革命的作用，他说，这是人第一次达到了这个地步："人是靠头脑，也就是说靠思想站立起来，并按照思想创造现实……""这是……光辉灿烂的日出……"③借用这个表达方法，可以说，十月革命是无产阶级依靠马克思列宁主义理论的指导，在世界历史上第一次站立起来，实现了人类历史上最伟大的革命，这是人类历史上最光辉灿烂的日出。这是革命的理论与革命的运动相结合的必然结果，也是列宁理论灌输思想结出的实践硕果。

---

① 斯大林：《论列宁主义基础》，《斯大林选集》（上卷），北京：人民出版社，1979，第199~200页。
② 斯大林：《论列宁主义基础》，《斯大林选集》（上卷），北京：人民出版社，1979，第200页。
③ 列宁：《黑格尔〈历史哲学讲演录〉一书摘要》，《列宁全集》第55卷，北京：人民出版社，1990，第276页。

(2)"理论是灰色的,而生活之树是常青的。"理论为什么要联系实际?在列宁看来,实践离不开理论的指导,这只是问题的一个方面。另一方面,理论也离不开活生生的实际。只有联系实际,理论才能永葆生命力,理论灌输才不会成为空洞的说教而失去吸引力;脱离实际的理论说教,"可以说是一文不值"。"这正是资产阶级旧社会的一个最令人厌恶的特征。"①

　　首先,革命理论只有联系革命实践才能最终形成,理论灌输也只有联系实际才能真正有效。恩格斯很早就指出:"工人阶级的状况是当代一切社会运动的真正基础和出发点,因为它是我们目前存在的社会灾难最尖锐、最露骨的表现。法国和德国的工人共产主义是它的直接产物,傅立叶主义和英国的社会主义以及德国有教养的资产阶级的共产主义是它的间接产物。因此,为了一方面给社会主义理论,另一方面给那些认为社会主义理论有权存在的见解提供坚实的基础,为了肃清赞成和反对这种理论的一切空想和幻想,了解无产阶级的状况是十分必要的。"② 区别于其他社会革命理论,将彻底的革命性与高度的科学性融于一体的马克思主义理论,在形成上具有重要的历史特点——正是以现实的阶级矛盾和社会状况为根据,而不是这个或那个世界改革家所发明或发现的思想、原则为根据;正是与现实的工人运动紧密联系在一起,而不是离开现存的阶级斗争和历史运动。

　　对于马克思主义理论形成的这个特点,列宁总结说:"革命理论是不能臆造出来的,它是从世界各国的革命经验和革命思想的总和中生长出来的。这种理论在19世纪后半期形成。它叫作马克思主义。"③ 对于马克思主义的宣传和运用而言,列宁反对那种将马克思和恩格斯的具体论述简单地直接地应用到俄国的做法,认为谁如果这样做,他"就不是

---

① 列宁:《青年团的任务》,《列宁全集》第39卷,北京:人民出版社,1986,第297页。
② 恩格斯:《英国工人阶级状况》,《马克思恩格斯文集》第1卷,北京:人民出版社,2009,第385页。
③ 列宁:《一位法裔社会党人诚实的呼声》,《列宁全集》第27卷,北京:人民出版社,1990,第15页。

为了弄清马克思主义的方法，不是为了研究各特定国家工人运动的具体历史特点，而是为了打知识分子的、派别组织的小算盘"。① 那么，究竟应该怎样来运用呢？列宁强调指出，"马克思主义所根据的不是别的，而是俄国的历史事实和现实情况"，它必须"从大家公认的事实出发"②，因为实际情况是不能抹杀的。应用马克思主义是这样，宣传马克思主义也只能是这样。

其次，理论正确与否，要接受实践的检验，理论灌输是否正确有效，也要接受实践的检验。列宁提出："理论符合现实是理论的唯一标准。"③ "活动的结果是对主观认识的检验和真实存在着的客观性的标准。"④ 在检验马克思主义在俄国的运用和宣传之时，列宁运用的正是这个标准。

对于马克思主义在俄国的运用来说，存在一个把马克思主义与俄国的实际怎样结合的问题，存在结合以后产生新的理论形式是否具有真理性的问题。这就要经过实践的检验，并依靠实践来回答。无产阶级政党的政策是马克思主义在俄国的运用，但是对于党的政策经常会有意见分歧，那么，究竟谁对谁错，最终也要靠实践来检验。列宁指出："实践高于（理论的）认识，因为它不仅具有普遍性的品格，而且还具有直接现实性的品格。"⑤ "必须尽可能经常地根据新的政治事变来检验以前通过的策略决议。这种检验无论在理论上或实践上都是必要的——从理论上来说，是为了通过事实、通过经验来证实已经通过的决议是否正确和正确的程度如何，决议通过以后发生的政治事变要求我们对决议作哪些

---

① 列宁：《〈约·菲·贝克尔等致弗·阿·左尔格等书信集〉俄译本序言》，《列宁全集》第15卷，北京：人民出版社，1988，第210页。
② 列宁：《民粹主义的经济内容及其在司徒卢威先生的书中受到的批评》，《列宁全集》第1卷，北京：人民出版社，1984，第356页。
③ 列宁：《什么是"人民之友"以及他们如何攻击社会民主党人？》，《列宁全集》第1卷，北京：人民出版社，1984，第133页。
④ 列宁：《黑格尔〈逻辑学〉一书摘要》，《列宁全集》第55卷，北京：人民出版社，1990，第188页。
⑤ 列宁：《黑格尔〈逻辑学〉一书摘要》，《列宁全集》第55卷，北京：人民出版社，1990，第183页。

修改；从实践上来说，是为了真正学会贯彻这些决议，学会把它们看作应立即直接运用到实际中去的指示。"①

就理论灌输而言，存在一个内容是否正确、结果是否有效的问题，其检验标准也只能是实践。关于理论灌输内容的正确性，列宁指出，这要"用各个阶级所采取的每一个步骤，用每一个政治事件和经济事件表明"②。而对于理论灌输的效果，列宁则强调，我们宣传马克思主义，要求工人阶级去掌握它。但是，列宁也指出："马克思主义的原则决不在于背诵词句的多少，不在于必须永远遵守'正统的'公式，而在于促进广泛的工人运动，促进群众的组织和主动性。"③

最后，理论由实践赋予活力，只有联系实际的理论和理论灌输才不会僵化而永葆鲜活的生命力。理论与实践无疑是双向互动、彼此影射的。列宁强调，马克思主义理论不是教条，而是行动的指南。它同任何理论一样，只能是对现实生活的抽象，至多只能指出基本的、一般的东西，只能大体上概括实际生活中的复杂情况。相对于理论而言，现实生活是具体的、丰富的、多样的，并且是不断发展变化的。因此，马克思主义者必须考虑生动的实际生活，必须考虑现实的确切事实，而不能固守马克思、恩格斯过去在某些情况下得出的具体结论。他在论述社会主义革命道路的多样性时说："再没有比'为了历史唯物主义'而一律用浅灰色给自己描绘这方面的未来，在理论上更贫乏，在实践上更可笑的了。"④

理论灌输也只有联系丰富多彩的实际生活，不断给自己注入新的内容，以此发展自己，才不会僵化而永葆活力。列宁强调："必须善于贯

---

① 列宁：《革命教导着人们》，《列宁全集》第 11 卷，北京：人民出版社，1987，第 126 页。
② 列宁：《普列汉诺夫同志是怎样论述社会民主党的策略的？》，《列宁全集》第 13 卷，北京：人民出版社，1987，第 164 页。
③ 列宁：《合法派与反取消派的对话》，《列宁全集》第 20 卷，北京：人民出版社，1989，第 240 页。
④ 列宁：《论面目全非的马克思主义和"帝国主义经济主义"》，《列宁全集》第 28 卷，北京：人民出版社，1990，第 163 页。

彻我们的策略路线，必须善于建设我们的组织，既要估计到已经变化了的客观情况，又不缩小、不削弱斗争任务，不贬低那些即使乍看起来是极平凡、极不显眼、极其琐碎的工作的思想政治内容。"① 这里的"善于贯彻"，其实就是对灵活运用教育方法、方式的要求。在开始相当长一段时期内，俄国社会民主党是通过秘密的、地下的方式来组织和教育群众的。后来，随着政治局势的变化和工人运动的发展，利用合法形式宣传和教育群众成为可能。此时，"利用杜马的讲坛是绝对必要的"。② 当与资产阶级的分裂不可避免、无产阶级革命势在必行的时候，合法的形式退居其次，用革命斗争来教育群众又成为主要的形式。根据实践的发展变化，"把各种不同的斗争方法结合起来，巧妙地从一种方法过渡到另一种方法，不断提高群众的觉悟，扩大群众的集体行动的广度"。③ 可以说，这既是"马克思主义的策略"，也是马克思主义理论灌输的策略。

"理论在变为实践，理论由实践赋予活力，由实践来修正，由实践来检验。"④ 这是列宁关于实践在理论和理论灌输中重要作用的高度概括。"我的朋友，理论是灰色的，而生活之树是常青的。"⑤ 这是列宁钟爱的一句名言。他多次引用德国诗人歌德的这句名言，绝不是贬低理论的作用，而只是为了强调：只有把理论和一般公式导入现实的世界，才能使它有血有肉，使它具体化，从而改变它的面貌，赋予其新的内容，永葆其鲜活的生命力。

（3）"用现实生活各个方面存在的生动具体的事例和典型来教育群众。"在理论灌输中，要真正做到理论联系实际，必须善于将两者有机

---

① 列宁：《为什么而斗争》，《列宁全集》第19卷，北京：人民出版社，1989，第214页。
② 列宁：《走上大路》，《列宁全集》第17卷，北京：人民出版社，1988，第334页。
③ 列宁：《论工人运动的形式》，《列宁全集》第25卷，北京：人民出版社，1988，第59页。
④ 列宁：《怎样组织竞赛》，《列宁全集》第33卷，北京：人民出版社，1985，第208页。
⑤ 列宁：《怎样组织竞赛》，《列宁全集》第33卷，北京：人民出版社，1985，第209页。列宁在著述和讲话中多次引用了歌德的这句名言。除前面的注释外，还可见于《俄国社会民主工党中央委员会在布鲁塞尔会议上的报告和给出席该会议的中央代表团的指示信》，《列宁全集》第25卷，北京：人民出版社，1988，第409~410页；《论策略书》，《列宁全集》第29卷，北京：人民出版社，1985，第139页。

地联系起来。在这个问题上，将列宁的有关思想和实践概括起来，主要体现在以下两个方面。

第一，列宁揭示了理论联系实际的主要途径。马克思曾说："一个不了解社会现状的人，更不会了解力求推翻这种社会现状的运动和这个革命运动在文献上的表现。"① 列宁曾经称赞恩格斯的《英国工人运动状况》对工人阶级具有巨大吸引力，认为："它是对现代无产阶级状况的最好描述。"② 而这部著作之所以取得如此的成功，就在于恩格斯认真的调查研究。列宁因此对恩格斯做了如下评价："他并不是只坐在工厂的办事处里，他常常到工人栖身的肮脏的住宅区去，亲眼看见工人贫穷困苦的情景。但是，他并不满足于亲身的观察，他还阅读了他所能找得到的在他以前论述英国工人阶级状况的一切著作，仔细研究了他所能看到的一切官方文件。"③

列宁一生都注重调查研究，仅在十月革命胜利后，他就强调过多次。1918年5月，列宁决定成立以研究和宣传马克思主义为主要任务的社会主义社会科学院，他在亲自拟定的人民委员会决定草案中，提出了加强马克思主义研究和宣传的四条原则。其中，第三条直接指出："首要任务之一是组织一系列的社会调查。"④ 1918年9月，列宁针对党报充斥着空洞的宣传，重提调查研究。他要求："少来一些政治空谈。少发一些书生的议论。多深入生活。多注意工农群众怎样在日常工作中实际地创造新事物。多检查检查，看这些新事物中有多少共产主义成分。"⑤ 在1922年4月致奥新斯基的信中他又说："我们这里最糟的是，报刊上空泛的议论和政治高调太多，而对地方经验的研究却非常缺乏。"因此，

---

① 马克思：《致帕·瓦·安年柯夫（1846年12月28日）》，《马克思恩格斯文集》第10卷，北京：人民出版社，2009，第52页。
② 列宁：《弗里德里希·恩格斯》，《列宁全集》第2卷，北京：人民出版社，1984，第7页。
③ 列宁：《弗里德里希·恩格斯》，《列宁全集》第2卷，北京：人民出版社，1984，第6～7页。
④ 列宁：《关于社会主义社会科学院》，《列宁全集》第34卷，北京：人民出版社，1985，第349页。
⑤ 列宁：《论我们报纸的性质》，《列宁全集》第35卷，北京：人民出版社，1985，第93页。

他提出要深入基层的实际生活中去,"要具体、再具体"① 地研究实际。在列宁看来,只有深入实际进行调查研究,才能搞清楚实际,从而增强理论灌输的针对性。

第二,列宁揭示了理论联系实际的主要形式。概括起来,主要有以下四种。

其一,运用实际事例来说明理论原理。再通俗的理论,有时也难免抽象。因此,列宁强调,在讲授理论时,不能从理论到理论,应该运用恰当的事例来说明理论,让人易于接受。1899 年底,列宁在批评所谓"群众不能理解政治斗争的思想"的错误观点时就指出,只要"善于用通俗易懂的语言,并且能够借助于日常生活中他们所知道的事实",即使文化水平很低的工人也能理解。② 1918 年 9 月,他不满意当时部分党报存在的"政治空谈"现象,批评说,"我们很少用现实生活各个方面存在的生动具体的事例和典型来教育群众"③,再次强调理论灌输要联系实际事例,增强说服力。注重联系生动的实际来教育群众,这在列宁的理论灌输实践中也表现得非常突出。例如,他早年给工人讲课,就特别善于联系工人熟悉的实际,分析他们亲眼看见的事件,使工人很容易地就接受了他的理论分析。1920 年,为了教育全党正确理解妥协策略,他在讲话中"先提一提马克思主义奠基人的意见,然后再举几个最简单明了的例子"。④ 同年 10 月,他在对青年团的代表的讲话中,举了"种地""扫盲""城郊菜园工作"等大家熟悉的例子来"具体说明应该怎样进行这种共产主义教育"。⑤

其二,根据教育对象的实际确立不同的教育方法。列宁早年曾引用

---

① 列宁:《致恩·奥新斯基(1922 年 4 月 12 日)》,《列宁全集》第 52 卷,北京:人民出版社,1988,第 400 页。
② 参见列宁《论〈宣言书〉》,《列宁全集》第 4 卷,北京:人民出版社,1984,第 277 页。
③ 列宁:《论我们报纸的性质》,《列宁全集》第 35 卷,北京:人民出版社,1985,第 93 页。
④ 列宁:《论妥协》,《列宁全集》第 38 卷,北京:人民出版社,1986,第 319 页。
⑤ 列宁:《青年团的任务》,《列宁全集》第 39 卷,北京:人民出版社,1986,第 305~311 页。

考茨基的正确观点，来说明理论灌输方法"应该因人而异"："对马车夫讲话应该不同于对水手讲话，对水手讲话应该不同于对排字工人讲话。"① 在新经济政策时期，他告诫"俄罗斯国家电气委员会"里的共产党员，对待科技人员要采取慎重灵活的态度，对他们进行思想理论灌输时，要考虑其所从事专业的特点。他提醒说："要记住，工程师为了接受共产主义而经历的途径将不同于过去的地下宣传员和著作家，他们将通过自己那门科学所达到的成果来接受共产主义，农艺师将循着自己的途径来接受共产主义，林学家也将循着自己的途径来接受共产主义，如此等等。"② 此外，列宁还曾指出，对无产阶级觉悟分子进行理论灌输，可以而且应该从理论的高度讲清问题。但是，对于普通群众来说，这种方法就行不通。因为"群众不是从理论上，而是根据实际来看问题的"，"对于广大士兵群众，应当根据实际提出问题，别的办法是不行的"。③ 可见，理论灌输必须考虑教育对象的不同特点，包括其年龄、职业、文化水平等方面的差别，采用切合其实际的不同教育方法，加以区别对待，才能达到较好的教育效果。

其三，针对重大的现实问题做出理论回答。人们在现实生活中会遇到各种实际问题，特别是一些重大的现实问题，会产生各种思想疑惑。列宁认为，理论灌输者不能回避这些现实问题，必须做出自己的回答。他在1894年就认识到，俄国的马克思主义"应当解答无产阶级急需解答的问题，——如果这种理论合乎科学要求，那么，无产阶级反抗思想的任何觉醒都必然会把这种思想引上社会民主主义的轨道"。④ 可以说，列宁在一生中都时刻关注着现实提出的重大问题，总是竭尽所能地运用马

---

① 列宁：《俄国社会民主党中的倒退倾向》，《列宁全集》第4卷，北京：人民出版社，1984，第236页。
② 列宁：《论统一的经济计划》，《列宁全集》第40卷，北京：人民出版社，1986，第353页。
③ 列宁：《在出席全俄工兵代表苏维埃会议的布尔什维克代表的会议上的报告》，《列宁全集》第29卷，北京：人民出版社，1985，第103页。
④ 列宁：《什么是"人民之友"以及他们如何攻击社会民主党人？》，《列宁全集》第1卷，北京：人民出版社，1984，第261页。

克思主义的立场、观点、方法对这些问题做出回答。19世纪末的俄国社会何去何从？第一次俄国革命失败后，无产阶级怎么办？无产阶级对待帝国主义战争应该采取什么态度？推翻沙皇专制制度以后，俄国革命的道路又该怎么走？等等。对于这些俄国革命历史发展提出的重大现实问题，列宁都做了及时、正确的回答，在关键时刻统一了党的思想认识，指明了无产阶级前进的方向。

其四，理论传授与实际锻炼相结合。理论灌输不仅仅是单纯的知识传授，更重要的是将理论转化为实际的行动，这既是理论灌输的目的，也是理论联系实际的最有效的形式。十月革命胜利以后，根据新形势下培养人才的任务，列宁在《青年团的任务》中强调，如果共产主义教育只限于传授共产主义著作、书本和小册子里的东西，那就很容易造就出一些共产主义的书呆子或吹牛家，而这将损害共产主义事业，因为这种人虽然把共产主义书本和小册子上的东西读得烂熟，却不善于把所有这些知识融会贯通，也不会按共产主义的真正要求去行动。他得出结论说："离开工作，离开斗争，那么从共产主义小册子和著作中得来的关于共产主义的书本知识，可以说是一文不值。"① 正因为如此，他对以实际行动体现了共产主义思想的"共产主义星期六义务劳动"给予了高度评价。

3. 理论灌输的主体与客体

谁来进行理论灌输？对谁进行理论灌输？如何处理两者的关系？这是理论灌输必须解决的前提性问题，也是根本性的问题。列宁结合俄国的具体实际，站在马克思主义社会主体结构理论的高度，从领袖、政党、阶级、群众的辩证关系角度，对这些问题做了深入的探讨和科学的回答，形成了其独具特色的理论灌输主客体思想。

（1）理论灌输的主体。谁来进行理论灌输？列宁对这个问题的回

---

① 列宁：《青年团的任务》，《列宁全集》第39卷，北京：人民出版社，1986，第297页。

答,是与他关于无产阶级的领袖、政党、阶级、群众的相互关系的论述紧紧连在一起的。在这四个层次当中,前一个层次是后一个层次(或后几个层次)的教育主体。在这里,理论灌输的主体与客体的区分具有明显的相对性的特点。那么,前一个层次为什么能够成为后一个层次(或后几个层次)的教育主体?要讲清楚这其中的关系并非易事。为简便起见,我们不妨先暂不考虑上述复杂的层次关系,而首先只对其中反映出来的理论灌输主体的性质、特点等进行简要考察。

第一,理论灌输主体概念。众所周知,主体范畴首先是出现在哲学中的。古希腊的亚里士多德用"主体"一词来表示某些属性、状态和作用的承担者。17世纪,西方近代哲学的创始人之一、法国哲学家笛卡儿,把主体自我意识和客观现实世界对立起来,并以此作为认识的出发点。自此以后,主体以及与之相关联的客体就作为认识论的重要范畴,经常出现在西方哲学的著作中。在马克思主义哲学当中,主体是指有目的、有意识地从事认识活动和实践活动的人。学术界大致认为,教育学从哲学中借鉴"主体"一词,形成了"教育主体"概念。但是,在对"教育主体"这一概念内涵的理解上,教育学界存在不同的意见。与此类似,在思想政治教育学界,学者们对主体、客体及其相互关系也存在不同看法。我们所理解的教育主体,是就其一般含义而言,意指教育者,即教育实践活动的组织者和实施者。

在列宁的著作中,他曾对"主体"范畴做过科学阐述。例如,他在《唯物主义和经验批判主义》中,针对经验批判主义在认识主体与认识客体关系问题上的错误观点,进行了系统的批判,对主体范畴给予了马克思主义的科学阐释。但是,列宁并没有"理论灌输主体"的提法(当然,他在这个方面的思想是很丰富的)。为了叙述方便,我们从列宁对主体的一般界定出发,借鉴教育学中的"教育主体"用语,用"理论灌输主体"这一概念,来表示领袖、政党、阶级、群众在理论灌输活动中,所反映出来的前一个层次对后一个层次(或后几个层次)的地位与关系,并统称列宁在不同的场合分别使用过的"宣传员""鼓动员""政治教育工作者""从事马克思主义理论工作的人"等提法。简言之，理论灌输主体是指马克思主义理论灌输者，即马克思主义理论灌输活动的组织者和实施者，包括具有理论灌输功能的组织和个人。

由此出发并联系理论灌输活动的目的、特点就不难发现，理论灌输主体具有以下特点：其一，它是社会历史发展的产物，是随着无产阶级登上社会历史舞台和马克思主义理论形成以后，才开始出现的。其二，它所从事的实践活动是特定的社会历史活动，有特定的活动对象和活动内容，是对无产阶级和人民群众进行的马克思主义理论灌输活动，而不是其他的实践活动。其三，它所从事的这种特定的实践活动，不是盲目的、随意的自发性活动，而是根据无产阶级事业的需要而进行的有目的、有计划的自觉性活动。

理论灌输主体的上述特点，决定了它具有教育、导向、示范、组织等功能。① 而这些功能的发挥过程，就是实现理论灌输目的的过程，因为理论灌输活动实际上就是理论灌输主体所组织和实施的活动。在这种意义上可以说，理论灌输目的的实现，是以理论灌输主体功能的发挥为前提的。

第二，理论灌输主体的组织结构。从无产阶级的领袖、政党、阶级、群众的相互关系的角度来看，理论灌输主体具有内在的组织结构系统。从列宁的理论灌输的理论和实践来看，这种结构主要由以下几个部分构成。②

其一，领导决策机构。根据列宁的有关理论和实践，这主要指各级党组织，上到党中央，下至党的基层组织。其中，党中央是党的最高组织形式，也是理论灌输主体的最高组织形式。党中央是由党的队伍中

---

① 关于理论教育主体功能的探讨，参见孙来斌《列宁的马克思主义理论教育思想研究》，北京：中国社会科学出版社，2003。
② 关于这种结构，学术界有过一些探讨。其中，陈秉公教授在《思想政治教育学原理》（沈阳：辽宁人民出版社，2001）一书中，将思想理论教育的组织结构划分为领导决策机构、职能管理机构、群团组织、研究咨询机构。本书的划分借鉴了其方法。

"最有威信、最有影响、最有经验、被选出担任最重要职务"① 的人组成的集体。这个集体对于理论内容的理解、理论灌输的组织决策、全党的理论灌输起着至关重要的作用。列宁曾经引用恩格斯的话说,"领袖们有责任愈来愈透彻地理解种种理论问题,愈来愈多地摆脱那些属于旧世界观的传统词句的影响",工人运动的领袖们不仅要将研究马克思主义当成自己的责任,并且"必须以高度的热情把由此获得的日益明确的意识传布到工人群众中去"②,从而将他们团结在自己的周围。

其二,职能管理机构。在布尔什维克取得政权之前,思想理论灌输的专门领导工作主要是通过各级党委或党支部的内部分工来实现的。在布尔什维克取得政权以后,党组织内的这种分工依然保留,同时在苏维埃政府内设立了专门的领导机构。起初,最高苏维埃政府在教育人民委员部设立了社会教育司来负责此项工作,地方苏维埃政府所属的国民教育局中也设有相应的机构。1920年10月,列宁提出要探讨和解决"全部政治教育工作的统一"的问题。③ 根据列宁的这一指示,教育人民委员部在社会教育司的基础上成立了政治教育总委员会,省、县国民教育局也相应成立政治教育委员会。列宁对政治教育总委员会的工作极为重视,他在家里经常同担任总委员会主席的克鲁普斯卡娅讨论有关工作,在有关工作会议上多次发表讲话。除自己亲自过问以外,列宁还要求布哈林、普列奥布拉任斯基等中央委员从党的领导角度具体负责这项工作,任命利特斯肯为中央政府的人民委员助理,负责教育人民委员部的行政管理工作,"责成他抽出不少于1/2的工作时间兼顾政治教育总委员会的工作"。④ 由于列宁等人高度重视,政治教育总委员会在统一和指导全国

---

① 列宁:《共产主义运动中的"左派"幼稚病》,《列宁全集》第39卷,北京:人民出版社,1986,第21页。
② 列宁:《怎么办?》,《列宁全集》第6卷,北京:人民出版社,1986,第26页。
③ 参见列宁《俄共(布)中央政治局关于政治教育总委员会的决定草案》,《列宁全集》第39卷,北京:人民出版社,1986,第397页。
④ 列宁:《俄共(布)中央关于改组教育人民委员部的决定草案》,《列宁全集》第40卷,北京:人民出版社,1986,第89页。

的政治教育和宣传鼓动工作,领导群众性的共产主义教育以及党的教育等方面发挥了重要作用。

其三,理论研究机构。理论灌输的科学性是以理论的科学性为前提的,而这种科学性并不是自动生成、一劳永逸的,需要通过艰苦的理论研究工作来保证。对此,列宁引用恩格斯的话强调说:"社会主义自从成为科学以来,就要求人们把它当作科学看待,就是说,要求人们去研究它。"① 事实上,马克思主义理论研究机构不仅担负着理论研究的任务,也担负着理论灌输与宣传的任务。十月革命胜利后,苏俄先后成立了一些马克思主义理论研究机构,其中列宁亲自组建的就有两个:社会主义社会科学研究院(后改称"社会主义科学院""共产主义科学院")、马克思恩格斯研究院。1918 年 5~6 月,列宁先后起草了两份文件,决定成立社会主义社会科学院,并就大量吸收和招聘理论研究人才做出具体指示。② 根据列宁的指示,社会主义社会科学院于 1918 年 10 月 1 日正式成立,并确定自己的任务是:对社会主义和共产主义问题进行深入的科学研究;对社会科学、哲学以及同社会科学有关的自然科学进行科学研究;培养社会知识各个领域的专门家;向群众介绍科学社会主义和共产主义学说。为了加强马克思恩格斯研究院的建设,列宁指派梁赞诺夫负责收集马克思和恩格斯的书信,在经费非常紧张的情况下,拨专款 12.5 万金卢布从国外购买大量宝贵的社会主义文献。③

其四,专门的教育机构。这主要是指各级党校、各类学校。其中,党校是无产阶级政党集中进行理论灌输、培养先进分子的机构。列宁对

---

① 列宁:《怎么办?》,《列宁全集》第 6 卷,北京:人民出版社,1986,第 26 页。
② 参见列宁《关于社会主义社会科学院》,《列宁全集》第 34 卷,北京:人民出版社,1985,第 349~350 页。
③ 1921 年 6 月 14 日,俄共(布)中央组织局决定批准马克思恩格斯研究院院长达·波·梁赞诺夫去德国购买该研究院所需的书籍。为此,组织局决定拨给 5 万金卢布,并告诉梁赞诺夫必要时可找中央追加经费。后来列宁和俄共(布)中央政治局 1921 年 9 月 26 日根据需要增拨 7.5 万金卢布,并责成梁赞诺夫节约使用这笔经费。参见列宁《在达·波·梁赞诺夫来信上写的批语(1921 年 9 月 26 日)》,《列宁全集》第 51 卷,北京:人民出版社,1988,第 367~368 页。

于办好党校一贯非常重视。在革命时期,他指出:"如果办好一所真正的党校,哪怕是办在国外,也会在一定程度上有助于地方组织从工人中培养合格的党的工作者。"① 因此,他积极创办工人党校,并亲自授课。在建设时期,党面临着领导经济建设这一全新的任务。列宁多次过问全国党校的建设情况,要求有计划、有组织地培训党员和先进分子,普遍提高全党的理论水平。

列宁非常关注学校尤其是高等学校在理论灌输中的地位。列宁历来反对所谓"教育不问政治"的资产阶级伪善观点,指出无产阶级政党"不能让教育工作不联系政治"。② 在十月革命前,他就多次强调,党的思想理论工作者和各级党组织要深入高等学校,将更多的大学生争取到无产阶级革命队伍当中。十月革命后,他又强调:"无产阶级,通过它的先锋队共产党和所有无产阶级组织,应当作为最积极最主要的力量参与整个国民教育事业。"③ 列宁非常关心马克思主义理论课师资队伍建设和课程建设。他亲自给有关部门推荐理论课教师,拟定高、中等学校必须开设的马克思主义理论科目。他在1920年关于职业技术学校的指示中,还要求所有的职业技术学校要同普通学校一样,增设共产主义、革命史、1917年革命史等理论课程。④

其五,群团组织。列宁提出:"哪里有群众,就一定到哪里去工作。"共产党人应该利用"一切有无产阶级群众或半无产阶级群众的机关、社团和协会","有步骤地、顽强地、坚定地、耐心地进行宣传和

---

① 列宁:《〈无产者报〉扩大编辑部会议文献》,《列宁全集》第19卷,北京:人民出版社,1989,第39页。
② 列宁:《在全俄省、县国民教育局政治教育委员会工作会议上的讲话》,《列宁全集》第39卷,北京:人民出版社,1986,第400页。
③ 列宁:《关于无产阶级文化》,《列宁全集》第39卷,北京:人民出版社,1986,第332页。
④ 为了在职业技术学校尽快增设马克思主义理论课程,列宁要求应抓紧编制这些课程的教学大纲。为了表明其重要性,列宁在提纲上注明:"如果这些课程的教学大纲还没有,那就把卢那察尔斯基绞死。"这是一份非正式的草稿,列宁要求"不外传"。参见列宁《关于综合技术教育》,《列宁全集》第40卷,北京:人民出版社,1986,第225~226页。

鼓动"。① 这就是说，在党领导下的群团组织，可以而且应该发挥理论灌输的主体作用。这些群团组织主要包括工会、共青团等。列宁曾多次强调党所领导的工会在理论教育中的积极作用。他在1907年就指出："我们要加紧在工会中进行工作，要在所有的活动领域内进行工作，以便向无产阶级传播马克思主义革命理论，建立阶级组织的'堡垒'。"② 十月革命胜利后，他又说："工会应当更加成为对全体劳动群众进行劳动教育和社会主义教育的机关。"③ 针对托洛茨基等人提出的"工会中立"主张，列宁多次予以严肃批评。他明确指出："工会现在仍然是、将来在一个长时期内也还会是一所必要的'共产主义学校'和无产者实现其专政的预备学校。"④ 同时，共青团作为党的助手，在理论教育中也具有积极作用。列宁早在1907年就说过，社会主义青年团体"是担负着党的重要工作的庞大组织"，它的"主要宗旨是自学，是树立明确严整的社会主义世界观"。⑤ 十月革命胜利后，列宁将学习马克思主义作为全体青年的基本任务，并要求青年团以此"来安排自己的实际活动"。⑥ 他还进一步指出，青年团的工作当然包括许多方面，但是，必须把工作重心确定为"帮助团员领会科学共产主义教育。团的每个负责人员首先应当成为在落后同志中间进行工作的宣传员，然后才是俄国共产主义青年团的其他活动方面的工作人员"。⑦ 从这种角度来看，共青团的首要任务是理论灌输和理论教育，共青团也是理论灌输和理论教育的重要主体。

---

① 列宁:《共产主义运动中的"左派"幼稚病》，《列宁全集》第39卷，北京：人民出版社，1986，第33页。
② 列宁:《沃伊诺夫论党同工会的关系一书的序言》，《列宁全集》第16卷，北京：人民出版社，1988，第183~184页。
③ 列宁:《俄共（布）纲领草案》，《列宁全集》第36卷，北京：人民出版社，1985，第88页。
④ 列宁:《共产主义运动中的"左派"幼稚病》，《列宁全集》第39卷，北京：人民出版社，1986，第30页。
⑤ 列宁:《反军国主义的宣传和社会主义青年团体》，《列宁全集》第16卷，北京：人民出版社，1988，第107页。
⑥ 列宁:《青年团的任务》，《列宁全集》第39卷，北京：人民出版社，1986，第302页。
⑦ 转引自《苏联共产党代表大会、代表会议和中央全会决议汇编》第2分册，中央编译局译，北京：人民出版社，1964，第93页。

总之，从列宁关于理论灌输的理论与实践来看，理论灌输主体既存在上至中央下至基层党组织的纵向结构，也存在党所领导下的各种组织形式所构成的横向网络。在无产阶级政党的统一领导下，只有充分发挥各种组织形式的主体作用，才能形成理论灌输的强大合力。此外，由于革命分工的需要，无产阶级革命队伍内还必须有一支专门从事理论灌输工作的队伍。对于这支队伍的成员（即理论灌输主体的个体形式，以下简称理论教育者）而言，理论灌输既是为之奋斗的无产阶级事业，也是专门从事的职业。"事业"有事业的要求，"职业"有职业的规范。列宁从两者的特殊结合角度，对理论教育者的素质提出了特殊的要求。概括起来，理论教育者应具备良好的政治素养（包括坚定的社会主义政治方向、鲜明的无产阶级政治立场、较高的马克思主义政策水平等），健全的人格（包括良好的思想作风和工作作风、高尚的道德信念和道德品质），宽广的知识背景（包括深厚的马克思主义理论功底、广博的科学知识等），全面的能力（包括分析判断能力、组织管理能力、语言文字表达能力等）。[①] 这些方面的素质构成了理论灌输主体的个体素质的基本内容。当然，理论灌输者的素质并非天生具备的，而是通过长期的革命实践和各种途径的培训逐渐形成并得到提高的。所谓教育者首先受教育，这对于理论灌输者同样是适用的。这一点，无论是在列宁本人身上，还是在他着意培养锻炼的一批理论灌输者身上，都可以得到印证。

（2）理论灌输的客体。对谁进行理论灌输？这个问题的答案，也是包含在列宁关于无产阶级的领袖、政党、阶级、群众的相互关系的论述当中的。在这四个层次当中，后一个层次是前一个层次（或前几个层次）的教育客体。那么，作为教育客体，后一个层次（或后几个层次）有什么特点？为了叙述上的便利，我们只从与理论灌输主体相对应的角度，对从列宁有关论述中反映出来的理论灌输客体的特点进行简要考察。

第一，理论灌输客体概念。哲学视野中的客体，是与主体相对应的

[①] 参见孙来斌《列宁的马克思主义理论教育思想研究》，北京：中国社会科学出版社，2003。

概念，是同主体认识和实践活动有功能联系并被具体指向的东西。教育学从哲学中借鉴"客体"范畴形成了"教育客体"概念。何谓教育客体？同教育主体问题的讨论联系在一起，这在中外教育学界也存有不同的看法。就其基本含义而言，是指教育的对象，即受教育者。在列宁那里，有"客体"一词，但无"理论灌输客体"这一提法。我们用"理论灌输客体"一词，来表示领袖、政党、阶级、群众在理论灌输活动中，所反映出来的后一个层次对前一个层次（或前几个层次）的地位与关系，并统称列宁在特定的语境中所说的"受教育者""学生""无产阶级"等提法。简言之，理论灌输客体是指理论灌输活动的对象，即受教育者。

第二，理论灌输客体的特点。将理论灌输客体与理论灌输主体及理论灌输活动联系起来加以考察，不难发现，它具备以下一般特点：其一，它是一个社会历史范畴，是在无产阶级出现并且提出解放的要求以后，随着马克思主义理论的诞生才开始出现的。其二，与理论灌输主体的施教活动相对应，它所从事的活动是特定的受教活动，是接受马克思主义理论灌输的活动，而不是其他的实践活动。其三，它的受教活动，目的在于增强其阶级意识和历史使命感，在这种意义上可以说，这是一种自觉性和主体性逐渐增强的历史活动。

列宁理论灌输思想的主题，是在俄国这样一个农民占多数的国家，如何对无产阶级和广大群众进行马克思主义理论灌输的问题。列宁对理论灌输客体进行了具体和历史的考察，揭示了在特定历史条件下的若干特性。

其一，客体构成上的特殊性。具体表现在以下三个方面：一是成分的多样性。列宁曾说："我们以马克思主义纲领教育了无产阶级政党，同样应当以它来教育我国千百万劳动者。"[①] 这"千百万劳动者"当中除了无产阶级以外，还包括其他劳动人民，即列宁所说的半无产者、小农、

---

① 列宁：《俄共（布）第八次代表大会文献》，《列宁全集》第36卷，北京：人民出版社，1985，第164页。

小资产者等。二是比例的特殊性。一般来说，马克思主义这一无产阶级思想体系内容的理论灌输活动，主要针对的受众应该是无产阶级。但在俄国，列宁认为"非常突出"的"第一个特点""就是我国的无产阶级不但是少数，而且是极少数，占大多数的是农民"。① 三是相互影响的复杂性。这些成分之间相互影响，要想做准确的划分比较困难。列宁很清楚地讲明了这一点。他说："如果'纯粹的'无产阶级没有被介于无产者和半无产者（一半依靠出卖劳动力来获得生活资料的人）之间、半无产者和小农（以及小手艺人、小手工业者和所有的小业主）之间、小农和中农之间等等为数众多的形形色色的中间类型所包围……那么资本主义便不成其为资本主义了。"②

其二，思想意识上的特殊性。一是思想发展不平衡、总体水平不高。无产阶级、半无产阶级、小农、小资产者等成分的思想水平参差不齐，各种成分内部也有差别。列宁曾根据工人的思想水平将其分成三个部分："条件最好的那部分工人""广大的中等水平的工人""无产阶级中水平低的广大群众"。③ 总的来看，"俄国先进的觉悟的工人是不多的"④，理论灌输客体的总体思想水平不高。二是小资产阶级自发性影响大。列宁强调说，这是革命的"最危险的敌人"，即使革命取得了胜利，"在我们这样的国家里，它最能找到拥护者和支持者，最能改变广大群众的情绪，甚至影响到一部分非党工人"。⑤

其三，接受教育的层次性。由于理论灌输客体成分复杂、思想意识

---

① 列宁：《俄共（布）第十次代表大会文献》，《列宁全集》第41卷，北京：人民出版社，1986，第21页。
② 列宁：《共产主义运动中的"左派"幼稚病》，《列宁全集》第39卷，北京：人民出版社，1986，第54页。
③ 参见列宁《俄国社会民主党中的倒退倾向》，《列宁全集》第4卷，北京：人民出版社，1984，第234~235页。
④ 列宁：《在全俄劳动委员第二次代表大会上的讲话》，《列宁全集》第34卷，北京：人民出版社，1985，第345页。
⑤ 列宁：《俄共（布）第十次代表大会文献》，《列宁全集》第41卷，北京：人民出版社，1986，第26页。

水平各异，因而对其进行理论灌输必须采取先后有序、主次有别的办法。从教育客体的角度来讲，表现为接受教育的层次性，即思想意识水平较高的部分最容易接受先进理论，首先让他们接受理论灌输。然后，积极发挥他们的影响带动作用，使其他水平较低的部分也接受理论灌输。具体说来，可以分为如下层次：一是无产阶级的先进分子，即列宁所说的"最先和最容易接受社会主义思想的是条件最好的那部分工人"，"他们完全自觉地接受社会主义"①，应该首先受到理论的武装。二是非党无产阶级，即列宁所说的"广大的中等水平的工人""无产阶级中水平低的广大群众"。他们在无产阶级先进分子的帮助下，学习马克思主义。三是其他劳动群众，即列宁所说的"半无产者""小资产者""小农"等，他们在无产阶级的帮助下，接受马克思主义理论灌输。

列宁不仅从阶级构成及其思想水平的角度，论述了理论灌输客体接受教育的层次性问题，而且从理论灌输客体的年龄构成、从培养革命接班人的角度，论述了理论灌输客体接受教育的层次性问题。正是从后一角度，列宁将青年作为理论灌输的重点。②

（3）理论灌输主客体的辩证统一。理论灌输主体与理论灌输客体，是相对应而存在的，构成一对矛盾。如何处理和解决两者之间的关系？作为一位辩证法大师，列宁对这个问题的回答，是与他关于无产阶级的领袖、政党、阶级、群众的相互关系的论述紧紧联系在一起的。他从理论灌输的角度，对这四个层次之间的相互关系进行了科学的阐述，正确揭示了理论灌输主客体的辩证统一关系。在此问题上，一些西方学者的所谓"取代"一说，完全是对列宁思想的误解、曲解。

一般而言，我们将列宁关于无产阶级的领袖、政党、阶级、群众的

---

① 列宁：《俄国社会民主党中的倒退倾向》，《列宁全集》第4卷，北京：人民出版社，1984，第234页。
② 列宁关于青年理论教育问题的论述，十月革命前的可参见《给中学生（1902年12月）》《关于俄国社会民主工党各委员会和团体向全国代表大会的报告的问题》《俄国社会民主工党第二次代表大会文献》，十月革命之后的可参见《在全俄省、县国民教育局政治教育委员会工作会议上的讲话》《青年团的任务》等。

相互关系的著名论述,理解为无产阶级政党组织路线的理论原理。这无疑是正确的。但是,我们的理解不能因此而止步。事实上,这一论述不仅反映了组织上的关系,而且反映了思想上的关系。其切入点,正是通过理论灌输所反映出来的思想关系;其思考的重心,正是如何通过思想理论灌输来加强无产阶级的领袖、政党、阶级、群众的思想联系。

一方面,理论灌输主体与理论灌输客体之间是有差别的。在领袖、政党、阶级、群众的关系中,前一层次之所以能够成为后一层次的教育主体,是因为它具备后者所不具备的素质,特别是理论素质。正如列宁所说:"无论什么时候什么地方,一个阶级的领袖永远是该阶级最有知识的先进代表人物。俄国工人运动也不能例外。"①

另一方面,理论灌输主体与理论灌输客体之间是统一的。

首先,它们相互依存。理论灌输主体与理论灌输客体存在对象性关系,彼此为对方的存在提供前提。从群众→阶级→政党→领袖这样由下至上的角度来看,前一层次是后一层次的教育客体,前一层次的存在是后一层次存在的前提。列宁指出,群众是划分为阶级的,阶级是由政党来领导的,政党通常是由领袖来主持的。没有群众,就没有所谓的阶级;没有阶级,就没有所谓的政党;没有政党,也就没有所谓的领袖。简言之,没有理论灌输客体,就没有所谓的理论灌输主体。从领袖→政党→阶级→群众这样由上至下的角度来看,前一层次是后一层次的教育主体,前一层次的存在是后一层次存在的前提。没有无产阶级政党的领袖,无产阶级政党就失去了理论灌输的领导核心,从而失去思想团结;没有无产阶级政党的教育,无产阶级就失去了自己的先锋队,就难以形成自己的阶级意识,从而构不成一个真正的阶级;没有无产阶级对广大群众的影响和教育,广大群众就不会同无产阶级一起觉醒并因此获得解放。正因为如此,列宁指出,无产阶级要想战胜一切敌人以取得彻底解放,党为了阐明自己的纲领和策略,需要自己的领袖,需要自己的理论权威。

---

① 列宁:《论〈宣言书〉》,《列宁全集》第4卷,北京:人民出版社,1984,第277页。

"造就一批有经验、有极高威望的党的领袖是一件长期的艰难的事情。但是做不到这一点,无产阶级专政、无产阶级的'意志统一'就只能是一句空话。"① 他还指出:"不正确地理解共产党对非党无产阶级的作用以及共产党和非党无产阶级对全体劳动群众的作用,就是在理论上根本违背共产主义。"②

其次,它们相互影响、相互转化。这又可以分为两种情况:其一,由于理论灌输活动的指向性变化所引起的理论灌输主客体的易位。在领袖→政党→阶级→群众这一由理论灌输主体到理论灌输客体的层次链条中,无产阶级政党相对于前者即自己的领袖而言,它是理论灌输客体;相对于后者即无产阶级而言,它是理论灌输主体。也就是说,在一定的场合下,当无产阶级的先锋队首先接受自己领袖的理论灌输时,它是理论灌输的客体;当它以获得的理论认识去教育整个无产阶级的时候,它就成了理论灌输的主体。列宁论及理论灌输客体的层次性,强调的是要首先教育觉悟工人,再通过觉悟工人去教育其他工人群众,讲的就是这个道理。其二,由于个体意识与群体意识的相互作用所引起的理论灌输主客体的转化。群众→阶级→政党→领袖这一层层递进关系,表明了马克思主义理论形成和发展的源泉,即广大群众的意识怎样逐渐转化为无产阶级政党领袖的意识。马克思主义理论是在密切联系群众革命运动的实践中最终形成并得以不断发展的③,它是无产阶级领袖将无产阶级及广大群众的斗争经验及时理论化的结果。这一过程实际上也是群体意识转化为个体意识、理论灌输客体影响理论灌输主体的过程,亦即"客体主体化"。而领袖→政党→阶级→群众这一层层递进关系,又表明了马克思主义理论不断扩大其影响力的途径,即马克思主义怎样由最初少数

---

① 列宁:《给德国共产党员的一封信》,《列宁全集》第 42 卷,北京:人民出版社,1987,第 100 页。
② 列宁:《俄共(布)第十次代表大会文献》,《列宁全集》第 41 卷,北京:人民出版社,1986,第 85 页。
③ 参见列宁《共产主义运动中的"左派"幼稚病》,《列宁全集》第 39 卷,北京:人民出版社,1986,第 5 页。

领袖的个人意识逐渐转化为人民群众的群体意识,怎样由理论转化为实践的过程。这一过程实际上是理论灌输主体影响理论灌输客体的过程,即"主体客体化"。

总的来说,领袖、政党、阶级、群众在理论灌输中所体现出来的相互关系,既包含着领袖→政党→阶级→群众这一由上到下的层层教育关系,又包含着群众→阶级→政党→领袖这一由下到上的层层影响关系。正是两者的相互影响、相互转化,构成了马克思主义理论灌输的现实过程。

三 列宁灌输理论的基本特征

马克思主义发展具有阶段性与连续性相统一的特点。在资本主义进入帝国主义阶段,在战争与革命的时代背景之下,列宁主义给马克思主义增添了许多新的时代内容。但是,从内在特质而言,它与马克思主义是完全一致的。作为列宁主义的重要组成部分,而且是专门探讨马克思主义宣传和教育的部分,列宁灌输理论在其本质特征上,又与马克思主义是完全一致的。其中,科学性与革命性的高度统一,这一马克思主义的本质特征在列宁灌输理论上表现得特别显著,是其最主要的特征。

1. 列宁灌输理论的科学性

大体说来,列宁灌输理论的科学性主要表现在三个方面:其一,对马克思主义的科学理解。这属于列宁的马克思主义观范畴,是列宁主义及其灌输理论形成的思想理论前提,为理论灌输和理论教育提供科学的内容。其二,对教育一般规律的特殊揭示。这反映了列宁的教育思想,是其在理论教育领域特殊而科学的运用。其三,形成了灌输理论的科学体系。这一方面从整体上表现了列宁灌输理论的内在逻辑及其科学性,是前两个方面的有机结合。

(1) 对马克思主义的科学理解。马克思主义理论教育的内容是明确的,即马克思主义理论。但是，什么是马克思主义？人们对此的回答不尽相同。大体看来，在列宁革命的一生中，他经历了两次关于"什么是马克思主义"的提问。①其中，第一次，他在参加反对伯恩施坦修正主义的斗争中，同其他马克思主义者一起，批判伯恩施坦对马克思主义的篡改，提出并回答了"什么是马克思主义"的问题。第二次，他在领导俄国革命和建设的过程中，针对第二国际机会主义者的攻讦，提出并重新回答了"什么是马克思主义"的问题。列宁对马克思主义的理解主要包括以下几个方面。②

第一，马克思主义是马克思、恩格斯的观点和学说的体系。列宁1914年在《卡尔·马克思》一文中从创立者的角度给出了马克思主义的经典定义："马克思主义是马克思的观点和学说的体系。"③但是，列宁同时认为，恩格斯作为马克思最亲密的同志和合作者，无疑也是这个体系的创立者。他说，要正确评价马克思的观点，无疑必须熟悉恩格斯的著作。"不研读恩格斯的全部著作，就不可能理解马克思主义，也不可能完整地阐述马克思主义。"④在此前不久的《马克思和恩格斯通信集》一文中，列宁在论及恩格斯同马克思关于《共产党宣言》草稿的通信时说："恩格斯这封具有历史意义的信谈到这部著作的最初详细提纲，这

---

① 在20世纪末21世纪初，一批国内外学者纷纷站在世纪之交的角度反思马克思主义的发展历程，展望它的发展前景。在讨论中，一些学者提出并探讨了"马克思主义观"这一重大基本理论问题，其中涉及对"什么是马克思主义""如何对待马克思主义"等重要问题的理论思考。中国人民大学梁树发教授认为，迄今在国际范围内影响较大的关于"什么是马克思主义"的提问至少有五次：第一次是马克思和恩格斯在创立马克思主义和把它初步系统化的过程中的提问；第二次是马克思主义者在反对伯恩施坦修正主义的斗争中的提问；第三次是第三国际革命的马克思主义者在同第二国际机会主义思潮的斗争中的提问；第四次是在战后的科学社会主义与人本主义两大思潮的对立和资本主义与社会主义两大制度的对抗中的提问；第五次是在关于共产主义运动和社会主义发展的历史反思中的提问。参见梁树发《关于"什么是马克思主义"的提问》，《中国人民大学学报》2000年第4期。
② 孙来斌：《列宁的马克思主义观》，《学习论坛》2009年第2期。中国人民大学复印报刊资料《马克思列宁主义研究》2009年第5期全文转载。
③ 列宁：《卡尔·马克思》，《列宁全集》第26卷，北京：人民出版社，1988，第52页。
④ 列宁：《卡尔·马克思》，《列宁全集》第26卷，北京：人民出版社，1988，第94~95页。

部著作后来传遍全世界，它的一切基本上至今还是正确的，有生命力而且有现实意义，就好象是昨天写的。这封信清楚地表明，把马克思和恩格斯两个人的名字作为现代社会主义奠基人的名字并列在一起是很公正的。"①

第二，马克思主义是"由一整块钢铸成的"严整的科学体系。列宁指出，构成马克思主义观点和学说体系的，主要有三个组成部分：马克思主义哲学、马克思主义政治经济学、科学社会主义。其中，马克思主义哲学揭示了自然、社会和人类思维运动的普遍规律，是整个理论体系的理论基础。列宁说："马克思的全部理论，就是运用最彻底、最完整、最周密、内容最丰富的发展论去考察现代资本主义。自然，他也就要运用这个理论去考察资本主义的即将到来的崩溃和未来共产主义的未来的发展。"② 马克思主义政治经济学是"马克思主义的主要内容"③，它运用马克思主义哲学原理研究社会生产关系，论证了各种社会形态特别是资本主义生产方式产生、发展、灭亡的规律。列宁说："使马克思的理论得到最深刻、最全面、最详尽的证明和运用的是他的经济学说。"④ 科学社会主义是马克思主义理论的核心⑤，它在唯物史观和剩余价值学说这两个伟大发现的基础上，在哲学和经济学的结合中，揭示了人类历史发展的趋势及实现这一趋势的主体力量，论证了无产阶级解放斗争的性质、条件以及由此产生的一般目的。列宁说："马克思和恩格斯在他们的科学著作中，最先说明了社会主义不是幻想家的臆造，而是现代社会生产力发展的最终目标和必然结果。到现在为止的全部有记载的历史都是阶

---

① 列宁：《马克思和恩格斯通信集》，《列宁全集》第24卷，北京：人民出版社，1990，第281页。
② 列宁：《国家与革命》，《列宁全集》第31卷，北京：人民出版社，1985，第80页。
③ 列宁：《卡尔·马克思》，《列宁全集》第26卷，北京：人民出版社，1988，第52页。
④ 列宁：《卡尔·马克思》，《列宁全集》第26卷，北京：人民出版社，1988，第62页。
⑤ 关于科学社会主义在马克思主义理论体系中的"核心"地位，见于恩格斯的有关表达。1885年恩格斯在为《反杜林论》第二版所写的序言中，针对该书第三编第二章撰写的社会主义理论部分，曾经指出："这里所涉及的仅仅是我所主张的观点的一个核心问题的表述。"参见《马克思恩格斯文集》第9卷，北京：人民出版社，2009，第12页。

级斗争的历史,都是不断更替地由一些社会阶级统治和战胜另一些社会阶级的历史。"①

在马克思主义科学体系中,哲学是世界观和方法论的指导原则,政治经济学是哲学通向实际生活的中介,而社会主义是运用哲学分析经济事实引出的结论。这三者相互渗透、相互补充、相互贯通,共同构成一个有机联系、不可分割的马克思主义科学体系。列宁曾经将马克思主义哲学比喻为"由一整块钢铸成"的理论体系,认为:"决不可去掉任何一个基本前提、任何一个重要部分,不然就会离开客观真理,就会落入资产阶级反动谬论的怀抱。"② 这一论断,同样也适用于马克思主义的整个科学体系。

第三,马克思主义是无产阶级的世界观。作为一种新的世界观,马克思主义根本区别于各种旧的世界观,它以消灭剥削制度、实现共产主义为己任,是科学的共产主义世界观。这一科学的世界观在以前是没有的,它是马克思、恩格斯在两个伟大发现的基础上,在哲学和经济学的结合中,在走向历史深处的过程中,提出并得到论证的。它的产生,实现了人类思想史上的伟大变革。列宁特别指出,在《德意志意识形态》《共产党宣言》《资本论》等马克思主义的全部著作中,都贯穿着共产主义世界观。其中,《共产党宣言》就是以天才的透彻而鲜明的语言描述了这种新的世界观,"即把社会生活领域也包括在内的彻底的唯物主义、作为最全面最深刻的发展学说的辩证法、以及关于阶级斗争和共产主义新社会创造者无产阶级肩负的世界历史性的革命使命的理论"。③

作为一种新的世界观,马克思主义代表无产阶级的要求,反映无产阶级的利益,是无产阶级的世界观。这在以前也是没有的。列宁说:

---

① 列宁:《弗里德里希·恩格斯》,《列宁全集》第 2 卷,北京:人民出版社,1984,第 1 页。
② 列宁:《唯物主义和经验批判主义》,《列宁全集》第 18 卷,北京:人民出版社,1988,第 341 页。
③ 列宁:《卡尔·马克思》,《列宁全集》第 26 卷,北京:人民出版社,1988,第 50 页。

"现代历史的全部经验,特别是《共产党宣言》发表后半个多世纪以来世界各国无产阶级的革命斗争,都无可争辩地证明,只有马克思主义的世界观才正确地反映了革命无产阶级的利益、观点和文化。"① 针对当时俄国工人运动中存在的各种思想观点和理论流派,列宁明确指出:"严格的无产阶级世界观只有一个,这就是马克思主义。"② 因此,列宁一生都重视巩固和捍卫这个世界观,在无产阶级事业面临严峻挑战的时刻,尤其如此。他说:"即使在最困难的条件下,也要挖矿石,炼生铁,铸造马克思主义世界观以及与这一世界观相适应的上层建筑的纯钢。"③

第四,马克思主义不是教条,而是行动的指南和科学的方法。恩格斯曾经深刻地指出:"马克思的整个世界观不是教义,而是方法。它提供的不是现成的教条,而是进一步研究的出发点和供这种研究使用的方法。"④ 列宁正是这样来理解马克思主义的。在他看来,教条主义同马克思主义是绝不相容的,是马克思主义的敌人。他公开嘲讽那些指望靠引证马克思的具体论述来解决现实问题的人,说他们是无可救药的书呆子。他反复强调:"恩格斯在谈到他本人和他那位著名的朋友时说过:我们的学说不是教条,而是行动的指南。这个经典性的论点异常鲜明有力地强调了马克思主义的往往被人忽视的那一方面。而忽视那一方面,就会把马克思主义变成一种片面的、畸形的、僵死的东西,就会抽掉马克思主义的活的灵魂,就会破坏它的根本的理论基础——辩证法即关于包罗万象和充满矛盾的历史发展的学说;就会破坏马克思主义同时代的一定实际任务,即可能随着每一次新的历史转变而改变的一定实际任务之间

---

① 列宁:《关于无产阶级文化》,《列宁全集》第39卷,北京:人民出版社,1986,第332页。
② 列宁:《新的革命工人联合会》,《列宁全集》第10卷,北京:人民出版社,1987,第271页。
③ 列宁:《"有保留"的英雄们》,《列宁全集》第20卷,北京:人民出版社,1989,第95页。
④ 恩格斯:《致威·桑巴特(1895年3月11日)》,《马克思恩格斯文集》第10卷,北京:人民出版社,2009,第691页。

的联系。"①

第五，具体情况具体分析是马克思主义的精髓和灵魂。在马克思主义这个内涵丰富的理论体系中，有没有一种东西能够最突出地反映马克思主义的精神呢？对于这个问题，列宁的答案是肯定的。在第一次俄国革命后不久，列宁就通过对俄国革命性质的分析，论及了这个问题。他认为："只有具体分析各种阶级的地位和利益，才能确定这个真理应用于某一问题上的确切意义。"② 因此，他反对那种从一般真理的单纯逻辑发展中去寻找具体问题的答案，认为这是把马克思主义庸俗化，并且完全是对辩证唯物主义的嘲弄。1915年，他再次结合俄国革命的性质与动力问题，指出："马克思的方法首先是考虑具体时间、具体环境里的历史过程的客观内容，以便首先了解，哪一个阶级的运动是这个具体环境里可能出现的进步的主要动力。"③ 后来，他将这一认识加以抽象，简洁地概括为："马克思主义的精髓，马克思主义的活的灵魂：对具体情况作具体分析。"④

第六，无产阶级斗争学说是马克思主义的基石。如何看待无产阶级斗争学说在马克思主义理论中的地位，是一个长期存在歧见和争议的问题。1913年，列宁就在其专门论述马克思主义的文章中指出："马克思的天才就在于他最先从这里得出了全世界历史所提示的结论，并且彻底地贯彻了这个结论。这个结论就是阶级斗争学说。"⑤ 后来，他对这个问题的表述更加确切和精辟。他说："马克思学说中的主要之点是阶级斗

---

① 列宁：《论马克思主义历史发展中的几个特点》，《列宁全集》第20卷，北京：人民出版社，1989，第84页。
② 列宁：《〈俄国资本主义的发展〉第二版序言》，《列宁全集》第3卷，北京：人民出版社，1984，第12页。
③ 列宁：《打着别人的旗帜》，《列宁全集》第26卷，北京：人民出版社，1988，第140~141页。
④ 列宁：《共产主义》，《列宁全集》第39卷，北京：人民出版社，1986，第128页。
⑤ 列宁：《马克思主义的三个来源和三个组成部分》，《列宁全集》第23卷，北京：人民出版社，1990，第48页。

争。人们时常这样说，这样写。但这是不正确的。"① 为什么？因为阶级斗争学说不是由马克思而是由资产阶级学者在马克思以前创立的②，一般说来是资产阶级也可以接受的。但是，资产阶级学者只承认资产阶级反对封建贵族、推翻封建制度的合理性，却否定无产阶级对资产阶级斗争的权利。将阶级斗争作为马克思学说的主要之点，这种观点往往会给某些别有用心的机会主义者歪曲马克思主义留下空间，结果把马克思主义篡改为资产阶级可以接受的东西。列宁指出："谁要是仅仅承认阶级斗争，那他还不是马克思主义者，他还可以不超出资产阶级思想和资产阶级政治的范围。把马克思主义局限于阶级斗争学说，就是阉割马克思主义，歪曲马克思主义，把马克思主义变为资产阶级可以接受的东西。只有承认阶级斗争、同时也承认无产阶级专政的人，才是马克思主义者。马克思主义者同平庸的小资产者（以及大资产者）之间的最深刻的区别就在这里。必须用这块试金石来检验是否真正理解和承认马克思主义。"③

可以说，列宁对马克思主义的理解是丰富而深刻的，上述概括并没有涵盖其全部内容。"马克思主义在理论上的胜利，逼得它的敌人装扮成马克思主义者，历史的辩证法就是如此。"④ 列宁关于"什么是马克思主义"问题的思考和回答，将马克思主义同各种假马克思主义区别开来，为后人留下了关于马克思主义的经典解释和区分真假马克思主义的

---

① 列宁：《国家与革命》，《列宁全集》第 31 卷，北京：人民出版社，1985，第 31 页。
② 关于这一点，马克思在 1852 年 3 月 5 日致约瑟夫·魏德迈的信中表述得非常明确。当时德国反马克思主义流派的代表人物之一海因岑，攻击马克思和恩格斯，否认阶级和阶级斗争。对此，德国和美国工人运动活动家约瑟夫·魏德迈给予了回击。马克思在给魏德迈的这封信中肯定了魏德迈的观点，明确指出，海因岑等人"最好是先熟悉一下资产者的著作本身，然后再去大胆地对它的对立面狂吠。这些先生要弄清过去的'阶级的历史'，就应当譬如说研究一下梯叶里、基佐、约翰·威德等人的历史著作"。"至于讲到我，无论是发现现代社会中有阶级存在或发现各阶级间的斗争，都不是我的功劳。"参见《马克思恩格斯全集》第 28 卷，北京：人民出版社，1973，第 507、509 页。
③ 列宁：《国家与革命》，《列宁全集》第 31 卷，北京：人民出版社，1985，第 32 页。
④ 列宁：《马克思学说的历史命运》，《列宁全集》第 23 卷，北京：人民出版社，1990，第 3 页。

标准。同时，解决了理论灌输和理论教育的前提性问题，即用什么样的理论来灌输和教育的问题，从教育内容上确保了理论灌输和理论教育的科学性。

（2）对教育一般规律的特殊揭示。教育规律是教育发展和教育过程中内在的、本质的、必然的联系。由于联系存在多层次性，因此，教育规律无疑可以从多层次来理解。从最一般的意义上来讲，社会发展和人的发展制约教育发展，教育又促进社会发展和人的发展，这是教育的基本规律。列宁对理论教育与社会发展、人的发展的关系做了科学的论述，从理论灌输这个理论教育的特殊领域的角度，反映了教育的一般规律。概括而言，列宁的有关论述可以概括如下。

第一，列宁对理论教育与社会生产之间关系的论述，将理论灌输视为理论教育的，进而视为教育的一个特殊方面，正确反映了社会生产与教育之间的决定作用和反作用。

一方面，列宁论述了社会生产发展对理论灌输和理论教育的决定作用。首先，无产阶级理论教育本身是社会生产力发展到一定时期的产物。列宁认为，无产阶级的"目的和它的历史行动已经由它本身的生活状况以及现代资产阶级社会的整个结构最明显地无可辩驳地预示出来了"。[①] 在他看来，工人阶级及其要求是现代经济制度的必然产物，它要摆脱其所受的灾难，必须接受马克思主义理论教育，组织起来进行斗争。他强调，无产阶级的解放和社会主义的实现，"不是幻想家的臆造，而是现代社会生产力发展的最终目标和必然结果"。[②] 其次，理论教育的内容也要取决于社会经济性质。列宁引用恩格斯的话说："在一个农业占优势的国家里，代表工业无产阶级说话时只攻击资产阶级，而一字不提大封建贵族对农村无产阶级的宗法式的'凭棍棒维持的剥削'，这是卑鄙

---

① 列宁：《马克思和恩格斯〈神圣家族〉一书摘要》，《列宁全集》第55卷，北京：人民出版社，1990，第11页。
② 列宁：《弗里德里希·恩格斯》，《列宁全集》第2卷，北京：人民出版社，1984，第1页。

的。"① 因此，他在确立理论教育的内容时，特别强调要同时注重民主主义和科学社会主义的教育。

另一方面，列宁论述了理论灌输和理论教育对社会生产的反作用。在他看来，理论灌输和理论教育的重要目的，就在于唤醒和增强无产阶级的革命意识，推翻资产阶级的反动统治，从而解除生产力发展的桎梏。当革命取得胜利，无产阶级的中心任务转移到经济建设以后，理论教育的重要目的就在于增强人民群众劳动的积极性、创造性、纪律性，从而进一步促进生产力的发展。他说："什么是共产主义？整个共产主义宣传归根到底要落实到实际指导国家建设。应该使工人群众把共产主义理解为自己的事业。"②

第二，列宁对理论教育与无产阶级政治之间关系的论述，将理论灌输视为理论教育的，进而视为教育的一个特殊方面，正确反映了社会政治与教育之间的决定作用和反作用。

列宁认为，教育具有上层建筑的属性。他说，资产阶级虚伪立场的表现之一，就是硬说学校可以脱离政治。他说："就连提出这个论点的资产阶级自己也把贯彻资产阶级政治作为办学的重点，竭力通过办学替资产阶级训练机灵听话的奴才，甚至在全国上下竭力利用普遍教育替资产阶级训练这样的奴仆，教他们去执行资本的意志，听从资本的使唤。"③ 列宁公开宣称，无产阶级的教育必须反映无产阶级的政治，而无产阶级的政治教育更是要反映无产阶级政治。

在列宁看来，无产阶级政治决定了无产阶级理论教育，"离开政治斗争和政治活动就谈不上任何政治教育"，这是不需要证明的常识。"难道可以设想除了政治活动和政治斗争还能够用什么课程或书本等等来对

---

① 列宁：《卡尔·马克思》，《列宁全集》第 26 卷，北京：人民出版社，1988，第 81 页。
② 列宁：《在全俄省、县国民教育局政治教育委员会工作会议上的讲话》，《列宁全集》第 39 卷，北京：人民出版社，1986，第 407 页。
③ 列宁：《在全俄国际主义者教师第二次代表大会上的讲话》，《列宁全集》第 35 卷，北京：人民出版社，1985，第 421~422 页。

工人群众进行政治教育吗？"① 因此，他认为，在无产阶级政党的政治活动中，本身始终都有某种教育因素。②

同时，列宁认为，无产阶级理论教育服务于无产阶级政治。例如，他在十月革命胜利后强调："苏维埃工农共和国的整个教育事业，无论在一般的政治教育方面或者具体的艺术方面，都必须贯彻无产阶级阶级斗争的精神，这一斗争是为了顺利实现无产阶级专政的目的，即推翻资产阶级、消灭阶级、消灭一切人剥削人的现象。"③

第三，列宁对理论教育与无产阶级文化之间关系的论述，将理论灌输视为理论教育的，进而视为教育的一个特殊方面，正确反映了教育与社会文化之间的相互影响。

一方面，列宁揭示了无产阶级文化水平对理论灌输和理论教育成效的影响。在从事革命活动的初期，列宁就已经认识到，对马克思主义接受最快的，是那些有文化的工人。他得出结论说："没有知识，工人就无法自卫；有了知识，他们就有了力量！"④ 十月革命胜利后，列宁有感于群众文化水平落后对执行布尔什维克路线的负面影响，将文盲当成政治教育的三大敌人之一，指出："文盲是处在政治之外的，必须先教他们识字。""只要在我国还存在文盲现象，那就很难谈得上政治教育。这并不是政治任务，这是先决条件，没有这个条件就谈不上政治。"⑤ 可以说，无产阶级群众的文化水平越高，理论教育的效果就越好，这是一个客观真理。

另一方面，列宁在关于无产阶级文化协会的有关论述中，揭示了理

---

① 列宁：《论〈宣言书〉》，《列宁全集》第 4 卷，北京：人民出版社，1984，第 274 页。
② 参见列宁《谈谈政治同教育的混淆》，《列宁全集》第 10 卷，北京：人民出版社，1987，第 336 页。
③ 列宁：《关于无产阶级文化》，《列宁全集》第 39 卷，北京：人民出版社，1986，第 331～332 页。
④ 列宁：《我们的大臣们在想些什么？》，《列宁全集》第 2 卷，北京：人民出版社，1984，第 68 页。
⑤ 列宁：《新经济政策和政治教育委员会的任务》，《列宁全集》第 42 卷，北京：人民出版社，1987，第 200 页。

论灌输和理论教育对于无产阶级文化建设的影响。十月革命胜利前后，波格丹诺夫等人把持的"无产阶级文化协会"，试图离开马克思主义指导，"臆造自己的特殊的文化"。对此错误做法，列宁坚决予以批评。他明确指出，无产阶级文化协会的指导思想"不是特殊的思想，而是马克思主义"。它的任务"不是臆造新的无产阶级文化，而是根据马克思主义世界观和无产阶级在其专政时代的生活与斗争的条件的观点，发扬现有文化的优秀的典范、传统和成果"。① 简言之，无产阶级文化是以马克思主义为指导的文化，理论灌输和理论教育使马克思主义得到普及宣传，将促进无产阶级文化建设。

第四，列宁对理论教育与人的发展之间关系的论述，将理论灌输视为理论教育的，进而视为教育的一个特殊方面，正确反映了教育与人的发展之间的相互影响。

一方面，列宁揭示了理论灌输和理论教育对于人的发展的促进作用。列宁指出，资产阶级教育是训练资本的奴仆，"教他们去执行资本的意志"，"从来不考虑怎样使学校成为培养人的品格的工具"。"只有同一切被剥削的劳动者有密切联系、真心实意地拥护苏维埃的社会主义学校，才能做到这一点。"② 可见，包括理论教育在内的社会主义教育，是以自觉促进人的发展区别于资本主义教育的。在列宁看来，促进人的发展，培养共产主义新人，是理论教育的重要目的。他说："在无产阶级专政时期，即为使共产主义的完全实现成为可能而准备条件的时期，学校不仅应当传播一般共产主义原则，而且应当对劳动群众中的半无产者和非无产者阶层传播无产阶级在思想、组织、教育等方面的影响，以培养能够最终实现共产主义的一代人。"③

---

① 列宁：《关于无产阶级文化》，《列宁全集》第39卷，北京：人民出版社，1986，第332、334页。
② 列宁：《在全俄国际主义者教师第二次代表大会上的讲话》，《列宁全集》第35卷，北京：人民出版社，1985，第422页。
③ 列宁：《俄共（布）纲领草案》，《列宁全集》第36卷，北京：人民出版社，1985，第87页。

另一方面，列宁揭示了人的发展对于理论灌输和理论教育的促进作用。理论灌输的主体是人，客体也是人。人的发展程度越高，其政治素质、思想道德素质、文化水平越高，理论灌输的自觉程度就越高，效果也就越好。

总的来看，列宁的上述论述，将理论灌输视为理论教育的，进而视为教育的一个特殊方面，直接论述的是理论教育的基本规律，但特殊而科学地反映了教育的一般规律，从教育学的角度体现了列宁灌输理论的科学性。

（3）灌输理论的科学体系。列宁从俄国的革命和建设的具体实际出发，以其对马克思主义的科学理解为基本前提，汲取俄国革命民主主义的营养，特殊而科学地运用教育的一般规律，提出了理论灌输的一系列思想，形成了灌输理论的科学体系。这个体系的主要内容可以简括如下。

其一，关于列宁灌输理论的主题。这个问题是与列宁主义的基本问题相联系的。关于列宁主义的基本问题，从斯大林与季诺维也夫的分歧开始，一直是有争议的问题。季诺维也夫认为："列宁主义是帝国主义战争时代和在一个农民占多数的国家里直接开始的世界革命时代的马克思主义。"① 斯大林认为，季诺维也夫的这一定义实际上将农民问题确定为列宁主义基本问题，这是完全不对的。"列宁主义中的基本问题，列宁主义的出发点，并不是农民问题，而是无产阶级专政、争取无产阶级专政的条件、巩固无产阶级专政的条件等问题。"② 斯大林的论断，在过去相当长一段时期内是被奉为经典结论的。但是，正如有学者所言，季诺维也夫的定义有不妥之处，斯大林的定义也并非绝对正确，它实际上夸大了列宁主义的国际意义，忽略了列宁主义的俄国特点，忽略了列宁关于社会主义建设的重要思想。③ 斯大林说："二者必居其一"，"或者农

---

① 转引自斯大林《论列宁主义的几个问题》，《斯大林选集》（上卷），北京：人民出版社，1979，第396页。
② 斯大林：《论列宁主义基础》，《斯大林选集》（上卷），北京：人民出版社，1979，第226页。
③ 参见左凤荣《斯大林的列宁主义定义——认识斯大林理论的一把钥匙》，《当代世界与社会主义》1999年第4期。

民问题是列宁主义中的主要问题","或者无产阶级专政是列宁主义中的主要问题"。①"二者必居其一"是斯大林惯用的表达方法,这表明其思维方式带有明显的形而上学特点。我们认为,这两个问题是可以结合在一起来论述的。列宁主义的主题,实际上是在一个农民占大多数的国家,如何进行社会主义革命和建设的问题。这样的概括,体现了列宁主义对马克思主义的继承与发展,体现了它的俄国性与国际性。因为列宁主义要解决的不是西方发达国家的社会主义革命和建设问题,它要解决的是俄国这样一个经济文化不发达、农民占多数的国家的社会主义革命和建设的问题。列宁主义是马克思主义与俄国实际相结合的产物,它首先是俄国的马克思主义,具有俄国性;同时,它对其他国家特别是经济文化落后国家具有指导意义,又具有国际性。我们认为,这样的概括,可能更符合列宁主义的本义,也更符合国际共产主义运动的历史。

与此相应,列宁灌输理论的主题,它所要解决的基本问题,就是在一个农民占多数的国家里,为什么以及怎么样对无产阶级和广大群众进行马克思主义理论灌输的问题。列宁在其理论教育的理论与实践中,曾多次以不同的形式提出过这个问题,强调"俄国无产阶级的人数较少,觉悟和组织程度不够"②的困难并探讨解决问题的思路。例如,十月革命胜利后,他在专门讨论政治教育问题的工作会议上说:"资产阶级竭力抹杀无产阶级专政的一个更为重要的作用,即教育任务,这个任务对于无产阶级在人口中占少数的俄国尤其重要。这个任务在俄国应当提到首位,因为我们要为社会主义建设训练群众。"③可以说,列宁的灌输理论,正是围绕着这个主题而展开并构成科学体系的。

其二,关于灌输的目的、作用的思想。为什么要进行理论灌输,其

---

① 斯大林:《论列宁主义的几个问题》,《斯大林选集》(上卷),北京:人民出版社,1979,第399页。
② 列宁:《无产阶级在我国革命中的任务》,《列宁全集》第29卷,北京:人民出版社,1985,第155页。
③ 列宁:《在全俄省、县国民教育局政治教育委员会工作会议上的讲话》,《列宁全集》第39卷,北京:人民出版社,1986,第400页。

价值何在？列宁依据人类社会发展的必然趋势和俄国无产阶级的历史使命、俄国无产阶级和革命群众的现实状况、俄国革命和建设事业需要，以及马克思主义理论的强大功能，具体分析了理论灌输在俄国革命和建设的不同时期的目的与作用：启发无产阶级的自我意识、实现先进战士的作用、保证革命事业的最终胜利、培养共产主义新人。归结起来，就是为社会主义革命和建设事业培养合格的革命者、建设者和接班人，就是革命、建设与育人。

其三，关于灌输的原则、方法的思想。怎样进行理论灌输？在理论灌输的理论与实践活动中，列宁探索、总结出理论灌输一系列行之有效的原则、方法。其中，主要原则有：理论联系实际原则、完整性原则、具体性原则、层次性原则、主体性原则等。主要方法有：批评与自我批评、揭露批判、说理引导、实践锻炼法等。在这些原则与方法中，列宁最注重的是理论联系实际。在他看来，没有革命的理论便没有革命的运动，而离开了实际的理论是空洞的理论，因此理论联系实际是理论灌输的根本原则。将这一原则贯彻到理论灌输的实践中，又表现为根本的教育方法，它要求科学地对待理论，正确地把握实际，善于将理论联系实际。

其四，关于灌输的主客体思想。谁来进行理论灌输？对谁进行理论灌输？列宁根据马克思主义理论的阶级属性、俄国无产阶级及广大群众的实际，论述了理论灌输主体的功能、组织形式、素质要求，揭示了理论灌输客体的特点，分析了农民作为理论教育特殊客体的必要性、可能性、艰巨性及解决措施，从领袖、政党、阶级、群众的相互关系出发，揭示了理论灌输主客体之间的辩证统一关系。

总的来讲，列宁的灌输理论，围绕着在一个农民占多数的国家里，如何对无产阶级和广大群众进行马克思主义理论灌输这一主题，进行了深入的思考，具体回答了三个方面的问题，形成了三个互相联系、不可分割的系统，是一个严整而科学的整体，即回答了为什么要进行理论灌输的问题，形成了其理论灌输的目的、作用思想，即理论灌输的价值论；

回答了怎样进行理论灌输的问题，形成了理论灌输的原则、方法思想，即理论灌输的方法论；回答了谁来进行理论灌输、对谁进行理论灌输的问题，形成了理论灌输的主体客体论。而作为列宁灌输理论的核心，"灌输论"集中而特殊地反映三个方面的思想。这一思想体系不仅在理论上是比较完整的，而且列宁自己及其后来的理论教育实践表明，它比较好地解决了经济文化落后国家的理论灌输和理论教育问题，在实践上是成功的，在列宁主义中是一个相对独立的科学体系。

2. 列宁灌输理论的革命性

斯大林曾正确指出："列宁的方法的原理，在马克思的学说中基本上已经有了。这个学说，照马克思的话来说，'在本质上是批判的和革命的'。列宁的方法正是从头到尾都贯串了这种批判的和革命的精神的。可是，如果以为列宁的方法仅仅是马克思的方法的恢复，那是不正确的。事实上列宁的方法不仅是马克思的批判的和革命的方法的恢复，不仅是马克思的唯物主义辩证法的恢复，而且是这个方法的具体化和进一步发展。"① 以这样的方法论来看，作为列宁主义重要组成部分、以传播马克思主义为己任的列宁灌输理论，鲜明地体现了列宁主义的批判的和革命的本质。②

（1）代表无产阶级的革命利益。"唯物主义本身包含有所谓党性，要求在对事变作任何评价时都必须直率而公开地站到一定社会集团的立场上。"③ 列宁灌输理论的党性，体现在它代表工人阶级的革命利益，直接为工人阶级的解放服务。

---

① 斯大林：《论列宁主义基础》，《斯大林选集》（上卷），北京：人民出版社，1979，第198～199页。
② 下文的内容，作为课题研究的阶段性成果，曾以《列宁马克思主义理论教育思想的革命品性》为题，发表在《社会主义研究》2012年第4期，作者署名为谢成宇、孙来斌。作为课题研究的最终成果，本书在汇入这部分内容时，对具体文字表达做了若干处修改。
③ 列宁：《民粹主义的经济内容及其在司徒卢威先生的书中受到的批评》，《列宁全集》第1卷，北京：人民出版社，1984，第363页。

首先，反映无产阶级的革命要求。列宁指出，同其他国家一样，俄国的工人运动也经历了以发生"骚乱"、毁坏机器为特征的阶段，"这种行为多半是绝望和报复的表现，还不能说是斗争"①，因而也不可能改变工人的命运。"当工人阶级的先进代表领会了科学社会主义思想，领会了关于俄国工人的历史使命的思想时，当这些思想得到广泛的传播并在工人中间成立坚固的组织，把他们现时分散的经济战变成自觉的阶级斗争时，俄国工人就会起来率领一切民主分子去推翻专制制度，并引导俄国无产阶级（和全世界无产阶级并肩地）循着公开政治斗争的大道走向胜利的共产主义革命。"② 因此，反映工人阶级的革命要求，"提高工人对自身团结的认识，提高作为一个统一的工人阶级，作为全世界无产阶级大军的一部分的全体俄国工人对自己共同利益和共同事业的认识"。③ 这既是列宁向俄国社会民主党提出的要求，实际上也是列宁灌输理论面临的任务。

其次，代表无产阶级的根本利益。无产阶级的根本利益主要体现为整个阶级获得解放的利益，体现为其现实的斗争与实现社会主义的最终目的相符合。但是，由于受到认识水平的局限，工人并不总能正确认识自己的根本利益，尤其是在局部利益与整体利益、眼前利益与长远利益发生矛盾的时候，他们往往会受到各种机会主义的影响而容易犯错误。"为了为群众服务和代表他们正确地意识到的利益，先进队伍即组织必须在群众中开展自己的全部活动，毫无例外地吸收他们中间的一切优秀力量，并且要随时随地仔细客观地检查：是否同群众保持着联系，联系是否密切。这样，也只有这样，先进队伍才能教育和启发群众，代表他们的利益，教他们组织起来，使群众的全部活动沿着自觉的阶级政策的

---

① 列宁：《怎么办？》，《列宁全集》第 6 卷，北京：人民出版社，1986，第 28 页。
② 列宁：《什么是"人民之友"以及他们如何攻击社会民主党人？》，《列宁全集》第 1 卷，北京：人民出版社，1984，第 264 页。
③ 列宁：《俄国社会民主党人的任务》，《列宁全集》第 2 卷，北京：人民出版社，1984，第 430 页。

道路前进。"① 可以说,列宁的灌输理论正是要达到这个目的。

但是,机会主义恰恰就是在这一点上犯了致命的错误。"机会主义之所以是机会主义,就因为它为了一时的利益或从最眼前的、最表面的打算着眼而牺牲运动的根本利益。"②"运动就是一切,最终目的算不了什么",伯恩施坦的这句风行一时的话,生动地表明了机会主义的实质。"临时应付,迁就眼前的事变,迁就微小的政治变动,忘记无产阶级的根本利益,忘记整个资本主义制度、整个资本主义演进的基本特点,为了实际的或假想的一时的利益而牺牲无产阶级的根本利益,——这就是修正主义的政策。"③ 对于这种背叛工人阶级根本利益的行为,列宁一针见血地指出,机会主义试图"把工人的党教育成为一群脱离群众而代表工资优厚的工人的人物,只图在资本主义制度下'苟且偷安',为了一碗红豆汤而出卖自己的长子权,也就是放弃那领导人民反对资产阶级的革命领袖作用。"④ 因此,马克思主义者在理论灌输和理论教育中必须"揭穿机会主义者和社会沙文主义者实际上背叛和出卖群众的利益,揭穿他们维护少数工人暂时的特权,揭穿他们传播资产阶级的思想和影响,揭穿他们实际上是资产阶级的同盟者和代理人,从而教育群众认清自己的真正的政治利益"。⑤ 列宁的灌输理论正是坚决地贯彻了这一条"世界工人运动中唯一的马克思主义路线"。⑥

---

① 列宁:《维·查苏利奇是怎样毁掉取消主义的》,《列宁全集》第 24 卷,北京:人民出版社,1990,第 41~42 页。
② 列宁:《两个世界》,《列宁全集》第 20 卷,北京:人民出版社,1989,第 14 页。
③ 列宁:《马克思主义和修正主义》,《列宁全集》第 17 卷,北京:人民出版社,1988,第 17 页。
④ 列宁:《国家与革命》,《列宁全集》第 31 卷,北京:人民出版社,1985,第 24 页。"为了一碗红豆汤而出卖自己的长子权",出典于圣经《旧约全书·创世纪》第 25 章。故事说,一天,雅各熬了红豆汤,其兄以扫打猎回来,累得发昏,央求雅各给他汤喝。雅各说,必须把你的长子名分让给我。以扫就发了誓,出卖了自己的长子权。这个典故常被用来比喻因小失大。
⑤ 列宁:《帝国主义和社会主义运动中的分裂》,《列宁全集》第 28 卷,北京:人民出版社,1990,第 84 页。
⑥ 列宁:《帝国主义和社会主义运动中的分裂》,《列宁全集》第 28 卷,北京:人民出版社,1990,第 85 页。

再次，倡导工人阶级的、革命的文风。正因为列宁灌输理论代表的是无产阶级的革命要求和根本利益，因而它始终面向工人阶级，反对艰涩、玄奥的文风，主张朴素的、革命的文风。早在西伯利亚流放地，列宁就在给国外友人的信中说："我最大的希望和幻想得最多的就是能够为工人写作。"① 他还特别强调指出，理论工作者要面向工农群众，他们"应该引导读者去深入地思考、深入地研究，他们从最简单的、众所周知的材料出发，用简单的推论或恰当的例子来说明从这些材料得出的主要结论，启发肯动脑筋的读者不断地去思考更深一层的问题"。② 他明确提出："一个战斗的社会党的成员就是在写学术著作时也不应当忽视工人读者，应当力求写得简单明了，避免不必要的舞文弄墨，避免在外表上摆出'渊博'的样子。因为这些只是颓废派和官方科学界那些有学衔的人物所热中的事情。"③ 当然，他也明白，要将博大精深的马克思主义理论传播给工人阶级，尤其是要巧妙地用群众易懂的话来教育，并非易事。但是，他自己总是力求做到。他在 19 世纪 90 年代写的传单和小册子，如《告托伦顿工厂男女工人》《给沙皇政府》《对工厂工人罚款法的解释》《新工厂法》等，都是用通俗的语言进行理论教育和宣传的典范。即使是《马克思主义的三个来源和三个组成部分》《卡尔·马克思》等对马克思主义进行理论阐释的著作，他也总是考虑到工人读者的需要，在保证科学性的前提下，尽可能写得通俗明了。乃至于《帝国主义是资本主义的最高阶段》这部光辉文献，论述的是深刻的、发展了的马克思主义政治经济学，采用的也是"通俗的论述"。④ 列宁的夫人克鲁普斯卡

---

① 列宁：《致帕·波·阿克雪里罗得（1897 年 8 月 16 日）》，《列宁全集》第 44 卷，北京：人民出版社，1990，第 13 页。
② 列宁：《评〈自由〉杂志》，《列宁全集》第 5 卷，北京：人民出版社，1986，第 322 页。
③ 列宁：《土地问题和"马克思的批评家"》，《列宁全集》第 5 卷，北京：人民出版社，1986，第 130 页。
④ 这是《帝国主义是资本主义的最高阶段》一书书名后的说明。根据马·高尔基的倡议，1915 年 12 月在彼得格勒成立的孤帆出版社准备出版一套题为《战前和战时的欧洲》的通俗丛书，并委托米·尼·波克罗夫斯基编辑这套丛书。波克罗夫斯基约请列宁撰写这套丛书中带导言性质即关于帝国主义的一章，列宁接受了这一建议，并于 1916 年上半年完成了写作。

娅曾回忆工人们读列宁的《对工厂工人罚款法的解释》时入迷的情形，并说，这是在一个应当怎样对待普通工人，并根据他们的需要逐步地把他们引导到政治斗争的问题上来的光辉榜样。① 为工人写作！这是列宁写作的宗旨和一贯提倡的文风。1922 年 3 月，斯捷潘诺夫的《俄罗斯联邦电气化与世界经济的过渡阶段》一书出版，列宁向全党推荐这本通俗的理论著作。他称赞说："作者非常成功地说明了一些极其困难、极其重要的问题。作者的做法很好，他决定不是给知识分子（而我们这里却惯于仿效资产阶级作家的恶劣文风来写书），而是给劳动者，给人民真正的大多数，给普通的工人和农民写一本书。"②

马克思、恩格斯曾经说过："在无产阶级和资产阶级的斗争所经历的各个发展阶段上，共产党人始终代表整个运动的利益。"③ 可以说，列宁灌输理论鲜明地体现了这一点。

（2）捍卫马克思主义的战斗精神。列宁主义是在对形形色色的机会主义，其中包括对西方的中派主义（考茨基）以及俄国的中派主义（托洛茨基等）进行无情斗争中产生、成长和巩固起来的。同样，以传播和捍卫马克思主义理论为己任的列宁的灌输理论，也是在同各种错误思潮和机会主义的斗争中产生、成长和巩固起来的。在捍卫马克思主义的斗争中，列宁表现出坚定的原则立场、持之以恒的革命战斗精神。

首先，列宁将捍卫马克思主义的斗争视为自己的历史命运。列宁的历史命运是与马克思主义的历史命运紧紧连在一起的，他的一生，是捍卫、传播、创造性地运用马克思主义的一生。在马克思主义备受攻击的 1908 年，列宁曾说："马克思的学说直接为教育和组织现代社会的先进阶级服务，指出这一阶级的任务，并且证明现代制度由于经济的发展必

---

① 参见〔苏〕娜·康·克鲁普斯卡娅《列宁回忆录》，《回忆列宁》第 1 卷，上海外国语学院列宁著作翻译研究室译，北京：人民出版社，1982，第 262 页。
② 列宁：《伊·伊·斯捷潘诺夫〈俄罗斯联邦电气化与世界经济的过渡阶段〉一书序言》，《列宁全集》第 43 卷，北京：人民出版社，1987，第 51 页。
③ 马克思、恩格斯：《共产党宣言》，《马克思恩格斯文集》第 2 卷，北京：人民出版社，2009，第 44 页。

然要被新的制度所代替，因此这一学说在其生命的途程中每走一步都得经过战斗。"① 在国际共产主义运动处于黎明前的黑暗的 1916 年，他在致友人的信中写道："您瞧，这就是我的命运。连续不断的战斗——反对政治上的各种愚蠢思想和庸俗见解，反对机会主义等等。从 1893 年起便开始这样。庸人们的仇视就是由此而来的。但是，我无论如何不会抛弃这个命运去同庸人们'言和'。"② 列宁在这里讲了两个历史命运：马克思主义的历史命运，作为马克思主义者的列宁的历史命运，两者息息相关。这说明，列宁反对机会主义是由马克思主义的本质特征决定的。③

19 世纪 90 年代初，当自由主义民粹派思想在俄国泛滥时，青年列宁就与之进行了激烈的论战。在这之后，各种机会主义随着国际共运和俄国革命的历史进程，先后粉墨登场：崇拜"自发性"的经济主义，宣扬"马克思主义过时论"的伯恩施坦主义，主张放弃无产阶级领导权的孟什维主义，"跪着造反"的经验批判主义，崇拜资产阶级合法性的取消主义，充当帝国主义战争辩护士的社会沙文主义，主张"超帝国主义论"的考茨基主义，诅咒十月革命的"早产论"，等等。这些机会主义虽然形式不一，主张各异，却有着一个共性，即它们往往披着马克思主义的外衣，名义上是要"发展""完善"马克思主义，实际上则背叛马克思主义。列宁同它们进行了长期的、反复的较量。斗争的结果表明：列宁不负历史交给他的使命，一次又一次地战胜了机会主义，奏响了马克思主义在斗争中不断胜利的命运交响曲。

其次，列宁总是以革命战斗的精神捍卫马克思主义。对于一切背叛马克思主义的行为，列宁总是满怀革命的义愤，以革命的战斗精神予以毫不留情的批判。例如，他在 1908 年给高尔基的一封信中，谈到对《关

---

① 列宁：《马克思主义和修正主义》，《列宁全集》第 17 卷，北京：人民出版社，1988，第 11 页。
② 列宁：《致伊·费·阿尔曼德（1916 年 12 月 18 日）》，《列宁全集》第 47 卷，北京：人民出版社，1990，第 482 页。
③ 参见许征帆《时代风云变幻中的马克思主义》，北京：中国人民大学出版社，1996，第 318 页。

于马克思主义哲学的论丛》这本经验批判主义论文集的看法时说:"每篇文章都使我气得简直要发疯。不,这不是马克思主义!我们的经验批判论者、经验一元论者和经验符号论者都在往泥潭里爬。""这太不像话了。""我宁愿受车裂之刑,也不愿加入宣传这类东西的机关报或编委会。"① 他表示,要着手对经验批判主义哲学进行批判。经过艰苦的理论准备和理论创作,他在不久后便出版了充满革命战斗精神的《唯物主义和经验批判主义》一书。

一些西方学者认为,列宁对于论敌过于刻薄,喜欢嘲弄人。这种观点是极其片面的。恩格斯曾说:马克思可能有过许多敌人,但未必有一个私敌。毫无疑问,这一评价同样适用于列宁。原则的政策是唯一正确的政策,这是列宁的一贯主张。列宁对待同志是很友善的,但对于马克思主义的敌人,他的批判确实非常尖刻,毫不客气。这一点,从列宁对各种错误思潮和机会主义的措辞便可略见一斑。列宁多次指责机会主义者,说这些人打着马克思主义的幌子,实际上或"玩弄马克思主义",或"糟蹋马克思主义",或"生吞活剥马克思主义",或"冒充马克思主义",或"日益巧妙地伪造马克思主义"。列宁嘲讽散布自由主义民粹派思想的《俄国财富》,称"其实质是打着新幌子偷运旧垃圾"②;将马赫主义比喻为"一个穿着用斑驳陆离、刺人眼目的'最新'术语作成的小丑服装的主观唯心主义者"③,其"大肆散播的庸俗不堪的滥调"④ 是"无头脑的哲学"⑤;揭露蜕变了的考茨基"口头上当马克思主义者、实

---

① 列宁:《致阿·马·高尔基(1908年2月25日)》,《列宁全集》第45卷,北京:人民出版社,1990,第182页。
② 列宁:《我们拒绝什么遗产?》,《列宁全集》第2卷,北京:人民出版社,1984,第424页。
③ 列宁:《唯物主义和经验批判主义》,《列宁全集》第18卷,北京:人民出版社,1988,第171页。
④ 列宁:《马克思主义和修正主义》,《列宁全集》第17卷,北京:人民出版社,1988,第14页。
⑤ 列宁:《唯物主义和经验批判主义》,《列宁全集》第18卷,北京:人民出版社,1988,第43页。

际上当资产阶级奴才"①；认为苏汉诺夫等所谓的"早产论"者，"一举一动都暴露出他们是些怯懦的改良主义者，惟恐离开资产阶级一步，更怕跟资产阶级决裂，同时又用满不在乎的空谈和大话来掩饰自己的怯懦"。②犀利的语言、辛辣的嘲讽、无情的批判，无不渗透着列宁捍卫马克思主义的革命激情和战斗性。

列宁也有常人一样的感情。在遭到列宁批判的人当中，有许多原先是革命队伍内部的人，其中不少人与他有交情。与这些人进行论战，列宁并不感到愉快。1897年，他在给姐姐的信中说："在自己人中间展开论战是不愉快的，所以我尽量缓和语气，但是，如果闭口不谈分歧，那就不仅仅是不愉快的，而简直是有害的了。"③列宁立党为公，战斗为公。为了捍卫马克思主义真理，反对各种曲解，他义无反顾，毅然抛弃一切个人的好恶。为此可能要牺牲友谊，要接受孤立，要忍受痛苦。1924年4月，克鲁普斯卡娅曾生动地描述了列宁为了坚持原则，与普列汉诺夫、马尔托夫等断绝政治关系时，心灵上所经历的痛苦。她写道，普列汉诺夫在弗拉基米尔·伊里奇的发展上起过巨大的作用，帮助他找到了正确的革命道路，因此，在很长一段时期内，对他来说，普列汉诺夫身上是带有光环的，同普列汉诺夫发生任何最微小的分歧，都使他感到万分痛心。就在分裂之后，他仍然密切注意普列汉诺夫所发表的言论。在第二次党代表大会上，当已经清楚地看到同马尔托夫等人的分裂不可避免时，弗拉基米尔·伊里奇是多么难受啊。"整个夜晚我和他坐在一起，感到心里发怵。"克鲁普斯卡娅认为，对人们的私人感情，往往使弗拉基米尔·伊里奇感到分裂是无比痛苦的。她感叹，假如伊里奇对人

---

① 列宁：《无产阶级革命和叛徒考茨基》，《列宁全集》第35卷，北京：人民出版社，1985，第234页。
② 列宁：《论我国革命》，《列宁全集》第43卷，北京：人民出版社，1987，第370页。
③ 列宁：《致玛·亚·乌里扬诺娃等（1899年5月1日）》，《列宁全集》第53卷，北京：人民出版社，1988，第193~194页。

的感情不是那么热烈的话,那么也许他不会那么早就心力交瘁了。① 尽管如此,列宁在原则与私人感情两者发生冲突必须做出抉择时,他都是毫不犹疑地选择原则,在自己的政治判断和政治行动中抛弃一切个人的好恶。他说:"交情是交情,公事是公事。我们将不惜任何牺牲向诽谤马克思主义或歪曲工人政党政策的各种尝试进行斗争。"② 列宁深知,自己将会因此得罪人,会遭到打击,但他毫不畏惧。他说:"在报刊上进行斗争,会招致新的埋怨,引来不少打击,但我们可不是那种害怕打击的脆弱的人!希望不受打击的斗争,希望没有斗争的分歧,那是幼稚天真的想法。"③

再次,列宁注重在理论战斗中进行理论宣传和理论教育。列宁非常注重在理论斗争中,揭露错误观点,清除其对党和无产阶级群众的消极影响。他捍卫马克思主义的理论斗争过程,也就是他对党和无产阶级群众进行马克思主义理论教育的过程。列宁曾指出,模糊无产阶级和革命群众革命意识的最危险的敌人,不是那些公开的敌人,而是那些自称朋友但为敌人说话的"假朋友"。④ 他认为,揭露和批判"假朋友"的错误,目的在于教育工人阶级,提高无产阶级群众的理论水平。他在揭露和批判社会沙文主义的危害时,曾将通过理论斗争以教育群众的做法提到"世界工人运动中唯一的马克思主义路线"的高度。他说:"向群众说明必然而且必须同机会主义分裂,通过无情地反对机会主义的斗争来教育他们进行革命,依据战争的经验揭穿民族主义自由派工人政策的一切丑恶行径而不把它们掩盖起来,——这就是世界工人运动中唯一的马

---

① 参见〔苏〕娜·康·克鲁普斯卡娅《回忆弗拉基米尔·伊里奇》,〔苏〕娜·康·克鲁普斯卡娅等:《回忆列宁》第 1 卷,上海外国语学院列宁著作翻译研究室译,北京:人民出版社,1980,第 753~755 页。
② 列宁:《致阿·马·高尔基(1913 年 1 月 8 日)》,《列宁全集》第 46 卷,北京:人民出版社,1990,第 215 页。
③ 列宁:《致阿·亚·雅库波娃(1900 年 10 月 26 日)》,《列宁全集》第 44 卷,北京:人民出版社,1990,第 62 页。
④ 参见列宁《俄国社会民主工党第二次代表大会》,《列宁全集》第 6 卷,北京:人民出版社,1959,第 463 页。

克思主义路线。"①

（3）勇于自我批判的理论品格。批判的理论不能对自身采取非批判的态度。马克思主义在本质上是批判的和革命的，这一点不仅表现在它对各种错误思潮的批判，也突出地表现在它对自身的要求。列宁强调："我们决不把马克思的理论看作某种一成不变的和神圣不可侵犯的东西；恰恰相反，我们深信：它只是给一种科学奠定了基础，社会党人如果不愿落后于实际生活，就应当在各方面把这门科学推向前进。"② 列宁对待马克思、恩格斯的学说是这样，对待自己的思想也是这样。列宁是一位彻底的革命者，他不仅把批判的矛头指向敌人，也时刻把反思的指针对着自己，勇于和善于修正自己的错误认识。他从不满足和囿于已有的结论，绝不用事实去迁就自己的理论；相反，他总是力图把自己的理论表现为事实的结果，总是在实践中不断克服以往的不完全性或与变化了的实际不相符合的内容，从而使理论不断完善和发展。

例如，对于社会主义革命是否能够在一个国家单独发生并取得胜利这个问题，列宁的认识就有一个转变过程。他原先根据马克思和恩格斯的设想，得出了否定回答。后来根据发展和变化了的实际，特别是资本主义进入帝国主义阶段后所造成的经济政治发展不平衡加剧的实际，他创造性地提出了"一国胜利"论，突破了自己原先的认识。又如，对于如何解决无产阶级夺取政权以后过渡到社会主义社会的问题，列宁开始采取的是"直接过渡"的办法，经过一段时间的实践，这种构想并不符合俄国的实际。列宁坦率承认并及时改正了错误，找到了通过国家资本主义向社会主义间接过渡的有效途径。

现实生活的发展及其所导致的理论认识的深化，对列宁的灌输理论产生了重要的影响。

---

① 列宁：《帝国主义和社会主义运动中的分裂》，《列宁全集》第28卷，北京：人民出版社，1990，第84～85页。
② 列宁：《为〈工人报〉写的文章》，《列宁全集》第4卷，北京：人民出版社，1984，第161页。

一方面，理论灌输和理论教育的内容必须及时反映新的认识成果。有两件事比较突出地表现了这一点。其一，关于党的名称。列宁在1894年曾说："一般说来，俄国共产主义者，马克思主义信徒，比其他任何人都更应该把自己称为社会民主党人，并在自己的活动中始终不应忘记民主主义的巨大重要性。"① 1914年第一次世界大战开始后，鉴于第二国际社会民主党人的背叛行径，他的看法有了改变。他在1917年发表的许多著作和讲话中都论证了更改党的名称的必要性。他提出问题："我们党应当用什么名称，在科学上才是正确的，在政治上才是有助于启发无产阶级意识的？"② 他回答说，必须丢掉"社会民主党"这件"穿惯了的""可爱的"的脏衬衫，应该像马克思和恩格斯那样称自己为共产党。这是因为社会民主党对马克思的学说的背叛，现实生活的发展和世界社会主义运动的客观形势的变化，都使社会民主党这个名称不科学，不利于教育无产阶级。其二，关于社会主义的认识。十月革命胜利后，苏俄推行的是战时共产主义，列宁强调党必须以此统一人们的认识。新经济政策提出以后，他在全俄政治教育委员会第二次代表大会上，专门以《新经济政策和政治教育委员会的任务》为题做报告，及时提醒全党和理论教育工作者，要求将新经济政策作为宣传教育的重点。列宁真正做到了自己所说的：马克思主义者必须考虑生动的实际生活，必须考虑现实的确切事实，而不应当抱住昨天的理论不放。"因为这种理论和任何理论一样，至多只能指出基本的、一般的东西，只能大体上概括实际生活中的复杂情况。"③

另一方面，理论灌输和理论教育的方法也必须随着形势的变化而变化。列宁认为，由于历史条件的变化，理论内容及其重心的变化，理论灌输和理论教育的方法也应该随之变化。他在十月革命胜利后指出，随

---

① 列宁：《什么是"人民之友"以及他们如何攻击社会民主党人？》，《列宁全集》第1卷，北京：人民出版社，1984，第254~255页。
② 列宁：《无产阶级在我国革命中的任务》，《列宁全集》第29卷，北京：人民出版社，1985，第178页。
③ 列宁：《论策略书》，《列宁全集》第29卷，北京：人民出版社，1985，第139页。

着党的工作重心由革命"逐渐转向经济方面的政治","讲解或举例说明什么是共产主义""这种老式的宣传已毫无用处,因为我们需要在实践中说明应该如何建设社会主义。整个宣传工作应该建立在经济建设的政治经验之上。这是我们最主要的任务,谁要是对宣传仍作旧的理解,那他就落后了,就不能担负起对工农群众的宣传工作"。①

自我反思和自我批判,不仅丝毫无损列宁的地位和形象,相反却体现了他的伟大风范。列宁坦率地承认,布尔什维克也会犯错误,但这与敌人所犯的错误是全然不同的。他借用一位俄国著名作家的话做比喻,形象地说:"布尔什维克干蠢事,好比是布尔什维克说'二二得五',而布尔什维克的敌人,即资本家和第二国际英雄们干蠢事,就好比是他们说'二二得蜡烛'。"② 不仅所犯错误的性质不一样,对待错误的态度更不一样。列宁指出:"一个政党对自己的错误所抱的态度,是衡量这个党是否郑重,是否真正履行它对本阶级和劳动群众所负义务的一个最重要最可靠的尺度。公开承认错误,揭露犯错误的原因,分析产生错误的环境,仔细讨论改正错误的方法——这才是一个郑重的党的标志,这才是党履行自己的义务,这才是教育和训练阶级,进而又教育和训练群众。"③ 这段话,非常鲜明地表现了列宁灌输理论勇于自我批判的品格。

3. 科学性与革命性的内在统一

科学性与革命性的内在统一是马克思主义的本质特征,普列汉诺夫将这种一致性称为"科学与劳动者的接近"。他说:"第一次,从我们的宇宙存在以来和地球绕日而行以来发生了科学与劳动者的接近:科学跑

---

① 列宁:《在全俄省、县国民教育局政治教育委员会工作会议上的讲话》,《列宁全集》第39卷,北京:人民出版社,1986,第407页。
② 列宁:《共产国际第四次代表大会文献》,《列宁全集》第43卷,北京:人民出版社,1987,第285页。
③ 列宁:《共产主义运动中的"左派"幼稚病》,《列宁全集》第39卷,北京:人民出版社,1986,第37页。

去帮助劳动群众；劳动群众在自己的觉悟的运动中依据于科学的结论之上。"① 列宁的灌输理论沿着马克思学说的道路，进一步体现了"科学与劳动者的接近"。

（1）科学性是革命性的前提。列宁曾经说："马克思学说具有无限力量，就是因为它正确。它完备而严密，它给人们提供了决不同任何迷信、任何反动势力、任何为资产阶级压迫所作的辩护相妥协的完整的世界观。"② 这是对马克思主义的科学性与革命性、真理性与价值性关系的正确揭示。如果以此来描述列宁的灌输理论，可以说，它之所以具有彻底的革命性，就是因为它具有高度的科学性。

首先，它对马克思主义的科学理解，为俄国无产阶级及广大群众掌握正确的理论、增强革命意识提供了前提。马克思主义是人类社会最进步、最革命、最有前途的阶级——无产阶级的思想武器。它对客观规律的认识越深刻、越接近客观真理，就越符合无产阶级的利益和彻底革命的要求。正如恩格斯所言："科学越是毫无顾忌和大公无私，它就越符合工人的利益和愿望。"③ 用马克思主义理论教育无产阶级，其主要目的在于实现它的革命功能。但是，对马克思主义存在一个理解问题。搞清楚什么是马克思主义，搞清楚用什么样的马克思主义来教育无产阶级，这是理论灌输和理论教育的首要前提。列宁的思考和回答，科学地解决了这一问题，为理论灌输和理论教育提供了科学的基础和前提。因此，列宁领导的布尔什维克党才能按照马克思主义的本来面貌来宣传马克思主义，来教育无产阶级和广大群众，"使工人正确了解现代社会经济制度及其基础与发展，了解俄国社会各个阶级及其相互关系，了解这些阶级相互的斗争，了解工人阶级在这个斗争中的作用，了解工人阶级对于

---

① 〔俄〕普列汉诺夫:《论一元论历史观之发展》,《普列汉诺夫哲学著作选集》第 1 卷,北京:三联书店,1959,第 771 页。
② 列宁:《马克思主义的三个来源和三个组成部分》,《列宁全集》第 23 卷,北京:人民出版社,1990,第 41 页。
③ 恩格斯:《路德维希·费尔巴哈和德国古典哲学的终结》,《马克思恩格斯文集》第 4 卷,北京:人民出版社,2009,第 313 页。

正在没落的阶级和正在发展的阶级、对于资本主义的过去和将来所应采取的态度，了解各国社会民主党和俄国工人阶级的历史任务"①，从而增强革命意识。列宁灌输理论因此表现出彻底的革命性。

其次，它所揭示的理论灌输和理论教育的规律以及有关原则、方法，确保了理论灌输和理论教育的成效，从而确保了革命理论对革命实践的指导。马克思有句名言："理论一经掌握群众，也会变成物质力量。"②列宁也说："思想一旦掌握群众，就变成力量。"③但是，理论不会自动地掌握群众。理论只有得到宣传、普及，让群众知晓，才能掌握群众。也就是说，必须依靠理论灌输和理论教育。但是，这里存在一个方法问题。方法正确与否，决定了教育效果的好坏。列宁将教育的一般规律特殊而科学地体现在理论灌输和理论教育领域，将教育学的方法特殊而科学地运用于理论灌输和理论教育实践，为俄国无产阶级有效地、正确地掌握革命理论，从而指导革命实践，提供了正确的方法。从这一层面来讲，列宁灌输理论越符合教育规律，越具有教育学上的科学性，也就越具有革命性。

（2）革命性是科学性的保证。

首先，列宁的灌输理论代表着具有彻底革命精神的无产阶级的根本利益，不需要也不允许隐瞒和歪曲事物的真相，相反，它始终"以经得起严格的客观检验的事实作为根据"④，因此，它才可能具有高度的科学性。换言之，列宁灌输理论越坚持无产阶级的阶级性和彻底革命的要求，就越能深刻地揭示俄国革命的客观规律，就越能用于科学地进行理论教育，因而也就越具有科学性。

---

① 列宁：《俄国社会民主党人的任务》，《列宁全集》第 2 卷，北京：人民出版社，1984，第 430 页。
② 马克思：《〈黑格尔法哲学批判〉导言》，《马克思恩格斯文集》第 1 卷，北京：人民出版社，2009，第 11 页。
③ 列宁：《布尔什维克能保持国家政权吗?》，《列宁全集》第 32 卷，北京：人民出版社，1985，第 324 页。
④ 列宁：《政论家札记》，《列宁全集》第 32 卷，北京：人民出版社，1985，第 120 页。

其次，列宁捍卫马克思主义的革命战斗精神，增强了列宁灌输理论的科学性。真理愈辩愈明，谩骂和恐吓绝不是战斗。列宁总是以科学的态度应对论敌的挑战，从事科学的批判。这种科学性质的批判，不是一般的就事论事，也不仅仅是对论敌义愤的发泄，而是结合论战主题，对相关的斗争经验进行更精深的理论概括，对相关的基本原理进行更精深的理论发掘。正因为如此，它不仅在同各种错误思潮的比较中日益显示出其正确性，而且在同各种错误思潮的斗争中日益发展完善，增强其科学性。

最后，列宁的灌输理论具备勇于自我批判的精神，表现了马克思主义与时俱进的理论品格，这也使得它能够不断超越自我、日趋完善。

总之，没有列宁灌输理论的革命性，就没有它的科学性。

(3) 以实践为基础的科学性和革命性的内在统一。

首先，列宁灌输理论的科学性是建立在实践基础之上的。它对马克思主义的科学理解、对教育的一般规律的特殊揭示、内含的科学理论体系等，都表明了它的科学性，而这一切都是以实践为基础的：马克思主义不是脱离实践的抽象教条，它是在实践中产生又经过实践检验并随着实践的发展而发展的科学真理，离开实践来理解马克思主义，不可能科学；教育一般规律在理论灌输和理论教育领域的特殊表现，包括理论灌输和理论教育与生产发展、与社会发展、与人的发展等，这些关系本身产生于实践、存在于实践、解决于实践，离开实践来谈教育规律，不可能科学；列宁灌输理论的科学体系并非纯粹思辨的产物，而是在俄国革命和建设的实践中形成的，"由实践赋予活力，由实践来修正，由实践来检验"①，离开了实践，列宁灌输理论就丧失了存在的意义，其科学性也就无从谈起。

其次，列宁灌输理论的革命性是建立在实践基础之上的。马克思和恩格斯指出："对实践的唯物主义者即共产主义者来说，全部问题都在

---

① 列宁：《怎样组织竞赛》，《列宁全集》第33卷，北京：人民出版社，1985，第208页。

于使现存世界革命化,实际地反对并改变现存的事物。"① 列宁不仅是一位"实践的唯物主义者",也是一位战斗的唯物主义者。列宁灌输理论代表无产阶级的革命利益、捍卫马克思主义的革命战斗精神、勇于自我批判的理论品格,这都表明了它的革命性,而这一切都是以实践为基础的:它直接为消灭俄国剥削制度的革命实践服务,为社会主义建设实践服务,在革命和建设的实践中体现出革命性;它是在革命和建设的实践中,在同机会主义和各种错误思潮展开的殊死斗争中,表现出捍卫马克思主义的革命战斗精神;列宁依据变化和发展了的实际,随时修正自己的错误认识,在实践中表现出勇于自我批判的理论品格。离开了实践,列宁灌输理论就失去了意义,其革命性也就无从谈起。

再次,列宁灌输理论的科学性与革命性的内在统一是建立在实践基础之上的。科学性是革命性的前提,革命性是科学性的保证,这种关系绝不是纯粹逻辑演绎的结果,而是两者通过实践这个纽带发生的必然联系。列宁领导的俄国革命和建设的实践,以及与之紧密联系的理论教育实践,实现了马克思主义科学地解释世界与革命地改造世界的统一,实现了列宁灌输理论的科学性与革命性的内在结合。列宁的灌输理论越是科学地理解马克思主义,越是科学地反映教育规律,即它越是科学,就越是能够广泛地掌握无产阶级和劳动群众,越是能够化为广大群众的革命实践,它就越是呈现出自己彻底的革命性;列宁灌输理论越是代表无产阶级的革命利益,越是同马克思主义的敌人进行战斗,越是勇于自我批判,即它越是革命,就越是能够及时吸纳群众的智慧,总结实践的经验,接受敌人的挑战而发展自己,它就越是表现出自己高度的科学性。

列宁灌输理论的科学性与革命性的内在统一,表现了真理与价值的统一、尊重历史发展的客观规律与不懈地争取人类解放的统一。列宁曾经对马克思主义做过如下评价:"这一理论对世界各国社会主义者所具有的不可遏止的吸引力,就在于它把严格的和高度的科学性(它是社会

---

① 马克思、恩格斯:《德意志意识形态》,《马克思恩格斯文集》第1卷,北京:人民出版社,2009,第527页。

科学的最新成就）同革命性结合起来，并且不仅仅是因为学说的创始人兼有学者和革命家的品质而偶然地结合起来，而是把二者内在地和不可分割地结合在这个理论本身中。"① 对于列宁的整个学说和列宁的灌输理论而言，借用这个评价无疑也是非常适合的。

---

① 列宁：《什么是"人民之友"以及他们如何攻击社会民主党人?》,《列宁全集》第1卷，北京：人民出版社，1984，第291页。

第三章 列宁灌输理论的科学内涵：
比较的视野

探讨列宁的灌输理论，既需要对列宁的有关文本做系统的梳理，也需要对有关理论质疑做出有针对性的回应，从而通过各种思想的比较显示其科学内涵、发掘其精神实质。

一 理论回应：驳关于"灌输论"精神实质的责难

列宁的"灌输论"从提出那一天起，就接连不断地遭到种种争议与责难。在我国学术界，存在关于它的精神实质到底是原则还是方法的争议。而在国际上，则出现了诸如"取代论""教条论""唯意志论"之类的种种责难。这些责难虽然声调不同、语言各异，但有一个共同的目的，那就是试图一笔抹杀"灌输论"的科学性，对此，我们必须做出理论上的有力回应。①

1. "灌输论"不是"唯意志论"

法国学者迪韦尔热指出："在马克思主义者中间，关于无产阶级的阶级意识如何形成和发展的问题，存在不少看法和争论，有两种几乎对立的基本倾向：一些人认为阶级意识是在工人当中自发地产生并不断加强的；另一些人则认为阶级意识的发展主要依靠一个革命政党的活动，

---

① 下文部分内容，参见孙来斌《灌输论是指导思想理论教育的科学理论》，《马克思主义研究》2004 年第 3 期。

它帮助群众认识到自己所处的地位及其阶级利益。"① 其中，"灌输论"无疑属于后一种情况。但是，据此将"灌输论"视为"唯意志论"，这种观点颇具有代表性，从俄国的经济派到当代的西方马克思主义、西方列宁学的某些学者都持有这种看法。

最先向列宁的"灌输论"发难的是俄国经济派。如前所述，列宁在系统阐述"灌输论"之前，就已经举起了反对经济派的旗帜，因此，他在《火星报》发表的批判文章自然引起了经济派的特别"关照"。俄国经济派杂志《工人事业》指责列宁割裂了工人运动的自发性与自觉性的关系。它发表声明称："社会民主党人革命家的任务，只是要以本身自觉的工作来加速客观发展过程，而不是要取消客观发展过程或者以主观计划来代替它。《火星报》在理论上是知道这一切的。但是，由于《火星报》对策略持有一种学理主义的观点，马克思主义关于自觉的革命工作具有重大意义的正确提法，竟使《火星报》在实践上偏向于轻视发展过程中的客观因素或自发因素的意义。"② 这个声明刊出后，引来了经济派的一片喝彩。连原先同意列宁关于自发性与自觉性的关系表述的普列汉诺夫，也在《火星报》上声明他在此问题上同列宁有原则分歧。

在当代，在此问题上重新向列宁发难的有法兰克福学派的代表人物马尔库塞等人。马尔库塞认为，在马克思主义中，从一开始就存在"经济决定论"和"唯意志论"这两种因素，它们的比重随着马克思主义发展过程中的历史条件的变化而变化。也就是说，在阶级斗争尖锐的时期，当革命形势高涨的时候，马克思主义很少提及客观因素，于是"经济决定论"让位于"唯意志论"；反之，当革命形势低落的时候，"唯意志论"又被"经济决定论"所取代，无产阶级的意识和行动主要由资本主义发展进程中的"盲目规律"来决定。"经济决定论"与"唯意志论"这两种因素在马克思那里还是辩证统一的，可是，列宁破坏了它们的统

---

① 〔法〕莫里斯·迪韦尔热：《政治社会学——政治学要素》，杨祖功、王大东译，北京：东方出版社，2007，第126～127页。

② 列宁：《怎么办？》，《列宁全集》第6卷，北京：人民出版社，1986，第47页。

一，从"经济决定论"走向了"唯意志论"。"从经济决定论向唯意志论转变，看起来构成了列宁主义的一个特征，这种转变在斯大林主义中达到了巅峰。由列宁的'从外部灌输的意识'和中央集权制的独裁主义政党的理论到斯大林的个人专政，中间似乎存在着一条笔直的道路。"①

可见，按照上述指控，夸大工人运动中自觉性的作用而忽略自发性，夸大革命进程中主观因素的作用而忽略客观因素，这就是"灌输论"犯下的"唯意志论"的"罪状"。但是，这些"罪状"，其实完全是强加于"灌输论"之上的不实之词。

首先，"灌输论"虽然强调自觉性的作用，但它是以肯定自发性的作用为前提的，丝毫也不否认自发性的作用。

列宁在《怎么办？》中就从自觉性与自发性的产生与发展的角度，阐明了两者之间的关系。一方面，列宁肯定工人运动的自发性蕴含自觉性，在一定的条件下能够转化为自觉性。他还说，经济方面的揭露这种自发斗争形式，"过去和现在都是经济斗争的重要杠杆"，"可以成为唤起阶级意识、开展工会斗争和传播社会主义的起点"，只要存在资本主义制度，它就"将始终保持这种意义"②。另一方面，列宁明确指出，工人运动的自发性还不是自觉性，局限在工人运动范围之内不能转化为自觉性，只有在系统表达工人阶级利益的革命理论的指导下，自发性才能转化为自觉性。此外，工人运动的自发性要求工人阶级政党表现出巨大的自觉性。"群众的自发高潮愈增长，运动愈扩大，对于社会民主党在理论工作、政治工作和组织工作方面表现巨大的自觉性的要求也就愈无比迅速地增长起来。"③

因此，工人阶级政党对待自发性与自觉性的正确态度就是，要"从各方面全力支持广泛的和自发的群众罢工运动，因为在资本的压迫下，只有这种运动才能真正唤醒、推动、启发和组织群众，才能教育群众充

---

① Herbert Marcuse, *Soviet Marxism: A Critical Analysis*, Boston: Beacon Press, 1991, p. 130.
② 列宁：《怎么办？》，《列宁全集》第6卷，北京：人民出版社，1986，第53页。
③ 列宁：《怎么办？》，《列宁全集》第6卷，北京：人民出版社，1986，第50页。

分信任革命无产阶级的领导作用"①，但不能停留在自发性，必须用革命理论来指导工人运动，以达到革命斗争的目的。经济派的基本错误不在于其对自发性作用的肯定，而在于崇拜自发性而忽略了自觉性，推崇经济斗争而不要政治斗争，不了解群众的自发性要求无产阶级政党表现出巨大的自觉性，没有搞清楚党是工人阶级的"先锋队"和"领导者"，而不是"后卫队"和"记录员"。

其次，"灌输论"虽然肯定通过理论灌输而启发群众的革命意识和革命热情，但它并不否认经济发展等客观因素的作用。

列宁坚持历史唯物主义，尊重历史发展的客观规律，反对主观唯心主义。当俄国民粹派宣称俄国比西欧更具备社会主义革命的条件，不顾客观条件的制约，主张跳过资本主义发展阶段的时候，是列宁而不是其他人，论证了俄国资本主义发展的进步性、必然性，从根本上击碎了民粹派的天真幻想。在俄国革命和建设的过程中，党内曾多次出现盲目、急躁、冒进的"左"倾幼稚病，是列宁而不是其他人，一再告诫要从现实出发、从俄国的实际出发。

列宁坚持历史辩证法，承认生产力是社会发展的最终决定力量，但他同时认为，在一定历史条件下，对一个国家发展起作用的除了生产力外，还有群众的革命要求、阶级状况、民族关系等诸种因素。在他看来，无产阶级政党的任务不是坐等革命的自发到来，而是要去激发群众的革命意识、革命热情。在第一次俄国革命即将爆发、俄国民众的革命热情第一次燃起的时候，是借口客观条件不充分，给行动起来的群众泼上一瓢"本来就用不着拿起武器"的冷水，还是积极参加群众的革命行动，给革命运动以科学的理论指导，鼓励他们更坚决、更果敢和更富于进攻精神地拿起武器？列宁选择了后者。当俄国人民推翻沙皇专制政府、特殊的革命形势使无产阶级革命面临着难得的机会的时候，是借口生产力不够发达而拱手将政权交给资产阶级，步西欧历史发展的后尘，还是抓

---

① 列宁：《为共产国际第二次代表大会准备的文件》，《列宁全集》第39卷，北京：人民出版社，1986，第188页。

住难得的革命机会,"用与西欧其他一切国家不同的方法来创造发展文明的根本前提"①? 列宁选择了后者。列宁强调:"马克思主义中有决定意义的东西,即马克思主义的革命辩证法。"②

可见,既尊重客观规律,又注重发挥革命能动性,这是"灌输论"所体现出来的历史唯物主义与历史辩证法的高度统一。将"灌输论"视为"唯意志论",这是完全不懂得马克思主义的革命辩证法,不懂得"马克思主义和其他一切社会主义理论的不同之处在于,它出色地把以下两方面结合起来:既以完全科学的冷静态度去分析客观形势和演进的客观进程,又非常坚决地承认群众(当然,还有善于摸索到并建立起同某些阶级的联系的个人、团体、组织、政党)的革命毅力、革命创造性、革命首创精神的意义"。③

当然,"灌输论"之所以一再被扣上"唯意志论"的帽子,与列宁在《怎么办?》当中的表述方式也有一定的关系。仅从《怎么办?》来看,列宁对自觉性的作用论述得比较详细,对自发性的作用论述得不够,似乎有所忽视,列宁自己后来承认,甚至在个别地方"表述得不完全恰当或不完全确切"。④ 这种情况的出现并不是列宁的过错,而是历史条件造成的。当时列宁的主要任务是反对经济派对自发性的迷恋,尽快克服工人运动的手工业方式和分散状态,因此,列宁要"把经济派弄弯了的棍子直过来",因而"使用的是后来常常被引用的矫枉过正的说法"。对此,列宁自己说得很清楚:"《怎么办?》是用论战方式来纠正'经济主义',因此离开小册子的这个任务来看它的内容是不对的。"⑤ 遗憾的是,总有人对列宁的这一告诫置若罔闻,一再把《怎么办?》同一定的历史

---

① 列宁:《论我国革命》,《列宁全集》第43卷,北京:人民出版社,1987,第371页。
② 列宁:《论我国革命》,《列宁全集》第43卷,北京:人民出版社,1987,第369页。
③ 列宁:《反对抵制》,《列宁全集》第16卷,北京:人民出版社,1988,第20页。
④ 列宁:《〈十二年来〉文集序言》,《列宁全集》第16卷,北京:人民出版社,1988,第99页。
⑤ 列宁:《〈十二年来〉文集序言》,《列宁全集》第16卷,北京:人民出版社,1988,第99~100页。

背景完全割裂开来，吹毛求疵，断章取义，抓住个别的表述得不完全恰当或不完全准确的说法，完全无视其总的内容和整个精神。应该指出，这种做法是非历史的、反辩证法的，因而是不科学的。

2."灌输"并不必然导致教条主义

"灌输必然导致教条主义"，这是卡尔·柯尔施①的结论。

柯尔施对"灌输论"的批评是以其对马克思主义历史的考察为前提的。他将马克思主义的演化分为三个阶段，每一阶段都与工人自我意识发展的一个阶段相照应：第一阶段（1843~1848年），马克思的早期著作反映了工人初期在资本主义的非人条件下的狂怒情绪，阶级斗争表现在人民渴望自由的精神上。这一阶段的马克思主义是浪漫的，甚至是唯心主义的，过分强调历史的主观因素，忽略了具体的物质条件。第二阶段（1848~1900年），资本主义处于扩张和巩固时期，工人自我意识的成长受到阻碍，因而采取了资产阶级的价值观。在这种情况下，马克思主义成了教条的、实证主义的、形而上学的纯理论。庸俗唯物主义是这一时期马克思主义所采取的形式，它的根源蕴含在马克思的言论中，体现在恩格斯的著作中。马克思主义成了一种意识形态，脱离了现实。第三阶段（自1900年开始）出现了改良主义、工团主义和布尔什维克主义，标志着无产阶级意识的重新觉醒。在这一阶段，马克思主义应该在哲学上重新把握历史总体，包括无产阶级实践，以期揭示主观上认识到的阶级动力。这就是马克思原初的意图。②

在柯尔施看来，第二国际的领导人（包括列宁等人）并没有促进无

---

① 卡尔·柯尔施（1886~1961年）是德国共产党重要的理论家和政治活动家，20世纪20年代，由于发表《马克思主义和哲学》，遭到第三国际的批判并被开除出德国共产党。其一生的思想发展大致经历了三个阶段：起先是一个列宁主义者，后成为黑格尔主义的马克思主义者，最后成为自由的批判理论家。在西方马克思主义发展史上，柯尔施占有重要地位，与卢卡奇齐名。
② 参见〔德〕卡尔·柯尔施《马克思主义和哲学》，王南湜、荣新海译，重庆：重庆出版社，1989，中译本序。

产阶级意识的重新觉醒，反而使马克思主义倒退到了第二阶段，即把意识当做现实的消极反映，认为党的任务是把真理强行灌输到工人头脑中去。因此，他把矛头对准了"灌输论"。在受到第三国际的批判之前，他对"灌输论"的指责比较隐晦。他说："给予理论以一种在历史的客观运动之外独立存在的权利，显然既不是唯物主义的做法，也不是黑格尔意义上的辩证法的做法；它只不过是一种唯心主义的形而上学的做法。"① 在受到第三国际的批判之后，他公开宣称，"灌输论"是在革命实践远远落后于革命理论的情况下被提倡的。"在这种情况下，考茨基和列宁这样'正统的马克思主义者'，便从临时的需要中得出永久的美德。他们不遗余力地捍卫这样一种观点，即社会主义只能由与工人运动密切相关的资产阶级知识分子'从外部'灌输给工人。""'马克思主义'——当它被工人运动所正式接受的时候——在'不是别的，而是现实历史运动的一般表述'（马克思）的意义上，从一开始就不是一种真正的理论。相反，它一直是'从外部'以预先设立的形式被灌输的意识形态。"② 简言之，工人阶级从"灌输"中得到的不是与革命实践相联系的革命理论，而是与革命实践脱节的教条。

很明显，柯尔施所说的"教条主义"不过是前述"唯意志论"说法的一种翻版，是"割裂自发性与自觉性关系"的旧语新说。由于柯尔施的特殊身份及其所造成的影响，有必要对其观点的错误加以简要分析。

首先，柯尔施"教条主义"说的理论前提即他关于马克思主义发展史的理解，是不科学的。其一，他不加分辨地将所有打着马克思主义的招牌的政党、运动、思潮、流派的历史，统统描述成马克思主义本身的发展历史，这就泛化了"马克思主义"的内涵。因此，他所讲的"马克思主义的历史"并不是马克思主义的历史。其二，他将马克思主义的历

---

① 〔德〕卡尔·柯尔施：《马克思主义和哲学》，王南湜、荣新海译，重庆：重庆出版社，1989，第23页。
② 〔德〕卡尔·柯尔施：《马克思主义和哲学》，王南湜、荣新海译，重庆：重庆出版社，1989，第68页。

史描述为一种单一的线性运动过程，并且将整个第二国际当成这一过程中的一个"衰败"环节，完全抹杀第二国际的历史功绩，对待历史采取了形而上学的、非历史的态度。

其次，柯尔施对"灌输论"的具体指责是难以成立的。柯尔施将马克思主义的"衰败"归咎于"灌输论"，这是毫无根据的。列宁强调社会主义理论不能单独地从工人运动产生，意指社会主义理论的产生除了有其深刻的社会经济根源之外，还必须以丰富的人类文化知识为前提。这样的前提对于工人来说，显然是不具备的。列宁虽然肯定科学的革命理论要从工人运动之外"灌输"给工人，但他从来没有将革命理论看成独立于工人运动之外的东西。相反，他一再重申：正确的革命理论，只有密切联系真正群众性的和真正革命的运动的实践，它才能最终形成。①

对于"灌输"给工人运动的理论，列宁从来没有将其当成教条。他多次重申，没有革命的理论，就没有革命的运动；他也多次强调，马克思主义不是教条，而是行动的指南。"我们并不苛求马克思或马克思主义者知道走向社会主义的道路上的一切具体情况。这是痴想。我们只知道这条道路的方向，我们只知道引导走这条道路的是什么样的阶级力量；至于在实践中具体如何走，那只能在千百万人开始行动以后由千百万人的经验来表明。"②列宁指出："理论符合现实是理论的唯一标准。"③列宁忠于马克思学说的精神而不是它的字句，一旦现实生活说明理论出了偏差，那么，不管是马克思、恩格斯还是自己曾经具体说过什么，列宁都要根据现实发展的需要重新加以考察，得出新的结论。在列宁身上，哪里有一点教条主义的影子呢？在"灌输论"中，又哪里有一点教条主义的痕迹呢？

毋庸置疑，柯尔施对教条主义本身的批判是有一定积极意义的，但是他不顾"灌输论"提出的历史背景及其实践影响，将"教条主义"强

---

① 参见列宁《共产主义运动中的"左派"幼稚病》，《列宁全集》第39卷，北京：人民出版社，1986，第5页。
② 列宁：《政论家札记》，《列宁全集》第32卷，北京：人民出版社，1985，第111页。
③ 列宁：《什么是"人民之友"以及他们如何攻击社会民主党人?》，《列宁全集》第1卷，北京：人民出版社，1984，第133页。

加给"灌输论",然后对"灌输论"大加批判,这本身恰恰就是他所要批判的"独立于现实的运动之外"的主观思辨运动。他引为论据的"马克思主义的历史",实质上是一种主观思辨的历史。

3. "灌输论"不是"取代论"

列宁的"灌输论"存在一个主体争论问题。在理论灌输过程中,存在灌输的主体与客体问题。从组织形式而言,灌输的主体最常见的就是马克思主义政党,它通常又由领袖来领导;而灌输的客体最常见的就是工人阶级,广而言之就是人民群众。按照唯物史观的基本原理,人民群众是历史的创造者,是推动历史发展的主体力量。那么,这两个主体之间是否会发生矛盾呢?实际上,列宁的"灌输论"与其关于领袖、政党、阶级、群众相互关系的思想紧密联系在一起。根据列宁的理论,科学社会主义首先是由领袖人物提出的,并在其领导下由无产阶级先锋队即共产党宣传普及给无产阶级和人民群众。一些西方"列宁学"学者片面理解列宁关于领袖、政党、阶级、群众相互关系的论述,制造出所谓领袖对政党、政党对阶级的层层"取代"。所谓"取代论",直接和主要针对的是列宁关于无产阶级政党组织路线原理的论述。但是,组织关系是以思想关系为基础的,从实质来看,"取代论"正是通过割裂理论教育主客体的统一,并试图以此达到否定列宁"灌输论"科学性的目的。

首先,他们"寻找"到列宁与马克思的思想对立,以此作为否认列宁"灌输论"科学性的理论前提。阿兰·贝桑松说:"马克思把工人阶级看作是自己掌握自己命运的阶级,认为在工人阶级之外不存在什么救世主,强调'工人阶级的解放应该由工人阶级自己去争取'。""而列宁却不像马克思这样看待工人阶级的解放过程,他把救世主的责任交给了党。"[1] 与此观点类似,马尔库塞也认为:"列宁在无产阶级革命先锋队理论中,提出了一个远离经典马克思主义的无产阶级概念。他对'经济

---

[1] Alain Besancon, *The Intellectual Origins of Leninism*, Oxford: Basil Blackwell, 1981, p.230.

主义'和自发性群众运动的反对态度,他关于阶级意识必须从'外部'灌输给无产阶级的名言,使得无产阶级后来由革命过程中的主体变成了客体。"① 在他们看来,列宁的有关思想变成了马克思主义的"异说",马克思的论述变成了否定列宁思想科学性的"有力"论据。

其次,他们通过一系列的逻辑推演,将领袖→政党→阶级→群众这一由理论教育主体到理论教育客体的层次关系,曲解为层层"取代"。莱塞克·科拉科夫斯基说:"列宁的党代表了无产阶级的意识,不是因为无产阶级同意它代表自己,而是因为它依据马克思主义理论,意识到社会发展的规律和无产阶级的历史使命。按照这样的解释,工人阶级的经验意识只能是一种不成熟的、必须加以克服的意识,而绝非革命理论的源泉。除了在实践中需要获得工人阶级的支持以外,它是完全独立于工人阶级的。在这种意义上说,列宁关于党的领导权的理论,显然意味着工人阶级在政治上可以而且必须被党所'取代'。"而党又被党中央取代,党中央又被领袖个人取代。② 科拉科夫斯基还将其所做的理解归结为一个"最高公式":"真理 = 无产阶级意识 = 马克思主义 = 党的意识形态 = 党的领导人的思想 = 他的决策。"③

从列宁的有关思想中我们不难看出,领袖是理论教育主体的最高组织形式,在理论教育中的作用举足轻重,如何既发挥其作用,又克服"一言堂"和领袖崇拜,这无疑是一个值得注意的问题,现实中社会主义国家在这个问题上也有沉痛的经验教训。应该说,科拉科夫斯基等人以一种歪曲了的形式,提出了这个值得注意的问题,无疑是有其积极意义的。但是,他们通过错误的逻辑推论,将"取代"一说强加在列宁头上,并将其视为列宁思想的内在逻辑,这无疑是大错特错的。

其一,"取代论"所制造的列宁与马克思的思想对立,是根本不存

---

① Herbert Marcuse, *Soviet Marxism: A Critical Analysis*, Boston: Beacon Press, 1991, p. 16.
② Leszek Kolakowski, *Main Currents of Marxism: Its Origins, Growth and Dissolution*, Volume II: *The Golden Age*, Oxford: Oxford University Press, 1981, p. 391.
③ Robert Tucker, *Stalinism: Essays in Historical Interpretation*, New York: W. W. Norton, 1977, pp. 293 – 294.

在的。众所周知,马克思和恩格斯一贯强调工人阶级的解放必须依靠工人阶级自己。他们在致德国社会民主党领导人倍倍尔、李卜克内西和白拉克等人的《通告信》中,曾尖锐地批评党对"工人是群氓"论调的容忍态度,表明他们对党的这种态度"是完全不能够理解的",他们明确指出,无产阶级政党"不能和那些公开说什么工人太没有教养,不能自己解放自己,因而必须由仁爱的大小资产者从上面来解放的人们一道走"。① 那么,列宁是否背离了马克思的上述思想呢?没有。列宁不止一次地批判将工人群众视为"群氓"的反动观点,多次引用马克思的话说:"历史活动是群众的事业,随着历史活动的深入,必将是群众队伍的扩大。"② 他不止一次地强调:"应该很好地记住我们常说的话:工人的解放应该是工人自己的事情。我们常说:劳动者不能依靠外力摆脱压迫;他们必须通过自己的斗争、自己的行动和自己的鼓动,学会解决新的历史任务。"③ 在列宁看来,无产阶级之所以必须接受自己的政党及其领袖的理论教育,是因为后者在理论上正确表达了自己的利益和要求,教会了无产阶级的自我认识和自我意识,从而增强其革命主动性。无产阶级政党因此而存在,无产阶级领袖因此而涌现。列宁在悼念著名的理论教育家雅·米·斯维尔德洛夫的讲话中说,通过思想宣传和理论教育,"把千百万劳动群众组织起来,这是革命最有利的条件,这是革命取得胜利的最深的泉源。正是由于无产阶级革命的这个特征,在斗争进程中就涌现了这样一些领袖人物,他们最能体现以前的革命从没有过的一个特点,即组织群众"。④ 可见,在理论教育主客体问题上,列宁与马克思是完全一致的,所谓的思想对立,只是"取代论"者主观臆造的东西。

---

① 马克思、恩格斯:《给奥·倍倍尔、威·李卜克内西、威·白拉克等人的通告信》,《马克思恩格斯文集》第3卷,北京:人民出版社,2009,第484页。
② 列宁:《政论家札记》,《列宁全集》第33卷,北京:人民出版社,1985,第194页。
③ 列宁:《莫斯科工会和工厂委员会第四次代表大会会议文献》,《列宁全集》第34卷,北京:人民出版社,1985,第418页。
④ 列宁:《悼念雅·米·斯维尔德洛夫》,《列宁全集》第36卷,北京:人民出版社,1985,第69页。

其二,"取代论"错误的实质,在于其割裂了理论教育主客体的辩证统一关系,割裂了领袖、政党、阶级、群众的辩证统一关系。列宁从理论教育角度对领袖、政党、阶级、群众的论述,是全面的、辩证的。他既从主体对客体影响的层面,论述了领袖→政党→阶级→群众这一层关系,揭示了马克思主义由个体意识逐渐变为群体意识乃至社会意识的过程,阐发了理论教育的重要作用,强调没有革命的理论便没有革命的运动,批判了忽视理论教育的"自发论"、抹杀领袖和党的领导作用的无政府主义倾向;同时,又从客体对主体影响的层面,论述了群众→阶级→政党→领袖这一层关系,揭示了无产阶级实践对于马克思主义理论形成和发展的作用,强调离开革命的运动也就不可能产生革命的理论,批判了忽视群众作用的"群氓论"和英雄史观。

在列宁那里,无产阶级政党与无产阶级是统一的:"为了战胜资本主义,在起领导作用的政党共产党、革命的阶级无产阶级和群众即全体被剥削劳动者之间,必须建立正确的相互关系。只有共产党真正成为革命阶级的先锋队,吸收了这个阶级的一切优秀代表,集中了经过顽强的革命斗争的教育和锻炼的、完全觉悟的和忠诚的共产主义者,把自己跟本阶级的全部生活密切联系起来,再通过本阶级跟全体被剥削群众密切联系起来,取得这个阶级和这些群众的充分信任——只有这样的党才能在反对资本主义一切势力的最无情最坚决的最后斗争中领导无产阶级。"①

在列宁那里,无产阶级的领袖同无产阶级及其政党是统一的:"为了阐明我们党的纲领和策略,我们需要全世界的社会民主主义运动的理论权威。但是这种权威当然同资产阶级科学和警察政治的御用权威毫无共同之处。……每个国家进行直接斗争的先进的觉悟工人的集体经验,永远是解决所有上述问题的最高权威。"②

---

① 列宁:《为共产国际第二次代表大会准备的文件》,《列宁全集》第39卷,北京:人民出版社,1986,第182页。
② 列宁:《卡·考茨基的小册子〈俄国革命的动力和前途〉的俄译本序言》,《列宁全集》第14卷,北京:人民出版社,1984,第225页。

在列宁那里，无产阶级的领袖、政党、阶级、群众是统一的，统一的关键在于无产阶级政党这个"无产者的阶级联合的最高形式"。列宁说："要是这个党不学会把领袖和阶级、领袖和群众结成一个整体，结成一个不可分离的整体，它便不配拥有这种称号。"① 他同时还强调："在人民群众中，我们毕竟是沧海一粟，只有我们正确地表达人民的想法，我们才能管理。否则共产党就不能率领无产阶级，而无产阶级就不能率领群众，整个机器就要散架。"②

对于列宁关于无产阶级的领袖、政党、阶级、群众的统一的上述论述，"取代论"者视而不见。他们自己推崇无产阶级的自发性，而不允许别人强调无产阶级通过理论教育获得自觉性；他们不提列宁关于群众→阶级→政党→领袖这一层关系的论述，只提列宁在领袖→政党→阶级→群众这一层关系的某些表述，并且将其夸大和歪曲，然后再加以攻击。这样一来，列宁在此问题上的马克思主义论述变成了非马克思主义，辩证法变成了形而上学。"取代"一说，便这样被强加到了列宁头上。对于这样一种手法，列宁在揭露米海洛夫斯基对马克思主义的攻击时就说过："首先歪曲马克思，接着讥笑自己的捏造，然后引来确切的意见，便厚颜无耻地宣布这些意见把经济唯物主义的适用范围缩小了！"③ "很明显，这种说法的确能够影响一些初次听到马克思主义的人，批评家在这些人面前也就容易达到自己的目的：曲解、讥笑和'战而胜之'……凡是稍微知道马克思的人，都能马上看出这种手法的全部虚伪和浮夸。"④

我们不妨以列宁的一段名言作为对"取代论"的最后评价："'是领

---

① 列宁：《共产主义运动中的"左派"幼稚病》，《列宁全集》第39卷，北京：人民出版社，1986，第30页。
② 列宁：《俄共（布）第十一次代表大会文献》，《列宁全集》第43卷，北京：人民出版社，1987，第109页。
③ 列宁：《什么是"人民之友"以及他们如何攻击社会民主党人?》，《列宁全集》第1卷，北京：人民出版社，1984，第116页。
④ 列宁：《什么是"人民之友"以及他们如何攻击社会民主党人?》，《列宁全集》第1卷，北京：人民出版社，1984，第127页。

袖专政（领袖的党）还是群众专政（群众的党）？'——单是问题的这种提法就已经证明思想混乱到了不可思议的无可救药的地步。这些人竭力要标新立异，结果却弄巧成拙。谁都知道，群众是划分为阶级的……在通常情况下，在多数场合，至少在现代的文明国家内，阶级是由政党来领导的；政党通常是由最有威信、最有影响、最有经验、被选出担任最重要职务而称为领袖的人们所组成的比较稳定的集团来主持的。这都是起码的常识。这都是简单明了的道理。何必再另来一套胡说八道，另造一套新奇的沃拉皮尤克呢？"[①]

二 概念澄清：马克思主义"灌输论"与当代西方灌输批判理论的话语差异

在西方教育学领域，"灌输"是一个历久弥新且存在颇多争议的概念。正如加拿大学者卡泽皮德斯所言："为什么在中世纪'灌输'和'教育'两个概念可以交替使用，而今天对'灌输'概念虽经反复探寻却仍待澄清，个中原因，确实值得探讨。"[②] 在这个问题上，如果我们将西方德育学界与马克思主义联系起来加以考察，便会发现一种有趣的现象：两者都对灌输非常关注，但其基本态度大相径庭——将之视为教育的对立物而大加讨伐和批判，是当代西方德育界的思想主流；赋予其马克思主义思想理论教育的基本内涵，是马克思主义"灌输论"对灌输的特殊解读。近年来，国内一些学者受当代西方主流德育思想特别是其灌输批判理论的影响并以其为据，对马克思主义"灌输论"多有批评、指

---

① 列宁：《共产主义运动中的"左派"幼稚病》，《列宁全集》第 39 卷，北京：人民出版社，1986，第 21 页。"沃拉皮尤克"是德国语言学家约·施莱尔于 1880 年设计出的一种世界语方案。"另造一套新奇的沃拉皮尤克"，这是列宁对那些无视领袖、政党、阶级、群众的辩证关系，竭力标新立异的"理论家"们的讥讽。
② Tasos Kazepides, "Religious Indoctrination and Freedom," in Ben Spiecker and Roger Straughan (eds.), *Freedom and Indoctrination in Education: International Perspectives*, London: Cassell, 1991, p. 6.

责。在我们看来,这种做法,实际上没有注意区分两个话语体系的差异,因而将语词相同但实际上内涵不同的两个概念混为一谈。在此,下文将参照当前西方德育界探讨灌输问题的一般维度,依据当前西方德育界学者和马克思主义经典作家的相关文献,力图阐明两大话语体系中"灌输"所具有的不同意蕴。①

1. 内容之维:科学理论与道德教条

马克思主义之前的社会理论一般停留在道义层面批判现实,并基于各种假设展望未来,因此,它们虽然也能提供一定的终极关怀,但是往往难以验证而走向理论神秘主义。马克思主义所实现的科学变革,在很大程度上体现为思维方式和理论方法的变革。它超越道义批判,诉诸实践维度,立足于唯物史观和剩余价值这两个伟大发现,在哲学和经济学的结合中拨开了社会历史的迷雾。马克思主义"灌输论"毫不隐瞒自己的灌输内容,正如对"灌输论"做出重要贡献的列宁曾公开宣布的那样:"我们完全以马克思的理论为依据。"② 那么,马克思主义经典作家又是如何看待自己的理论并将其与教条区别开来的呢?

其一,坚决反对神秘主义,强调科学理论的实践品格。恩格斯在创建自己的学说之初就公开表示:"我们消除一切自命为超自然和超人的事物,从而消除虚伪……正因为如此,我们才永远向宗教和宗教观念宣战,毫不顾及别人会给我们扣上什么无神论或者别的帽子。"③ 针对当时拉萨尔等工人领袖俨然以传播福音的救世主自居的现象,马克思一针见血地指出,拉萨尔"就像每一个说自己的口袋里装有能为群众医治百病

---

① 参见孙来斌、高岳峰《"灌输"的双重视界——马克思主义"灌输论"与当代西方灌输批判理论的话语差异》,《马克思主义研究》2014 年第 5 期。该文 2016 年荣获教育部颁发的第五届全国教育科学研究优秀成果二等奖。
② 列宁:《为〈工人报〉写的文章》,《列宁全集》第 4 卷,北京:人民出版社,1984,第 160 页。
③ 恩格斯:《英国状况——评托马斯卡莱尔的"过去和现在"》,《马克思恩格斯全集》第 1 卷,北京:人民出版社,1956,第 649 页。

的万应灵丹的人一样,他一开始就使自己的鼓动带有宗教的、宗派的性质……他不是从阶级运动的实际因素中去寻找自己的鼓动的现实基础,而是想根据某种教条式的处方来规定这一运动的进程"。① 马克思在开创"灌输论"思想源头时就公开宣布:"意识改革不是靠教条,而是靠分析连自己都不清楚的神秘的意识,不管这种意识是以宗教的形式还是以政治的形式出现。"② 他既主张"在人的实践中以及对这种实践的理解中"③去消除理论的神秘主义,同时又充分肯定科学理论的能动作用,希望它在掌握群众的前提下经实践转化为物质的力量。列宁在系统阐发"灌输论"的过程中,反复强调马克思主义的实践性。他说,马克思主义不需要也不允许隐瞒和歪曲事物的真相,相反,始终"以经得起严格的客观检验的事实作为根据"。④ 马克思主义之所以能够得以广泛传播并不断获得胜利,就在于它在指导实践的过程中不断得到实践的证明:"现代社会在经济方面和政治方面的全部发展,革命运动和被压迫阶级的斗争的全部经验,都日益证实马克思主义观点的正确性。小资产阶级的衰落,必定要使一切小资产阶级的偏见迟早归于灭亡,而资本主义的发展和资本主义社会内部阶级斗争的尖锐化,则替无产阶级社会主义的思想作了最好的宣传。"⑤

其二,始终保持发展的眼光,强调科学理论的开放性。对于一般理论结论,恩格斯曾评价说:"结论如果变成一种故步自封的东西,不再成为继续发展的前提,它就毫无用处。"⑥ 对于马克思和自己的学说,他

---

① 马克思:《致约·巴·施韦泽(1868年10月13日)》,《马克思恩格斯文集》第10卷,北京:人民出版社,2009,第293页。
② 马克思:《摘自"德法年鉴"的书信》,《马克思恩格斯文集》第10卷,北京:人民出版社,2009,第9页。
③ 马克思:《关于费尔巴哈的提纲》,《马克思恩格斯文集》第1卷,北京:人民出版社,2009,第501页。
④ 列宁:《政论家札记》,《列宁全集》第32卷,北京:人民出版社,1985,第120页。
⑤ 列宁:《小资产阶级社会主义和无产阶级社会主义》,《列宁全集》第12卷,北京:人民出版社,1987,第37~38页。
⑥ 恩格斯:《英国状况》,《马克思恩格斯全集》第1卷,北京:人民出版社,1956,第642页。

以毋庸置疑的鲜明态度宣布："我们的理论是发展着的理论，而不是必须背得烂熟并机械地加以重复的教条。"① 在列宁看来，马克思主义这一革命无产阶级的思想体系之所以能赢得世界历史性的意义，就在于它的开放性："它绝不是离开世界文明发展大道而产生的一种故步自封、僵化不变的学说。"② 他在开展马克思主义思想理论教育的过程中强调："我们决不把马克思的理论看作某种一成不变的和神圣不可侵犯的东西；恰恰相反，我们深信：它只是给一种科学奠定了基础，社会党人如果不愿落后于实际生活，就应当在各方面把这门科学推向前进。"③

可以说，教条主义同马克思主义是绝不相容的，是马克思主义的敌人。列宁多次重申恩格斯的有关论点，并强调，如果"把某种东西奉为信仰，排斥批判的改造和发展，是严重的错误"。④ 但是，如果有人要歪曲马克思主义，故意给其贴上"教条"的标签，以为"只要用'教条'这个唬人的字眼掩饰这种歪曲，那就万事大吉了"⑤，则显得滑稽可笑。这些论述，对于当前某些西方学者将马克思主义歪曲为教条的做法，仍然具有很强的现实针对性。

从词语的角度来看，有学者统计，在马克思、恩格斯著作中文版里"灌输"一词约有50处，对应其中大部分的德文、英文原著，所用动词各不相同。⑥ 在英语中，可以表达"灌输"的动词有 instil、inculcate、instruct、imbue、indoctrinate 等，这些词的具体含义虽然有所不同，但是往往包含"教育、栽培、培养、输送"等多层含义。对于列宁《怎么

---

① 恩格斯：《恩格斯致弗·凯利－威士涅威茨基夫人》，《马克思恩格斯文集》第10卷，北京：人民出版社，2009，第562页。
② 列宁：《马克思主义的三个来源和三个组成部分》，《列宁全集》第23卷，北京：人民出版社，1990，第41页。
③ 列宁：《为〈工人报〉写的文章》，《列宁全集》第4卷，北京：人民出版社，1984，第161页。
④ 列宁：《非批判的批判》，《列宁全集》第3卷，北京：人民出版社，1984，第583页。
⑤ 列宁：《革命冒险主义》，《列宁全集》第6卷，北京：人民出版社，1986，第376页。
⑥ 参见陈力丹《精神交往论：马克思恩格斯的传播观》，北京：中国人民大学出版社，2008，第215页。

办?》一书"从外面灌输"的表达,北美学者拉斯使用了意译——"can be brought only from without",对应于考茨基"从外面灌输"的德文表达(von aussen Hineingetragenes)。[1]

但是,当代西方灌输批判理论往往选择使用 indoctrinate 一词,因为从英语词源来看,"灌输"(indoctrinate)与"教条"(doctrine)有关,可解释为"植入教条"。因此,从内容维度探讨灌输概念,并从"教条"最初的和基本的意思出发对其展开论述,在西方学者当中比较常见,其中又以英国学者最为典型。正如新西兰学者史努克指出:"虽然美国学者强调方法,但是英国的教育哲学家则极有代表性地指出:正是教学内容才决定灌输是否发生。他们认为,在概念上,'灌输'与'教条'是联系在一起的,只有教条才能被灌输。"[2] 在一些英国学者看来,一种教条或一套教条体系,并非纯粹的学术或理论的东西,它往往决定着传播的方法、意图和结果。其中,彼特认为:"尽管灌输可能还有其他含义,但毫无疑问它与那些作为信仰的教条是联系在一起的。"[3] 弗洛甚至直言不讳地指出:"没有教条,就没有灌输。"[4]

当然,当代西方学者对"教条"的理解,早已超出了它的本义。史努克总结道,尽管现在许多学者"想要限制灌输可能包括的内容,但是,他们并不想将其限制在宗教方面,而是将其拓展至诸如政治、历史、道德等领域"。[5] 牛津大学的科普利也指出:"巴罗和伍兹将一切政治的、宗教的和道德的信仰体系都视为教条。"[6] 他自己进一步推演道:"在历

---

[1] See Lars T. Lih, *Lenin Rediscovered: What is to be Done? in Context*, Chicago: Haymarket Books, 2008, pp. 710, 745.

[2] I. A. Snook, *Indoctrination and Education*, London and Boston: Routledge & Kegan Paul, 1972, p. 27.

[3] R. S. Peters, *Ethics and Education*, London: Routledge & Kegan Paul, 1966, p. 41.

[4] Antony Flew, "What is Indoctrination? Comments on Moore and Wilson," *Studies in Philosophy and Education*, Number 2, 1967, p. 283.

[5] I. A. Snook, *Indoctrination and Education*, London and Boston: Routledge & Kegan Paul, 1972, p. 30.

[6] Terence Copley, *Indoctrination, Education and God: The Struggle for the Mind*, London: Ashford Colour Press, 2005, p. 4.

史上，人们将'被灌输'的信仰或教条归属于宗教，事实上无神论也有诸如'没有上帝'、'生活就是一切'之类的教条，它们同样可以经灌输而传播。"① 由于"教条"概念外延的拓展，当前西方德育界所理解的灌输概念也因此发生了一定变化：从其最常见的用法来看，它与宗教信条的传播与宣讲联系在一起；而从其拓展了的意义上看，它特指将道德、宗教、政治等意识形态视为信条并加以传播的活动。② 值得注意的是，一些西方学者将马克思主义也归为教条之列。

那么，教条具备什么特点呢？西方学者往往从其神秘性、不可证实性角度对此进行探讨。例如，格雷戈里和伍兹认为，教条的显著特征就是其真伪不知，因此这一点将其与已经明确的事实以及谎言区别开来。③ 与此类似，格雷布认为，教条即一套信仰，它建立在那些既不是假的但也不能被公开地显示为真的假设基础之上。④ 卡泽皮德斯则进一步指出："据此观点，这种宗教信仰既不是那种能被反驳的一般性知识论断，也不是那些'也许'、'可能'、'大概'地加以证实或证伪的假设、意见、看法和推测。"⑤

总之，从内容维度来看，马克思主义"灌输论"强调理论的开放性、实践性，以此划清与教条主义的界限，强调灌输内容的科学性；而当代西方灌输批判理论往往有选择性地从词源出发，按照自己的解释倾向，将不可反驳、不可证实的教条与灌输紧密相连，以此来定义它。

---

① Terence Copley, "Non-Indoctrinatory Religious Education in Secular Cultures," *Religious Education*, Jan.-Feb. 2008, p. 25.
② See Tasos Kazepides, "Religious Indoctrination and Freedom," in Ben Spiecker and Roger Straughan (eds.), *Freedom and Indoctrination in Education: International Perspectives*, London: Cassell, 1991, pp. 6–10.
③ I. M. M. Gregory, R. G. Woods, "Proceedings of the Annual Conference," *Philosophy of Education Society of Great Britain*, January, 1970, p. 87.
④ J. Gribble, *Indoctrination to Philosophy of Education*, Boston: Ally and Bacon, 1969, p. 32.
⑤ Tasos Kazepides, "Religious Indoctrination and Freedom," in Ben Spiecker and Roger Straughan (eds.), *Freedom and Indoctrination in Education: International Perspectives*, London: Cassell, 1991, p. 11.

2. 方法之维：启发引导与强迫接受

在当前关于灌输问题的一般讨论中，方法层面往往容易引起人们的关注，并遭到较多的批评和质疑。那么，就方法层面而言，马克思主义经典作家与当代西方德育界分别是如何看待灌输的呢？

在马克思主义"灌输论"话语体系中，灌输具有一定的原则规定性。"统治阶级的思想在每一时代都是占统治地位的思想。这就是说，一个阶级是社会上占统治地位的物质力量，同时也是社会上占统治地位的精神力量。"① 统治阶级将自己的思想作为统治社会的精神力量，这本身就是一种强制。对于在落后社会主义国家执政的马克思主义政党而言，对社会成员进行马克思主义理论灌输，不仅是它的执政地位及其经济基础的体现，也是消除各种剥削阶级思想影响特别是对抗资产阶级思想影响的需要。对于后者，列宁早就做了解释："原因很简单：资产阶级思想体系的渊源比社会主义思想体系久远得多，它经过了更加全面的加工，它拥有的传播工具也多得不能相比。"② 因此，对社会主义思想体系的任何轻视和任何脱离，"完全不管轻视者自己愿意与否，都是加强资产阶级思想体系对工人的影响"③。从这个意义来讲，马克思主义理论灌输无疑具有一定的原则规定性。这种原则规定性，既反映了马克思主义的阶级属性，也反映了意识形态运行的一般规律。

但是，马克思主义作为揭示世界发展一般规律的科学，它在本质上是批判的和革命的。这一理论本质，要求它反对强迫手段和权威压制，而必须依靠科学理论的魅力吸引人，依靠严谨的逻辑征服人。换言之，从具体方法层面来看，马克思主义理论灌输具有非强制性。马克思主义经典作家的相关思想可概括如下。

---

① 马克思、恩格斯：《德意志意识形态》，《马克思恩格斯文集》第1卷，北京：人民出版社，2009，第550页。
② 列宁：《怎么办？》，《列宁全集》第6卷，北京：人民出版社，1986，第40页。
③ 列宁：《怎么办？》，《列宁全集》第6卷，北京：人民出版社，1986，第36页。

其一，提倡启发引导，反对强迫手段。灌输科学理论，不同于传经布道。恩格斯说："为了不致蜕化成为宗派，我们应当容许讨论。"[①] 他告诫美国的革命者，不要将理论生"灌"硬"输"给人们："越少从外面把这种理论硬灌输给美国人，而越多由他们通过自己亲身的经验（在德国人的帮助下）去检验它，它就越会深入他们的心坎。"[②] 列宁在论及青年思想理论教育问题时反复提倡启发，明确反对"简单生硬地把政治灌输给尚未准备好接受政治的正在成长的年青一代"。[③] 他在讲到对农民进行社会主义思想灌输时，提醒全党："不能强迫农民接受社会主义，而只能靠榜样的力量，靠农民群众对日常实际生活的认识。"[④]

其二，提倡理论联系实际，反对空洞说教。马克思在早年就极其厌恶某些思想家的空洞说教，公开表明："我们就不是以空论家的姿态，手中拿了一套现成的新原理向世界喝道：真理在这里，向它跪拜吧！"[⑤] 他与恩格斯一起强调指出："共产党人的理论原理，决不是以这个或那个世界改革家所发明或发现的思想、原则为根据的。这些原理不过是现存的阶级斗争、我们眼前的历史运动的真实关系的一般表述。"[⑥] 列宁认为，马克思主义理论灌输只有结合现实的阶级斗争，结合它由以产生的"世界各国的革命经验和革命思想的总和"[⑦]，才能被群众所理解和掌握。在俄国，"马克思主义所根据的不是别的，而是俄国的历史事实和现实

---

① 恩格斯：《在苏黎世国际社会主义工人代表大会上的闭幕词》，《马克思恩格斯全集》第22卷，北京：人民出版社，1965，第480页。
② 恩格斯：《致弗·凯利－威士涅威茨基夫人（1887年1月27日）》，《马克思恩格斯文集》第10卷，北京：人民出版社，2009，第562页。
③ 列宁：《在全俄国际主义者教师第二次代表大会上的讲话》，《列宁全集》第35卷，北京：人民出版社，1985，第422页。
④ 列宁：《全俄工兵农苏维埃第三次代表大会文献》，《列宁全集》第33卷，北京：人民出版社，1985，第265页。
⑤ 马克思：《摘自"德法年鉴"的书信》，《马克思恩格斯全集》第1卷，北京：人民出版社，1956，第418页。
⑥ 马克思、恩格斯：《共产党宣言》，《马克思恩格斯文集》第2卷，北京：人民出版社，2009，第44~45页。
⑦ 列宁：《一位法裔社会党人诚实的呼声》，《列宁全集》第27卷，北京：人民出版社，1990，第15页。

情况",因此,宣传它、运用它,都必须"从大家公认的事实出发"。①而那种脱离实际的理论说教"可以说是一文不值"。"这正是资产阶级旧社会的一个最令人厌恶的特征。"② 十月革命胜利后,他多次批评当时党报表现出来的空谈作风,要求宣传必须结合经济社会生活的事实,"少来一些政治空谈"。③ 他还多次论述如何结合实际进行思想理论教育的问题。例如,他在1920年10月对青年团代表的讲话中,举了"种地""扫盲""城郊菜园工作"等大家熟悉的例子,来"具体说明应该怎样进行这种共产主义教育"。④

在许多西方学者看来,灌输具有方法论意义。例如,美国比洛伊特学院的梅里曾说:"从另一个视角看,灌输与方法紧密相关,特指传播信仰的方式。"⑤ 而史努克在做了比较系统的历史考察后指出:"那种认为灌输是一种特殊教学方法的观点,可以从历史、概念的常用方法以及关于教学概念的哲学分析中得到支持。"在他看来,以杜威为代表的进步主义者赋予灌输方法论意义,视其为一种极权政体使用的教育方法,并借以区别于最受他们推崇的人道教育方法,对美国教育思想产生了深远影响。他引用莫尔的话说:"杜威的思维方式弥漫于整个美国教育思想,因此,我们自然而然地只根据方法来理解灌输概念。"⑥ 牛津大学的科普利也表达了类似的观点:"在美国,关于灌输的解释倾向是将其强调为一种教学方法,而非教学内容或者教学意图。"⑦

---

① 列宁:《民粹主义的经济内容及其在司徒卢威先生的书中受到的批评》,《列宁全集》第1卷,北京:人民出版社,1984,第356页。
② 列宁:《青年团的任务》,《列宁全集》第39卷,北京:人民出版社,1986,第297页。
③ 列宁:《论我们报纸的性质》,《列宁全集》第35卷,北京:人民出版社,1985,第93页。
④ 参见列宁《青年团的任务》,《列宁全集》第39卷,北京:人民出版社,1986,第305~311页。
⑤ Michael S. Merry, "Indoctrination, Moral Instruction, and Nonrational Beliefs: A Place for Autonomy?" *Educational Theory*, Number 4, 2005, p. 407.
⑥ I. A. Snook, *Indoctrination and Education*, London and Boston: Routledge & Kegan Paul, 1972, pp. 18-20.
⑦ Terence Copley, *Indoctrination, Education and God: The Struggle for the Mind*, London: Ashford Colour Press, 2005, p. 5.

那么，灌输在许多西方学者眼里到底是怎样一种方法呢？史努克在考察美国相关教育思想时说："如果一个美国人说共产主义者在对他们的学生进行灌输，这意指他们'反复强调某种东西'，沉迷于洗脑，或者使用严厉的专制主义方法。"因此，美国人反对灌输，"倡导讨论，强调科学方法，完全反对任何曲解和隐瞒事实的行为"。① 美国学者梅里的阐述恰好对史努克的话做了注解："如果在传播思想时，具有不能公平地考虑其他意见或者不能批判地检视这些思想的倾向，那么在很大程度上可以说这就是灌输。""灌输方法通常包括那些回避理性审视、施加心理压力的策略手段，换言之，即通过强制手段。在许多案例中，由于借助于知识权威的强化，这种强制措施往往有效。"② 卡泽皮德斯将之概括为："诉诸绝对权威、违背理性原则、隐瞒相关事实以及无视批判质疑。"③ 这一概括，先后被荷兰自由大学的斯皮克、加拿大多伦多大学的朗等人引证，具有一定的代表性。可见，强制性、非理性、反人道，是这些学者对灌输方法特征的共识。

总之，从方法维度来看，注重启发引导和结合实际，反对强迫手段和空洞说教，是马克思主义"灌输论"赋予灌输的方法论意蕴；灌输是一种强制性、非理性、反人道的教育手段，则是当代西方灌输批判理论的思维惯性。

3. 意图之维：阶级自觉与盲目服从

灌输的意图何在？在这个问题上，马克思主义"灌输论"与当代西方灌输批判理论的看法具有原则的分野。

---

① I. A. Snook, *Indoctrination and Education*, London and Boston: Routledge & Kegan Paul, 1972, p. 19.

② Michael S. Merry, "Indoctrination, Moral Instruction, and Nonrational Beliefs: A Place for Autonomy?" *Educational Theory*, Number 4, 2005, p. 401.

③ Ben Spiecker, "Indoctrination: The Suppression of Critical Dispositions," in Ben Spiecker and Roger Straughan (eds.), *Freedom and Indoctrination in Education: International Perspectives*, London: Cassell, 1991, p. 17.

马克思主义理论灌输的意图又是什么呢？简言之，就是启发工人阶级的自我意识、实现其阶级自觉。马克思、恩格斯认为，工人阶级自我意识的觉醒，是其真正成为一个阶级的必要前提。为此，他们一方面批判资产阶级对工人意识的蒙蔽，注意维护工人"不再在思想上、感情上和要求上像奴隶一样地跟着资产阶级走"的独立意识①；另一方面批判工人宗派领袖对工人意识的钳制，着力改变其"把工人本身描绘成为对他盲目服从的机器"②的陋习。他们在《共产党宣言》中公开宣布："共产党人的最近目的是和其他一切无产阶级政党的最近目的一样的：使无产阶级形成为阶级，推翻资产阶级的统治，由无产阶级夺取政权。"③列宁进一步发挥了上述思想。在他看来，工人阶级之所以长期受剥削阶级的奴役，一个很重要的原因就在于它没有阶级的自我意识，没有团结起来真正发挥作为一个阶级的力量。而"奴隶一旦意识到自己的奴役地位，并且站起来为自身的解放而斗争，他就有一半已经不再是奴隶了"。④

那么，工人阶级如何增强自己的阶级意识呢？列宁等人认为，受既有知识水平和旧式社会分工的限制，工人对自身历史使命的认识很难超越经济斗争及其与个别资本家关系的范围。因此，列宁认为："阶级政治意识只能从外面灌输给工人，即只能从经济斗争外面，从工人同厂主的关系范围外面灌输给工人。"⑤换言之，就是要对他们开展马克思主义思想理论教育，使其掌握强大的思想武器。"如果工人掌握了马克思的学说，即认识到只要资本的统治地位保持不变，雇佣奴隶制就不可避免，那么他们就不会上资产阶级任何改良的当"⑥，就会把自己的命运掌握在

---

① 恩格斯：《英国工人阶级状况》，《马克思恩格斯全集》第 2 卷，北京：人民出版社，1957，第 409 页。
② 马克思等：《科伦工人联合会第一分会的决议》，《马克思恩格斯全集》第 6 卷，北京：人民出版社，1961，第 699 页。
③ 马克思、恩格斯：《共产党宣言》，《马克思恩格斯文集》第 2 卷，北京：人民出版社，2009，第 44 页。
④ 列宁：《社会主义和宗教》，《列宁全集》第 12 卷，北京：人民出版社，1987，第 132 页。
⑤ 列宁：《怎么办？》，《列宁全集》第 6 卷，北京：人民出版社，1986，第 76 页。
⑥ 列宁：《马克思主义和改良主义》，《列宁全集》第 24 卷，北京：人民出版社，1990，第 1 页。

自己手里。正因为如此，列宁曾对马克思主义的历史意义做了如下概括："马克思和恩格斯对工人阶级的功绩，可以这样简单地来表达：他们教会了工人阶级自我认识和自我意识，用科学代替了幻想。"① 正因为如此，列宁才把马克思主义政党对工人阶级的理论灌输视为党自身存在的"全部意义"："我们严格地单独组成为一个独立的无产阶级政党，其全部意义很大程度上就在于我们要始终不渝地进行这项马克思主义的工作，尽可能把整个工人阶级提高到自觉的社会民主主义的水平。"②

值得注意的是，工人阶级的阶级意识，在革命时期主要表现为组织起来共同推翻旧世界的革命意识，在建设时期则主要表现为团结一致共同创造新世界的建设意识。就后者而言，列宁有过领导社会主义建设的实践经验，因而做了一些具体论述。例如，他在国民教育局政治教育委员会工作会议上的讲话中说："什么是共产主义？整个共产主义宣传归根到底要落实到实际指导国家建设。应该使工人群众把共产主义理解为自己的事业。"③

由于施教者的主观意图对其施教行为及结果会产生很大影响，因此，一些西方德育学者比较注意从意图维度来探讨灌输问题。

从历史上看，美国进步主义教育思想代表人物凯尔派垂克是最早从意图视角来探讨灌输的学者之一，他在20世纪上半叶就对此做了比较清晰的论述。在他看来，灌输之所以被视为一种罪恶，施教者的主观意图是判断的关键标准。④ 随后，英国学者哈尔发表了类似的看法：相对于灌输的其他衡量标准而言，意图是最主要的标准，意图决定了内容和方法。"两家父母使用同样的方法，教给孩子同样的内容，但因为意图不

---

① 列宁：《弗里德里希·恩格斯》，《列宁全集》第2卷，北京：人民出版社，1984，第2页。
② 列宁：《谈谈政治同教育的混淆》，《列宁全集》第10卷，北京：人民出版社，1987，第335页。
③ 列宁：《在全俄省、县国民教育局政治教育委员会工作会议上的讲话》，《列宁全集》第39卷，北京：人民出版社，1986，第407页。
④ 参见 I. A. Snook, *Indoctrination and Education*, London and Boston: Routledge & Kegan Paul, 1972, p. 41。

同,行为的性质也就不同。"①

那么,施教者的行为在拥有何种意图的情况下才能被视为灌输呢?在哈尔的前述案例中,那家意在使孩子态度顺从的父母,其行为无疑是灌输;而那家意在使孩子自己思考并权衡取舍的父母,其行为则不是灌输。美国迈阿密大学的西格尔认为,如果一个"教师"意欲培养不顾事实的信仰方式,或者利用相关方法去培养这种信仰,或者试图例行公事地、不顾真理性或合理性地将信仰强加给学生,而如此做的目的在于压制学生理性评价这种信仰的能力,那么,这个"教师"正是所谓灌输者,而学生则成为灌输的牺牲品。②

史努克不仅从意图角度对灌输做了较为系统的探讨,而且突出强调意图作为衡量灌输标准的唯一性。在他看来,虽然"意图"这一概念与施教的内容、方法和结果存在关联,但是,它并非对它们的另一种表达,相反,具有它们所无法比拟的优势:"它可以包含它们中的任意单个因素或者多个因素的集合。"③ 基于这种理解,他给灌输下了如下定义:"从如下意图角度切入可以为灌输提供充分必要条件:如果某人本着学生无条件地相信P(一个论断或一套理论)而开展教育活动,那么他就是在灌输P。"④ 史努克的这一定义,在西方德育界产生了较大的学术影响。美国雪城大学的波特虽然并不赞同史努克的定义,认为意图并非灌输发生的充分必要条件,但是仍然肯定史努克对灌输所做分析工作的意义。⑤

总之,从意图维度来看,马克思主义"灌输论"从工人阶级的历史地位和马克思主义的历史使命出发,将灌输理解为启发工人阶级自我意

---

① R. M. Hare, "Adolescents into Adults," in T. H. B. Hollins (ed.), *Aims in Education: The Philosophic Approach*, Manchester: Manchester University Press, 1964, pp. 50 – 54.
② Harvey Siegel, *Educating Reason: Rationality, Critical Thinking, and Education*, New York and London: Routledge, 1988, p. 80.
③ I. A. Snook, *Indoctrination and Education*, London and Boston: Routledge & Kegan Paul, 1972, p. 53.
④ I. A. Snook, *Indoctrination and Education*, London and Boston: Routledge & Kegan Paul, 1972, p. 47.
⑤ Brian Burtt, "Intention is not Enough," *Philosophy of Education*, 2007, pp. 306 – 307.

识、实现其阶级自觉的教育活动；而当代西方灌输批判理论一般从施教者的主观意图出发，将灌输理解为施教者意在使受教者盲目信从其传播观点的"教育"活动。

4. 结果之维：精神自主与心灵封闭

马克思主义经典作家关于灌输结果的直接、专门的论述并不多见，往往与其关于共产主义革命运动的价值追求、工人阶级在革命运动中的精神表现的论述联系在一起。其中，有两个观点比较突出。

其一，共产主义革命运动（包括相应的理论灌输活动）最终追求的结果在于实现人的解放。马克思、恩格斯在《德意志意识形态》《共产党宣言》等文献中，一方面肯定资本主义生产方式给人的自主发展（包括精神发展）带来的进步，另一方面也深刻揭示了"物的关系对个人的统治、偶然性对个性的压抑"①，"资本具有独立性和个性，而活动着的个人却没有独立性和个性"②等现象的制度根源。在他们看来，革命是现实个人争得自主性的手段，是为了"消灭关系对个人的独立化、个性对偶然性的屈从、个人的私人关系对共同的阶级关系的屈从"③，最终"把人的世界和人的关系还给人自己"④。可以说，在人类思想史上，只有马克思才第一次科学指明了人的自主发展的实现路径。因此，列宁评价说："只有马克思的哲学唯物主义，才给无产阶级指明了如何摆脱一切被压迫阶级至今深受其害的精神奴役的出路。"⑤ 从这种意义来说，人

---

① 马克思、恩格斯：《德意志意识形态》，《马克思恩格斯全集》第3卷，北京：人民出版社，1960，第515页。
② 马克思、恩格斯：《共产党宣言》，《马克思恩格斯文集》第2卷，北京：人民出版社，2009，第46页。
③ 马克思、恩格斯：《德意志意识形态》，《马克思恩格斯全集》第3卷，北京：人民出版社，1960，第516页。
④ 马克思：《论犹太人问题》，《马克思恩格斯全集》第1卷，北京：人民出版社，1956，第443页。
⑤ 列宁：《马克思主义的三个来源和三个组成部分》，《列宁全集》第23卷，北京：人民出版社，1990，第48页。

的自主发展也是马克思主义理论灌输所追求的最终结果。

其二，工人阶级自主精神的现实发展是坚持科学理论灌输的结果。马克思非常注意及时清除各种错误思潮对工人运动的影响。针对宗派主义这一顽疾，他在国际代表大会上特别指出："这种组织形式妨碍无产阶级运动的发展，因为这些团体不是对工人进行教育，而是要工人服从束缚工人的独立自主和模糊他们意识的那些强制性的和神秘的法规。"① 针对形形色色的社会主义乌托邦，他总是力图帮助工人从理论上认清它们的空想性。而对于工人阶级自主精神的每一点进步，马克思都由衷地感到高兴。巴黎工人开始摆脱布朗基宗派的影响，他立即引证了他们的声明："我们想夺取政权，首先要争取工人阶层上升到能够达到我们的目的即消灭一切阶级统治的那种精神发展水平。"② 看到风起云涌的工人运动，他欣慰地写道："从工人阶级运动成为现实运动的时刻起，各种幻想的乌托邦消逝了……取代乌托邦的，是对运动的历史条件的真正理解以及工人阶级战斗组织的力量的日益积聚。"③ 毫无疑问，工人阶级"对运动的历史条件的真正洞见"，在很大程度上是科学理论灌输的结果。

恩格斯曾将《共产党宣言》传播的历史与工人运动发展的历史相联系，用以说明马克思主义理论教育对工人阶级自主精神发展的影响。他在1890年5月1日满怀激情地写道，在起草《共产党宣言》时，对于其中"所提出的那些原则的最终胜利，马克思把希望完全寄托于共同行动和讨论必然会产生的工人阶级的精神的发展"。④ 随后的斗争实践不断证明马克思是正确的。经过几十年的传播，《共产党宣言》的原则逐渐深

---

① 《卡·马克思关于秘密团体的发言记录》，《马克思恩格斯全集》第17卷，北京：人民出版社，1963，第703页。
② 马克思：《国际代表大会》，《马克思恩格斯全集》第44卷，北京：人民出版社，1982，第596页。
③ 马克思：《"法兰西内战"草稿》，《马克思恩格斯文集》第3卷，北京：人民出版社，2009，第208页。
④ 马克思、恩格斯：《共产党宣言》，《马克思恩格斯文集》第2卷，北京：人民出版社，2009，第20页。

入全世界工人阶级的心田,"今天的情景将会使全世界的资本家和地主看到:全世界的无产者现在真正联合起来了"。① 可以说,这种"真正联合",正是《共产党宣言》调动和发挥全世界工人阶级自主精神的结果。列宁在十月革命胜利后曾自豪地说,布尔什维克在理论教育和思想宣传方面"作出了奇迹"②,"曾经靠宣传工作取得了世界性的成就"。③ 这种奇迹和成就,正是布尔什维克调动和发挥俄国工人阶级自主精神的结果。

在一些西方德育学者看来,一种施教行为是不是灌输,最终体现在结果上,因而提倡从结果维度探讨灌输的特征。其中,格林较早着手这项工作。在他看来,灌输和教育的区别就在于最终结果:一个被灌输的人,不能对其信仰给出任何合理的解释,也不能提供任何正确的事实依据。当然,对于成功的灌输而言,被灌输者往往并不会认识到这一点;相反,他甚至认为自己的信仰非常有根据,虽然事实却并非如此。④

美国学者西格尔不仅将结果视为判断灌输的根本标准,而且明确将这种结果概括为心灵封闭。他认为,意图、方法和内容并非灌输发生的充分必要条件,虽然它们都有促成非理性信仰结果的倾向。"灌输的特征在于结果,即人非理性、非批判地信仰,它并不必然产生于教师的教学意图、方法或内容。"⑤ 他还根据结果对灌输式信仰和非灌输式信仰做了如下区分:信仰者对信仰抱持非理性的态度,因此,其信仰不可能得到理性的救赎;如果信仰者保持开放的理性态度,即便其信仰暂时缺乏理性判断,也能得到理性的救赎。史努克也表达了类似观点:"在日常

---

① 马克思、恩格斯:《共产党宣言》,《马克思恩格斯文集》第 2 卷,北京:人民出版社,2009,第 22 页。
② 列宁:《俄共(布)第九次代表大会文献》,《列宁全集》第 38 卷,北京:人民出版社,1986,第 281 页。
③ 列宁:《全俄苏维埃第八次代表大会文献》,《列宁全集》第 40 卷,北京:人民出版社,1986,第 143 页。
④ T. F. Green, "A Topology of the Teaching Concept," *Studies in Philosophy and Education* Ⅲ, Winter, 1969, p. 299.
⑤ Harvey Siegel, "Indoctrination and Education," in Ben Spiecker and Roger Straughan (eds.), *Freedom and Indoctrination in Education: International Perspectives*, London: Cassell, 1991, p. 31.

生活中，我们批评某人说他被灌输了，言下之意即就人的思想或行为的某些领域而言，他的大脑封闭了，他的信仰之门也将因此不再对合理审视而开放。"①

灌输会影响人的自由意志，这也是当代西方灌输批判理论的话题。其中，牛津大学的威尔逊、科普利等人的观点具有代表性。威尔逊在有关分析基础上提出了一句后来广为人知的名言："一个接受了教条灌输的人，意志和理性在睡大觉。"② 科普利认为："灌输每每发生在一个人被给予一种世界观并因此蒙蔽他观察其他事物能力的时候。在此情况下，他的自由意志虽未被摧毁，但是他因被输入片面的信息，结果得出片面的判断，这往往剥夺了他的选择权利。"③ 此外，美国学者梅里认为，灌输往往会损害人的自主性。与被灌输的人不同的是，拥有自主性的人具有理性地接受或拒绝信仰的能力。此外，自主的个体，"不仅能够为其行为提供理由，而且能够利用与这些理由相应的系列动因"。④ 这里的贬抑自由意志和损害人的自主性之说，实际上还是封闭心灵的意思。

总之，从结果维度来看，通过革命，以求精神自主和人的自由发展，是马克思主义对灌输的定位；贬抑理性、封闭心灵，则是当代西方灌输批判理论对灌输的解读。

5. 简短结论：两种话语体系，两个不同概念

通过前面几个方面的比照，我们可以得到如下几点结论。

其一，在当代西方灌输批判理论与马克思主义"灌输论"的不同视界中，灌输的内涵都具有复杂性。一些当代西方德育学者往往将内容、

---

① I. A. Snook, *Indoctrination and Education*, London and Boston: Routledge & Kegan Paul, 1972, p. 38.
② J. Wilson, "Indoctrination and Rationality," in I. A. Snook (ed.), *Concepts of Indoctrination*, London: Routledge & Kegan Paul, 1972, p. 18.
③ Terence Copley, "Non-Indoctrinatory Religious Education in Secular Cultures," *Religious Education*, Jan-Feb. 2008, p. 25.
④ Michael S. Merry, "Indoctrination, Moral Instruction, and Nonrational Beliefs: A Place for Autonomy?" *Educational Theory*, Number 4, 2005, p. 401.

方法、意图或结果当中的某一个方面的特征放大,并因此引发到底什么是灌输衡量标准的争论。事实上,这往往是由于他们看问题的视角不同、关注的侧重点不同所致。这种争论,从侧面体现了灌输内涵的复杂性,为我们完整地理解当代西方德育话语体系中的灌输提供了思想背景。在马克思主义"灌输论"话语体系中,灌输毫无疑问也是内容、方法、意图和结果等多方面因素的统一体,同样具有复杂性。因此,仅从某一方面来解读灌输,而忽视其多方面的内涵,无疑是片面的。而当前国内一些学者仅从方法层面来理解马克思主义理论灌输(其中有人还往往将其错误地理解为生"灌"硬"输",进而口诛笔伐),无疑是一种简单化的做法。

其二,在当代西方灌输批判理论与马克思主义"灌输论"的不同视界中,灌输的意蕴具有根本的差异性。总的来看,西方主流德育话语体系中的灌输,特指一种以教条式的内容、强制性的方法、盲目服从的意图和心灵封闭的结果为特征的非理性、反人道的施教方式。马克思主义"灌输论"话语体系中的灌输,是以马克思主义科学理论为内容、以启发与引导为方法特征、以促进工人阶级阶级自觉为意图并以人的自主发展为结果的理论教育活动。两者具有本质区别,是两个不同的概念。造成这种区别的根源,除了话语体系不同以外,还与概念的流变性、认识的阶级性等因素有关。就概念的流变性而言,"灌输"原先与"教育"意义重合,近现代它才发生流变和分化:一则特指教义传播,二则仍然与"教育"同义。可以说,当代西方灌输批判理论是基于前一种理解,并将其作为教育的对立物而加以演绎的。[①] 马克思主义"灌输论"主要

[①] 加拿大多伦多大学的朗认为,"灌输"成为一个贬义词,主要是杜威等人按照自由主义、进步主义教育观改造并使之适应其宣传需要的结果。参 James C. Lang, " The Great Indoctrination Re-construction Project: The Discourse on Indoctrination as a Legacy of Liberalism, " *Philosophy of Education*, 2007, pp. 249 – 250. 美国克莱姆森大学的罗森布利斯等人对此深表赞同,认为朗的观点对于全面理解灌输非常具有启发意义。参见 Suzanne Rosenblith, "Indoctrination Reconceived: Religious Knowledge and Liberal Education, " *Philosophy of Education*, 2007, p. 256.

是基于后一种理解，并赋予其马克思主义理论教育的特殊内涵。就认识的阶级性而言，当代西方主流德育思想一般习惯于站在抽象人性论的立场上，力图回避和超越阶级性来批判所谓的反人道的施教方式；而马克思主义"灌输论"则毫不隐瞒它为工人阶级服务的党性原则。

其三，马克思主义"灌输论"存在一个理论与实践的转化问题，成功的转化需要条件。前述马克思主义经典作家关于灌输几个维度的论述，事实上可以视为他们对灌输条件的理想设定。换言之，只有坚持科学的灌输内容、启发式的灌输方法、促进工人阶级阶级自觉的灌输意图，才能最终体现为实现人的精神自由和自主发展的灌输结果，唯有如此，才是他们所希望的灌输。然而，出于种种原因，马克思主义政党在西方资本主义国家的思想灌输工作一直未取得突破，如何唤醒工人阶级的阶级意识，消除资产阶级意识形态对工人意识同化、遮蔽的难题一直得不到破解。马克思主义政党在现实社会主义国家的思想理论教育工作取得了巨大成就，但是曾有过斯大林时期"一个人的头脑，代替了亿万人民的思考"的历史偏差[①]，更面临如何增强灌输实效性的现实难题。在灌输环境、内容、客体、载体等方面发生新变化的情况下，如何才能达到马克思主义经典作家所希望的灌输条件，是决定马克思主义"灌输论"能否由科学理论变为成功实践的关键。

其四，当代西方灌输批判理论关于道德灌输的批判有其合理之处，对于我们改进马克思主义理论灌输具有一定的借鉴作用。由于历史与现实、制度与文化等方面的差异，当代西方灌输批判理论并不一定适合中国思想道德教育的需要，特别是它按照杜威等人适应自己理论需要而对灌输所做的贬义化解读倾向更有许多可商榷之处，但是，它所批判的强制灌输，恰好处在马克思主义"灌输论"所提倡的"灌输"的对立面，因而也正是马克思主义所要批判的，两者批判的对象耦合。从这种意义来说，当代西方灌输批判理论与马克思主义在灌输问题上存在一种特殊

[①] 卢之超主编《关于斯大林问题的再认识》，北京：社会科学文献出版社，1994，第142页。

的视界融合。从实践来看,现实社会主义国家思想理论教育出现问题的地方,往往或多或少地具有一些西方德育思想所批判的那种灌输色彩,实际上也违背了马克思主义"灌输论"的本质要求。因此可以说,当代西方德育思想关于灌输的解读,虽然不同于马克思主义"灌输论",但它为我们搞好马克思主义理论教育工作提供了许多警示。尤其值得注意的是,当前有西方学者已经在反思片面否定灌输给道德教育带来的负面影响,甚至提出要利用传统灌输的合理因素,重建道德教育观念。这更是给我们提出了一个问题:当前我国的马克思主义理论教育如何发扬已有的优良传统,同时积极回应当前遇到的实践难题,重建富于时代感的"灌输论"呢?

附录一 西方灌输概念的历史嬗变及当代阐释[①]

在西方教育思想史上,灌输是一个历经嬗变且存在争议的概念。20世纪初期,经过杜威等人的阐释,灌输由一个与教育同义的概念演变为教育的对立物,成为当代西方主流教育学界口诛笔伐的对象。那么,这一演变过程是如何实现的?灌输在杜威等人眼里究竟有何罪错?对于这些问题,有国内外学者也曾做过一些有意义的考察。但是,综观国内外研究现状,我们认为这方面还有较大的研究空间:西方学者的研究一般立足于西方,实质上是一种自我研究,缺少对中国思想道德教育问题的关注;国内学者的研究一般都较好地体现了本土关注,但在西方教育史

[①] 之所以将这一部分作为附录放在这里,一方面是因为它作为"列宁的灌输理论及其当代价值研究"课题的阶段性研究成果,以《西方灌输概念的历史嬗变、当代阐释及其启示》为题,刊发于《学校党建与思想教育》2010年9月(上),作者署名为孙来斌、谢宇宇,后被《新华文摘》2010年第22期全文转载。另一方面是因为学术界和社会上对"灌输"存在双重的误解或混淆:不仅将西方教育学中的灌输概念与马克思主义的灌输概念混为一谈,而且将西方教育学不同阶段对灌输的主导态度混为一谈。我们感到,很有必要专门探讨一下西方教育学中的灌输概念。考虑到逻辑的严整和体系结构问题,笔者认为在正文章节中似乎不太好安放,因此将课题组的有关思考在此以附录的形式呈现。

材料的掌握上又显不足，特别是对新近发表的研究材料未能予以及时反映。有鉴于此，在现有研究的基础上，系统梳理西方灌输概念嬗变的历史脉络，概括反映西方教育界对其所做的当代阐释，并从中获取一些有益于我们思想道德教育理论和实践的启示，无疑是一件很有意义的事情。①

1. 灌输与教育：西方灌输概念历史嬗变的思想主线

根据现有研究成果及相关西方教育思想史材料，我们不难发现：以灌输与教育的关系为思想主线，西方灌输概念的嬗变大体经历了如下几个阶段。

其一，灌输与教育同义的阶段。在西方教育史上很长一段时期里，灌输是与教育同义、互换的概念。在其思想发源地古希腊、古罗马，与当时尚欠发展的社会经济政治状况相适应，"道德教育几乎无一例外都是专制性的，儿童的行为必须遵守自己所学习的社会道德习俗，在教育过程中不允许违背这些行为准则或者对它们有所批评"。② 当时一些教育思想家的著述就从不同侧面反映了这一状况。例如，古希腊教育家安提西尼的"种子说"认为："埋入泥土中的是什么种子，生长出来的也就是什么果实。如果在青年人的灵魂中灌输高尚的教育，那么开出来的花朵就能耐久，不为雨水和干旱所摧折。"③ 此外，古罗马教育家普鲁塔克的"蜡印说"将对儿童的灌输教育比喻为给软蜡打上印记，也表达了类似观点。

进入中世纪以后，在罗马天主教会的控制下，教育在西方完全演化成为传播天主教义的活动。当时的一切学术研究和教学活动，几乎无一例外与《圣经》联系在一起，整个教育过程的灌输特征非常突出。因此，盖切尔将这一时期灌输与教育关系的演进特点概括为："（1）'灌

---

① 孙来斌、谢成宇：《西方灌输概念的历史嬗变、当代阐释及其启示》，《新华文摘》2010年第22期。
② 〔美〕布鲁柏克：《教育问题史》，吴元训主译，合肥：安徽教育出版社，1991，第299页。
③ 〔苏〕米定斯基：《世界教育史》，叶文雄译，北京：三联书店，1950，第27页。

输'一词范围拓宽,意指整个教育过程;(2) 教育变得如此受控制,其内涵并不比植入教条多出很多内容,因此成为'灌输'的同义词。"①

其二,灌输与教育分化的阶段。随着文艺复兴和启蒙运动的兴起以及随之而来的资本主义生产方式的发展,灌输开始由一个与教育同义并且毫无偏见的概念,逐渐被赋予强制教育的内涵,开始与教育概念发生分化。在这一时期,西欧开始出现质疑灌输的声音,并以法国思想家卢梭、英国教育家斯宾塞等人为代表。卢梭提倡教育应该尊重儿童身心特点,反对不顾儿童兴趣的强制灌输。他反思道:"我们从来没有设身处地地揣摩过孩子的心理,我们不了解他们的思想,我们拿我们的思想当作他们的思想;而且,由于我们始终是按照自己的理解去教育他们,所以,当我们把一系列的真理告诉他们的时候,也跟着在他们的头脑中灌入了许多荒唐和谬误的东西。"② 当然,卢梭并没有完全否认灌输对成人所具有的教育意义。斯宾塞则从资本主义发展的时代特点对灌输提出了深刻批判。在他看来,听凭权威解释而不允许有其他说明和质疑的教育方法,已经不符合自由贸易时代的要求。③ 此外,把观念"注入未经发展的心灵,是不切合实际的;即使切合实际,亦是不合理的……这种教法的结果,或者徒记其口语,未尝丝毫了解其意义;或者略似了解,其实是模糊不清的"。④

与此形成对照,夸美纽斯、洛克等人则对灌输抱持肯定态度。其中,夸美纽斯的"印刷说"认为,印刷术的发明和运用,为知识的传承和教育的发展提供了有利条件。教师只需准备好教学工具和教学内容,"把它灌输给他们的学生就够了","知识之可以印在人心上面,和知识的具

---

① Richard H. Gatchel, "The Evolution of Concept," in I. A. Snook, *Concepts of Indoctrination: Philosophical Essays*, London and Boston: Routledge & Kegan Paul, 1972, p.9.
② 〔法〕卢梭:《爱弥儿——论教育》(上卷),李平沤译,北京:商务印书馆,1983,第221页。
③ 郭法奇:《灌输式教育:从怀疑、批判到否定——20世纪西方教育的最大变化》,《比较教育研究》2004年第11期。
④ 张焕庭主编《西方资产阶级教育论著选》,北京:人民教育出版社,1979,第437页。

体的形式之可以印在纸上原是一样的"。① 而洛克的"白板说"提出，儿童生来就像一张白纸，其色彩完全是由后天教育所赋予的，因此，"无论什么应守的德行，应戒的过失，他们无不可以用理说服"。②

大体看来，在这一时期，灌输虽然具有一些强制教育的内涵，但是在大部分情况下它仍然可以与教育交替使用。因此，瑞韦德在考察有关文献以后指出："直到 20 世纪初，'灌输'与'教育'还是被当作同义词使用，1901 年的新英格兰词典还将之定义为：'教导，正式的教学方法'。"③

其三，灌输与教育对立阶段。随着资本主义民主思想的发展和科学实验的广泛兴起，现代教育科学得到初步发展，并因此引发一些人对灌输的进一步质疑。这在 20 世纪初期的美国表现得尤为突出。美国进步主义教育思想代表人物之一凯尔派垂克当时宣称，从根本上来说，灌输是不民主的，它贬抑个性的发展，妨碍了个人的价值选择。④ 杜威则指出："系统地运用一切可能的方法使学生铭记一套特定的政治和经济观点，排除一切其他观点。""外部的灌输，不仅不能促进反而限制了儿童的智慧和道德的发展。"⑤ 杜威等人并没有将目光停留在一般自由主义者关注的宗教领域，而是将其视为政治问题，因为其所提倡的进步主义教育与民主政治的理念存在必然关联。他们指出："只有那些使人机械化、无须思索的东西才能被灌输或者强加。反思、判断、推理——此乃真正民主和忠诚追求科学方法所必需——不能简单地通过强制教育方法而获得。因此，专制社会依赖灌输而求永存，民主社会则不能这么做。"⑥

---

① 〔捷克〕夸美纽斯：《大教学论》，傅任敢译，北京：人民教育出版社，1957，第 242 页。
② 〔英〕洛克：《教育漫话》，傅任敢译，北京：人民教育出版社，1963，第 63～64 页。
③ Mary Anne Raywid, "The Discovery and Rejection of Indoctrination," *Educational Theory*, (1) 1980.
④ 参见 Richard H. Gatchel, "The Evolution of Concept," in I. A. Snook, *Concepts of Indoctrination: Philosophical Essays*, London and Boston: Routledge & Kegan Paul, 1972, p. 13.
⑤ 赵祥麟、王承绪主编《杜威教育论著选》，上海：华东师范大学出版社，1981，第 341、349 页。
⑥ James C. Lang, "The Great Indoctrination Re-construction Project: The Discourse on Indoctrination as a Legacy of Liberalism," *Philosophy of Education*, 2007.

当然，当时也有人对杜威等人完全否定灌输的做法提出了异议。哥伦比亚大学的乔治·康茨认为，对于思想的自由、开放而言，灌输的作用正像杜威等人所提倡的进步主义一样，甚至还更稳定；任何教育都不可避免地包含着大量的强制因素，因为社会的存在和发展都依赖于此。教育者坦率地接受这一事实，是一种职业责任。得州大学教育学院院长皮腾格在1941年的《美国民主的灌输》一书中支持了康茨的观点。① 但是，这种声音在当时比较微弱，很快就被反灌输的声浪所淹没。

总之，在杜威等进步主义教育思想家的极力推动之下，"灌输不再作为教育的同义词，而被作为阻碍个体分化和自主发展的实践方式得到贬义化重构"。②"在越来越多的教育领导者的眼里成为民主社会教育的对立面。这几乎成了一种规律。" 而灌输概念原先所具有的合理含义，则被他们用"同化"（enculturation）、"调节"（conditioning）、"社会化"（socialization）等术语所取代。③

2. 否定与批判：西方灌输概念当代阐释的思想主流

第二次世界大战以后，曾经因战争冲淡的反灌输思潮再度兴起。在杜威及其追随者的进一步推动下，将之从一种教育思想转化为教育政策、教育实践，将其影响力从美国扩展到整个西方世界，并吸引了一大批教育思想家参与讨论。可以说，反灌输最终成为一种国际性的教育批判大潮，并表现出如下特点。

其一，多方面比较灌输与教育两个概念，从而为进一步否定和批判灌输提供分析参照。只要搜索一下西方有关文献，就可发现很多以"灌输与教育"为题的论著。其中，新西兰学者史努克在《灌输与教育》一

---

① 参见 Richard H. Gatchel, "The Evolution of Concept," in I. A. Snook, *Concepts of Indoctrination: Philosophical Essays*, . London and Boston: Routledge & Kegan Paul, 1972, pp. 13 – 14。
② James C. Lang, "The Great Indoctrination Re-construction Project: The Discourse on Indoctrination as a Legacy of Liberalism," *Philosophy of Education*, 2007。
③ 参见 Richard H. Gatchel, "The Evolution of Concept," in I. A. Snook. *Concepts of Indoctrination: Philosophical Essays*, London and Boston: Routledge & Kegan Paul, 1972, pp. 11 – 14。

书中提出，教育会表现出受教者对教学内容的高度理解、对事实依据的充分尊重、具有开放的认知视野等特征，而灌输则表现出与此相反的特征。① 美国学者克拉波夫提出，贬抑或者尊重学生的理性意识，遏制或者培育学生的个性自主，承认一种或者多种权威，仇视或者欢迎不同意见，将当前的真理视为最终结论或者一种假设，是灌输与教育分别表现出来的完全相反的特征。② 罗伯特则从陈述限定词、参考文献、统计资料的使用方式等12个方面，对灌输与教育的特点逐一进行了对照。③

其二，力图回答灌输是否不可避免的问题，从而进一步否定灌输存在的合理性。青少年时期的道德灌输是否不可避免？美国发展心理学家柯尔伯格根据其跨文化实验和道德认知发展研究认为，稳定的道德判断结果并不依赖于某种特定的意识形态，在天主教、新教、犹太教、佛教、伊斯兰教以及无神论之间，道德思想的发展并没有什么大的区别。因此，教育者无须采取让其感到愧疚的灌输就可以促进学生的道德发展，他们只需促进孩子们"自然的"道德发展即可。"这些促进孩子们自然地从一个阶段发展到另一个阶段的经验，并没有借助灌输。换言之，它们并非传授和内化特殊内容的经验……因此，教师只要将这些经验精心运用到道德教育方法中去，就可以避免灌输。"④ 西格尔等人则从道德教育的意图出发，认为对青少年的道德教育，即便反复强调某些既有的道德原则，也可以因为意在发展他们的理性而免去灌输的指责。因此，可以称这种道德教育为教诲（inculcation），而不是灌输（indoctrination）。而灌

---

① 参见 I. A. Snook, *Indoctrination and Education*, London and Boston: Routledge & Kegan Paul, 1972, p. 103。
② 参见 Gary K. Clabaugh, "The Cutting Edge—Education or Indoctrination: Is There a Difference?" *Educational Horizons*, (1) 2007。
③ 参见 Robert H. Sorge, "Indoctrination vs. Education," http://www.fluoridation.com/educate.htm, 2009-09-09。
④ L. Kohlberg, "Stage of Moral Development as a Basis for Moral Education," in B. Munsey, *Moral Development, Moral Education, and Kohlberg*, Birmingham: Religious Education Press, 1980, p. 74.

输因为阻碍理性发展,所以无论如何都应该避免。①

其三,逐步提出判断灌输的四大标准,从而为进一步否定和批判灌输提供明确依据。根据加拿大学者詹姆斯·朗的观点,20 世纪中期以来西方贬义化重构灌输过程的最大特点,就是将探讨的重点由"灌输错了吗"转到"灌输错在哪里",逐渐提出一些标准,从而对这一概念做了有效的澄清工作。② 在我们看来,一些西方学者提出的内容、方法、意图和结果四大标准,事实上也是他们列数的"四宗罪错",集中反映了他们对灌输的批判。

总之,灌输批判理论在当代西方教育界已经成为一种思想主流,汇聚了经验主义、存在主义、建构主义、道德相对主义、道德认知主义、价值澄清主义等众多学派与思潮,掌握着西方教育学领域的话语主控权。当然,也有一些西方学者表达了不同看法。其中,萨特尔、维格拉等人拒绝将灌输视为使人接受某种信仰而不能公正对待合理事实的原因,并指出,青少年没有社会经验,天真无邪,同时缺少知识,他们并不能通过所谓公正的理性选择而保持某种信仰,因而灌输在青少年道德教育中具有合理性。③ 查林·坦认为,杜威等人反复提倡民主教育,这本身就是一种自我修正的灌输,实际上表明了灌输在现代社会教育中的不可避免性。④ 美国斯坦福大学的考利教授在考察美国社会文化的运行特点后提出,有限的多元主义(limited pluralism)构成了美国社会政治控制的核心,显示了灌输作为这个自由社会文化同化的一种重要手段而存在的

---

① 参见 Harvey Siegel, "Indoctrination and Education," in Ben Spiecker and Roger Straughan (eds.), *Freedom and Indoctrination in Education: International Perspectives*, London: Cassell, 1991, pp. 33 – 35。

② 参见 James C. Lang, "The Great Indoctrination Re-construction Project: The Discourse on Indoctrination as a Legacy of Liberalism," *Philosophy of Education*, 2007。

③ 参见 Harvey Siegel, "Indoctrination and Education," in Ben Spiecker and Roger Straughan (eds.), *Freedom and Indoctrination in Education: International Perspectives*, London: Cassell, 1991, p. 32。

④ 参见 Charlene Tan, "Michael Hand, Indoctrination and the Inculcation of Belief," *Journal of Philosophy of Education*, (2) 2004。

必然性。① 美国学者威尔逊深刻反思了当代美国教育界片面否定传统道德灌输的做法，认为美国从20世纪60年代开始出现的道德危机，与价值澄清主义、道德认识主义的流行不无关系，实践证明："单靠自由与容忍也无法构成健全人格的完备架构。"② 当然，这些不同意见，虽然不时也能引人注目，但在否定和批判灌输的思想主流面前，则仍然显得声音微弱。

3. 反思与鉴照：西方灌输概念对我们的主要启示

根据以上西方灌输概念史特别是当代西方灌输批判理论的考察，联系我们的思想道德教育理论与实践，不难得出如下启示。

其一，西方教育学对灌输概念的认识，既经历了一个主流思想的嬗变过程，也存在同一时期主流与非主流的意见分歧，对此我们必须做具体的历史分析，不能一概而论。以古希腊的"种子说"和古罗马的"蜡印说"为代表，西方古代道德教育思想对灌输的推崇态度无疑非常明显，但即便如此，当时也还有苏格拉底的"产婆术"表达了不同声音。西方近代虽有卢梭、斯宾塞等人对道德灌输提出诸多质疑，但并未改变以夸美纽斯的"印刷说"、洛克的"白板说"为代表的赞成灌输的思想主导地位。当然，批判和反对灌输的思想倾向，在现当代西方教育学中成为主流。而杜威的经验主义、柯尔伯格的道德认知理论等，则构成了这种思想主流的重要基础。但是，即便在杜威等人的思想风靡一时的情况下，也存在不同的看法。西方在20世纪60年代开始出现道德危机以后，虽然灌输批判理论仍独领风骚，但是主张重新认识并肯定灌输的道德教育功能的人士渐增，虽仍占少数，但绝非个别。因此，我们在分析西方教育学在灌输问题上的态度时，切忌一概而论，而应该结合具体历史背景，分清主流与支流，然后才能得出正确的判断。那种将西方教育

---

① 参见 Richard H. Gatchel, "The Evolution of Concept," in I. A. Snook, *Concepts of Indoctrination*: *Philosophical Essays*, London and Boston: Routledge & Kegan Paul, 1972, p. 10。

② 〔美〕威尔逊：《美国道德教育危机的教训》，湘学译，《国外社会科学》2000年第2期。

学笼统解读为批判灌输之学或者提倡灌输之学的做法，无疑失之于简单化，因而也是不可取的。

其二，在西方灌输概念历史嬗变的背后，既有经济社会发展的客观动因，也有一些学术流派极力推动的主观动因，对此我们应该做全面的综合分析，不能片面而论。从教育发展的一般规律来看，经济社会和人的发展制约教育发展，教育又促进经济社会和人的发展。西方灌输概念的嬗变历程，无疑也反映了这一规律。从灌输与教育关系历史演变的三个阶段来看，两者从同义到分化再到对立，大体对应于西方古代、近代和现当代的历史发展，大体反映了经济社会尚欠发展、开始发展到高度发展，以及个体尚未分化、出现分化到独立性增强的历史演进。从20世纪上半叶美国教育思想的发展动态来看，在两次世界大战期间，因为国家意识形态高度统一的战备需要，批判灌输的声音暂时平息；而一旦战争结束，批判灌输的声浪又此起彼伏。这也从侧面印证了前述教育发展规律。然而，西方教育学灌输概念的嬗变，绝非经济社会发展的自发反映，而与卢梭、杜威、柯尔伯格等人先后相继的个人努力密切相关。诚如盖切尔所言，第一次世界大战结束后的社会背景，为当时灌输批判运动的到来造就了条件。同时，在很大程度上，杜威等进步主义者很好地利用了这一条件，美国高校教育院系的领导人也适时创造性地推进了这一运动。① 因此，我们在强调西方灌输历史嬗变的客观动因的同时，也要对其中的个人色彩和主观动因给予必要的关注。

其三，当代西方主流教育学的灌输概念，与马克思主义"灌输论"视野中的灌输概念虽有视界交融，也存在根本区别，对此应该有清醒的认识和正确的判断，不能将其混为一谈。马克思主义经典作家虽然肯定对工人阶级灌输社会主义意识的重要性，但是他们毫无例外地反对强制灌输。例如，列宁系统阐发了"灌输论"，但他在论及青年思想道德教育问题就明确反对"简单生硬地把政治灌输给尚未准备好接受政治的正

---

① 参见 Richard H. Gatchel, "The Evolution of Concept," in I. A. Snook, *Concepts of Indoctrination: Philosophical Essays*, London and Boston: Routledge & Kegan Paul, 1972, p. 13。

在成长的年青一代"。① 从这个角度来看，当代西方主流教育学对强制灌输的批判，与马克思主义经典作家的态度有相似之处，两者在批判对象上存在一种特殊的视界融合。但是，西方教育学话语体系中的"灌输"，与我们一般所讲的马克思主义"灌输"存在本质区别：前者特指以教条式的内容、强制性的方法、盲目服从的意图和心灵封闭的结果为特征的非理性、反人道的施教方式；后者是以马克思主义科学理论为内容、以启发与引导为方法特征、以促进工人阶级阶级自觉为意图并以人的自主发展为结果的理论教育活动。究其原因，其中存在概念嬗变方向的因素：前者从灌输词源"植入教条"这层含义出发，将其作为教育的对立物而加以演绎；后者则将灌输当成教育的同义词，并赋予其马克思主义理论教育的特殊内涵。此外，还与认识的阶级性有关：前者习惯于站在抽象人性论的立场上，力图回避和超越阶级性来批判所谓反人道的施教方式；而后者则毫不隐瞒它为工人阶级服务的党性原则。因此，那种靠引证西方教育学的有关言论来否定马克思主义"灌输"的做法，无疑混淆了两大话语体系，也忽视了意识形态的差别性。

其四，当代西方主流教育学对道德灌输的批判，既有一定的片面性，也有一定的合理性，对于改进我们的思想道德教育工作具有一定的借鉴意义，不能全盘移植或一概拒斥。由于历史与现实、传统与风俗、制度与文化等方面的差异，当代西方灌输批判理论无疑并不完全适合当前我国思想道德教育的发展需要，特别是它按照杜威等人适应自己理论需要而对灌输所做的贬义化解读倾向更有许多可商榷之处。因此，绝不能将其照搬照抄到我们的思想道德教育实践中。但是，它对强制灌输及其弊端的批判，本身是具有合理性的。在一定程度上可以说，西方灌输批判理论所折射出的现代社会历史变迁现象，当前正在我国发生；它所反映的个体自主发展的要求，在当前我国社会转型过程中也表现得非常突出；它所批判的强制灌输弊端，在我国一些地方的思想道德教育实践当中也

---

① 列宁：《在全俄国际主义者教师第二次代表大会上的讲话》，《列宁全集》第 35 卷，北京：人民出版社，1985，第 422 页。

程度不等地客观存在。在这种意义上可以说，它对于我们主动适应社会转型期思想道德的发展要求，积极改进当前的思想道德教育工作，无疑具有一定的借鉴意义。此外，关于思想道德灌输，当前我国学术界既有很多积极支持者，也有不少强烈反对者（经验主义、建构主义、道德认知主义在我国不乏追随者），这与西方曾经经历的现象也有几分相似（毫无疑问，我们与西方各自谈论的思想道德灌输具有不同的内涵）。因此，如何从西方曾经走过的道路中汲取经验教训，既借鉴其批判强制灌输的合理因素，又克服其片面否定传统灌输的弊端，努力避免对思想道德灌输出现畸重畸轻的偏颇，尽力减少不必要的波折，也有很多值得思考的地方。正如美国学者威尔逊所言，现代化过程中往往会发生传统价值观与现代价值观的冲突，美国道德教育的危机在一定意义上也是典型的世界性危机。"正当中国教育工作者面临着文化与社会变迁现象横扫全国而竭尽全力，以便有效果地教导下一代良好的道德标准时，或许可以从美国过去的经验里、从他们的错误与成功中学习到有益于中国的教训。"[1]

---

[1] 〔美〕威尔逊：《美国道德教育危机的教训》，湘学译，《国外社会科学》2000年第2期。

第四章　列宁灌输理论的当代境遇

众所周知，列宁在 1902 年系统阐发"灌输论"有其时代依据和现实针对性。当前，在现实社会主义国家，尤其是在我国，同列宁所处的时代相比，马克思主义理论教育的环境、客体、载体等都发生了很大变化。这些新变化，既为列宁"灌输论"发挥作用提供了新的社会历史条件，也对其作用的实际发挥提出了新的挑战。

一　列宁灌输理论遭遇的"五大考验"

"问题就是公开的、无畏的、左右一切个人的时代声音。问题就是时代的口号，是它表现自己精神状态的最实际的呼声。"① 任何真正的思想理论体系，既是时代的产儿，又是时代的指针。它既要反映时代的根本特性，也不可避免地会打上时代的历史烙印，从而存在时代局限性。作为时代的产物，列宁的灌输理论无疑也存在时代性问题。从总体上看，列宁处身于以战争与革命作为时代主题的时代，其灌输理论的主题，即它所要解决的基本问题，就是在一个农民占多数的国家里，为什么以及怎么样对无产阶级和广大群众进行马克思主义理论灌输的问题。在一定意义上可以说，马克思主义在中国传播和运用的过程，也是中国共产党人坚持和发展"灌输论"的过程。在革命战争条件下，中国共产党曾经是一个小生产者占多数、整体理论水平不高的党。从思想上建党，是关

---

① 马克思：《集权问题》，《马克思恩格斯全集》第 40 卷，北京：人民出版社，1982，第 289～290 页。

系到党的建设成功与否的关键。而这个关键问题的成功解决，在很大程度上正是得益于马克思主义理论的灌输。当今时代主题及社会生活条件的变化，即国际环境的变化、社会发展的转型、党员数量和结构的发展、信息技术的运用、社会思潮的涌现，给列宁灌输理论的时代性带来了"五大考验"。

1. 国际环境的变化

与改革开放以前相比，当前我国所处的国际环境发生了深刻的变化。"世界多极化、经济全球化深入发展，科技进步日新月异，国际金融危机影响深远，世界经济格局发生新变化，国际力量对比出现新态势，全球思想文化交流交融交锋呈现新特点，发达国家在经济、科技等方面仍占优势，综合国力竞争和各种力量较量更趋激烈，不稳定不确定因素增多，给我国发展带来新的机遇和挑战。"[①] 在这样的国际环境下运用列宁的灌输理论来开展马克思主义理论教育，至少面临国际环境两大方面的变化带来的考验。

（1）世界形势的深刻变化所带来的考验。当前的经济全球化具有以下新特征：它以科技全球化趋势为先导，以金融国际化为核心，以跨国公司为主要驱动力，以全球规模的世界市场为纽带，以推行自由化政策作为发达国家胁迫发展中国家的新形式，在经济区域化发展的同时必然伴随着政治多极化，既为发展中国家所参与又为发展中国家所抗拒。[②] 对于它的历史影响，乐观者有之，悲观者有之，观望者更有之。无论如何，越来越多的人认识到，经济全球化对世界特别是对落后国家的发展的影响绝非单面的，而是具有二重性。美国学者罗伯特·塞缪尔逊在2000年就曾指出："全球化是一把双刃剑——它既是一个加快经济增长

---

① 《中共中央关于加强和改进新形势下党的建设若干重大问题的决定》，北京：人民出版社，2009，第3页。
② 参见梅荣政《经济全球化的特征、实质与中国特色社会主义》，《马克思主义研究》2001年第4期。

速度、传播新技术和提高富国和穷国的生活水平的有效途径，但也是一个因为侵犯国家主权、侵蚀当地文化和传统、威胁经济和社会稳定的而引起很大争议的过程。"① 20 世纪 80 年代末以来，世界进入了一个空前的大变化时期，科技、经济、政治等各个方面的变化相互交融和激荡，其变化之巨、之广、之深、之快，令人眼花缭乱。这一变化，既给中国共产党的事业和建设带来了发展机遇，也提出了严峻挑战。"当前，国际局势总体上继续趋向缓和，和平与发展仍然是时代的主题。世界政治多极化在曲折中发展，经济全球化步伐加快，科技进步日新月异，我国的现代化建设可以争取到一个较长时期的国际和平环境。"② 同时，随着经济全球化趋势的不断发展，霸权主义和强权政治有所发展，这仍然是世界和平与发展的主要障碍。同时，西方敌对势力一刻也没有放弃过对我国实行"西化""分化"的政治图谋。相反，它们凭借着在科技、经济等方面的竞争优势，加紧运用经济、政治、思想、文化、军事等各种手段对我国实行渗透。在经济全球化条件下，这种渗透比以前范围更广、影响更深、手段更隐蔽。它们不断借宗教、民族、人权等问题制造麻烦，干涉我国内政，妄图用它们那一套政治观念、意识形态、生活方式影响我们，试图通过潜移默化的方式扰乱我们的党员、干部和群众的思想。③ 我们在积极参与经济全球化的过程中，对其内含的资本扩张本性必须有深刻的认识，对西方主导的价值观必须保持清醒的头脑。马克思早在 19 世纪 40 年代就说过，共产主义"是以生产力的普遍发展和与此相联系的世界交往为前提的"。④ 列宁也明确认识到，在两种社会制度并存的环境

---

① 参见 Robert Samuelson, "Growing Market Offers Huge Potential—but Also Peril: Globalization's Double Edge," *International Herald Tribune*, January 4, 2000.
② 江泽民:《在全国宣传部长会议上的讲话》,《论"三个代表"》,北京：中央文献出版社，2001，第 121~122 页。
③ 参见孙来斌、韩露《当前境外针对我国的意识形态挑战及其应对》,《中国社会科学内部文稿》2011 年第 3 期。
④ 马克思、恩格斯:《德意志意识形态》,《马克思恩格斯文集》第 1 卷，北京：人民出版社，2009，第 539 页。

里,"社会主义共和国不同世界发生联系是不能生存下去的"。① 在当前的世界形势下,我们能否在同经济全球化相联系而不是相脱离的进程中成功地抵制"渗透",有效地进行马克思主义理论灌输?这对中国共产党是一个重大的历史考验。

（2）世界社会主义运动的严重曲折所带来的考验。从1917年十月革命胜利开始,在20世纪前半期,以马克思主义为指导的无产阶级政党在占世界人口1/3的国度里取得了震惊世界的胜利。20世纪80年代末90年代初,苏联解体和东欧剧变,再一次震惊了世界。苏联解体和东欧剧变使国际共产主义运动处于低潮。在此以后,社会主义国家的数量由原来的15个减少到5个,共产党员的人数在5个现实社会主义国家以外的其他国家和地区一度减少了2/3以上,社会主义在世界上的形象遭到严重破坏。"东欧剧变、苏联解体,是世界社会主义遭受的巨大挫折。为什么苏联这样一个发展了七十多年的社会主义国家还会解体呢?一些善良的人们产生了疑问和困惑,对世界社会主义的前途也存在这样那样的忧虑,甚至在我们一些党员、干部中也程度不同地产生了'信仰危机'。这是客观存在,我们不承认、不正视不行。"② 苏联解体和东欧剧变虽然过去了二十多年,但是其影响仍然在延续。那么,世界社会主义的这种变化究竟是什么原因引起的?世界上第一个社会主义国家苏联究竟为什么会解体?具有几十年历史的、发展到2000万人的苏联共产党,为什么会失去政权、顷刻间被瓦解?在经济文化落后的条件下选择社会主义道路,到底是历史的必然还是历史的误会?这些问题,无不与马克思主义及其理论教育的科学性、生命力紧密相关。

2. 社会发展的转型

与改革开放前相比,当前中国社会发生了重大的变化。当前,在世

---

① 列宁:《在全俄工会中央理事会共产党党团会议上关于租让问题的报告》,《列宁全集》第41卷,北京:人民出版社,1987,第167页。
② 江泽民:《思想政治工作面临的新形势新情况》,《江泽民文选》第3卷,北京:人民出版社,2006,第78页。

界大发展大变革大调整的宏大背景之下，我国经济社会正在经历一系列深刻的现代化转型，体现在经济体制、整体格局、产业结构、增长方式等方面。这些转型，有的具有国际普遍性，其他国家也曾经历过；有的具有很强的独特性，带有突出的中国特色。①

从普遍性的角度而言，现代化发展一般会遭遇传统与现代、城市与乡村、富裕与贫困、效率与公平、发展与秩序、解构与重建等一系列矛盾，稍不注意就容易跌入"现代化陷阱"，并造成社会发展的断裂。对于这些普遍矛盾，先发国家用较长的时间逐步消化解决。而中国用30年取得了其他国家花费50~100年才取得的成果，但同时也累积了其他国家在50~100年中累积的矛盾和问题，把历时性的矛盾和问题变成了共时性的存在。从独特性角度而言，当前中国社会由于独特的现代化转型还遭遇资本主义与社会主义、公有制与市场经济、先富与共富等矛盾与冲突。这表明，在我们这个十几亿人口的发展中大国，党在推进改革开放和社会主义现代化建设中肩负任务的艰巨性、复杂性、繁重性世所罕见；当前中国社会发展的二元化特征非常典型，很大一部分群体流露出浓厚的"双城记情结"：

> 那是最美好的时代，那是最糟糕的时代；那是智慧的年代，那是愚昧的年代；那是信仰的纪元，那是怀疑的纪元；那是生机勃勃的季节，那是死气沉沉的季节；那是充满希望的春天，那是令人绝望的冬天；我们拥有一切，我们一无所有；我们都奔向天堂，我们都跌入地狱。②

英国作家狄更斯在《双城记》中的这段话，当前不时被人们借来描

---

① 孙来斌、王建华：《当代中国马克思主义的发展向度》，《当代世界与社会主义》2010年第6期。
② 〔英〕查尔斯·狄更斯：《双城记》，盛世教育西方名著翻译委员会译，上海：世界图书出版公司，2009，第2页。

写我们如今的境遇。可以说,"国家要发展、社会要和谐",是当前中国社会的根本需要。"生产的不断变革,一切社会状况不停的动荡,永远的不安定和变动……一切固定的僵化的关系以及与之相适应的素被尊崇的观念和见解都被消除了,一切新形成的关系等不到固定下来就陈旧了。一切等级的和固定的东西都烟消云散了,一切神圣的东西都被亵渎了。人们终于不得不用冷静的眼光来看他们的生活地位、他们的相互关系。"① 马克思、恩格斯描述的资本主义工业化及其带来的社会变化现象,似乎正在以不同程度、不同方式在当代中国上演。

当然,需要指出的是,经过近四十年的改革和发展,我国生产力水平迈上了一个大台阶,社会主义市场经济体制已经建立,国民经济朝着良性循环的方向发展,我国政治稳定、民族团结、社会进步。当前,我国的改革处于攻坚阶段,发展进入关键时期,社会生活发生深刻变化。随着社会主义市场经济的发展,社会经济成分、组织形式、利益分配和就业方式日趋多样化。这既增强了人们的竞争意识、效率意识、民主法制意识和开拓创新精神,又为中国特色社会主义经济、政治、文化、社会的发展创造了良好的物质条件和精神条件。

与此同时,市场经济的发展使人们思想活动的独立性、选择性、多变性、差异性明显增强,带来了新情况、新问题。例如,市场经济的发展,使人们在就业和生产经营活动方面的流动性比过去大大增强。在这种情况下,完全依靠过去的方式实施思想政治理论宣传和教育,显然是不够的。马克思主义理论教育如何更加切实有效地覆盖社会和市场发展的广泛领域?又如,由于劳动性质、就业方式、收入分配等条件的变化,不同地区、不同部门、不同职业、不同方面的群众的具体利益又会有这样那样的差别。在这样的情况下,马克思主义中国化的最新成果如何更好地代表全体人民的根本利益和不同社会群体的具体利益,从而获得广大人民群众的认同?再如,经济成分多样化,在非公有制经济领域从业人员增

---

① 马克思、恩格斯:《共产党宣言》,《马克思恩格斯文集》第 2 卷,北京:人民出版社,2009,第 34 页。

加，如何加强马克思主义理论在这些领域中的影响，切实把这些领域的群众团结和组织在中国共产党的周围？此外，在开展马克思主义理论教育活动时，如何处理市场经济条件下的逐利原则与社会主义一向提倡的奉献精神之间的关系？江泽民就曾指出，这些新情况的出现，"给我们党执政和领导各项事业提出新的更高要求。充分认识和准确把握我国社会已经和正在发生的深刻变化，对加强新时期党的建设具有重大意义"。①

3. 党员数量和结构的发展

中国共产党是以马克思主义为指导的先进政党。90多年来，中国共产党从一个50多人的小党发展到现在拥有8000多万党员的大党，这是历史的选择、人民的选择，充分彰显了党在马克思主义正确的路线、方针和政策的指引下，始终全心全意为人民谋利益的强大吸引力和凝聚力。② 新中国成立以来特别是改革开放以来，中国共产党根据自身历史方位和中心任务的变化，不断提高领导水平和执政水平，提高拒腐防变和抵御风险能力，取得了伟大成就。中共中央组织部的统计数据显示，截至2011年底，中共党员总数达8260.2万人。这一数字已超过英法两国人口的总数，接近德国总人口数。而2001年底的统计数字显示，当时中共党员总数是6575万人。在10年时间内增加了近1700万人，平均每年都有100多万人入党。③ 根据中国共产党党内统计公报，截至2015年12月31日，中国共产党党员总数为8875.8万人，比上年净增了96.5万人，增幅为1.1%。中国共产党现有基层组织441.3万个，比上年增加5.4万个，增幅为1.2%。其中，基层党委有21.3万个，总支部有27.6

---

① 江泽民：《始终做到"三个代表"是我们党的立党之本、执政之基、力量之源》，《江泽民文选》第3卷，北京：人民出版社，2006，第16页。
② 孙应帅：《史诗般的辉煌巨变——90年来中共党员数量与结构的变化和发展》，《光明日报》2011年7月5日。
③ 《党员"新面孔"渐多 对中共和中国社会影响深远》，中国新闻网，http://www.chinanews.com/gn/2012/11-05/4301239.shtml.，最后访问日期：2017年10月8日。

万个，支部有 392.4 万个。①

与此同时，党员的职业、学历、年龄等继续得以优化，更加充满生机与活力。有关资料表明，从 2001 年"把承认党的纲领和章程、自觉为党的路线和纲领而奋斗、经过长期考验、符合党员条件的社会其他方面的优秀分子吸收到党内来"开始，中共党员构成除工人、农民、知识分子、军人、干部等传统骨干力量外，来自民营企业、外资企业、个体户、自由职业人员等社会新阶层的人数在不断增加。数据显示，在 8000 多万个党员中，35 岁以下的党员有 2062.2 万人，占党员总数的 25%。具有大专以上学历的党员有 3191.3 万人，占党员总数的 38.6%。② 从 2015 年的党内统计公报来看，就党员的职业而言，工人（工勤技能人员）有 724.4 万人，农牧渔民有 2602.5 万人，企事业单位、民办非企业单位专业技术人员有 1294.5 万人，企事业单位、民办非企业单位管理人员有 911.4 万人，党政机关工作人员有 748.5 万人，学生有 203.4 万人，其他职业人员有 733.0 万人，离退休人员有 1658.1 万人。③

党员数量、结构的上述变化，反映了中国经济社会结构和社会阶层结构不断发展变化的现实，总的来看对马克思主义理论教育产生着积极的影响。其一，高学历党员增多，提升了整个党员队伍的知识水平，为广大党员学习、掌握、宣传、应用、创新马克思主义理论提供了有利因素。其二，吸收社会各阶层中的先进分子入党，有利于扩大党的群众基础，有利于保持党在国家政治生活中的影响力和凝聚力，有利于推进马克思主义大众化。

党员结构和数量的上述变化，既给中国共产党的发展带来了新活力，也提出了新挑战。由于多数党员没有经历革命战争年代的洗礼，没有经

---

① 《授权发布：2015 年中国共产党党内统计公报》，新华网，http://news.xinhuanet.com/ttgg/2016-06/30/c_1119139485.htm，最后访问日期：2017 年 10 月 8 日。
② 《党员"新面孔"渐多 对中共和中国社会影响深远》，中国新闻网，http://www.chinanews.com/gn/2012/11-05/4301239.shtml.，最后访问日期：2017 年 10 月 8 日。
③ 《授权发布：2015 年中国共产党党内统计公报》，新华网，http://news.xinhuanet.com/ttgg/2016-06/30/c_1119139485.htm，最后访问日期：2017 年 10 月 8 日。

受艰苦环境的磨炼,因而缺乏艰苦奋斗的精神。由于执政考验、改革开放考验、市场经济考验、外部环境考验是长期的、复杂的、严峻的,因而精神懈怠的危险、能力不足的危险、脱离群众的危险、消极腐败的危险,更加尖锐地摆在全党面前。就党内马克思主义理论教育而言,也存在一些令人担忧的倾向:"一些党员、干部忽视理论学习、学用脱节,理想信念动摇,对马克思主义信仰不坚定,对中国特色社会主义缺乏信心;一些党组织贯彻民主集中制不力,有的对中央决策部署执行不认真,有的对党员民主权利保障落实不到位,一些党员干部法治意识、纪律观念淡薄;一些领导班子整体作用发挥不够,推动科学发展、处理复杂问题能力不够,一些地方和部门选人用人公信度不高,跑官要官、买官卖官等问题屡禁不止;一些基层党组织战斗堡垒作用不强,有的软弱涣散,有的领域党组织覆盖面不广,部分党员党员意识淡化、先锋模范作用不明显;有些领导干部宗旨意识淡薄,脱离群众、脱离实际,不讲原则、不负责任,言行不一、弄虚作假,铺张浪费、奢靡享乐,个人主义突出,形式主义、官僚主义严重;一些领导干部特别是高级干部中发生的腐败案件影响恶劣,一些领域腐败现象易发多发。"[①]

众所周知,党员干部不仅是马克思主义理论教育的重要客体,也是对群众开展马克思主义理论教育的重要主体,还是群众实践马克思主义理论的表率。而上述现象的存在,严重削弱了党的创造力、凝聚力、战斗力,不仅对党同人民群众的血肉联系造成了严重损害,也对党执政的群众基础和作为党指导思想的马克思主义的理论形象造成了严重损害,在很大程度上抵消了我们为马克思主义理论教育所做的各种努力。

4. 信息技术的运用

与以前相比,信息技术的广泛运用,是当前马克思主义理论教育必须面临的一大特点。一般而论,信息技术(简称IT)是主要用于管理和

---

① 《中共中央关于加强和改进新形势下党的建设若干重大问题的决定》,北京:人民出版社,2009,第4页。

处理信息所采用的各种技术的总称。在当代，它主要是应用计算机科学和通信技术来设计、开发、安装和实施信息系统及应用软件，其中尤以信息网络技术对当代社会生活的影响最大。2012年7月19日中国互联网络信息中心（CNNIC）在京发布的报告显示，截至2012年6月底，中国网民数量达5.38亿人，互联网普及率为39.9%。中国网民增长速度延续了自2011年以来放缓的趋势，2012年上半年网民增量为2450万人，普及率提升了1.6个百分点。值得注意的是，从当年上半年开始，手机超越台式电脑成为中国网民第一大上网终端。[1] 2017年1月22日中国互联网络信息中心的统计报告显示，截至2016年12月，我国网民规模达7.31亿人，普及率达到53.2%，超过全球平均水平3.1个百分点，超过亚洲平均水平7.6个百分点。全年共计新增网民4299万人，增长率为6.2%。中国网民规模已经相当于欧洲人口总量。我国手机网民规模达6.95亿人，增长率连续3年超过10%。[2] 信息技术的发展和运用，极大地改变了人们的工作方式、生活方式、思维方式，对当前我国的思想政治工作产生了深远影响。江泽民指出："信息技术特别是信息网络技术的发展，为我们开展思想政治工作提供了现代化手段，拓展了思想政治工作的空间和渠道。要重视和充分运用信息网络技术，使思想政治工作提高时效性、扩大覆盖面、增强影响力。互联网是开放的，信息庞杂多样，既有大量进步、健康、有益的信息，也有不少反动、迷信、黄色的内容。互联网已经成为思想政治工作一个新的重要阵地。国内外敌对势力正竭力利用它同我们党和政府争夺群众、争夺青年。我们要研究其特点，采取有力措施应对这种挑战。要主动出击，增强我们在网上的正面

---

[1] 《第30次中国互联网络发展状况统计报告》，中国互联网络信息中心网站，http://www.cnnic.cn/hlwfzyj/hlwxzbg/hlwtjbg/201207/P020120723477451202474.pdf，最后访问日期：2017年10月8日。

[2] 《CNNIC发布第39次〈中国互联网络发展状况统计报告〉》，中国互联网络信息中心网站，http://www.cnnic.cn/gywm/xwzx/rdxw/20172017/201701/t20170122_66448.htm，最后访问日期：2017年10月8日。

宣传和影响力。"① 这实际上指出了信息网络技术给列宁的灌输理论及其在我国的实践带来的双重影响。

一方面，信息技术给马克思主义理论教育带来有利的因素。

其一，它开辟了马克思主义理论教育的新阵地。作为虚拟世界，网络集中了现代信息技术的许多优势，形成了思想文化交流的新阵地。据国外媒体报道，一项针对16个国家2.7万个网民的调查显示，中国人平均每日花掉最多的休息时间上网。参加调查的中国人每天花掉44%的休息时间上网，几乎是丹麦人的3倍。② 因此，网络这个马克思主义理论教育的新阵地亟待我们去占领，否则推进马克思主义大众化势必成为一句空话。

其二，它丰富了马克思主义理论教育的手段。"一根粉笔一张嘴，磨破嘴皮跑断腿，味道就如白开水。"这是对传统理论灌输弊端的一种形象描述。信息技术的发展，为马克思主义理论教育提供了现代多媒体手段，实现了声、光、画结合，从视觉、听觉、触觉等方面刺激受教对象，从而增强理论灌输的效果。心理学研究表明，人们在认知某一事物时，只凭听觉能够认识事物的15%，只凭视觉能够认识事物的20%，而视觉和听觉并用能够认识事物的65%。

其三，它增强了马克思主义理论教育的时效性。信息技术的运用能够克服时空的局限而使信息可以在更广泛的范围内迅速传播，从而使理论教育活动处于更加开放的环境中。这就突破了传统理论灌输的时空限制和传播模式：由传统的集中统一的接受模式改变为分散多样的接受模式，由自上而下的单向灌输和被动接受转变为双向、多向的直接交流和互动模式，由周期长、反馈慢、问题容易积累转变为周期短、即时性、沟通灵活，因而针对性强，见效快。③

---

① 江泽民：《在中央思想政治工作会议上的讲话》，《江泽民文选》第3卷，北京：人民出版社，2006，第94页。
② 《中国人上网时间全球最长 每天耗近半休息时间》，网易科技，http://tech.163.com/09/0102/08/4UL1CGHM000915BF.html，最后访问日期：2017年10月8日。
③ 参见敖带芽《社会主义意识形态建设：热问题与冷思考》，北京：人民出版社，2011，第93页。

另一方面，信息技术给马克思主义理论教育带来不利的因素。

其一，它消解了我国传统马克思主义理论教育主体的权威性。就此前的一般情况而论，我国马克思主义理论教育工作者往往具有比较高的理论素养、政治素养，在一定程度上掌握着相关的政治信息、理论信息和时政信息，相对于普通群众而言存在一定的信息落差，具有明显的权威性。普通群众基于在信息占有方面的劣势地位，只能被动地接受信息。信息网络技术的广泛运用，将每个人都变成了信息接受者和发布者，日益消除了教育者与受教育者之间的信息落差。在此情况下，普通群众理解、选择信息更加主动，而不再像以往那样被动地接受教育者的灌输和安排。①

其二，它削弱了我国传统马克思主义理论教育过程的可控性。传统的思想政治理论教育是在国家的管辖范围之内的，比较容易形成家庭、学校、社会的整体教育合力。在网络环境下，虚拟环境赋予个人以某种力量，弱化了个体对集体的相对依附，并将意识形态的构建方式从直接的现场建构转化为虚拟的非现场建构，意识形态传播者对整个传播过程的控制程度及传统意识形态传播过程本身的强制性都大大降低。

其三，它降低了民众对马克思主义理论的认同感。某些西方势力利用信息网络技术的强势地位，采取各种手段加紧对我国主流意识形态领域发起攻击。它们利用网络频频向境内发送垃圾政治邮件、"翻墙"软件，利用BBS散布虚假信息以蛊惑人心、煽动闹事等。同时，某些西方势力还将自己的主流价值观念、对中国的意识形态偏见渗透进网络游戏。北美某著名游戏公司制作的一款大型多人在线角色扮演网游，在登陆中国市场后，并未将视角聚焦于游戏本身，而是集中渲染中国大陆的各类负面新闻，并试图将矛头指向中国政府。在某些势力的授意下，游戏玩家们被打上了"自由""民权""弱势群体"等标签，并被描写成为中国网络反抗暴政和不公的自由民权斗士。可见，网络已成为境外敌对势力

---

① 吴玉荣：《互联网改变意识形态构建方式》，《中国党政干部论坛》2004年第9期。

向我国进行思想渗透的重要渠道。此外，境外势力正积极掌握和利用高科技手段，妄图针对我国拉起一张立体式的宣传包围网。2003 年的监测结果显示："境外敌对势力在我国周边已设立了 30 多个转播台，每天使用多种语言、170 多个频率对华播出 60 多个小时的节目……同时，利用空间卫星技术，在我国上空构建了密集的卫星电视网，频道达 400 多个，尤其是加大了对我边疆地区、民族地区和内地区域的宣传覆盖。"① 未来学家托夫勒曾预言，在暴力、金钱、知识三者之间，世界已越来越离开依靠暴力与金钱控制的时代，而未来世界政治的魔方将控制在拥有信息强权的人手中，它们使用手中掌握的网络控制权、信息发布权，利用英语这种强大的文化语言优势，达到征服和控制世界的目的。"贯穿整个冷战时期，美国的权力基础，极为广泛地深植于各地。美国不只是有强大的军力，还有无与伦比的经济影响力，同时还扮演全世界最丰富的知识供应者角色。"② 近年来，美国政府高度重视运用现代信息网络技术加强对外意识形态渗透。《2010 美国国家安全战略》指出，美国政府将采取各种措施，"支持这些技术的扩散和使用，以促进表达自由、扩大信息的获得、增进政府的透明度，反对对这些技术使用的限制。我们也将更好地利用这些技术以有效地将我们的信息传递到世界"。受此影响，我国普通民众特别是青少年对以马克思主义为指导的主流意识形态的兴趣度、认同感下降。

5. 社会思潮的涌现

对以上种种社会变化的综合反映，就是当前各种社会思潮的涌现。

社会思潮是一种流行性社会意识现象，是一种以时代为背景、以社会为场所、以群体为主体的社会意识的运动形式。每一种社会思潮，都

---

① 李方祥：《加强意识形态工作 巩固共同思想基础》，《高校理论战线》2010 年第 1 期。
② 〔美〕阿尔文·托夫勒：《权力的转移》，吴迎春、傅凌译，北京：中信出版社，2006，第 265 页。

是一定社会环境中人们共同的思想潮流和心理倾向。① 一种思想观点和思想倾向能否成为一种潮流，既与思想有关，也与当时的社会历史条件有很大的关系。改革开放以来，我国各种社会意识兴起、演进，各种西方思潮涌入并在我国社会意识形态领域投射，这反映出我国经济社会发展过程中的国际化与本土化、传统与现代、个体与群体、解构与重构等一系列重大关系，折射出我国现代化转型面临的多重矛盾。当前的社会思潮具有贴近世界、运用网络、联系现实、反映诉求等特点，其中各种非马克思主义甚至反马克思主义的社会思潮，正在非常活跃、极其兴奋地进行自我展现、自我推销，不断以各种方式解释当今世界历史的时代课题、中国社会的转型难题和民生问题，极力表现它们的时代意识、中国元素和大众情结。梁启超曾说："凡'思'非皆能成'潮'；能成'潮'者，则其'思'必有相当价值，而又适合于其时代之要求也。凡'时代'非有'思潮'；有'思潮'之时代，必文化昂进之时代也。"② 这段话不无道理。应该说，当前各种社会思潮的活跃，确实具有启迪思想解放、激励创新意识、匡正思维方式等积极作用。但是，它更具有挑战主流意识形态的负面影响。这种负面影响主要体现在：制造复杂局面，即通过向大众提供与主流意识形态相异的价值观念、分析视角和话语体系，打破原有的意识形态格局；消解主流认同，即通过质疑乃至否定主流意识形态的科学性，消解大众对主流意识形态的认同；抢占大众阵地，即通过制造社会舆论和利用大众文化表现形式，引导大众思想和心理并试图使主流意识形态在大众生活中日益边缘化；重塑主流方向，即某些社会思潮试图向各级政府决策层渗透，力图重塑我国改革思路，改变主流意识形态的发展方向。

武汉大学佘双好教授主持的课题组的有关研究表明③，正是高校学

---

① 刘建军：《论社会思潮的发生、发展与消退》，《学术月刊》1995年第2期。
② 梁启超：《清代学术概论》第1卷，北京：中华书局，1954，第1页。
③ 该课题组的最终研究成果为佘双好等《当代社会思潮对高校师生的影响及对策研究》，北京：中央编译出版社，2012。经该课题组同意，本书下文使用了其部分调查数据和分析结论。

生的诸多特点，使其往往容易成为各种社会思潮的易感人群，高校学生往往像一面镜子，折射出社会思潮的演变过程。从调查总体来看，大多数高校学生对当代社会思潮有一定的了解但并不深入，了解程度较高的社会思潮有个人主义、民族主义、民主社会主义等，各种社会思潮对学生的影响并不大，影响较大的社会思潮依次是民族主义、民主社会主义、个人主义。高校学生了解社会思潮的原因主要是"觉得好奇想了解"和"觉得这些理论有道理"，而其接受某些社会思潮的主要原因是"现实针对性强"。报刊书籍、课堂教学、网络、影视是当前高校学生了解社会思潮的主要渠道。高校学生从总体上对中国特色社会主义核心价值观念持认同态度，但认同度存在较大差异，表明各种社会思潮事实上对社会主义核心价值体系形成了一定影响。

当代社会思潮对高校学生影响总体并不占主流，但其潜在影响也不容忽视。在调查列举的几种社会思潮中，高校学生自评受到各种社会思潮的影响程度上都偏低，即大部分人的选项集中在"一般""很小""没有""不了解"，而影响度[①]相对比较低。尽管如此，不同社会思潮对高校学生的影响仍表现出一定的差异性。对高校学生影响较大的社会思潮依次是民族主义（30.2%）、民主社会主义（24.3%）、个人主义（19.4%）、新自由主义（17.6%）。虽然当代社会思潮从学生自评来看影响并不大，但对于某些思潮，也有1/3左右的学生明确表示受其影响，说明其潜在的影响也值得高度关注（见表4-1）。

表4-1 高校学生对受社会思潮影响进行评价的情况

单位：人，%

社会思潮	非常大		比较大		一般		很小		没有		不了解	
	数量	占比	数量	占比	数量	占比	数量	占比	数量	占比	数量	占比
新自由主义	213	3.3	911	14.3	2096	32.8	1480	23.2	746	11.7	939	14.7
民主社会主义	271	4.2	1285	20.1	2206	34.5	1346	21.1	619	9.7	659	10.3

---

① 该课题组把影响"非常大"和"比较大"两项累计百分比作为"影响度"进行衡量。

续表

社会思潮	非常大		比较大		一般		很小		没有		不了解	
	数量	占比	数量	占比	数量	占比	数量	占比	数量	占比	数量	占比
民族主义	357	5.6	1569	24.6	2198	34.5	1200	18.8	572	9.0	479	7.5
历史虚无主义	54	0.8	239	3.7	1300	20.4	2126	33.3	1438	22.5	1221	19.1
文化保守主义	74	1.2	437	6.9	1672	26.3	2066	32.4	1182	18.6	937	14.7
普世价值	169	2.7	574	9.0	1550	24.3	1681	26.4	1053	16.5	1341	21.1
后现代主义	111	1.7	523	8.2	1705	26.8	1813	28.5	1072	16.9	1134	17.8
个人主义	238	3.7	1001	15.7	2233	35.0	1740	27.3	696	10.9	472	7.4

注：有效问卷为6500份。

从高校学生接受社会思潮的原因来看，排在首位的是"现实针对性强"（29.6%），其次是"理论观点新颖"（18.4%）和"理论说服力强"（18.1%），还有高校学生选择"满足人的利益诉求"（15.4%）和"宣传力度大"（10.9%）（见表4-2）。从上述情况来看，虽然高校学生了解各种社会思潮具有一定的猎奇性，但真正对其产生影响的主要原因还是理论观点和主张的说理性和现实针对性。这表明一定社会思潮的影响既有其现实客观存在的根源，同时也存在理论的合理性。从这个意义上看，社会思潮对高校学生的影响具有客观性，而要消除各种社会思潮的影响，既需要从客观上消除其滋生的土壤，也需要从理论上客观分析其问题和局限。

表4-2 接受社会思潮的主要原因

单位：人，%

主要原因	数量	占比	排序
理论说服力强	2101	18.1	3
理论观点新颖	2139	18.4	2
现实针对性强	3437	29.6	1
宣传力度大	1268	10.9	5
满足人的利益诉求	1791	15.4	4
其他	863	7.4	6

注：有效问卷为11650份。

总之，上述五大方面的新情况，是我们当前开展马克思主义理论教育躲不开、绕不开的社会条件，是列宁灌输理论必须直面的现实境遇。

二 列宁灌输理论遭遇的"四大矛盾"

将上述"五大考验"内含的问题和表现的结果加以总结和概括，列宁灌输理论和传统的理论灌输在当代中国的实践还面临"四大矛盾"：一元与多样的冲突、主体与客体的疏离、理论与实践的"反差"、"万能"与"无用"的偏颇。

1. 一元与多样的冲突

根据列宁的灌输理论，工人阶级政党无论是在革命时期还是在建设时期都应该坚持马克思主义理论灌输。在革命时期特别是在系统阐发"灌输论"之初他就明确指出，由于资产阶级思想体系渊源已久，且拥有强大的传播工具，因此，工人阶级政党必须高度重视社会主义理论对于工人阶级阶级自觉的作用。否则，对"自觉因素"的作用的任何轻视，"完全不管轻视者自己愿意与否，都是加强资产阶级思想体系对工人的影响"。[①] 在十月革命取得胜利、布尔什维克的中心工作转移到经济方面的情况下，他仍然反复强调："在无产阶级专政时期，即为使共产主义的完全实现成为可能而准备条件的时期，学校不仅应当传播一般共产主义原则，而且应当对劳动群众中的半无产者和非无产者阶层传播无产阶级在思想、组织、教育等方面的影响，以培养能够最终实现共产主义的一代人。"[②]

在一定意义上可以说，马克思主义在中国传播和运用的过程，实际上也是"灌输论"不断发挥作用的过程。如前所述，中国共产党曾经是

---

① 列宁：《怎么办？》，《列宁全集》第6卷，北京：人民出版社，1986，第36页。
② 列宁：《俄共（布）纲领草案》，《列宁全集》第36卷，北京：人民出版社，1985，第87页。

一个小生产者占多数、整体理论水平不高的党。从思想上建党，这是关系到党的建设成功与否的关键。这个问题的成功解决，在很大程度上得益于马克思列宁主义理论的灌输。"没有革命的理论，就不会有革命的运动"，"只有以先进理论为指南的党，才能实现先进战士的作用"，这些"灌输论"的至理名言，曾被毛泽东、刘少奇等领导人多次引用，并为全党熟悉。毛泽东还进一步强调指出："掌握思想教育，是团结全党进行伟大政治斗争的中心环节。如果这个任务不解决，党的一切政治任务是不能完成的。"[1] 改革开放以来，面对新形势新任务，中国共产党人一直重视马克思主义理论灌输教育。中国共产党第十六次全国代表大会报告提出"坚持用马克思列宁主义、毛泽东思想和邓小平理论武装全党、教育人民"[2]的要求，中国共产党第十七次全国代表大会报告强调"要巩固马克思主义指导地位，坚持不懈地用马克思主义中国化最新成果武装全党、教育人民"[3]。胡锦涛指出："加强思想理论建设，用马克思主义武装全党，是我们党永葆先进性的根本保证。党的理论创新每推进一步，理论武装就要跟进一步。"[4] 中国共产党第十八次全国代表大会报告再次强调："推进马克思主义中国化时代化大众化，坚持不懈用中国特色社会主义理论体系武装全党、教育人民，深入实施马克思主义理论研究和建设工程，建设哲学社会科学创新体系，推动中国特色社会主义理论体系进教材进课堂进头脑。"[5]

由此可见，坚持马克思主义在意识形态领域的指导地位，坚持用马克思主义武装全党、教育群众，是"灌输论"的原则要求。但是，在新的社会历史条件下，尤其是在前述五大新情况的考验下，当前社会意识

---

[1] 毛泽东：《论联合政府》，《毛泽东选集》第3卷，北京：人民出版社，1991，第1094页。
[2] 江泽民：《全面建设小康社会，开创中国特色社会主义事业新局面》，中共中央文献研究室编《十六大以来重要文献选编》（上卷），北京：中央文献出版社，2005，第6页。
[3] 胡锦涛：《高举中国特色社会主义伟大旗帜 为夺取全面建设小康社会新胜利而奋斗——在中国共产党第十七次全国代表大会上的报告》，北京：人民出版社，2007，第34页。
[4] 胡锦涛：《在学习〈江泽民文选〉报告会上的讲话》，北京：人民出版社，2006，第15页。
[5] 胡锦涛：《坚定不移沿着中国特色社会主义道路前进 为全面建成小康社会而奋斗——在中国共产党第十八次全国代表大会上的报告》，北京：人民出版社，2012，第31页。

形态呈现出多元多样多变的发展趋势,并对马克思主义在意识形态的主体地位产生了直接的冲击。在这些思潮当中,最具代表性的当属新自由主义思潮、儒化中国思潮、民主社会主义思潮。

新自由主义原指英国现代资产阶级政治思想的主要派别,它主张在新的历史时期维护资产阶级个人自由,调和社会矛盾,从而维护资本主义制度。自19世纪70年代以来,新自由主义作为一种政治—经济哲学,重新活跃于国际经济政治舞台。当前,在经济方面,新自由主义继承资产阶级古典自由主义的自由经营、自由贸易等思想并走向极端,大力宣扬"三化":绝对自由化、全盘私有化、完全市场化。在政治方面,它特别强调三个"否定":否定公有制、否定社会主义、否定国家干预。

民主社会主义是近现代西方国家工人运动中流行的一种改良主义政治思潮,也是世界各国社会党、社会民主党、工党基本理论和基本政策的总称,其源头可追溯至19世纪中叶的社会民主派。这种社会民主派的活动的目的,并不是为了消灭资本和雇佣劳动,而在于缓和两者之间的对立,实质上是以改良主义的方法来改造资本主义。民主社会主义几经嬗变,至今已形成一种内部派别林立的国际性社会政治思潮,但是,多元世界观、伦理社会主义、抽象的人道主义和超阶级的国家观,却是其稳定的理论特质。这一思潮同中国特色社会主义在指导思想、所有制主张、国家观等方面存在本质上的区别。

儒化中国思潮是近年来在中国出现的一种文化保守主义,其倡导者将儒学视为人类的"最高智慧"、指导人类发展的"圣道"乃至解决中国社会问题的"万应良方"。他们贬斥儒学之外的一切其他文化,认为马克思主义和一切西方文化都是"小人文化",唯有中国传统文化是"君子文化"。而在中国传统文化中,他们又独尊儒学,力图把儒学宗教化,并主张定"儒教"为"国教",使之成为中国的"文化权力中心"。"儒化"论者认为,马克思主义中国化的过程就是向传统文化"复归"的"儒化"过程,作为马克思主义中国化成果的毛泽东思想就是"儒化"的产物。

有关课题的调查数据表明，由于长期以来中国共产党高度重视用马克思主义理论及其中国化最新成果教育广大青年，加之改革开放以来中国经济社会发展的伟大成就的实践支撑，高校学生对社会主义核心价值体系的基本观念从总体上认同度较高，特别是"对待传统文化应吸取精华去其糟粕"（84.7%）、"应当十分珍惜党和人民奋斗的历史"（81.7%）、"只有改革开放才能发展中国"（79.2%）这些观点（见表4-3）。这说明，在高校开展的马克思主义理论灌输取得了值得肯定的成绩。

表4-3 高校学生对中国特色社会主义核心价值体系理论观点的认同情况（1）

单位：人，%

基本理论观点	非常赞同		比较赞同		不确定		不太赞同		不赞同	
	数量	占比	数量	占比	数量	占比	数量	占比	数量	占比
指导思想不能搞多元化	681	10.6	1797	28.0	1527	23.8	1673	26.1	736	11.5
对待传统文化应吸取精华去其糟粕	3109	48.4	2328	36.3	629	9.8	250	3.9	101	1.6
中国不能搞民主社会主义	435	6.8	827	12.9	2990	46.7	1465	22.9	687	10.7
应当十分珍惜党和人民奋斗的历史	2586	40.3	2653	41.4	766	11.9	290	4.5	118	1.8
只有改革开放才能发展中国	2424	37.8	2652	41.4	964	15.0	254	4.0	112	1.7
"三权分立"不适合中国	887	13.8	1472	22.9	2855	44.5	823	12.8	379	5.9
西方多党制度不适合中国	1137	17.7	1814	28.3	2395	37.4	711	11.1	352	5.5
社会主义改造是一次伟大的变革	1714	26.8	2692	42.1	1463	22.9	365	5.7	166	2.6
中国不能搞私有化	594	9.3	1026	16.0	2185	34.1	1749	27.3	863	13.4
单一公有制没有出路	1541	24.0	2346	36.5	1712	26.7	559	8.7	265	4.1

注：有效问卷为6500份。
资料来源：佘双好等：《当代社会思潮对高校师生的影响及对策研究》，北京：中央编译出版社，2012，第32~34页。

从另外一个方面来看，受各种社会思潮的影响，高校马克思主义理论灌输的效果又不能令人满意。其中，从大学生对中国特色社会主义核心价值理论体系的认同这一直接体现为高校马克思主义理论灌输效果的因素来看，在调查所列出的社会主义核心价值的基本观点中，以"认同度"为标准,只有一半项目的认同人数超过了50%,而另一半项目的认同度并不高,尤其是在"中国不能搞民主社会主义"项目(不认同的有33.6%,不确定的有46.7%)和"中国不能搞私有化"项目上(不认同的有40.7%,不确定的有34.1%)。可以看出,社会主义核心价值观念虽在总体上占学生思想主流,但也有部分高校学生对其中某些具体的观点产生了一定的怀疑或不确定。这说明,尽管大多数学生对各种社会思潮并不了解,并且影响程度总体上并不大,但是各种社会思潮依然对社会核心价值体系造成一定影响,对高校学生形成正确的思想政治观念构成了一定的影响(见表4-4)。

表4-4 高校学生对中国特色社会主义核心价值体系理论观点的认同情况(2)

单位:人,%

基本理论观点	认同		不确定		不认同	
	数量	占比	数量	占比	数量	占比
指导思想不能搞多元化	2478	38.6	1527	23.8	2409	37.6
对待传统文化应吸取精华去其糟粕	5437	84.7	629	9.8	351	5.5
中国不能搞民主社会主义	1262	19.7	2990	46.7	2152	33.6
应当十分珍惜党和人民奋斗的历史	5239	81.7	766	11.9	408	6.3
只有改革开放才能发展中国	5076	79.2	964	15.0	366	5.7
"三权分立"不适合中国	2359	36.7	2855	44.5	1202	18.7
西方多党制度不适合中国	2951	46.0	2395	37.4	1063	16.6
社会主义改造是一次伟大的变革	4406	68.9	1463	22.9	531	8.3
中国不能搞私有化	1620	25.3	2185	34.1	2612	40.7
单一公有制没有出路	3887	60.5	1712	26.7	824	12.8

东南大学樊浩教授负责的课题组给出了与上述分析类似的调查分析结果。该课题组在江苏、新疆、广西三省区的调查表明,对于改革开放及其发展变化的评价和态度形成高度共识,但政治经济评价与意识形态主张之间存在不平衡,这种不平衡可以视为意识形态观发生转型的某种

征兆。其中，尤其值得注意的是社会思想中出现了两种"多"：其一，社会制度意识淡化，制度取向趋向于"多"。对于社会制度，有37.0%的受访者选择"只要过上好日子，哪种社会制度都可以"；有32.9%的受访者选择"社会主义比资本主义好"；还有19.7%的受访者选择"资本主义比社会主义好"；另有7.5%的受访者认为"两者差不多"。其二，主导意识形态主张趋向于"多"。有38.7%的受访者认为，在当今各种社会思潮中，民主主义更符合中国实际，可以用来指导实践；有36.2%的受访者选择了马克思主义，两者在权重方面十分接近；还有8.7%的受访者选择了"西方马克思主义"。[①]

法国学者莫里斯·迪韦尔热认为，一元性文化与多元性文化的区别，主要在于一种文化可以容忍的偏离及改变其标准的程度；一元性文化适应与多元性文化适应的区别，在于集体的成员采用何种手段来吸收这些标准和价值。"不要忘记，一种自称多元性的文化，如果它是新兴的文化并受到旧文化因素的抵制，也可以有一种单一的文化适应来传播。雅各宾派的恐怖观念就是如此。他们用这种观念向人民灌输民主所必需的公民道德观。马克思主义的无产阶级专政观念也是如此。"[②] 迪韦尔热的上述观点并非专门针对中国而言，但是，至少在一个侧面反映了我们当下存在的现象，即一元与多样的矛盾是当前意识形态工作和理论灌输面临的客观现实，需要我们着力加以研究和解决。

2. 主体与客体的疏离

从列宁的有关论述看，他虽然没有使用"理论教育主体""理论灌输主体"之类的具体提法，但我们从列宁对主体的一般界定出发，借鉴教育学中的"教育主体"用语，用"理论教育主体"这一概念，来表示列宁关于领袖、政党、阶级、群众在理论教育活动中所反映出来的前一

---

① 樊浩等：《中国大众意识形态报告》，北京：中国社会科学出版社，2012，第24页。
② 〔法〕莫里斯·迪韦尔热：《政治社会学——政治学要素》，杨祖功、王大东译，北京：东方出版社，2007，第84页。

个层次对后一个层次（或后几个层次）的地位与关系，并统称列宁在不同的场合分别使用过的"宣传员""鼓动员""政治教育工作者""从事马克思主义理论工作的人"等提法。

在列宁的思想当中，理论灌输主体可以从不同的角度来理解。从领袖、政党、阶级、群众的关系来看，马克思主义政党与工农群众之间存在理论教育和理论灌输意义上的主体—客体关系，并且前者对后者具有教育、导向、示范、组织等方面的功能。其中的示范功能主要指理论灌输主体以自己对马克思主义的坚定信仰和实际行动，为无产阶级群众做出表率。这主要表现在以下两个方面：其一，自身坚定信仰的典范作用。列宁说，倍倍尔"冲破了一切障碍去树立坚定的社会主义信念，成为工人领袖的典范，成为资本的雇佣奴隶为争取人类社会的美好制度而进行群众斗争的代表者和参加者的典范"。① 无疑，列宁本人也是这样的典范。很多工人成为列宁的追随者，正是由于他们听了列宁的讲课或讲演，被他那对马克思主义的至深之爱、对其从事的革命事业的自豪之情，所打动、所感染。其二，实际革命行动的表率作用。"判断政党，决不能根据它们的名称、声明和纲领，而要根据它们的行动。"② 群众对待无产阶级政党的判断，也是这样。理论教育主体只有将自己对马克思主义的信仰转化为实际行动，才能以身示人、以身教人。列宁要求布尔什维克党在教育群众时，自己要做到言行一致。他说："先锋队应该在实际上淹没在群众中……不是形象化地、象征性地同群众一起前进，而是真正地同群众一起前进。"③ 布尔什维克党执政以后，列宁要求政治教育委员会加强反对官僚主义、反对贪污受贿的宣传。他同时提出："政治教育并不限于这种宣传，它意味着实际的结果，意味着教会人民怎样取得实际结果，并且不是以执行委员会委员的身分而是以普通公民的身分给人

---

① 列宁：《奥古斯特·倍倍尔》，《列宁全集》第23卷，北京：人民出版社，1990，第388页。
② 列宁：《总结》，《列宁全集》第20卷，北京：人民出版社，1989，第371页。
③ 列宁：《关于起义的战斗协议》，《列宁全集》第9卷，北京：人民出版社，1987，第262页。

们示范。"①

　　列宁关于无产阶级的领袖、政党、阶级和群众的理论表明，前一层次与后一层次之间，不仅存在组织上的领导与被领导、利益上的代表与被代表的关系，而且存在理论上的教育主体与教育客体、示范者与学习者的关系。中国共产党一贯强调教育者首先受教育，注重保持党员干部在思想理论上的先进性以及党群关系、干群关系的密切性，因而从整体上积极发挥了党员干部的示范作用。但是，在新的历史考验面前，一些干部领导能力不强，一些基层党组织软弱涣散，少数党员干部理想信念动摇、宗旨意识淡薄，形式主义、官僚主义问题突出，奢侈浪费现象严重；一些领域消极腐败现象易发多发，反腐败斗争形势依然严峻。在这种情况之下，党员干部的示范作用也受到了严重挑战。针对当下部分党员干部的负面形象，社会上有一种说法："满嘴马列主义，满脑个人主义；嘴上说一套，行动另一套；不想为人民服务，只想为人民币服务。"几年前，陕西某县烟草专卖局局长"性爱日记"被网上曝光，有西方媒体借机大做文章，称"中国官员一天的私生活就是异性、饮酒和手机"。这一报道虽有夸张乃至抹黑之嫌，但毕竟反映了境外媒体眼中中国官员的形象。在有关课题调查中，针对"影响人们的政治信念和生活信心的因素有哪些"这一问题，一半以上调查对象首选"干部腐败"，其次是"分配不公，两极分化"；针对"伦理道德方面，最不满意的群体是哪些"这一问题，有74.8%的受调查者选择"政府官员"，其次为"演艺娱乐圈"（占48.6%）、"企业家"（占33.7%）。② 这一调查也许不能全面反映问题，但毕竟能够从一些侧面反映出一些问题。正因为存在诸如此类的种种问题，导致在一些地方、一些部门党群干群关系紧张，理论教育的主体与客体之间关系疏离。

---

① 列宁：《新经济政策和政治教育委员会的任务》，《列宁全集》第42卷，北京：人民出版社，1986，第198页。
② 樊浩：《公众最不满意官员群体道德》，《人民论坛》2012年第22期。

3. 理论与实践的"反差"

"理论在一个国家实现的程度，总是取决于理论满足这个国家的需要的程度。"① 马克思主义中国化的过程，实际上也就是马克思主义不断满足中国社会发展需要的过程。中国作为唯一保持文明连续性的文明古国，在走向现代文明的过程中却步履蹒跚、路途艰辛。正当中国人民为找不到现代化出路而苦闷的时候，十月革命的胜利给中国人民带来了巨大的鼓舞。走俄国人的路，从马克思主义真理中寻求救国救民之法，这就是当时中国先进知识分子的结论。而随后中国革命的历史证明，只有马克思主义，只有与中国实际相结合的马克思主义，才能满足"民族要独立、人民要解放"的社会需要。1949年新中国的成立和社会主义制度的建立，翻开了中国现代化发展的新篇章。毛泽东思想的一个独到之处，就在于它科学揭示了中国革命与世界革命、资本主义革命与社会主义革命的复杂关系，形成了具有鲜明中国特色的新民主主义革命和社会主义改造理论。"大跃进"的全民狂热，"文化大革命"的十年浩劫，以沉重的代价从反面证明，偏离马克思主义中国化的科学道路，也就偏离了中国现代化的正常轨道。改革开放近四十年的伟大实践充分证明，只有社会主义才能救中国，只有改革开放才能发展中国、发展社会主义、发展马克思主义。改革开放以来，随着实践发展的需要，马克思主义理论研究不断深入，马克思主义中国化新成果不断出现。毫无疑问，马克思主义理论在中国表现出强大的生命力、解释力。

但是，在改革开放条件下开展马克思主义理论教育和社会主义意识形态建设，并不是一件容易的事情。江泽民曾经指出："我们在党内和全社会为宣传马克思主义、树立社会主义理想信念做了大量工作，取得的成绩很大。但是，为什么马克思主义理论和社会主义理想、信念、道德对一些人却往往难以发生作用呢？为什么像'法轮功'这样的歪理邪

---

① 马克思：《〈黑格尔法哲学批判〉导言》，《马克思恩格斯文集》第1卷，北京：人民出版社，2009，第12页。

说会在一些群众甚至少数高级知识分子和干部中产生那么大的影响呢？为什么西方资本主义的一些理论和腐朽思想文化、生活方式对一些人会产生那么大的吸引力呢？这其中的原因是多方面的，既有国际环境的原因也有国内的原因，既有历史原因也有现实的原因，既有物质技术发展方面的原因也有精神文化领域的原因，要进行全面分析。"① 从理论与实践关系的角度来看，造成这一问题的主要原因如下。

（1）理性思维缺失。从民族思维特点来看，中国人一向长于感性而短于理性。与西方人的逻辑型、思辨型、实证型的思维特点相比，中国人的思维属于记录型、描述型。中国传统哲学虽然思想深刻，却充满了随意性、不确定性、模糊性，缺少系统性和逻辑性。从地域角度来看，原生形态的马克思主义来自西方，虽然它并不玄奥，但无疑带有西方理性思维的特点，具有很强的逻辑性和系统性。由于中国传统思维方式的影响至今仍然根深蒂固，这在一定程度上影响了人们对马克思主义的理解、接受、认同程度。

（2）理论解读误区。出于各种原因，在我们的生活中长期存在对马克思主义的解读误区，其中主要就是庸俗化解读。那种将马克思主义简单地归结为几条原理、几个具体结论的做法，必然导致马克思主义本身的科学性、有用性遭到质疑。例如，将"三个代表"重要思想解读成三句话，将"科学发展观"解读成一句话，就是庸俗化的表现。此外，对马克思主义的解读还存在把马克思主义泛化、工具化、学院化、神圣化等误区，这些都对马克思主义大众化产生了消极影响。

（3）实践环节偏差。改革开放以来，我国经济社会发展取得了举世瞩目的成就。事实雄辩地证明：只有改革开放才能发展中国、发展社会主义、发展马克思主义。与此同时，改革过程中也产生了比较突出的社会问题：贫富差距持续扩大，社会分化趋向明显；失业率上升，就业形势严峻；不平等现象突出，社会心理严重失衡；社会风险增大，社会保障脆弱。这些问题的出现，让部分干部群众对改革开放的性质产生怀疑，

---

① 江泽民：《在全国宣传部长会议上的讲话》，《江泽民文选》第3卷，人民出版社，2006，第200页。

并因此对马克思主义的信仰产生动摇。此外，党内也存在不少不符合党的性质和宗旨的问题，特别是让广大群众深恶痛绝的腐败问题。这不仅对党同人民群众的血肉联系造成了严重损害，而且对党执政的群众基础和作为党指导思想的马克思主义的理论形象造成了严重损害，在很大程度上抵消了我们为马克思主义大众化所付出的各种努力。可以说，这一点与其他因素相比，对马克思主义大众化的负面影响最大。①

上述几个方面的原因，归结为一点，或者说表现得特别突出的，也许可以称为理论与实践的"反差"。② 面对这种"反差"，社会上出现了"理论是美好的，现实是残酷的""学了理论热血沸腾，看了现实心凉半截""老师讲了一学期，毁在社会一星期"等说法。

4. "万能"与"无用"的偏颇

诚如有学者指出，在思想政治教育发展过程中，曾出现过"万能论""无用论"两种观点，这是人们对思想政治教育的非科学评价。③ 实际上，对于马克思主义理论灌输，同样存在这两种看法。"万能论"对待理论灌输采取乐观主义的态度，眼里只有灌输，而忽视了其他理论教育手段和方法，尤其是忽视了现代教育手段和方法；对待思想理论问题乃至其他问题，动辄诉诸理论灌输，存在一种将灌输当成包打理论教育天下的倾向。"无用论"对待理论灌输采取悲观主义的态度，眼里轻视或无视灌输；对待思想理论问题，往往回避或否定理论灌输，存在一种视灌输毫无用处的倾向。

---

① 孙来斌：《马克思主义大众化的困境和破解之道》，人民网，http://theory.people.com.cn/GB/179412/183941/183950/13613508.html，最后访问日期：2017年10月8日；孙来斌：《为马克思主义大众化提供坚实的实践支撑》，《学习月刊》2010年第7期。
② 事实上，如前所述，这种"反差"有的是理论方面造成的，有的是实践方面造成的。从理论方面来讲，有的是理论落后于实践的要求所致，有的则是对理论的解读误区所致。从实践方面来讲，现实生活中的实践常常比理论的概括要丰富、要具体，存在各种"色差"；一些地区、一些部门的具体实践，也会因为各种原因而与党的理论和实践的整体要求存在一定的差距乃至偏离。
③ 项久雨：《思想政治教育价值论》，北京：中国社会科学出版社，2003，第298页。

以上两种截然相反的态度，有的是因为持有者对灌输的内涵和特点理解不同所致，对此，本书导论和第一章已有所论及，在此不再赘述。①有的虽然对灌输的内涵和特点理解大致相同，但对灌输的价值判断存在歧见。在此，笔者主要对后者做一点简单的分析（因为只有这样才有可能避免因为话语体系的不同而导致的无谓争论）。在我们看来，导致"万能论""无用论"出现的原因，可能在于以下几点。

（1）价值评价的偏颇。在现阶段，我们的马克思主义理论灌输既取得了多方面的成绩，也存在比较突出的问题，应该辩证地加以评价。"万能论"只看到思想理论灌输取得的成绩，看不到存在的问题；"无用论"只看见思想理论灌输存在的问题，而看不见取得的成绩，在价值评价上都失之偏颇。中国共产党第十八次全国代表大会在评价过去五年的工作时指出："五年来，我们胜利完成'十一五'规划，顺利实施'十二五'规划，各方面工作都取得新的重大成就。""同时，必须清醒看到，我们工作中还存在许多不足，前进道路上还有不少困难和问题。"② 这一评价蕴含的方法原则，无疑值得学习。习近平在全国宣传思想工作会议上的讲话既充分肯定了宣传思想工作取得的成绩，也指出了当前宣传思想工作存在的问题，对于我们评价理论灌输更是具有直接的指导意义。

（2）归因分析的错误。工人阶级政党的马克思主义理论教育关涉方方面面的工作，由一系列教育环节组成，是一个复杂的社会教育工程。马克思主义理论灌输作为马克思主义理论教育的特殊形态和重要表现，并非马克思主义理论教育的全部方面、环节和过程。因此，在评价马克思主义理论教育的绩效、分析其存在问题的原因时，应该从多方面、多环节、全过程着手加以考量。实际上，"万能论""无用论"并没有考虑到这些因素，它们在分析马克思主义理论教育的绩效时，往往将其他方

---

① 如果将灌输理解为"生硬灌输""强制灌输"，它没有什么积极的价值；如果将灌输理解为一种工人阶级的理论教育活动，它具有积极的价值。从笔者了解的一般情况来看，这可能是思想理论界较为普遍接受的观点。
② 胡锦涛：《坚定不移沿着中国特色社会主义道路前进 为全面建成小康社会而奋斗——在中国共产党第十八次全国代表大会上的报告》，北京：人民出版社，2012，第2、5页。

面和环节的失误和不足，一捆子打在理论灌输头上，不仅将复杂的问题简单化，而且出现了归因错误。

（3）哲学方法的偏误。马克思在创立新世界观之初就明确指出："有一种唯物主义学说，认为人是环境和教育的产物，因而认为改变了的人是另一种环境和改变了的教育的产物，——这种学说忘记了：环境正是由人来改变的，而教育者本人一定是受教育的。因此，这种学说必然会把社会分成两部分，其中一部分凌驾于社会之上。"[①] 这一论断，深刻阐明了教育的社会作用，指出了夸大教育功能的理论错误，对于我们分析"思想政治教育万能论""灌输万能论"具有重要的指导意义。"灌输万能论"在哲学方法上正好犯了马克思所批判的形而上学方法论的错误。"灌输无用论"完全否认理论灌输的意义，看似与"灌输万能论"处于对立的两极，实际上在哲学方法论上两极相通，都存在形而上学的偏误。

那么，究竟如何看待前述"五大考验""四大矛盾"呢？应该说，与以前相比，当前理论灌输确实面临着许多新情况、新问题，理论灌输的实效性确实亟待增强。如何应对灌输环境、内容、客体、载体等方面的新变化，解决好一元与多样、"外灌"与"内引"、灌输与接受等一系列重要关系，确实是"灌输论"必须直面并积极回应的时代难题。唯有如此，"灌输论"才能永葆其理论魅力，体现其当代价值。

附录一　当前西方针对中国的意识形态挑战及应对[②]

当前，随着经济全球化的发展，国际力量对比出现新态势，全球思

[①] 马克思：《关于费尔巴哈的提纲》，《马克思恩格斯文集》第 1 卷，北京：人民出版社，2009，第 504 页。

[②] 之所以将此作为附录放在这里，一则考虑到当前西方针对我国的意识形态挑战与本章的内容高度契合，虽然这种挑战并不只是列宁灌输理论面临的境遇，但是所有思想理论工作者都应该关注的问题。二则考虑到它本身就是国家社会科学基金规划项目"列宁的灌输理论及其当代价值研究"（08BKS001）的研究成果。本附录曾公开发表于《当代世界与社会主义》2012 年第 5 期，署名为孙来斌、韩露，收入本书时有改动。

想文化交流、交融、交锋呈现新特点。我们在注意文化交流、交融这种积极意义居多一面的同时，也要注意各种原因导致的交锋这种挑战意义为主的一面。特别是随着中国的经济崛起，国际上出现了针对我们的"中国崩溃论""中国威胁论""中国责任论"等。这些言论，与境外其他势力的某些论调彼此呼应，"交响"成各种杂音、噪音，试图给中国发展制造不利的国际舆论环境，进而干扰中国特色社会主义的现代化进程。在此情况下，冷静观察境外意识形态活动新动向，采取积极而有效的应对措施，是当前我国意识形态领域一项极其紧迫而重要的工作。

1. 当前西方针对中国的意识形态挑战的典型表现

当前，一些国家出于自身利益考虑、冷战思维惯性、遏制中国战略等原因，不失时机地推出各种版本的"中国崩溃论""中国威胁论""中国责任论"等，在国际意识形态领域给中国发出了严峻挑战。

（1）耸人听闻的"中国崩溃论"。从20世纪70年代末开始，基于和平与发展是当今世界的时代主题的正确判断，中国开始实施改革开放政策。中国与国际社会的交往逐渐增加，中国的发展成就日益引起世人瞩目。然而，自80年代末开始，国际局势风云变幻，苏东剧变、亚洲金融危机、世界经济危机等重大国际事件接连出现。在新的国际形势下，中国将何去何从？这是国际社会普遍关注的时代问题。

面对新的国际形势，一些西方人士出于各种心理，开始热衷于对中国的未来做出各种凶险预言：苏东剧变时，他们断言，中国很快会步其后尘；邓小平去世时，他们放言，中国即将四分五裂；亚洲金融危机爆发时，他们又预测，中国将成为遭遇危机的"最后一块多米诺骨牌"，继而发生政治动荡……虽然一个又一个的"预言"均告失灵，但所谓中国即将"崩溃"的毒咒并未终结。随着这股思潮的涌动，近年来有人又将重点放在"揭示"中国经济增长的虚假性上。他们把中国经济比喻成"一座建立在沙滩上的大厦"，预言中国政府很快就会垮台。其中，美国匹兹堡大学教授托马斯·罗斯基率先发难。他在2000年接连发表两篇文章，否定中国经济连续、稳定的发展。据其所称：中国官方的国内生产总值统计数据出现了严重的上偏差。按照他的估计，中国 1998 年国内生产总值增长率比官方统计的 7.8% 要低得多，2.2% 只是一个上限，实际的结果甚至可能是 -2.2%。紧随其后，美国华裔律师章家敦所著《中国即将崩溃》、美国《中国经济》季刊主编斯塔德维尔所著《中国梦》、美国记者包德甫所著《苦海余生》等，均不同程度地宣扬了中国"即将崩溃"的主观臆断。英国的《金融时报》《经济学家》等西方主流媒体也纷纷追随，加入炒作行列。其中，有人甚至妄言：中国现行政治和经济制度最多只能维持 5 年。2008 年国际金融危机爆发以后，又有西方学者断言：中国已经卷入世界资本主义体系，因而必将遭受经济危机潮水般的冲击而濒于崩溃。

上述种种所谓"中国崩溃"的言论，在一定程度上也确实指向了中国经济社会发展存在的某些困难和问题，但是无限夸大了这些困难和问题。这种对中国发展前途的危言耸听，反映了西方中心论的思维惯性以及害怕中国崛起的特殊心理。

（2）层出不穷的"中国威胁论"。"中国威胁论"的思想源头，可以追溯至 19 世纪西方提出的"黄祸论"。按照当时德国皇帝威廉二世等人的逻辑，一旦中国复兴，那么中国的传统文化以及中国人的生活方式都将对白种人产生严重影响。由于带有强烈的种族歧视色彩，"黄祸论"在现代国际社会逐渐失去市场并淡出历史舞台。

20 世纪末期，随着苏联解体、冷战格局消失、中国国际地位提升，"中国威胁论"开始泛滥。日本防卫大学副教授村井友秀在 1990 年发表《论中国这个潜在的敌人》一文，推出日本版的"中国威胁论"，断言中国将是"取代苏联的潜在威胁"。其后，日本政界开始一次又一次鼓吹"中国军事威胁论"，并以此为日美安保体系的所谓必要性做注释。① 日本右翼势力代表人物石原慎太郎在《战胜中国重建日本的道路》一文中

---

① 卫灵、贾静：《在和平发展中应对"中国威胁论"》，《思想理论教育导刊》2009 年第 1 期。

声称：作为日本强项的制造业正在被中国迎头赶上，中国崛起带有侵略性的征候。这种论调对日本民众产生了较大的影响。在日本九州地区进行的一次企业调查结果显示，有96%的企业认为中国具有"威胁"。2009年10月，日本右翼媒体针对中国的国庆阅兵放言：在中国对钓鱼岛主权态度越来越强硬的背景下，举行规模庞大的阅兵活动，是有意向日本提出挑战。2010年9月以来，日本政界和民间不少人都在拿钓鱼岛撞船事件大做文章，推销"中国威胁论"。2012年7月30日，日本政府批准了防卫大臣森本敏提交的2012年版《防卫白皮书》，继续炒作中国"军事威胁论"，为扩张军备寻找借口。该白皮书被认为是在世界各国官方出版物中对中国"国防动向"关注最多、渲染中国"军事威胁论"最多的公开文件之一。

冷战结束以来，美国版的"中国威胁论"更是层出不穷，先后经历了几波高潮，并演化为各种版本，具有代表性的版本主要有如下几种。

其一，"军事威胁论"。1992年，美国费城外交政策研究所亚洲项目主任罗斯·芒罗发表《正在觉醒的巨龙：亚洲真正的威胁来自中国》一文，断言中美将出现不可避免的军事冲突。此后，美国国防部多次推出《四年防务评估报告》《中国军力报告》，一再渲染中国的军费开支、核武数量、军事能力等。《2008年国防战略》声称："在可预见的未来，我们需要采取预防措施应对中国不断推进的军事现代化及其战略选择。" 2009年，美国防务咨询公司"长期战略集团"首席执行官纽麦尔就"如何看待中国军事觉醒"问题声称："中国可能是唯一试图对美国形成威慑的国家，其野心引人注目，我们承担不起疏忽这一点的代价。"[①] 2009年10月，几家美国媒体借中国国庆阅兵事件，以"以公开阅兵展示隐性威胁"为题吸引读者。2010年以来，随着中美在一系列安全问题上分歧加剧，美国国内的"中国军事威胁论"进一步上升。一个由克林顿政府时期的国防部部长威廉·佩里和小布什政府时期的高级安全顾问斯蒂

---

① 〔美〕史蒂夫·列沃尔：《美国争论如何看待中国军事觉醒》，陈一译，《环球时报》2009年2月18日。

芬·哈德利领导的跨党派独立专家小组认为，中国的崛起是未来20年可能出现的对美国持久国家利益最严重的潜在威胁之一。

其二，"文明威胁论"。哈佛大学教授、国际和地区问题研究所所长亨廷顿是这个方面的代表人物。他于1993年就在美国《外交》杂志撰文大谈"文明的冲突"。其后，又在《文明的冲突与世界秩序的重建》一书中断言：冷战后世界冲突的基本根源是文化方面的差异，主宰全球的将是"文明的冲突"，而中华文明、伊斯兰文明将成为西方文明的天敌。"未来的危险冲突可能在西方的傲慢、伊斯兰国家的不宽容和中国的武断的相互作用下发生"。①

其三，"经济威胁论"。一些美国学者认为，中国正成为世界工厂，不断掏空世界其他地区的制造业。中国在吸引外资和增加出口上的成功，对许多边缘国家构成竞争性威胁，给韩国、墨西哥等国经济带来了很大的压力。还有人甚至声称：中国侵犯知识产权的行为每年给美国造成大约20亿美元的损失；中国的廉价劳动力正在导致美国就业岗位的流失；美国对华贸易逆差持续多年，使中国成为美国最大的债权国；近年来中国能源需求剧增，中国将卷入同美国争夺能源的资源战；等等。2005年的一份研究发现，有66%的美国人认为中国"对美国的就业岗位构成了严重的威胁"，有54%的美国人对"中国对美国的投资水平"表示担忧。② 2008年金融危机之后，美国学界和政界的一些人士将危机的爆发和美国就业机会的丧失归咎于中美经贸关系的不平衡。美中经济与安全委员会在2010年的年度报告中将此与中国军事威胁相联系，认为："中美经贸关系的不平衡给予中国增强和促进其经济、军事和政治权力所需要的金融资源和技术能力。"③

---

① 〔美〕塞缪尔·亨廷顿：《文明的冲突和世界秩序的重建》，北京：新华出版社，1999，第199页。
② 〔美〕哈利·R. 阿尔罗德汉：《"中国威胁"论批判》，李冬梅编译，《当代世界与社会主义》2008年第3期。
③ U. S. Government Printing Office, *2010 Report to Congress of the U. S. -China Economic and Security Review Commission*, November 2010.

除此之外，还有所谓"中国制度威胁""中国科技威胁""中国间谍威胁""中国文化威胁""中国意识形态威胁""中国人口威胁"等多种版本，甚至还出现了"中国体育威胁"的论调。在 2012 年伦敦奥运会上，包括中国和美国在内的世界各国和地区的运动员同场竞技，一些美国媒体认为，中国是唯一对美国体育霸主地位构成威胁的国家。其中，《今日美国》认为，中国和美国在奥运会上的激烈竞争，是中国和美国在国际事务上抗争的缩影。值得注意的是，"中国威胁论"除了在美国、日本流行之外，在东南亚和俄罗斯等周边地区也不时出现。但是，这些国家出现的"中国威胁论"，大多出于对自身安全与利益的担心，与美国、日本主要意图在于遏制中国发展的"中国威胁论"具有不同性质。

（3）大肆渲染的"中国责任论"。就在"中国崩溃论""中国威胁论"不绝于耳之时，随着中国特色社会主义的强势发展，西方又掀起了新一轮"关注"中国的热潮，"中国责任论"随之出炉。正式提出"中国责任"问题的是美国前副国务卿罗伯特·佐利克。他在 2005 年 9 月 21 日的美中关系全国委员会的演讲中提出，美国不仅要考虑为中国加入国际体系打开大门，而且需要促使中国成为这个体系中负责任的、利益攸关的参与者。① 西方国家自此开始频频以"责任"为口号，开出了一系列超出中国实际能力的"中国责任清单"：要求中国大幅提高人民币汇率、增强军事透明度以及参与孤立和打压所谓的"问题国家"、承诺更高的环保义务等。其中，欧盟委员会 2006 年发表题为《欧盟与中国：更密切的伙伴、增长的责任》的对华政策文件，要求中国承担起与其拥有的对世界贸易、安全和环境的巨大影响力相匹配的全球责任，在国际体系中肩负起富有挑战性的责任。美国学者托马斯等人提出，西方要"帮助中国朝着积极的方向发展""敦促中国成为一个负责任的参与者""帮助照亮中国前进的道路"。② 耶鲁大学教授杰弗里·加滕 2006 年 10

---

① 马振岗：《中国的责任与"中国责任论"》，《国际问题研究》2007 年第 3 期。
② Thomas J. Christensen, "China's Role in the World: is China a responsible stakeholder?" The U. S-China Economic and Security Review Commission, August 3, 2006.

月在英国《金融时报》上发表《呼唤中国"马歇尔计划"》一文，建议中国拨出1500亿美元放在一个捐赠账户中，以支持联合国的千年发展目标计划。这对于目前还有不少贫困人口的中国而言，无疑是不切实际的。2007年1月，伦敦皇家国际问题研究所所长维克托·托马斯在《2020年，世界将有中美两个超级大国》一文中写道："人们需要不断提醒这两个超级大国，它们的责任已扩大到整个地球。"① 日本则以联合国现有会费分配比例不能反映中国渐增的经济实力及其在联合国的地位和责任为由，要求中国承担更大的联合国会费缴纳份额。② 日本前首相菅直人在2011年达沃斯论坛上表示："中国增长给日本带来经济社会影响，中国经济规模很大，就应当在世界上担任更大责任，希望中国意识到这一点，并以此行事。"③

2008年国际金融危机爆发后，一些西方媒体、学者和政客，不切实际地、不合理地要求中国承担全球经济失衡的责任。2009年1月，行将卸任的美国财长保尔森在接受采访时称，中国等新兴市场国家的高储蓄率造成全球经济失衡，是导致金融危机的原因。而曾任美联储主席伯南克则干脆把美国房地产泡沫归咎于外国人尤其是中国人的高额储蓄。国际金融危机发生以来，中国政府及时果断地采取一系列应对措施，取得了显著成效，受到许多国际有识之士的褒扬。然而，某些西方人士抛开自己国家应承担的责任，将金融危机和世界经济复苏乏力归咎于中国，认为"当前世界经济中的任何问题都因中国而起"，要求中国承担起世界经济失衡和"拯救全球经济"的责任。④

众所周知，金融危机的根源在美国，一些美国人抛出"中国责任

---

① 周世俭、王丽军：《"中国责任论"是"糖衣炮弹"》，新华网，http://news.xinhuanet.com/world/2007-02/09/content_5718282.htm，最后访问日期：2017年10月8日。
② Judith F. Kornberg & John R. Faust, *China in World Politics*, Boulder, Colo.: Lynne Rienner Publishers, 2005, p. 8.
③ 《日本首相：中国GDP超日应承担更多责任》，雅虎网，http://biz.cn.yahoo.com/ypen/20110130/195164.html，最后访问日期：2017年10月8日。
④ 《"中国经济责任论"是"中国经济威胁论"翻版》，新华网，http://news.xinhuanet.com/politics/2010-07/27/c_12375698.htm，最后访问日期：2017年10月8日。

论"无疑是为了逃避责任、转移视线。可以说，美国人的这种做法由来已久。早在冷战初期，"遏制之父"凯南就承认："我们美国人这个倾向看来真古怪：时时刻刻都想在我们的国境以外找到一个罪恶中心，从而把我们的麻烦都算在它的账上。"① 他当时对美国能找到苏联这个"罪恶中心"而庆幸，如今，同样的论调又出现在美国的主流媒体上，中国成为"替罪羊"。

从一定意义上讲，"中国责任论"是西方社会因应中国崛起而加大对中国融入的一种理论尝试，也是其在与中国相互依存度不断加深的条件下试图化解"中国威胁"的对华政策选择。与"中国崩溃论""中国威胁论"相比，"中国责任论"表面上似乎温和了许多，"责任"一词也使其在对中国施压的方式上包装了一层所谓的世界立场和国际道义的色彩，但是，这仍然无法掩饰某些西方势力期望将中国经济发展步调纳入其主导的战车、极力阻碍中国崛起的良苦用心。

除了前述几种主要挑战之外，近年来，"记者无国界""大赦国际""人权观察""璎曼基金会""达尔富尔奥运梦"等形形色色的国际反华组织，在一些国际交往场合和重要事件中先后粉墨登场，对我国政府发出各种责难。

2. 当前西方针对中国的意识形态挑战的基本动向

当前，随着中国特色社会主义事业不断发展，某些境外势力针对中国的西化、分化、弱化之势愈演愈烈，并频频运用"经济问题意识形态化、意识形态问题经济化、宗教问题政治化、政治问题宗教化"② 等多种方式，对中国意识形态领域进行攻击和渗透。

（1）基于利益需求，参与意识形态攻击和渗透的境外势力逐步扩大。一些西方势力多年来不断对社会主义国家实行经济、政治、思想文化的全面渗透。仅就思想渗透而言，它们特别舍得投资。在一些美国资

---

① 〔美〕乔治·凯南：《美国外交》，葵阳等译，北京：世界知识出版社，1989，第130页。
② 石云霞：《我国意识形态领域的新变化及对策研究》，《思想理论教育》2009年第11期。

产阶级政治家看来,"最终对历史起决定作用的是思想,而不是武器","最重要的是搞攻心战","在宣传上花一个美元等于在国防上花五个美元"。①

当前,除西方势力外,中国周边一些国家也注意到意识形态渗透的战略优势:它不仅是一种较为隐蔽的"入侵"方式,还可以比直接发动军事竞赛、军事进攻耗费更少的人力、财力和物力,所产生的影响却十分深远。出于国家利益之争,受地缘政治的影响,这些国家纷纷把矛头指向了中国。一度在西方舆论中盛行的"中国威胁论"等思想,很快也引起了这些国家的回应。例如,1998年,时任印度国防部部长费尔南德斯声称,印度进行核试验是为了对付来自中国的威胁,中国是印度的"头号潜在敌人"。而一些美国人士竟然认可印度的核试验,并表示:"当中国这个大国崛起时,需要俄国从北方、日韩从东方、印度从西南方来制衡它。总有一天,美国人会感谢印度的核试验。"② 在印度报刊上从来不乏针对中国的所谓"超级大国""中巴轴心""南下印度洋""侵占印度"等言论。由于历史遗留的领土边界问题以及意识形态上的冲突,"中国威胁论"一度在东南亚也颇具市场。菲律宾前总统拉莫斯曾在夏威夷东西方中心演说时宣称:"中国是东亚地区头号威胁。"③"中国威胁论"在俄罗斯也有一定的市场。俄罗斯政治和军事分析研究所所长亚历山大·沙拉温在《消息报》上撰文称,美国对俄罗斯的军事威胁具有纯神话性质,而中国对俄罗斯的军事威胁则是显而易见的。此外,一些亚洲国家中的宗教组织也加大了对我国的渗透活动。例如,韩国基督教总联合会在实施宗教渗透时就公开提出,要将中国的 220 万朝鲜族民众"福音化",继而将其他中国人"福音化";同时,还以医疗和教育支援为名,通过向中国延边地区捐资建企业、建教堂等手段,培植传教骨

---

① 江流、徐崇温主编《20~21世纪:社会主义的回顾与瞻望》,北京:中国社会科学出版社,1995,第257页。
② Thomas L. Friedman, "India Asks Why American Ignores it and Courts China," International Herald Tribune, 22 July, 1998.
③ 罗杰:《东南亚国家如何看中国威胁论》,《亚太参考》1997年第2期。

干，设立"附属机构"。可见，基于某些利益驱动，在西方势力的策动和支持下，中国周边国家的一些势力也加入了对我们进行意识形态攻击和渗透的阵营。

（2）利用国际上的强势话语权，不断扩宽意识形态渗透的辐射面。当前，世界社会主义运动处于低潮，西方发达国家借助其经济、军事、科技、文化等方面的竞争优势，积极利用在国际交往活动中的强势话语权，加强对社会主义国家的思想渗透，从而使得意识形态领域里的斗争的复杂性、涉及面大大增加。它们利用经济、文化、外交等各种活动，传播资本主义的制度模式和价值观念。它们打着各种旗号为其意识形态渗透做掩护，在政治上极力推销西方民主价值观，贬低马克思主义，鼓吹指导思想多元化；在经济上否定公有制的主体地位，宣扬私有化；在文化上构建"文化武器库"，设立"基金会""研究会""培训中心"等机构，培植"亲西代理人"，散播"自由种子"。2010年，挪威诺贝尔委员会将该年度诺贝尔和平奖授予因违反中国法律而正在服刑的罪犯，变相公开支持中国境内的违法犯罪行为，粗暴干涉中国司法主权。近年来，美国政府一直鼓励本国民众通过商业合作、文化活动、教育交流等接触方式宣传美国的价值观。《2010年美国国家安全战略》指出："在很多情况下，这些接触方式在海外具有强大而持久的影响，也是一个低成本、高收益地投射美国领导地位的积极办法。我们再一次看到了代表美国价值和利益的最佳大使是美国人民——我们的商业、非政府组织、科学家、运动员、艺术家、军事服务人员和学生等。"种种迹象表明，某些西方国家和境外势力频频利用商业、文化、体育等较隐蔽的方式消解中国国民的凝聚力，并且还将推动"颜色革命"和中国分裂的意图夹杂其间。

（3）运用各种传播工具，积极抢占舆论阵地。

首先，积极利用各种新闻传媒加紧针对我国的舆论攻势。近年来，一些美国媒体极力夸大中美在人权、贸易、汇率等问题上的分歧，连篇累牍地指责中国政府，贬损中国的国际形象，甚至不遗余力地鼓动美国政府采取更强硬的对华政策。正如美国著名社会学家赫曼与乔姆斯基指出:"美国新闻或多或少地带有'反共'的味道,'唯意识形态论'不仅始终主导着美国媒体对发生在社会主义'敌国'的所有新闻的诠释,而且也为他们提供了一条威胁与恫吓'敌国'的途径。"① 美国詹姆斯·麦迪逊大学副教授杨毅等人的研究成果表明,《纽约时报》《华盛顿邮报》《华尔街日报》《洛杉矶时报》《芝加哥先驱报》这 5 份影响最广和声望最高的美国主流报纸,在 1992~2006 年一共刊载了 376 篇报道"中国威胁"的文章。这些主流大报不仅常常引导着美国新闻界的热点话题,也在很大程度上塑造了美国大众的国际观。②

其次,加强对中国的互联网攻势。境外势力利用网络频频向中国境内发送垃圾政治邮件、"翻墙"软件,利用 BBS 散布虚假信息以蛊惑人心、煽动闹事等。同时,某些西方势力还将自己的主流价值观念、对中国的意识形态偏见渗透进网络游戏。北美某著名游戏公司制作的一款大型多人在线角色扮演网游,在登陆中国市场后,并未将视角聚焦于游戏本身,而是集中渲染中国大陆的各类负面新闻,并试图将矛头指向中国政府。在某些势力的授意下,游戏玩家们被打上了"自由""民权""弱势群体"等标签,并被描写成为中国网络反抗暴政和不公的自由民权斗士。可见,网络已成为境外敌对势力向我国进行思想渗透的重要渠道。

此外,境外势力正积极掌握和利用高科技手段,妄图针对我国拉起一张立体式的宣传包围网。2003 年的监测结果显示:"境外敌对势力在我国周边已设立了 30 多个转播台,每天使用多种语言、170 多个频率对华播出 60 多个小时的节目……同时,利用空间卫星技术,在我国上空构建了密集的卫星电视网,频道达 400 多个,尤其是加大了对我边疆地区、民族地区和内地区域的宣传覆盖。"③ 美国政府高度重视运用现代信息网络技术加强对外意识形态渗透。《2010 美国国家安全战略》指出,

---

① 周宁:《冷战思维与双重标准——对美国三大日报关于邪教"法轮功"报道模式的意识形态化研究(1999-2005)》,《国际新闻界》2006 年第 9 期。
② Yi Edward Yang and Xinsheng Liu, "The 'China Threat' Through the Lens of US Print Media: 1992-2006," *Journal of Contemporary China*, July, 2012, pp. 695-711.
③ 李方祥:《加强意识形态工作　巩固共同思想基础》,《高校理论战线》2010 年第 1 期。

美国政府将采取各种措施,"支持这些技术的扩散和使用,以促进表达自由、扩大信息的获得、增进政府的透明度,反对对这些技术使用的限制。我们也将更好地利用这些技术以有效地将我们的信息传递到世界"。

(4) 针对我国政府的正面宣传教育,策动各种反面宣传和虚假宣传。一些西方势力不断制造针对中国的失实性乃至歪曲性的报道,加大反面宣传中国的力度。例如,一些人借人权问题来抨击中国的制度和法律,"许多美国人把中国政治的复杂性归结为一种简单的野蛮力量叙事:践踏个人权利的'东方暴君'或'红色共产党人'"①,甚至提出中国人权"倒退论"。针对中国共产党和政府的政治宣传工作,某些西方人士在自身价值观的引导下,自编自创了一个"框架"说,即所谓中国政府"侵犯公民的言论自由权","操纵舆论",中国"公民能说什么、不能说什么都要先放入一个预设好的框架予以衡量"。② 针对中国政府平抑暴力叛乱的举措,部分西方媒体采用双重标准,大量使用"暴力镇压""文化灭绝"等负面、偏见词汇进行事件描述,将其污蔑为对人权的侵犯。一些西方势力利用一切可能的机会和渠道对中国妄加评论、恶意攻击。例如,2008年北京奥运会从一开始就受到了某些国外媒体蓄谋已久的"狂轰滥炸",它们不顾职业操守,迫不及待地放出谰语谮言:"北京奥运会在开幕式之前,就注定了它会失败。"而美演员米娅·法罗"为了能在媒体中出名,不惜以一首《屠杀的奥林匹克》来哗众取宠……将北京奥运会和1936年纳粹统治时期的柏林奥运会相提并论"。③ 某些美国体育记者和评论员也在公开散布一些尖刻的对华言论,攻击对象包括中国的领导人、经济体制和体育运动。此外,某些境外势力还擅长用歪曲的历史作为证据,以偏概全地对中国进行恶意宣传。例如,有人从中国

---

① 〔美〕彼得·海斯·格里斯:《中美关系中的误认问题》,杜文娟译,《国外理论动态》2010年第7期。

② Anne-Marie Brandy, "Mass Persuasion as a Means of Legitimating and China's Popular Authoritarianism," *American Behavioral Scientist*, Volume 53, November 2009, p. 445.

③ 〔法〕魏柳南:《中国的威胁?》,王宝泉、叶寅晶译,北京:人民日报出版社,2009,第45页。

众多的古代文献中"精心"挑选诸如岳飞的"壮志饥餐胡虏肉，笑谈渴饮匈奴血"等句子，用以说明中国的种族主义和种族歧视具有历史传统；将中国网民对日本否认侵华历史、韩国偷夺中国传统文化的不满和过激言论，解释为"仇日、仇韩的赤裸裸的种族主义"；对某些中国人"崇洋媚外"的表现，故意宣传为"视白人高贵、视黑人低贱的种族主义"等。

总之，当前境外针对我国的意识形态挑战攻势更趋激烈、形式更趋多样、手段更趋隐蔽。这就要求我们必须加强跟踪研究，从而做到知己知彼、从容应对。

3. 应对当前西方意识形态挑战的策略思考

当前境外针对我国的各种意识形态挑战，给我国经济社会发展制造了不利的国际环境，也给我国的意识形态安全带来威胁。为此，我们必须对此予以高度重视，在维护国家利益、坚持和平道路、提升国家形象、夯实物质基础等方面采取有效的应对之策。

（1）坚持马克思主义国家观，坚守国家利益。当前某些国家针对我国的意识形态活动，具有多重原因，但社会制度和意识形态的冲突、民族和国家利益的考虑，无疑是带有根本性的原因。有西方学者在论及这个问题时曾意味深长地指出："'玫瑰是一朵玫瑰，永远是一朵玫瑰'，国家就是国家，永远就是国家。"①

西方有西方的国家观，我们有我们的国家观。马克思主义国家观认为，国家是阶级统治的工具，国家主权是国家最高利益之所在。我们提倡超越意识形态去尽力发展国际友好合作，反复承诺并认真履行了自己应尽的国际责任。但是，对某些西方势力借国际责任之名行遏制中国之实的图谋，对西方国家的资产阶级实质及其扩展本性，我们应该保持清醒的认识，必须毫不动摇地坚持中国特色社会主义道路，必须毫不让步

---

① 〔英〕威廉·A.卡拉汉：《中国民族主义的界限——"中国威胁论"：建构认同的一种手段》，龚艳滨译，《世界政治与经济》2005 年第 11 期。

地坚守国家主权这个最高利益。中国作为一个多民族国家，自古以来就强调保障国家的整体利益、维护国家统一的理念。面对各种分化、西化和弱化中国的图谋，中国政府和各族人民以及海外华侨表现出的空前团结和国家利益高于一切的坚定立场，正是源于对国家观念的认同。面对当前境外的意识形态挑战，我们更应深化对马克思主义国家观的认识，以维护社会主义法制、维护国家主权、维护政局稳定作为我们坚定的政治立场。

（2）坚持和平发展道路，谋求多边合作共赢。从世界近现代史来看，一个大国的崛起似乎往往会以牺牲其他国家的利益为代价。可以说，当前在国际上流行的"中国威胁论""中国责任论"等，正是以此为历史根据的。这种推演似乎很重视经验，却有意回避中国在这个方面的历史经验和现实经验，有选择性地遗忘了一些国家霸权扩张的反面经验。中国的发展，不走西方发达国家依靠武力掠夺其他弱小民族来进行资本积累的历史道路，也不走苏联的霸权主义、对外扩张的道路。我们要积极用理论和实践向世人进一步表明：和平发展道路，是我们永远不变的选择。

首先，这种选择具有深厚的中华优秀传统文化底蕴。上下五千年的中华文明一直崇尚"和为贵"，这一理念逐渐成为中国处理内政外交的哲学思想和行为准则。历史上的"丝绸之路""郑和下西洋"，就是中国古代和平外交的典范。从鸦片战争到新中国成立的百余年间，中华民族饱受战乱之苦，"己所不欲，勿施于人"，这更强化了我们对和平的向往和追求。其次，这种选择反映了中国共产党长期治国理政的经验。胡锦涛提出中国始终不渝走和平发展道路，是总结中国共产党长期治国理政经验得出的基本结论，是对中国共产党的三代中央领导集体关于和平发展重要战略思想的继承和发扬。再次，和平发展道路的选择，鉴照了一些国家霸权行径的历史教训，顺应了当今世界合作共赢的发展潮流。霸权不得人心，扩张必受惩罚，这是世界历史发展的基本经验。环顾当今世界，随着经济全球化、政治多极化、文化多元化的发展，国际社会发展的整体相关性和相互依存性日益加强,非赢即输的旧观念日渐式微,合作共赢的新理念渐成共识。

"中国将始终不渝走和平发展道路。"这是中国共产党人对世界的庄严承诺,是中国政府和人民根据时代发展潮流和自身根本利益做出的战略抉择,也是对当前国际上种种别有用心的不利言论的有力回击。

(3)掌握国际舆论主动权,进一步提升国家形象。当前国际意识形态领域的斗争,在很大程度上表现为国际媒体间对舆论导向的争夺与控制。重视媒体宣传的作用,积极掌握舆论的主动权,是我国意识形态建设必须高度重视的问题。

首先,必须继续加大对外宣传的力度。"五四运动"以来,中外文化交流呈现出西学东渐有余、东学西渐不足的现象。有调查表明,近百年来西学中译与中学西译著作之比为100∶1,而外国人从中学西译著作中所了解的,又多半是八卦、算命、风水之类的东西。① 国外民众由于对中国知之不多、知之不切,因而极容易被别有用心的媒体误导。这就要求我们有针对性地加强对外宣传。其次,必须大力增强信息传播的管理能力。在信息时代,谁能够控制信息的传播,谁就拥有权力。当前西方更加重视利用现代信息技术加强对中国的意识形态渗透,我们更应高度重视新型网络安全工作,加强信息网络的硬件、软件和相关法制建设,并根据网络时代的传播特点,改进舆论宣传、监控、引导和管理工作,确保舆论主导权。最后,要调整舆论宣传的战略。我们要树立先声夺人的宣传理念,不仅要对境外各种误解、曲解乃至丑化中国的言论予以及时回应,而且要努力增强新闻报道的全面性、及时性、客观性,从而提高中国媒体的国际声望和国际竞争力,使之成为境内外普遍重视的新闻信息源。此外,还应该积极找寻诠释自身理念的恰当方式。中国的发展将伴随着中西之间长期的认知摩擦、碰撞、适应的过程,因此,善于向对方表达自身理念无疑是重要的。法国外交官魏柳南指出,很多中国人

---

① 王岳川:《我们尊重自己的文化吗?》,雅虎网,http://news.cn.yahoo.com/newsview/shengyinweiruo/,最后访问日期:2017年10月8日。

"在与西方人交流过程中，习惯直接用自己母语的话语方式表达思想，而没有考虑到用适合西方人的方式来表达"。① 这对我们是一种善意的提醒。应该说，中国政府近年比较注意这一点。北京奥运会申办、主办期间以及2011年1月胡锦涛访美期间，中国政府推出的国家形象片，受到外国民众的普遍好评。这种恰当的公共外交形式，对提升国家形象就起到了很好的作用。

（4）集中精力促进发展，进一步夯实物质基础。意识形态作为上层建筑的一部分，反映和服务于一定的经济基础。当前一些西方势力加强针对我国意识形态的活动，主要目的在于遏制我国的发展和崛起，在于维护西方国家自身的利益。在多元化的国际社会中，我们不可能左右别人的思维，也不可能完全消除对我国不利的舆论，因此，应对的关键就在于增强对杂音、噪音的抗扰能力，紧紧抓住发展的重要战略机遇期，聚精会神搞建设、一心一意谋发展，扎扎实实地做好我们自己的事情。如果我们真正能够将发展这篇大文章进一步做好，将强国之梦变为既成事实，同时又能坚持和平发展道路，国际社会中的各种不利言论自然会烟消云散。即便还存在一些杂音、噪音，我们反击起来也有足够的底气。同时，只有将发展问题解决好，才能为促进民族团结、维护意识形态安全奠定可靠的经济基础。因此，当前要紧密结合边疆民族地区的实际，发挥边疆优势，突出民族特色，推动边疆民族地区经济社会又好又快发展。唯有如此，才能实现边疆巩固、经济繁荣、民族团结，从而彻底消除境外分裂势力在境内的影响，增强中华民族的凝聚力。

总之，发展是硬道理。回应境外意识形态的各种挑战，离不开必要的物质基础，关键还是要靠发展。

---

① 邢宇皓：《中国需要找到诠释自身理念的更好方式：一个西方外交官眼中的"中国威胁论"》，《中国社会科学报》2009年第3期。

第五章　列宁灌输理论的当代价值

众所周知，列宁在1902年系统阐发"灌输论"有其时代依据和现实针对性。当前，在现实社会主义国家，尤其是在我国，同列宁所处的时代相比，同过去的革命战争年代和计划经济年代相比，马克思主义理论教育的环境、客体、载体等都发生了很大变化。在这种时代境遇下，"灌输论"的当代价值问题也就成为争论的一大焦点。它到底还有无价值？如果有，它何以有价值？又有什么价值？这些问题，亟待我们做出回答。

一　列宁灌输理论当代价值的学理支撑

一种理论的当代价值，既可以在其自身框架范围之内得到逻辑证明，更需要在其他学科当中得到学理支撑，我们姑且将其称为自证与他证。在当今条件下，列宁灌输理论仍然具有很重要的时代价值。在马克思主义理论一级学科内部，一个二级学科可以从其他二级学科获得学理支撑；如果从更宽泛的角度来看，即超出马克思主义理论一级学科的范围来看，作为对自然界、人类社会和思维发展的一般规律正确反映的马克思主义，不是离开人类文明大道的产物。它所揭示的若干重要原理，一定会在其他学科当中得到一定程度的反映，因而也一定能从其他学科当中得到一定程度的学理支撑。习近平在哲学社会科学工作座谈会上的讲话中指出："马克思主义经典作家眼界广阔、知识丰富，马克思主义理论体系和知识体系博大精深，涉及自然界、人类社会、人类思维各个领域，涉及历史、经济、政治、文化、社会、生态、科技、军事、党建等各个方面，不下大气力、不下苦功夫是难以掌握真谛、融会贯通的。"① 以此为努力方向，我们无疑可以从更宽广的学科视角来理解列宁的灌输理论。尤其是站在当代社会的角度来看，列宁灌输理论的当代价值可以从有关学科的理论中得到相应的证明，尤其是在当代政治学、发展经济学、教育学、西方马克思主义等学科理论中能够得到有效的支撑。

1. 当代政治学的政治社会化理论

有资料表明，"政治社会化"这一术语最先出现在20世纪50年代的美国。此后，一些西方学者开始对之进行了系统的研究，陆续取得了一些研究成果，逐渐使之成为当代政治学的一个重要概念。尽管当代西方学者对这一概念的定义存在一些歧见，但是，将之视为社会成员在政治实践活动中逐步获取政治知识和能力，形成政治意识和立场的过程，则是许多学者的共识。由于"政治社会化"揭示了人类政治社会生活中的一个重要现象，因此它逐渐成为当代政治学中的一个重要分支学科。"政治社会学尤其注重研究文化因素，认为人类互动系统也是一种价值、准则、信仰、习俗和技术的文化集合体。文化包括思维方式、行为方式，有一定的规范作用。如果没有一致的价值观，社会就会发生分裂，出现各种'反文化现象'（如'嬉皮士'等）。"②

政治社会化关涉个人与国家、社会的关系问题。就个体而言，政治社会化就是内化政治价值观念、学习政治态度、形成政治行为的过程。如果个体不能够顺利地完成这个过程，他就会产生社会不适应的现象。就社会而言，社会成员的政治社会化水平直接影响着社会的稳定与巩固。"对于一个社会的政治制度来说，如果人们对它不信任、不支持甚至厌恶、反对，它就会失去权威性。人们就会产生政治不服从行为，从而使

---

① 习近平：《在哲学社会科学工作座谈会上的讲话》，北京：人民出版社，2016，第11页。
② 〔法〕莫里斯·迪韦尔热：《政治社会学——政治学要素》，杨祖功、王大东译，北京：东方出版社，2007，第4～5页。

社会处于动荡不安的状态之中。"①

值得注意的是，我国学界已经接受和采用了"政治社会化"的概念和分析范式。毫无疑问，当代中国的政治社会化存在种种值得深入研究的问题。例如，有学者指出："改革开放以来，随着利益格局的深层变革及思想文化的日益多样化，大学生的政治社会化较多地受到了非马克思主义西方政治话语的影响，其中非政治学专业青年学生的政治知识大多来自大学政治教育之外纷至沓来的西方政治话语。"② 在我们看来，其实政治学专业的大学生同样存在这个问题，在有些高校政治学专业的这一问题甚至还更严重。"中国特色社会主义政治发展道路要求自觉发挥马克思主义政治学话语影响力，通过共同课程、专题讲座与实践教学等环节，加大马克思主义政治学在话语影响上的广度、深度和力度，引导大学生政治社会化进程。"③ 对于这一主张，我们表示完全赞成。实际上，从上述观点中我们无疑可以引申出或者直接得出如下结论：在当代中国，马克思主义理论灌输是实现青年政治社会化的必然要求。

2. 发展经济学的后发优势理论

"后发优势"源于古典经济学家李嘉图、赫克歇尔和奥林等提出的"相对有利条件论"以及德国经济学家李斯特的动态比较费用学说。学术界公认，20世纪美国经济学家格申克龙是比较早地提出并系统阐发后发优势理论的代表人物。在其研究基础上，后来的西方学者从不同角度对后发优势理论加以丰富和发展。例如，美国经济学家列维从现代化理论角度对后发优势加以论证；阿伯拉莫维茨提出"追赶理论"，列出后发优势的具体表现；拉美、东亚的罗索夫斯基、南亮进和大川一司等人

---

① 朱永新、袁振国：《试论个体的政治社会化》，《苏州大学学报》（哲学社会科学版）1987年第4期。
② 张师伟：《马克思主义政治学对大学生政治社会化的话语影响》，《政治学研究》2012年第5期。
③ 张师伟：《马克思主义政治学对大学生政治社会化的话语影响》，《政治学研究》2012年第5期。

将格申克龙的后发优势论应用于对日本工业化过程的分析；渡边利夫运用这一理论对韩国经济进行分析，先后验证了后发优势的客观性。①

那么，到底什么是后发优势呢？格申克龙认为，"后发优势"是指后起国在推动工业化方面所拥有的由后起国地位所致的特殊益处，这种益处既不是先进国家所同样能拥有的，也不是后进国家通过自身努力创造的，而完全是与其经济的相对落后性共生的，也常被称为"后起之益"。它主要表现在经验借鉴、科学技术文化利用、后发国家联合、产业转移、外资利用和榜样激励等方面。②事实上，学术界已经注意到后发优势的表现是多方面的。例如，有学者认为，后发优势主要体现在引进先进国家的技术和设备，学习和借鉴先进国家的成功经验、吸取失败的教训，激发后发国家强烈的"赶超"意识三个方面。③

有学者指出，一致性意识形态降低国家的统治者进行某种制度变迁的总成本的作用，是以一国范围可能存在一种一致性意识形态（主流意识形态）以及国家的统治者对这种一致性意识形态进行了足够的投资，以至于使一国内的绝大多数人对它的认知和信仰达到了相当的稳固程度为前提的。换言之，国家的统治者所提倡的主流或一致性意识形态，只有具有广泛的阶级或阶层代表性并能契合拟行中的制度变迁的客观要求，同时得到了最为广泛而有效的传播和灌输，才能最大限度地发挥降低政治家进行整个制度变迁的总成本的作用。④可以说，当代经济学界已经注意到，一个国家的民族精神或主流意识形态，越来越成为经济发展的内生变量；对于后发国家而言，民族精神或主流意识形态对于经济社会发展的促进作用，是其后发优势的重要表现。

---

① 孙来斌主编《科学发展观视野中的当代中国经济追赶》，北京：中国社会科学出版社，2012，第 74~84 页。
② Alexander Gershenkron, *Economic Backwardness in Historical Perspective*, Boston: Harvard University Press, 1962, p. 344.
③ 胡鞍钢等：《知识与发展：21 世纪的新追赶战略》，北京：人民出版社，2001，第 196~197 页。
④ 参见柳新元《一致性意识形态与当代中国制度变迁的动力学》，《武汉大学学报》（哲学社会科学版）2006 年第 3 期。

3. 教育学的教育发生理论

当代教育学从不同方面探讨了教育何以发生的问题，实际上从不同侧面论述了灌输存在的合理性。法国学者迪韦尔热在探讨政治文化适应问题时，曾明确指出它的主要目的就是维护现有的合法制度，而政治文化适应是教育得以发生的重要原因。他以儿童为例特别指出："儿童社会化的目标，就是把现有文化特别是权威、权力和等级制赖以存在的价值观传授给他们。合法性指的是一个集体的大多数人认为一种权力、一种权威和一种等级制度是合情合理的，即符合价值系统的。"① 法国著名教育学家埃米尔·涂尔干就认为："强迫学生接受道德事实、道德价值和行为确实不好，但是我们别无选择。因为，我们要成为的那种人是未来社会所要求的人，而由社会所需要的这种人与我们与生俱来的那些潜能之间存在的距离是如此巨大，以至于不按社会的要求去限制规范我们的行为、欲望，我们就不能形成一种社会人格，甚至不能成为真正的人。所以，这一过程虽然痛苦，却是必要的，如果说这就是灌输，那么灌输就是不可避免的。"② 当然，涂尔干所说的灌输与马克思主义的"灌输"根本不同，但是在原则的强制性这一点上却是有共性的。③

关于一般意义上的灌输的存在意义，陶德麟先生指出："灌输是把人们未知的东西传授给人们的必要手段之一，是教育的基础一环。实际上每个人一出生就在接受灌输。没有灌输，孩子怎么会说话识字？怎么会懂得加减乘除？不接受'传道授业解惑'，怎么能在脑子里自发地产

---

① 〔法〕莫里斯·迪韦尔热：《政治社会学——政治学要素》，杨祖功、王大东译，北京：东方出版社，2007，第83页。
② 转引自戚万学《冲突与整合：20世纪西方道德教育理论》，济南：山东教育出版社，1995，第110页。
③ 需要指出的是，"强制性的灌输"与"灌输的强制性"，是两个不同概念。在笔者看来，马克思主义话语体系中的灌输，是强制性与非强制性的统一。作为一种必须遵循的原则，马克思主义理论灌输无疑具有一定的强制性。从具体的宣传手段和教育方法来讲，马克思主义理论灌输又无疑具有非强制性。"强制性的灌输"，指的是不顾受众的硬性灌输，主要是就方法而言，是与柔性灌输、非强制性灌输相对应的概念。

生知识?'举一反三'、'闻一知十'也要教者有所'举',受教者有所'闻'才有可能。"① 这实际上对教育何以发生做了很好的说明。

4. 西方马克思主义的阶级意识理论

无产阶级政党必须注重启发无产阶级的自我意识,这是马克思主义一贯强调的观点。马克思、恩格斯早在《共产党宣言》中就指出:"共产党人的最近目的是和其他一切无产阶级政党的最近目的一样的:使无产阶级形成为阶级,推翻资产阶级的统治,由无产阶级夺取政权。"② 列宁进一步发挥了马克思、恩格斯的上述思想。在他看来,无产阶级之所以长期受着剥削制度的奴役,一个很重要的原因就在于无产阶级没有阶级的自我意识,没有团结起来真正发挥作为一个阶级的力量。无产阶级要摆脱受剥削、受压迫的地位,首先要增强自己的阶级意识,因为"奴隶一旦意识到自己的奴役地位,并且站起来为自身的解放而斗争,他就有一半已经不再是奴隶了"③。而要增强阶级意识,就必须接受马克思主义理论教育,掌握马克思主义理论武器。列宁指出:"如果工人掌握了马克思的学说,即认识到只要资本的统治地位保持不变,雇佣奴隶制就不可避免,那么他们就不会上资产阶级任何改良的当。"④ 他们就会把自己的命运掌握在自己的手里,通过阶级斗争推翻资产阶级的统治。列宁要求全党都要为实现这一目的而奋斗,指出"提高工人对自身团结的认识,提高作为一个统一的工人阶级,作为全世界无产阶级大军的一部分的全体俄国工人对自己共同利益和共同事业的认识"⑤ 是无产阶级政党重要而紧迫的任务。正是在实现这一目的的过程中,理论灌输发挥了启

---

① 于涓、余双好:《从文化建设的视角看社会主义核心价值观的培育和践行——访中国社会科学院马克思主义研究院顾问、武汉大学教授陶德麟》,《马克思主义研究》2014 年第 4 期。
② 马克思、恩格斯:《共产党宣言》,《马克思恩格斯文集》第 2 卷,北京:人民出版社,2009,第 44 页。
③ 列宁:《社会主义和宗教》,《列宁全集》第 12 卷,北京:人民出版社,1987,第 132 页。
④ 列宁:《马克思主义和改良主义》,《列宁全集》第 24 卷,北京:人民出版社,1990,第 1 页。
⑤ 列宁:《俄国社会民主党人的任务》,《列宁全集》第 2 卷,北京:人民出版社,1984,第 430 页。

发无产阶级意识的重要作用，俄国无产阶级日趋成为一个独立的阶级在俄国革命舞台上扮演着越来越重要的角色，成为最终推翻沙皇专制和资本主义统治的历史主角。

卢卡奇的阶级意识理论、葛兰西的文化领导权思想，代表了西方马克思主义对这一问题的思考。十月革命胜利之后，在欧洲主要国家出现的革命高潮，并没有取得俄国那样的胜利，而是最终陷入了低谷。这一情形，催生了对"西欧国家为何没有实现无产阶级革命的胜利"这一问题的反思。

作为这场反思的重要代表，卢卡奇、葛兰西首先将批判的矛头对准了第二国际的机械唯物论和经济决定论。他们认为，革命运动出现停滞的真正原因并不是经济条件不成熟，而是在于没有从根本上真正"唤醒"无产阶级。他们坚信，实现无产阶级革命的关键在于，必须修补无产阶级革命运动所存在的意识形态"漏洞"。他们共同认为，在发达的资本主义国家进行无产阶级革命，面对的革命形势已经不同于马克思所处的自由竞争的资本主义时期，革命方式也应该由传统的暴力革命转为文化革命或意识形态革命。无产阶级革命能否胜利取决于无产阶级是否拥有成熟的阶级意识，是否取得了文化领导权。

卢卡奇认为，西欧无产阶级革命失败的主要原因在于无产阶级还不具备与其自身社会地位和历史使命相匹配的阶级意识。作为"掘墓人"的无产阶级，其思维和行动仍未摆脱资产阶级物化意识的操控。"在资本主义发展过程中，物化结构越来越深入地、注定地、决定性地沉浸入人的意识里。"[①] 资产阶级在控制生产的基础上，通过与经济统治相并行的意识控制的方式，消解无产阶级作为历史主体的阶级意识，使其无法承担革命的历史任务，从而完成和保持阶级统治的合法化。对此，卢卡奇赞同列宁对意识形态重要意义的理解，并且将革命的胜利寄望于无产阶级意识的觉醒。他认为："革命的命运要取决于无产阶级在意识形态上的成熟

---

① 〔匈〕卢卡奇：《历史与阶级意识——关于马克思主义辩证法的研究》，杜章智等译，北京：商务印书馆，2009，第161页。

程度，即取决于它的阶级意识。"① 因此，进行无产阶级革命的首要任务是，必须打碎物化意识对于无产阶级的操纵，将其"从资本主义创造的生活方式的意识形态束缚中解放出来"②，形成无产阶级的阶级意识。

对于如何实现无产阶级革命的问题，作为西方马克思主义鼻祖的葛兰西则从文化领导权的角度进行了极为深刻的思考。葛兰西指出，在东方俄国通过暴力革命夺取政权的革命思路，在欧洲其他国家那里是不能被直接照搬的。之所以如此，是因为欧洲国家与俄国在社会结构上存在十分鲜明的差异。其中，在东方俄国，市民社会还处于一种尚未开化的原始状态，国家就是一切。而西方的市民社会已经十分发达，成为保护国家的秘密工事。因此，在西方资本主义国家，无产阶级革命的首要目标并不是通过暴力直接夺取政权，而是应该首先在意识形态上战胜资产阶级，夺取市民社会的文化领导权。葛兰西将这种具有迂回性质的战略称为运动战，而有机的知识分子则是运动战具体的实施主体。

总之，无论是卢卡奇关于工人阶级通过政党获得阶级意识的主张，还是葛兰西关于夺取文化领导权来提高工人阶级阶级意识的思路，都从一个侧面为列宁的灌输理论提供了新的理论支撑。

二　列宁灌输理论当代价值的主要表现

列宁灌输理论自提出的那天起，它的历史命运就与整个马克思列宁主义的历史命运紧紧地联系在一起，在其历史的行程中，既有凯歌行进，也有坎坷曲折。十月革命的胜利和苏联社会主义制度的建立，将社会主义由理论变为现实，这是马克思列宁主义的伟大胜利，也是列宁灌输理论的伟大胜利。列宁在十月革命胜利后曾自豪地说"我们曾经靠宣传工

---

① 〔匈〕卢卡奇：《历史与阶级意识——关于马克思主义辩证法的研究》，杜章智等译，北京：商务印书馆，2009，第134页。
② 〔匈〕卢卡奇：《历史与阶级意识——关于马克思主义辩证法的研究》，杜章智等译，北京：商务印书馆，2009，第364页。

作取得了世界性的成就"①,布尔什维克在理论教育和思想宣传方面"作出了奇迹。"②受十月革命的影响,中国等一批社会主义国家先后成立,社会主义由一国实践变为多国实践,马克思列宁主义的影响在世界范围内空前扩大,列宁灌输理论也因此"获得了新的证明和新的胜利"。③但是,列宁灌输理论的发展并非一帆风顺,由于各种消极因素的影响,由于理论教育事业本身的长期性和复杂性,它在前进中也必然会经受曲折。20世纪后期,列宁的灌输理论及其理论教育思想在中国和苏联的历史命运,形成了鲜明的对照。

列宁灌输理论的当代价值,从根本上讲,既可以归为列宁主义当代价值研究的范畴,也可以归为思想政治教育价值研究的范畴。有学者指出,根据不同的依据和标准,思想政治教育的价值分为不同的类型。例如,从价值实现的可能性角度,可以分为理想价值和现实价值;从价值的作用性质角度,可以分为正面价值和负面价值;从价值显现的效果角度,可以分为直接价值和间接价值;从价值的评价角度,可以分为绝对价值和相对价值;从价值主体角度,可以分为个体价值和社会价值。④此外,从价值在社会生活领域的表现角度,还可以分为经济价值、政治价值、文化价值、生态价值等。需要指出的是,我们在此探讨列宁灌输理论的当代价值,并不打算从以上角度逐一进行考察,以免给人以强拉硬拽、过分牵强之感。与此同时,还要适当注意"灌输理论的当代价值"与"理论灌输的当代价值"的联系与区别。在一定的话语体系中,两者的价值主体相同,都是指马克思主义政党领导的事业,就当代中国而言无疑是指中国特色社会主义事业。但是,两者的价值客体不同,前者的价值客体主要是指列宁的灌输理论,而后者主要是指理论灌输活动本身。正因为如此,两者不是一回事。但是,前者最终要通过后者才能

---

① 列宁:《全俄苏维埃第八次代表大会文献》,《列宁全集》第40卷,北京:人民出版社,1986,第143页。
② 列宁:《都柏林的阶级斗争》,《列宁全集》第19卷,北京:人民出版社,1959,第331页。
③ 列宁:《马克思学说的历史命运》,《列宁全集》第23卷,北京:人民出版社,1990,第4页。
④ 项久雨:《思想政治教育价值论》,北京:中国社会科学出版社,2003,第195~201页。

得以实现，如果列宁的灌输理论不付诸理论灌输的实践，不用以指导理论灌输的实践，其价值将永远不可能实现。这正好印证了马克思主义价值理论的一条常识：价值生成于实践、实现于实践。

简言之，从满足和服务于中国特色社会主义事业的需要这个角度来看，列宁灌输理论的当代价值主要大致表现在以下几个方面。

1. 指导理论传播

努力推进马克思主义大众化，是当前全党面临的一项重大战略任务。为了更好地完成这一战略任务，全党上下都在进行热烈讨论，理论界也从多个方面开展了深入研究。马克思主义大众化虽然并不是一个新命题，但是，在当今时代条件下，它被重新提出并加以强调，这说明它并不是一个不证自明或已获解决的问题，确实需要从理论上加以探讨。当前，理论界对马克思主义大众化进行了多方面、多视角的理论探讨，如从质与量的规定、时间与空间的序列、过程与结果的维度等方面揭示它的基本内涵，从大众化与中国化的关系、大众化与时代化的关系、大众化与通俗化的关系等角度挖掘其深层内涵，从马克思主义的本质要求、中国特色社会主义的发展要求等方面阐发它的重大意义，等等。毫无疑问，这些探讨，对于提高人们的认识水平从而为推进马克思主义大众化营造良好的舆论氛围，无疑具有积极的意义。

在我们看来，马克思主义大众化不仅是一个值得探讨的理论问题，而且是一个必须依靠理论灌输才能实现的实践问题，并且归根到底是一个实践问题。为什么这么说呢？其一，从马克思主义大众化本身来讲，它不仅是指马克思主义理论由深奥到通俗、由少数人理解到多数人理解的理论普及过程，也是指马克思主义理论由少数人运用到多数人运用的实践开展过程。① 马克思在创立科学世界观之初就明确表示自己的理论

---

① 参见孙来斌《马克思主义大众化的困境和破解之道》，人民网，http://theory.people.com.cn/GB/179412/183941/183950/13613508.html，最后访问日期：2017年10月8日；孙来斌《为马克思主义大众化提供坚实的实践支撑》，《学习月刊》2010年第7期。

主旨在于实践。针对当时德国的一些旧哲学家满足于坐而论道的行为，马克思表明了自己的态度，他不屑于做这样的哲学家，并大声疾呼："哲学家们只是用不同的方式解释世界，而问题在于改变世界。"① 其二，从当前对马克思主义大众化的各种理论探讨来看，实践不仅是检验孰是孰非的唯一标准，而且是破除理论走向神秘主义的不二法宝。可以说，离开实践，尤其是理论灌输的实践，马克思主义大众化将无从谈起。正如本书第二章指出，马克思主义大众化的实现，不是无条件的、自动完成的。马克思主义政党开展积极的理论灌输，就是推进马克思主义大众化的重要路径。而开展马克思主义理论灌输，毫无疑问不能离开科学的灌输理论的指导，否则将陷入经验主义的窠臼。

正是由于"灌输论"依据于马克思主义的认识论和群众史观，揭示了马克思主义社会影响不断扩大的动态过程和思想理论传播的一般规律，体现了马克思主义的实践品格和服务人民的价值取向，因而从本质上讲它与"马克思主义大众化"是完全一致的。正如陶德麟先生指出："马克思主义是精湛的科学理论，不经过灌输是不可能'掌握群众'的。把符合认识规律的灌输与不讲道理的硬灌混为一谈是不对的……循循善诱、有理有据、富于启发性的灌输为什么也要反对呢？"②

2. 促进整合思想

不同国家人民各自具有的精神气质和心理特征，反映了各不相同的国家精神。黑格尔曾经在《历史哲学》中指出，世界历史自身本质上是民族精神或国家精神的辩证法，一个国家之所以能够引领世界历史，就在于其优秀的国家精神。应该说，黑格尔的有关思想虽带有西方中心论痕迹，但上述论断不无道理。

---

① 马克思：《关于费尔巴哈的提纲》，《马克思恩格斯文集》第 1 卷，北京：人民出版社，2009，第 506 页。
② 于涓、佘双好：《从文化建设的视角看社会主义核心价值观的培育和践行——访中国社会科学院马克思主义研究院顾问、武汉大学教授陶德麟》，《马克思主义研究》2014 年第 4 期。

人作为一种特殊的存在物，不仅需要物质意义上的家园，而且需要精神意义上的家园。物质意义上的家园，能给人遮风挡雨、提供饮食起居之所，而精神意义上的家园则给人以精神支撑、情感寄托和心灵归宿。从社会角度来看，精神因素不仅是促进经济社会发展的手段，也是实现经济社会发展的目的。就手段而言，精神因素对经济社会发展的促进作用早已引起思想关注。马克思、恩格斯在晚年反复强调，人类社会的进步并不只是生产力发展的结果，而且要受到精神因素的制约。马克斯·韦伯在《新教伦理与资本主义精神》一书中阐明，经济社会的发展，不仅要受到技术和制度的创新的促进，而且在很大程度上还要受到精神力量的推动。就目的而言，精神生活是人类生活的重要组成部分，精神因素的发展是人类发展的题中应有之义。"人是精神，人之作为人的状况乃是一种精神状况。"存在主义哲学家雅斯贝尔斯的这段话虽然略显夸张，但也不无道理，因为人存在的根本意义只有在人的精神世界里才能得到最充分的解释，即如其所言："人不仅生存着，而且知道自己生存着。"①

可以说，人类社会发展的历史证明，一个民族在物质上不能贫困，在精神上也不能贫困；只有在物质上和精神上都富有的民族，才是一个真正有强大生命力、凝聚力的民族。"实现我们的发展目标，不仅要在物质上强大起来，而且要在精神上强大起来。"② 可见，中华民族伟大复兴具有多方面的内涵，精神上的强大、文化上的复兴，无疑是中国梦的题中应有之义。中华民族历来重视自己的精神家园，仰韶文化、诸子百家、秦砖汉瓦、唐诗宋词、明清小说，代代传承，历久弥新，并以此为重要的精神文化滋养，形成了突出的中华文化优势，给中华儿女以情感呵护、精神支撑，使我们的国家虽历经磨难却屹立不倒。实现文化复

---

① 〔德〕雅斯贝尔斯：《时代的精神状况》，王德峰译，上海：上海译文出版社，2008，第3页。
② 习近平：《实干才能梦想成真》，《习近平谈治国理政》，北京：外文出版社，2014，第46页。

兴，绝非简单地再现昔日的文化样态，因为复兴不等于复古，文化发展的关键在于创新；精神上的强大，绝不意味着孤芳自赏、妄自尊大，主要体现为民族凝聚力、精神创造力的强大。习近平指出："中华民族创造了源远流长的中华文化，中华民族也一定能够创造出中华文化新的辉煌。"① 这充分体现了中华民族的精神文化的自觉、自信。与此同时，中华民族伟大复兴需要多方面的动力，尤其离不开精神感召力、文化助推力。在积贫积弱的旧中国，鲁迅先生说过："唯有民魂是值得宝贵的，唯有它发扬起来，中国才有真进步。"在实现中国梦的新征途上，我们离不开凝心聚力的中国精神。总之，中国梦不仅是中华民族在物质层面站起来、富起来的梦，也是中华民族在精神层面站起来、富起来的梦，是中国人在物质上和精神上都实现"居者有其屋"的梦。

历史和现实都表明，构筑牢固的精神家园，需要有强大的精神支撑，而核心价值观正是这样的支撑。从世界上看，美国二百多年的建国强国史，在一定意义上可以说，既是其价值观的形成发展史，也是其以此为价值支撑的文化形成发展史。在个性、自由、变化、竞争等美国核心价值观念的支撑下，形成了以街头篮球、好莱坞电影、快餐连锁等为代表，以多元、包容、新奇等为主要特征的当代美国文化，催生了以"拥有一套房子、一辆车子、一只狗子"为主要家庭目标的美国梦。中华民族有上下五千年的历史，其精神家园在不同的时期有不同的内涵，但是它具有一些相对稳定的因素和核心内容，并为中华民族成员所广泛认知、高度认同，如"和而不同""自强不息""厚德载物""革故鼎新"等。这些稳定因素和核心内容，构成中华文化的历史血脉、核心观念。正是在它们的支撑作用下，形成了血脉相连、生生不息、博大精深的中华文化，涵养出实现中华民族伟大复兴中国梦的历史文化底蕴。②

在当代中国，改革开放既带来了社会物质领域的巨大变化，也带来

---

① 习近平：《把宣传思想工作做得更好》，《习近平谈治国理政》，北京：外文出版社，2014，第156页。
② 孙来斌：《用核心价值观撑起中华民族的精神家园》，《光明日报》2014年4月30日。

了社会文化领域的深刻变革，推动文化大发展大繁荣既具备许多有利条件，也面临一系列新情况新问题。植根于小农经济、被世代中国人作为精神依托的传统道德观念，遭受现代工业文明大潮的严重冲击；新中国成立后长期提倡的集体主义、奉献精神等社会主义价值观念，遭受市场经济条件下的个人主义、逐利原则的严重冲击；长期处于封闭半封闭状态下的社会文化领域，在对外开放过程中遭受各种西方思潮涌入的严重冲击。由于中国特色社会主义文化建设存在复杂性和艰巨性，我们在既有的文化价值体系遭受严重冲击之时，未能及时为人们提供一种新的、令人信服的文化价值体系。在这种意义上可以说，许多人内心深处笼罩着一种在精神上无家可归的放逐者意识，并由此陷入难以名状的精神焦虑之中；一些社会成员人生观、价值观扭曲，一些党员干部信仰缺失，有的心为物役，信奉金钱至上、名利至上、享乐至上。中华民族历来重视精神文化生活，绝不能任精神上的"焦虑症""软骨病"流行。

"行百里者半九十。"中华民族伟大复兴的追梦之旅，犹如人之登山，离山顶越近，越需要重振气力，越需要精神支撑。当前，正处于距离实现中国梦最近的历史关节点，也进入了改革的深水区和攻坚期；我们既因发展取得的成就而具有梦想未来美好生活的充足底气，也因发展中的问题而产生向往美好生活的迫切需要。此时，我们尤其需要凝神聚气，尤其需要精神家园的呵护。就此而论，社会主义核心价值观的提出可谓恰逢其时。可以说，社会主义核心价值观的提出具有很强的现实针对性。

作为一种核心价值观念，它虽然凝聚了广大人民群众的共识，但是，首先从理论上做出凝练、概括的，毕竟是思想理论工作者。因此，对于广大社会成员而言，社会主义核心价值观也不可能不学自知，也有一个认知、认同与习得、养成的过程，在这个过程中实际上存在对核心价值观各种形式的宣传、教育问题，用列宁的灌输理论原理来说，社会主义核心价值观的普遍养成，是一个自发的过程，更是一个自觉的过程。运用列宁灌输理论的有关原理来说，社会主义核心价值观的形成，既离不开广大人民群众的生活实践、个人体悟,也离不开中国共产党的积极推动、思想传播;没有社会主义核心价值观的理论,就不会有社会主义核心价值观的实践;对于当前中国社会的思想理论阵地,社会主义核心价值观不去占领,其他价值观念必然充斥其间、大行其道;广大党员干部和思想理论工作者,必须迅速行动起来,"分赴各个方面"①。习近平在中共中央政治局第十三次集体学习时强调:"要切实把社会主义核心价值观贯穿于社会生活方方面面。要通过教育引导、舆论宣传、文化熏陶、实践养成、制度保障等,使社会主义核心价值观内化为人们的精神追求,外化为人们的自觉行动。榜样的力量是无穷的,广大党员、干部必须带头学习和弘扬社会主义核心价值观,用自己的模范行为和高尚人格感召群众、带动群众。要从娃娃抓起、从学校抓起,做到进教材、进课堂、进头脑。"② 我们认为,这实际上体现了列宁灌输理论的原则精神,为培育社会主义核心价值观指明了方向。

3. 塑造共同理想

共同理想是鼓舞中华民族奋力前行、开创美好未来的精神力量。③理想,是人们对美好未来的向往和追求,是人们的奋斗目标和精神支柱,也是激励人们奋发进取的强大动力。关于理想的巨大作用,古今中外有许多名言。法国思想家罗曼·罗兰曾说,一种理想就是一种动力。无产阶级革命家张闻天则说:"生活的理想,就是为了理想的生活。"④ 崇高的精神是人类的一种理想精神,反映了人类崇高的追求,凝聚着绝大多数人的意愿和根本利益,对社会发展起着精神支撑和精神推动的作用。邓小平在回顾中国共产党的历史时曾明确指出:"为什么我们过去能在

---

① 列宁:《怎么办?》,《列宁全集》第 6 卷,北京:人民出版社,1986,第 76 页。
② 习近平:《培育和弘扬社会主义核心价值观》,《习近平谈治国理政》,北京:外文出版社,2014,第 164 页。
③ 孙来斌:《实现中国梦必须弘扬中国精神》,《光明日报》2013 年 3 月 30 日。
④ 张闻天:《无产阶级专政下的政治和经济》,《张闻天选集》编辑组编《张闻天选集》,北京:人民出版社,1985,第 582 页。

非常困难的情况下奋斗出来,战胜千难万险使革命胜利呢?就是因为我们有理想,有马克思主义信念,有共产主义信念。"[①] 反观苏共亡党亡国的原因,理想信念的缺失无疑是一大教训。因此,我们一定要从事关国家兴亡的战略高度,切实把在全社会形成共同理想这项工作置于社会主义文化强国建设的首位。

改革开放以来,社会主义市场经济的发展,极大地活跃了人们的思想。可以说,当下的中国人不缺想法,几乎每个人都有自己的想法或者生活目标,但缺的是共同理想。特别是在社会利益分化、群体阻隔形成以后,用什么样的共同理想,采取什么样的方法,将全体中国人凝聚起来,对于全党不能不说是一个重大的课题。从这种意义来讲,中国梦所实现的话语创新、所具有的精神文化特色非常突出。近代以来,中华民族一直期盼实现伟大复兴。对于这一期盼,先后有过不同的概括和表达,诸如奋斗目标、民族理想等。相比于其他提法而言,中国梦的提法富于想象力。它既准确表达了奋斗目标、民族理想的含义,又因"梦"给人以遐想;这不仅表现在它为每个中华儿女留下了自己的想象空间,而且因与其他国家人民的梦想相通而便于国际交流。与此同时,中国梦的提法具有大众性,便于传播,易于接受。话语是时代的记录,话语的创新为人们追寻时代的发展轨迹提供了敏感信息。"中国梦"以及与之相关的中国道路、中国精神、中国力量、中国故事、中国声音等话语的高频使用和广泛传播,表明当代中国社会政治生活中形成了新的话语群。这一话语群的形成,实现了学术话语与政治话语、民间话语与官方话语、中国话语与外国话语之间的有效对接,具有重要的象征意义,不仅体现了新的中央领导集体亲民务实、善于沟通的新形象,而且成为中华民族在精神文化上"站起来""富起来"的文化标识。"中国梦是一种形象的

[①] 邓小平:《一靠理想二靠纪律才能团结起来》,《邓小平文选》第3卷,北京:人民出版社,1993,第110页。

表达，是一个最大公约数，是一种为群众易于接受的表达。"① 我们认为，习近平的这段话，其实对中国梦给予了准确的定位：它是对中华民族伟大复兴理想的一种形象表达。②

这样一种表达，既体现了中国特色社会主义共同理想，也融汇了亿万群众的个人理想，具有强大的"指南针""黏合剂""凝聚剂"功能。只要我们团结一心，为实现共同梦想而共同奋斗，实现梦想的力量就会无比强大，梦想最终就一定能够变为现实，中华民族最终就一定能够过上"理想的生活"。正如习近平在第十二届全国人民代表大会第一次会议上的讲话中指出："生活在我们伟大祖国和伟大时代的中国人民，共同享有人生出彩的机会，共同享有梦想成真的机会，共同享有同祖国和时代一起成长与进步的机会。有梦想，有机会，有奋斗，一切美好的东西都能够创造出来。"③ 而对中国梦的认知、认同，也需要一定的宣传、教育。就此而论，各种传媒的有关宣传，部队、学校、社区、机关举办的"中国梦"主题报告会、演讲赛，包括中央电视台中国梦歌曲展播，街头巷尾的招贴画、广告语，实际上是在以各种形式将中国梦的理念灌输给人民大众，从而塑造共同理想。

在我们看来，中国共产党人深谙列宁灌输理论的精髓，将其作为发动民众、统一思想的重要原理。在当代，灌输理论在指导理论传播、促进思想整合、塑造共同理想等方面的价值，最终要通过当代中国共产党人的思想理论教育实践体现出来，三者统一的基础在于思想理论教育实践。三者的统一，用习近平的话来说，就是"两个巩固"："巩固马克思主义在意识形态领域的指导地位，巩固全党全国人民团结奋斗的共同思

---

① 中共中央文献研究室编《习近平关于实现中华民族伟大复兴的中国梦论述摘编》，北京：人民出版社，2013，第10页。
② 孙来斌：《关于中国梦何以能以及如何去研究的思考》，《安徽师范大学学报》（人文社会科学版）2014年第3期。
③ 习近平：《在第十二届全国人民代表大会第一次会议上的讲话》，北京：人民出版社，2013，第5页。

想基础。"①

三 关于否定列宁灌输理论当代价值观点的辨析

当前,出于各种原因,列宁灌输理论的当代价值遭受种种质疑乃至否定,出现了"失效论""过时论"。对于这些观点,我们有必要做一些具体分析。当然,从根本上来讲,"失效论""过时论"的基本结论是一致的。为了分析方便,我们将根据大众需要、时代任务、群众文化程度和信息载体等方面的变化而质疑列宁灌输理论的观点统称为"失效论",依次做简单辨析;而将依据社会主义市场经济的特点而否定列宁灌输理论当代价值的观点简称为"过时论",并做重点分析。

1. 关于列宁灌输理论几种"失效论"的辨析

任何理论都有时代性,但并非任何理论都能时代化。综合理论界有关看法,一种理论实现时代化的基本前提在于:其一,大的时代课题仍然没有得到根本解决,该理论提出的解决措施仍有一定的价值;其二,该理论具有一定的未来指向性,新的时代为实现未来指向提供了更有利的条件;其三,该理论揭示了事物发展的根本规律,对新的时代条件下解决问题仍然具有方法论价值。② 对照这样的基本前提,我们不难发现:在当今时代,列宁灌输理论仍然具有现实性,它能够实现时代化。其一,列宁灌输理论所针对的时代课题仍然没有得到根本解决,马克思主义理论的素养,工人阶级意识的觉醒在西方发达国家仍然是一个需要研究的重大课题,理论灌输在"一球两制"条件下的现实社会主义国家仍然具有重要的现实意义,它提出的解决措施仍有一定的价值;其二,列宁灌

---

① 中共中央宣传部编《习近平总书记系列重要讲话读本》,北京:学习出版社、人民出版社,2014,第105页。
② 参见牛先锋《马克思主义时代化进程中的中国化、大众化研究》,《科学社会主义》2009年第6期。

输理论具有科学的前瞻性,其关于工人阶级政党必须重视理论灌输的论述,已经成为马克思主义发展史上的至理名言,为世界社会主义运动的实践所证明,新的时代为实现其价值目标提供了更有利的条件;其三,列宁灌输理论揭示了工人阶级政党开展马克思主义理论教育、实现马克思主义大众化的一般规律,其所强调的原则的规定性与方法的非强制性,对解决新条件下的理论教育问题具有指导价值。

毫无疑问,列宁在一百多年前系统阐发的"灌输论",有其历史依据和现实针对性。同那时相比,当前马克思主义理论教育的环境、客体、载体等都发生了很大变化。那么,在这种时代境遇下,"灌输论"还有无价值?换言之,还能依靠理论灌输来促进马克思主义大众化吗?对于这个问题,我们认为可以结合对有关观点的辨析来回答。

一种观点认为,一种理论如果符合大众的需要,自然会被他们接受,因而不需要灌输;如果它不符合大众的需要,他们就不愿接受,灌输就变成了"强加",因而也就变成无效灌输。在我们看来,这种观点指出了灌输的理论内容必须反映和代表大众的利益和需要,这无疑是正确的。但是,它实际上回避了一个至关重要的问题:如何让大众知道一种理论符合其需要?其实,让大众知晓这个理论而让其接受的过程,也就是灌输的过程。在当前,意识形态领域的斗争激烈而复杂,各种马克思主义甚至反马克思主义的意识形态正在利用各种途径抓紧对大众进行渗透和施加影响。在这种情况下,如果轻视理论灌输,而让大众跟着感觉走,这实际上是列宁曾经批评过的"自发论"倾向,其结果必然如列宁所言:"不管轻视者自己愿意与否,都是加强资产阶级思想体系对工人的影响"[①],最终将思想理论阵地拱手让与他人。党中央多次强调,意识形态工作是党的一项十分重要的工作,经济工作搞不好要出大问题,意识形态工作搞不好也要出大问题。因此,我们必须充分发挥"灌输论"在马克思主义大众化过程中的指导作用,积极抢占思想阵地。

---

① 列宁:《怎么办?》,《列宁全集》第6卷,北京:人民出版社,1986,第36页。

一种观点认为,"灌输论"是革命战争年代的产物,旨在培养工人阶级的革命意识;现在是和平建设时期,依靠它来促进马克思主义大众化似乎不合时宜。我们认为,"灌输论"的主旨在于培养工人阶级的阶级意识,这种阶级意识在革命时期主要表现为夺取政权的革命意识,在和平建设时期既表现为工人阶级积极参加社会主义建设的觉悟意识,也表现为他们团结一心去巩固自己政权的警惕意识。中国共产党在革命、建设和改革时期面临的中心工作不一样,这是由不同时期的实践主题变化所致。但是,无论实践主题怎么变化,它都离不开思想理论的灌输。在当前,坚持用不断发展的马克思主义武装全党、教育人民,培养和增强他们的觉悟意识、警惕意识、忧患意识,仍然离不开"灌输论"的指导。

陈长欣认为:"'灌输'的原则和方法是一种只能在文盲和半文盲占人口绝大多数、由少数社会精英来实施教育的社会中才能发挥效用。随着社会上人们整体文化素质的不断提高,'灌输'效用就会越来越低;而在一个逐渐普及高等教育的社会中,这种'灌输'的原则和方法基本已失去了效用。"[①] 毫无疑问,当前大众文化程度的提高,给"灌输论"提出了新的时代要求,但是,它并没有因此而否定"灌输论"的时代价值。应该看到,我国至今还是一个农业人口占很大比例的特殊国度,广大农民的文化程度仍然普遍较低,如果不对其进行思想理论的灌输,就无异于放弃农村的马克思主义大众化工作。进而言之,即便是大众的文化水平普遍提高,这也只是为其接受马克思主义灌输创造了有利条件,并不会使其自然懂得马克思主义。究其原因,一是因为马克思主义具有较强的专业性,"科学文化知识与马克思主义理论体系分属于不同的学科范畴,二者不能互相替代,自行转化";二是因为马克思主义具有较强的系统性,它具有自身的学说史和逻辑体系,"它不可能自发产生,

---

① 陈长欣:《思想政治教育扬弃"灌输"原则刍议》,《西安航空技术高等专科学校学报》2006年第2期。

不学而知"。①

一种观点认为，当前信息技术高度发达，网络已经成为人们学习、交往的重要载体。而网络载体具有虚拟、开放、互动、可选择、信息海量等特点，这必将使"灌输论"失效，使传统的理论灌输显得软弱无力。在我们看来，信息网络的兴起和广泛应用，确实是马克思主义"灌输论"遭遇的时代难题。但是，网络毕竟只是工具，它既不能把信息自动变成系统的理论，也不能使接受者必然产生系统的理论；相反，由于网络信息存在杂芜性，尤其需要正确的理论去引导人们做出正确的判断和选择。此外，网络不可能完全取代传统的教育手段、教育方式，网络时代也离不开思想理论的灌输。当然，在抓好传统领域的思想理论灌输的同时，探索在互联网上进行思想理论灌输的有效途径，这既是"灌输论"时代价值的重要体现，也是当前促进马克思主义大众化要着力解决的重要课题。

列宁曾经对马克思主义的宣传、教育提出了一个目标："最马克思主义＝最通俗和朴实（转化）。""最马克思主义＝（转化）最通俗。"②他还结合当时俄国的实际，认为俄国的社会主义者"应该更详细地探讨对俄国历史和现实的马克思主义观点……进而把这个理论通俗化，把它灌输给工人，应该帮助工人领会它并制定一个最适合我国条件的组织形式"。③这实际上指出了"灌输论"的价值目标。联系当前党中央提出的大力推进马克思主义大众化的重大历史任务，我们认为，在当代中国，"灌输论"的价值目标与党中央提出的这一历史任务是完全一致的。当然，在我们这样一个社会主义发展中国家如何推进马克思主义大众化，是一个重大历史课题，理论灌输不是解决这个问题的唯一路径，"灌输

---

① 杨芷英：《浅谈新时期灌输客体的变化与灌输理念的更新》，《马克思主义研究》2004年第3期。
② 列宁：《〈在彼得格勒党组织大会上的报告〉的提纲》，《列宁全集》第30卷，北京：人民出版社，1985，第422页。
③ 列宁：《什么是"人民之友"以及他们如何攻击社会民主党人?》，《列宁全集》第1卷，北京：人民出版社，1984，第284页。

论"不是解决这个问题的最终答案。但是,它所阐明的革命理论与群众实践相结合的重要意义,所揭示的马克思主义理论教育和传播的一般规律,具有普遍的适用性,是我们要长期坚持的基本原理。当前,国际形势错综复杂,我国改革开放深入发展,实现中华民族伟大复兴的任务艰巨,同时,思想意识多样化、价值取向多元化、认识时空多维化不断发展,这对马克思主义理论教育提出了新的历史要求。胡锦涛指出:"加强思想理论建设,用马克思主义武装全党,是我们党永葆先进性的根本保证。党的理论创新每推进一步,理论武装就要跟进一步。"① 习近平强调:"明者因时而变,知者随事而制。"② "宣传思想工作创新,重点要抓好理念创新、手段创新、基层工作创新,努力以思想认识新飞跃打开工作新局面,积极探索有利于破解工作难题的新举措新办法。"③ 由此可见,坚持"灌输论"的基本原理,同时结合新的实际做出新的创造,尤其要着力回应当前理论灌输在环境、主体、客体等方面的新变化,不断创新理论灌输的内容、载体、方法,根据时代要求赋予"灌输论"新的内涵、新的话语、新的形式,切实推进马克思主义大众化,这是我们对待"灌输论"的科学态度。

2. 关于列宁灌输理论"过时论"的反驳

"'灌输论'过时了",这种观点在当前我国建立社会主义市场经济的条件下颇为流行。其根本理由是:"灌输"强调的是一元性、强制性,市场经济崇尚的是多样性、选择性,两者在根本上是相悖的。我们认为,这种观点貌似有理,实则无理。

首先,社会思想的多样性,并不排斥"灌输论"所坚持的马克思主义指导地位的一元性。

---

① 胡锦涛:《在学习〈江泽民文选〉报告会上的讲话》,北京:人民出版社,2006,第15页。
② 习近平:《共同创造亚洲和世界的美好未来——在博鳌亚洲论坛2013年年会上的主旨演讲》,北京:人民出版社,2013,第4页。
③ 习近平:《把宣传思想工作做得更好》,《习近平谈治国理政》,北京:外文出版社,2014,第155页。

应该承认,市场经济条件下思想多样性的存在有其客观必然性。随着社会主义市场经济的确立,以公有制为主体、多种经济成分共同发展的经济格局,必然会对思想领域产生极大影响。反映不同所有制关系、代表不同利益主体的思想的出现和存在,是必然的、不可避免的。经济成分和经济利益的多样化,必然带来思想的多样化。在不同所有制基础上,会出现不同的思想意识,这是不以人的意志为转移的客观规律。马克思早就说过:"意识在任何时候都只能是被意识到了的存在,而人们的存在就是他们的现实生活过程。"① 他还说:"在不同的财产形式上,在社会生存条件上,耸立着由各种不同的、表现独特的情感、幻想、思想方式和人生观构成的整个上层建筑。"② 不承认思想意识多样性存在这个事实,就不是一个马克思主义者。马克思主义理论工作者只有正视这个事实,才能在坚持进行马克思主义基本原理的灌输的同时,照顾到不同思想主体的现状和特点,团结和引导广大群众一道前进。

但是,经济成分和经济利益的多样化并不必然带来主流意识形态的多元化,思想意识的多样化并不等同于指导思想的多元化。不坚持这一点,同样不是一个马克思主义者。社会存在决定社会意识,经济基础决定上层建筑,这是唯物史观的重要原理。但是,一个社会的主流意识形态并不取决于所有制关系的多种形式,而是取决于决定该社会性质的"主要的经济生产方式和交换方式",取决于处于统治地位的所有制关系。正如马克思、恩格斯所说:"每一历史时代主要的经济生产方式和交换方式以及必然由此产生的社会结构,是该时代政治的和精神的历史所赖以确立的基础,并且只有从这一基础出发,这一历史才能得到说明。"③ 从人类历史来看,自进入阶级社会以来,还没有哪一个社会是以

---

① 马克思、恩格斯:《德意志意识形态》,《马克思恩格斯文集》第 1 卷,北京:人民出版社,2009,第 525 页。
② 马克思:《路易·波拿巴的雾月十八日》,《马克思恩格斯文集》第 2 卷,北京:人民出版社,2009,第 498 页。
③ 马克思、恩格斯:《共产党宣言》,《马克思恩格斯文集》第 2 卷,北京:人民出版社,2009,第 14 页。

单一所有制为基础的社会形态，在所有制关系上纯而又纯的社会是没有的。但是，这丝毫也没有妨碍任何社会都有一种思想居于统治地位。马克思说："占统治地位的思想不过是占统治地位的物质关系在观念上的表现，不过是以思想的形式表现出来的占统治地位的物质关系。"① 列宁在十月革命胜利后，多次告诫那些"左"倾幼稚病患者，纯粹的资本主义社会是不存在的，同样，纯粹的社会主义社会也是不现实的。他反对把俄国的经济制度看成单一的和高度发达的东西，肯定多种经济成分同时并存的长期性，但是，他同时强调马克思主义在俄国的指导地位，坚持"灌输论"。我国现在实行的市场经济是社会主义市场经济，是坚持公有制的主体地位、坚持人民民主专政的政权性质、坚持共产党的执政地位前提下的市场经济。反映这种经济关系和政治关系的主流意识形态，只能是马克思主义而不能是非马克思主义。正如有学者指出："认为社会主义市场经济的多种所有制结构必然产生多元化的指导思想，是一种肤浅的推论。"②

其次，市场经济的选择性并不排斥思想理论灌输的强制性。

现代市场经济活动确实表现出很大的选择性。例如，生产要素的配置是以市场为基础的，配置给谁、配置多少，要通过市场选择；市场主体优胜劣汰，要通过竞争选择；市场交易者之间是平等的，与谁交易，不与谁交易，要通过比较选择；等等。市场经济的这种选择性在一定程度上也影响了人们的思想观念，锻炼了人们独立自主的品格，提升了人们自主选择的能力。

那么，能不能由此推论：市场经济的选择性必然带来意识形态的选择性，并因此导致对"灌输"的否定呢？不能。众所周知，市场经济并不是一种独立的经济形态，而是社会生产要素的一种配置方式，它总是与一定的社会基本经济制度相结合的。就其本身而言，市场经济并不能

---

① 马克思、恩格斯：《德意志意识形态》，《马克思恩格斯文集》第 1 卷，北京：人民出版社，2009，第 550 页。
② 陈先达：《马克思主义的指导思想地位不能动摇》，《新华文摘》2001 年第 2 期。

直接决定人们的思想。在市场经济条件下，人们的思想直接决定于其自身所处的社会关系和社会经济地位，他们总是带着由其社会关系特别是所有制和财产关系决定的思想参与市场经济活动的。正如有学者指出："把市场经济活动的参与者设定为无道德意识、无意识形态倾向的'经济人'，只能是抽象的假定。"① 市场经济活动的参与者不仅是"经济人"，还是"政治人""道德人"。在一定社会制度下的市场经济活动的参与者对意识形态的选择趋向，必然要反映其所依存的基本经济制度和在生产关系中所处的不同地位，并且受到整个社会大环境的影响。而社会的主流意识形态，必须反映社会的基本制度，并对个体意识发挥影响。

市场经济活动中的自由、平等，并不是一种社会制度，并不必然意味着人们在整个社会经济和政治生活中必然都享有真正的自由、平等及选择的权利。"商品是天生的平等派"②，这是马克思的名言。但是，这是针对以超经济剥削为基础的封建制度说的，主要是针对商品交换所遵循的价值规律而言的。试图据此将市场交易的自由、平等泛化到社会意识形态领域，既不符合马克思的本意，也是不现实的。③ 不同社会制度下的市场经济在运作方式和作用上具有某些共性，但都必然要受到它所依存的基本制度的制约。把市场经济活动中具有特定内涵的自由和平等原则引申为抽象的普遍原则，无异于否定了市场经济所依附的社会制度的性质。这对于任何一种社会制度下的市场经济国家都是不可能的。"如果从观念上来考察，那么一定的意识形式的解体足以使整个时代覆灭。"④ 事实上，无论是资本主义还是社会主义条件下的市场经济国家，都无不把主流意识形态的灌输当成维系阶级统治的手段。

至于"灌输"作为一种原则所具有的强制性，我们丝毫也不想否认（"灌输"在方法上的非强制性）。"统治阶级的思想在每一时代都是占统

---

① 陈先达：《马克思主义的指导思想地位不能动摇》，《新华文摘》2001年第2期。
② 马克思：《资本论》，《马克思恩格斯文集》第5卷，北京：人民出版社，2009，第104页。
③ 参见陈先达《马克思主义的指导思想地位不能动摇》，《新华文摘》2001年第2期。
④ 马克思：《经济学手稿（1857–1858年）》，《马克思恩格斯文集》第8卷，北京：人民出版社，2009，第170页。

治地位的思想。这就是说,一个阶级是社会上占统治地位的物质力量,同时也是社会上占统治地位的精神力量。"① 统治阶级将自己的思想用来作为统治社会的精神力量,这本身就是一种强制。这一点就连资产阶级学者也是承认的。"马基雅维利在其著作中曾明确表示,出于爱国的考虑,国家完全有理由严格控制讨论和信息的大量传播,并且把它当作政治行动的基础。"②

在资本主义世界中,美国以自由市场经济著名,但是在思想领域美国从未放松过主流意识的灌输。美国作为"一个迅速发展、崇尚变革的国家,相对主义、实用主义十分流行。然而就是在这种氛围里,政治教育的核心内容却长期保持了稳定性和连续性。资本主义及其优越性的教育、反共产主义的教育、公民权利和义务的教育、国民精神的教育这四个方面的教育做到了一以贯之,毫不动摇,从不含糊"。③ 正因为如此,美国在政治灌输方面的效果是很明显的。美国康涅狄格大学罗珀舆论中心主任埃弗雷特·莱德1995年1月在《读者文摘》撰文,对该杂志1993年关于美国四代人的主要信念和价值观所做的民意测验进行了分析,认为美国人的基本信仰、见解和价值观念方面在各代人之间惊人的相同④,在这些方面的所谓"代沟"不过是人造的"神话"。"9·11"事件以后,美国政府和主流媒体统一宣传口径,一时间美国到处是"同仇敌忾"的标语,到处是飘扬的星条旗,人们的爱国主义、民族主义情绪高涨。可见,像美国这样发达的市场经济国家,在思想教育领域也要反映其社会制度的要求,进行资产阶级意识形态的灌输。

作为一个社会主义国家,我国不能由于实行市场经济而改变马克思

---

① 马克思、恩格斯:《德意志意识形态》,《马克思恩格斯文集》第1卷,北京:人民出版社,2009,第550页。
② 〔美〕弗雷德里克·S. 西伯特等:《传媒的四种理论》,戴鑫译,北京:中国人民大学出版社,2008,第5页。
③ 陈立思:《关于美国思想政治教育的几个问题》,《中国青年政治学院学报》1997年第1期。
④ 参见〔美〕埃弗雷特·莱德《揭露代沟神话》,明博译,《现代外国哲学社会科学文摘》1996年第3期。

主义的指导地位，代之以自由主义的指导原则。我们应该清楚地认识到，在社会主义市场经济条件下，"灌输论"具有特别重要的现实意义：要巩固和发展改革开放所取得的成果，巩固安定团结的政治局面，离不开科学理论的"灌输"；要统一全国人民的思想，形成建设中国特色社会主义现代化的共同理想，离不开科学理论的"灌输"；要指导人们不断解放思想，开拓进取，解决社会主义市场经济建设中遇到的新问题，离不开科学理论的"灌输"；要消除市场经济的负面影响，克服其带来的资本主义自发性倾向，抢占和巩固思想领域阵地，离不开科学理论的"灌输"；要长期进行反渗透、反颠覆的斗争，挫败西方敌对势力对我国实施"西化""分化"的战略图谋，离不开科学理论的"灌输"。简言之，要实现"两个巩固"，马克思主义理论的"灌输"只能加强而不能削弱。所谓"灌输过时论"的主张，如果不是认识上的偏差，那就只能是隐含了某种政治诉求。①

四　列宁灌输理论当代价值的实现路径

当前，实现列宁灌输理论当代价值，既要总结好、运用好改革开放以来中国共产党人在此方面积累的基本经验，也要进一步探索适应新形势的基本路径。

1. 实现列宁灌输理论当代价值的基本经验

思想变革引导社会变革，社会变革促进思想变革，这是社会变革与思想变革的一般辩证运动法则。改革开放以来，以邓小平、江泽民、胡锦涛、习近平为代表的当代中国共产党人，根据党在不同历史阶段的面临形势和主要任务的发展变化，适时而有序地在全党范围内组织开展马克思主义集中教育，并对其重要意义、主要内容、基本原则、方式方法、

---

① 孙来斌：《灌输论是指导思想理论教育的科学理论》，《马克思主义研究》2004年第3期。

基本目标等问题进行了深入探讨,形成了新时期党内马克思主义集中教育的基本经验。① 这些基本经验,既是中国共产党的宣传思想工作的宝贵财富,也是实现列宁灌输理论当代价值应该重视的宝贵经验。

(1) 坚持马克思主义在我国社会政治生活中的根本指导地位,强调改革开放条件下加强党内马克思主义集中教育的重要性。作为一个马克思主义政党,中国共产党历来重视对于全体党员的马克思主义理论教育。毛泽东根据党在民主革命时期的基本经验指出:"掌握思想教育,是团结全党进行伟大政治斗争的中心环节。如果这个任务不解决,党的一切政治任务是不能完成的。"② 改革开放之初,邓小平就站在建设中国特色社会主义事业全局的高度,一再重申马克思主义理论的方向作用、动力作用。根据邓小平的指示精神,中共中央在 1983 年 2 月 14 日发出《关于加强党员教育工作的通知》,并在其后不久又启动了旨在统一全党思想、提升党员理论水平的整党运动。1989 年,邓小平深刻反思我们党在思想理论教育上的失误,要求新的中央领导集体着力解决。

江泽民牢记邓小平的嘱托,在推进改革开放的过程中反复强调:"对我们来说,马克思主义理论是管总的东西。"③ "学习和研究马克思主义理论,是提高党的工作的科学性、预见性的根本途径。"④ 在改革开放条件下,"党的思想政治工作绝不是可有可无、无所作为,而是必不可少、大有可为"。⑤ 根据这些讲话精神,中共中央在 1998 年 11 月发出了《关于在县级以上党政领导班子、领导干部中深入开展以 "讲学习、讲

---

① 孙来斌:《十六大以来党的马克思主义理论教育发展的新篇章》,《思想理论教育导刊》2011 年第 1 期。在当代中国共产党的有关文献中,一般较少使用理论灌输的提法。在我们看来,党内马克思主义集中教育实质上很好地体现了列宁灌输理论的基本原则精神。
② 毛泽东:《论联合政府》,《毛泽东选集》第 3 卷,北京:人民出版社,1991,第 1094 页。
③ 江泽民:《高中级干部要意识到肩负的重大历史责任》,中共中央文献研究室编《十五大以来重要文献选编》(上卷),北京:人民出版社,2000,第 152 页。
④ 江泽民:《在党的十三届五中全会上的讲话》,中共中央文献研究室编《十三大以来重要文献选编》(中卷),北京:人民出版社,1991,第 719 页。
⑤ 江泽民:《在中央思想政治工作会议上的讲话》,《江泽民文选》第 3 卷,北京:人民出版社,2006,第 84 页。

政治、讲正气"为主要内容的党性党风教育的意见》。

党的十六大以来,全球思想文化交流交融交锋呈现新特点,国内社会意识呈现多元多样多变新趋向。在新的形势下,如何应对境内外各种意识形态的挑战,从而统一全党和全国人民的思想认识?党中央明确提出了应对之策——高扬马克思主义理论伟大旗帜,用发展着的马克思主义指导实践、凝聚精神。"马克思主义是我们立党立国的根本指导思想。坚持和巩固马克思主义指导地位,是党和人民团结一致、始终沿着正确方向前进的根本思想保证。"[1] 为了将这些精神落到实处,中共中央先后在全党范围内组织开展了保持共产党员先进性教育活动、深入学习实践科学发展观的教育活动。实践证明,这些党内马克思主义集中教育活动,大大提高了全党的马克思主义理论水平。

党的十八大以来,以习近平同志为核心的党中央高度重视意识形态工作,反复强调"两个巩固",即巩固马克思主义在意识形态领域的指导地位,巩固全党全国人民团结奋斗的共同思想基础,指出:"马克思主义是我们立党立国的根本指导思想。背离或放弃马克思主义,我们党就会失去灵魂、迷失方向。在坚持马克思主义指导地位这一根本问题上,我们必须坚定不移,任何时候任何情况下都不能有丝毫动摇。"[2] 为此,中央政治局集体学习历史唯物主义基本原理和方法论、辩证唯物主义基本原理和方法论、马克思主义政治经济学基本原理和方法论、当代世界马克思主义思潮及其影响,带动了全党的理论学习;在全党范围开展党的群众路线教育实践活动、"两学一做"学习教育等,取得了很好的教育效果。

(2)坚持用正确理解的、不断发展的马克思主义武装全党,确保党内马克思主义集中教育内容的科学性。开展党内马克思主义集中教育,存在一个对马克思主义的理解问题。恩格斯早就指出:"马克思的整个

---

[1] 胡锦涛:《在纪念党的十一届三中全会召开30周年大会上的讲话》,北京:人民出版社,2008,第14页。

[2] 习近平:《在庆祝中国共产党成立95周年大会上的讲话》,《人民日报》2016年7月2日。

世界观不是教义，而是方法。它提供的不是现成的教条，而是进一步研究的出发点和供这种研究使用的方法。"①

回顾过去的历史经验，面对改革开放新的实际，邓小平阐明了开展马克思主义理论教育首先必须科学认识马克思主义。他指出："多年来，存在一个对马克思主义、社会主义的理解问题。"② 邓小平不仅提出要科学认识马克思主义，而且坚持运用科学理解的马克思主义指导改革开放和现代化建设的实践，并在此基础上形成了邓小平理论，把马克思主义发展到了新的阶段，为新时期的理论教育提供了新的科学内容。

江泽民第一次明确提出"用科学的理论武装人"的口号，并且指出，学习马克思主义，中心内容是要学好邓小平理论；用科学的理论武装人，在当代中国，就是要用邓小平理论教育全党、武装人民。"在社会主义现代化建设新时期，有了邓小平理论，这是我们党最大的思想政治优势。"③ 为此，他亲自部署、反复督促，在全党和全社会兴起了学习、研究、宣传邓小平理论的热潮。

党的十六大以来，结合中国特色社会主义事业不断发展的实际，胡锦涛多次阐发科学理解和正确对待马克思主义的问题。在新的历史条件下，如何跳出过去那种不计成本和代价的老路子，根据发展中的问题探索发展的新思路？如何协调好各种利益关系，及时化解社会矛盾和社会冲突？如何破解经济发展与道德建构的悖论，建立与社会主义市场经济发展相适应的思想道德观念？科学发展观、构建社会主义和谐社会以及建设社会主义核心价值体系等思想的提出，是当代中国共产党人对这些问题的科学回答。"党的理论创新每推进一步，理论武装就要跟进一

---

① 恩格斯：《致威·桑巴特（1895年3月11日）》，《马克思恩格斯文集》第10卷，北京：人民出版社，2009，第691页。
② 邓小平：《结束过去，开辟未来》，《邓小平文选》第3卷，北京：人民出版社，1993，第291页。
③ 江泽民：《在学习邓小平理论工作会议上的讲话》，中共中央文献研究室编《十五大以来重要文献选编》（上卷），北京：人民出版社，2000，第483页。

步。"① 及时用这些理论创新武装全党,"坚持不懈地用马克思主义中国化最新成果武装全党、教育人民"。②

党的十八大以来,以习近平同志为核心的党中央高度重视理论创新,强调马克思主义具有与时俱进的理论品质,强调:"把坚持马克思主义和发展马克思主义统一起来,结合新的实践不断作出新的理论创造,这是马克思主义永葆生机活力的奥妙所在。"③围绕新时代坚持和发展什么样的中国特色社会主义、怎样坚持和发展中国特色社会主义这个重大的时代课题,紧密结合新的时代条件和实践要求,以全新的视野深化对共产党执政规律、社会主义建设规律、人类社会发展规律的认识,进行艰辛理论探索,取得重大理论创新成果,形成了习近平新时代中国特色社会主义思想。党的十九大要求,要用党的创新理论武装头脑,推动全党更加自觉地为实现新时代党的历史使命不懈奋斗。

(3) 坚持理论联系实际的马克思主义学风,体现党内马克思主义集中教育"学精管用"、学以致用的原则性。学习马克思主义,历来存在一个学习态度问题。毛泽东反思教条主义和经验主义给中国革命带来的危害,郑重地提出了学风问题。他说,学风问题"是我们对待马克思列宁主义的态度问题,是全党同志的工作态度问题",因而是"一个非常重要的问题",是"第一个重要的问题"。④

在改革开放新的历史条件下,邓小平继承并进一步发挥了上述思想。在他看来,学风问题是思想路线问题,实事求是、一切从实际出发、理论与实践相结合,是"马克思主义的根本观点,根本方法"。⑤ "马克思主义的思想理论工作是不能离开现实政治的……不能设想,离开政治的

---

① 胡锦涛:《在学习〈江泽民文选〉报告会上的讲话》,北京:人民出版社,2006,第 15 页。
② 胡锦涛:《在纪念党的十一届三中全会召开 30 周年大会上的讲话》,北京:人民出版社,2008,第 24 页。
③ 习近平:《在哲学社会科学工作座谈会上的讲话》,北京:人民出版社,2016,第 13 页。
④ 毛泽东:《整顿党的作风》,《毛泽东选集》第 3 卷,北京:人民出版社,1991,第 813 页。
⑤ 邓小平:《在全军政治工作会议上的讲话》,《邓小平文选》第 2 卷,北京:人民出版社,1994,第 114 页。

大局，不研究政治的大局，不估计革命斗争的实际发展，能成为一个马克思主义的思想家、理论家。"① 无论是在改革开放初期的整党，还是1989年以后的反思，邓小平总是密切联系现实政治来把握全党理论教育的大局，坚持理论联系实际，反对理论与实际的脱离。1992年初，邓小平在南方谈话中针对理论教育中存在的形式主义，明确提出"学马列要精，要管用"的指示精神。这为新时期党的马克思主义理论教育工作指明了方向。

江泽民将学风问题提到重大政治问题的高度。针对部分党员干部在理论学习中表现出来的本本主义、实用主义、形式主义学风，他多次予以严肃批评，并强调指出："学风问题也是党风问题，是关系党的兴衰和事业成败的一个重大政治问题。"② 在他看来，能不能坚持理论联系实际的马克思主义学风，是党在理论上和政治上是否成熟的一个重要标志，是党领导革命和建设的第一位的重要问题。他在党的十五大报告中还用"一个中心，三个着眼于"对马克思主义学风做出了新概括，并在党的十五届五中全会上再次强调："学习马克思列宁主义、毛泽东思想、邓小平理论，关键是要掌握其理论实质，善于把其基本原理运用于社会主义改革和现代化建设的新实践，并在理论与实践的结合中勇于创新。"③

胡锦涛反复强调学风的重要性。2002年12月，胡锦涛在主持十六届中央政治局第一次集体学习时发表的重要讲话中强调，领导干部加强学习，必须坚持理论联系实际的优良学风。2003年7月，胡锦涛在"三个代表"重要思想理论研讨会上的讲话中强调，学习贯彻好"三个代表"重要思想，必须做到"三个结合"："坚持学习理论和指导实践相结

---

① 邓小平：《坚持四项基本原则》，《邓小平文选》第2卷，北京：人民出版社，1994，第179页。
② 江泽民：《在学习邓小平理论工作会议上的讲话》，中共中央文献研究室编《十五大以来重要文献选编》（上卷），北京：人民出版社，2000，第495页。
③ 江泽民：《在新世纪把建设有中国特色社会主义事业继续推向前进》，《江泽民文选》第3卷，北京：人民出版社，2006，第131页。

合、改造客观世界和改造主观世界相结合、运用理论和发展理论相结合。"① 坚持了"三个结合",实际上就坚持了理论联系实际的马克思主义学风。此外,针对一些党员、干部忽视理论学习、学用脱节、学风虚浮的现象,胡锦涛指出:"求真务实,是辩证唯物主义和历史唯物主义一以贯之的科学精神,是我们党的思想路线的核心内容,也是党的优良传统和共产党人应该具备的政治品格。""面对新形势新任务,进一步在全党大力弘扬求真务实精神、大兴求真务实之风,十分重要和紧迫。"② 这里的"求真务实",是理论联系实际学风的另外一种表达,也是这一优良学风在思想作风、工作作风等方面的延伸和体现。

党的十八大以来,习近平反复强调问题导向,深刻指出:"对待马克思主义,不能采取教条主义的态度,也不能采取实用主义的态度。……什么都用马克思主义经典作家的语录来说话,马克思主义经典作家没有说过的就不能说,这不是马克思主义的态度。同时,根据需要找一大堆语录,什么事都说成是马克思、恩格斯当年说过了,生硬'裁剪'活生生的实践发展和创新,这也不是马克思主义的态度。"③ 在党的群众路线教育实践活动中,强调要针对群众反映突出的问题加强整改;在"两学一做"学习教育中,强调"学要带着问题学,做要针对问题改",突出体现了理论联系实际的马克思主义学风。

(4) 坚持继承优良传统与创新方式方法相结合,增强党内马克思主义集中教育的实效性。改革开放伊始,邓小平就及时给马克思主义理论教育工作提出了新的要求。他说:"我们政治工作的根本的任务、根本的内容没有变,我们的优良传统也还是那一些。但是,时间不同了,条

---

① 胡锦涛:《在"三个代表"重要思想理论研讨会上的讲话》,中共中央文献研究室编《十六大以来重要文献选编》(上卷),北京:中央文献出版社,2005,第536页。
② 胡锦涛:《在全党大力弘扬求真务实精神,大兴求真务实之风》,中共中央文献研究室编《十六大以来重要文献选编》(上卷),北京:中央文献出版社,2005,第724~725页。
③ 习近平:《在哲学社会科学工作座谈会上的讲话》,北京:人民出版社,2016,第13页。

件不同了，对象不同了，因此解决问题的方法也不同。"① 这里的"不同"，并不是说要完全抛弃过去的做法，而是指要在继承的基础上进行创新。就批评和自我批评而言，"解决思想战线混乱问题的主要方法，仍然是开展批评和自我批评"。"过去那种简单片面、粗暴过火的所谓批判，以及残酷斗争、无情打击的处理方法，决不能重复。"② 对思想上的不正确倾向，仍然要坚持批评，但"不能搞运动，方法以教育、引导为主"。③ 这里所说的"仍然""不能"，讲的就是继承与创新。

在社会主义市场经济条件下，经济成分多样化和经济利益多样化、社会生活方式多样化、社会组织形式多样化、就业岗位和就业形式多样化，必然带来社会思想的多样化。江泽民指出："我们的思想政治工作在继承和发扬优良传统的基础上，必须在内容、形式、方式、方法、手段、机制等方面努力进行创新和改进，特别要在增强时代感和加强针对性、实效性、主动性上下功夫。这要成为我们今后加强和改进思想政治工作的重点。"④ 自然，这也要成为今后加强和改进党内马克思主义集中教育工作的重点。

在开始全面建设小康社会的新的历史条件下，如何增强党内马克思主义集中教育的有效性？胡锦涛结合新的实际对此做出了新的阐发。一方面，他明确提出要继承和发扬我们党在思想理论教育工作方面的优良传统，高度评价延安整风这场马克思主义思想教育运动所形成的历史经验。胡锦涛强调指出："必须把做好经常性工作同适当的集中教育结合起来，这是我们党加强先进性建设的一条重要经验。"⑤ 另一方面，他反

---

① 邓小平：《在全军政治工作会议上的讲话》，《邓小平文选》第 2 卷，北京：人民出版社，1994，第 119 页。
② 邓小平：《党在组织战线和思想战线上的迫切任务》，《邓小平文选》第 3 卷，北京：人民出版社，1993，第 46~47 页。
③ 邓小平：《有领导有秩序地进行社会主义建设》，《邓小平文选》第 3 卷，北京：人民出版社，1993，第 211 页。
④ 江泽民：《在中央思想政治工作会议上的讲话》，《江泽民文选》第 3 卷，北京：人民出版社，2006，第 86 页。
⑤ 胡锦涛：《在新时期保持共产党员先进性专题报告会上的讲话》，中共中央文献研究室编《十六大以来重要文献选编》（中卷），北京：中央文献出版社，2006，第 617 页。

复强调理论教育工作者要积极面对新情况新问题，不断创新理论教育的方式方法。在党中央统一部署下，全党范围内开展的保持共产党员先进性教育活动和深入学习实践科学发展观活动，先后都采取了试点先行与分批推进相结合、领导带头与普遍要求相结合、理论研究与理论宣传相结合、理论学习与实际运用相结合、传统教育方式与现代教育手段相结合等方法，以及报纸杂志开辟专栏、电子媒体立体式宣传、电视电话会议传达指示、互联网设置虚拟课堂等方式。这些做法，既继承了党的优良传统，又实现了方式方法的创新，对于增强党内马克思主义集中教育的针对性、实效性起到了重要的促进作用。

党的十八大以来，党中央反复强调，在全党开展理论教育、进行党性锤炼，要注重把继承传统和改革创新结合起来，把总结自身经验和借鉴世界其他政党经验结合起来。在党的群众路线教育实践活动中，全党注重恢复与发扬批评和自我批评优良传统，探索了新形势下严肃党内政治生活的有效途径。针对现代信息技术发展给理论教育和思想政治工作带来的新情况新问题，习近平指出，做好高校思想政治工作，要因事而化、因时而进、因势而新。"要运用新媒体新技术使工作活起来，推动思想政治工作传统优势同信息技术高度融合，增强时代感和吸引力。"[1] 可以说，近年来，无论是党内马克思主义集中教育还是高校思想政治工作，都着力贯彻中央有关精神，在坚持继承优良传统与创新方式方法相结合上取得了明显成效。

（5）坚持围绕新时期党的执政能力建设开展活动，明确开展党内马克思主义集中教育的基本目标在于永葆党的先进性。先进性是共产党区别于其他政党的本质属性。那么，如何保持这种先进性从而使党的肌体保持健康呢？毫无疑问，这涉及方方面面的工作，但首要的一点就是加强马克思主义理论教育。诚如列宁所言："只有以先进理论为指南的党，

---

[1]《把思想政治工作贯穿教育教学全过程　开创我国高等教育事业发展新局面》，《人民日报》2016年12月9日。

才能实现先进战士的作用。"① 毛泽东在开创党的建设伟大工程的过程中，深刻认识到从思想上建党的极端重要性，一再号召全党要加强理论学习。

邓小平在推进党的建设新的伟大工程的过程中多次阐明这个问题。1983～1986年全党范围内开展的以"统一思想，整顿作风，加强纪律，纯洁组织"为中心任务的整党，其后相继开展的"四项基本原则"教育、社会主义信念教育等，都是邓小平运用党内马克思主义集中教育加强党的先进性的具体表现。通过这些教育活动，全党统一了思想认识，增强了抵制资产阶级思想侵蚀的能力和意识。

以江泽民为核心的中央领导集体，经过对苏联和东欧国家无产阶级政党先后丧失执政地位这一沉痛教训的深刻剖析，根据新形势下对党的建设所面临的艰巨任务的正确认识，旗帜鲜明地指出，党要走在时代的前列，始终保持工人阶级的先锋队性质。"共产党的力量和作用，主要不在于党员的数量，而在于党员的素质。要结合建设、改革的实际和当代世界发展的状况，在全党进行马克思列宁主义、毛泽东思想基本理论的教育，进行社会主义、共产主义思想的教育，进行党纲党章和党的路线方针政策的教育。"② 江泽民的这段话，实际上明确指出了马克思主义理论教育对于保持党的先进性的重要作用。他集中全党的智慧创立的"三个代表"重要思想，全面阐述了党的先进性在新的历史条件下的丰富内涵，为新世纪新阶段不断推进党的建设新的伟大工程提供了科学的理论指南。

党的先进性是具体的，而不是抽象的；是历史的，而"不是一劳永逸、一成不变的，过去先进不等于现在先进，现在先进不等于永远先进；过去拥有不等于现在拥有，现在拥有不等于永远拥有"。③ 这是以胡锦涛

---

① 列宁：《怎么办？》，《列宁全集》第6卷，北京：人民出版社，1986，第24页。
② 江泽民：《在党的十三届四中全会上的讲话》，《江泽民文选》第1卷，北京：人民出版社，2006，第62页。
③ 胡锦涛：《在纪念党的十一届三中全会召开30周年大会上的讲话》，北京：人民出版社，2008，第31页。

为代表的党中央的集体共识。胡锦涛在新时期保持共产党员先进性专题报告会上的讲话中指出:"先进性是马克思主义政党的根本特征,也是马克思主义政党的生命所系、力量所在。党的先进性建设是马克思主义政党自身建设的根本任务。"① 而党的先进性首先表现为思想理论上的先进性,只有在思想理论上先进才能保持和发展党的先进性;党的执政能力与党的思想理论水平密切相关,只有提高全党的马克思主义理论水平,才能提高党的领导水平和执政能力。为了应对世情、国情、党情的深刻变化和改革开放、市场经济、外部环境等方面的长期考验,为了确保党始终走在时代前列、更好地肩负起历史使命,党中央提出了围绕执政能力建设和先进性建设开展执政党建设的要求。可以说,永葆党的先进性,是建设马克思主义学习型政党所要达到的基本目标,也是开展党内马克思主义集中教育所要达到的基本目标。

当前,以习近平同志为核心的党中央,正在带领全党和全国人民朝着全面建成小康社会和实现中华民族伟大复兴的宏伟目标阔步前进。在这一宏伟征途上,要实现"两个巩固",同样要求我们做好思想理论工作,坚持和发展列宁的灌输理论。正如习近平在2013年全国宣传思想工作会议上强调:"在长期实践中,我们党的宣传思想工作积累了十分丰富的经验。这些经验来之不易、弥足珍贵,是做好今后工作的重要遵循,一定要认真总结、长期坚持,并在实践中不断丰富和发展。"②

2. 科学灌输:实现列宁灌输理论当代价值的基本路径

如前文所述,要实现列宁灌输理论的当代价值,就必须正视理论灌输面临的现实难题,尤其要着力回应当前理论灌输在环境、主体、客体等方面的新变化,不断创新理论灌输的内容、载体、方法,既坚持"灌

---

① 胡锦涛:《在新时期保持共产党员先进性专题报告会上的讲话》,中共中央文献研究室编《十六大以来重要文献选编》(中卷),北京:中央文献出版社,2006,第610页。
② 习近平:《把宣传工作做得更好》,《习近平谈治国理政》,北京:外文出版社,2014,第155页。

输论"的基本原理，同时结合新的实际做出新的创造，根据时代要求赋予"灌输论"新的内涵、新的话语、新的形式。要做好新形势下的思想理论教育工作，解决好外灌与内引、灌输与接受、内化与外化等一系列矛盾，形成合理、有效的灌输结果，为此，我们尝试提出"科学灌输"的概念。[①] 在我们看来，科学灌输中的"科学"是对灌输的总体特征的界定和表达。具体而言，就是以掌握话语主导权、强化问题意识、保持内容科学性、坚持师者示范、实现受众参与、善于运用网络、采用柔性方法、维持合理阈限、夯实实践支撑等作为必要环节和前提条件的灌输（见表5－1）。这些方面分别对灌输的方向、起点、内容、主体、客体、载体、方法、强度、需要等做出了规定和要求。

表 5–1 科学灌输 9 要素

科学灌输	
方向	掌握话语主导权
起点	强化问题意识
内容	保持内容科学性
主体	坚持师者示范
客体	实现受众参与
载体	善于运用网络
方法	采用柔性方法
强度	维持合理阈限
需要	夯实实践支撑

（1）掌握话语主导权。要实现科学的灌输，掌握马克思主义在意识形态领域的话语主导权，是一个重大的原则要求。列宁在《怎么办？》中强调，对工人运动自发性的任何崇拜，对社会主义思想体系的任何轻

[①] 笔者曾经考虑过的提法有"合理灌输""有效灌输""柔性灌输"等，但每种提法似乎都存在不足之处。最后在此采用"科学灌输"的提法，也多少有些无奈，笔者也不太满意，因为"科学"一词确实承载了太多的含义。但是，研究往往总是充满遗憾的过程。至于如何实现科学的灌输，原本拟有宏大的写作抱负，但是这一块儿拖了很久也没有找到令自己满意的构想和表达。

视和任何脱离,对"自觉因素"的作用即无产阶级政党的作用的任何轻视,"完全不管轻视者自己愿意与否,都是加强资产阶级思想体系对工人的影响"。① 就其实质而言,这里强调的正是对话语权的争夺。只不过当时处于革命时期,社会的话语主导权(包括对工人阶级的话语权)掌握在敌对阶级的手中,无产阶级政党没有获得执政地位,对话语权的争夺多半处于攻势状态。中国共产党早已成为执政党,马克思主义作为全党和全国的指导思想,我们在这种情况下的话语权的争夺中往往处于守势状态,要面对各种非马克思主义的竞争甚至反马克思主义的进攻。

掌握马克思主义在意识形态领域的话语主导权,是实现"两个巩固"的必然要求。当前各种社会意识的出现,符合社会存在与社会意识的历史辩证法。如前所述,应该承认,市场经济条件下思想多样性的存在有其客观必然性。随着社会主义市场经济的确立,以公有制为主体、多种经济成分共同发展的经济格局,必然会对思想领域产生极大影响。反映不同所有制关系、代表不同利益主体的思想的出现和存在,是必然的、不可避免的。当前一些社会思潮的活跃,实质在于对意识形态领域话语权的争夺。一些非马克思主义甚至反马克思主义思潮,或打着"自由、民主、人权"的旗帜,或披着弘扬传统文化的外衣,或抱持多元世界观、伦理社会主义、抽象的人道主义和超阶级的国家观,尽管形式和手法不一,但其实质上都是企图修正、重释、解构乃至颠覆作为主流意识形态的马克思主义,与马克思主义争夺话语权,与我们党争夺意识形态的领导权。其危害性在于混淆视听,容易造成思想混乱和信仰迷失。②

面对上述形形色色的社会思潮,广大党员干部要增强政治敏锐性和理论辨识力,自觉按照党中央的要求,划清马克思主义同反马克思主义的界限。党的思想理论工作者必须深刻揭露这些社会思潮的理论实质和政治意图,牢牢把握马克思主义在意识形态领域的主导话语权。任何态

---

① 列宁:《怎么办?》,《列宁全集》第6卷,北京:人民出版社,1986,第36页。
② 孙来斌、王建华:《当代中国马克思主义的发展向度》,《当代世界与社会主义》2010年第6期。

度上的轻视，自身理论上的贫困，"完全不管轻视者自己愿意与否"，都是其他思想体系对广大群众的影响，必然导致话语权的旁落。"我们正在进行具有许多新的历史特点的伟大斗争，面临的挑战和困难前所未有，必须坚持巩固壮大主流思想舆论，弘扬主旋律，传播正能量，激发全社会团结奋进的强大力量。"① 能否把握马克思主义在意识形态领域的主导话语权，最终取决于我们能否在建设中国特色社会主义的实践中，在汲取古今中外人类文明优秀成果的理论前提下，科学回答当今世界历史的时代课题、中国社会的转型难题和民生问题，不断推进马克思主义中国化、时代化、大众化。唯有如此，我们才能不仅会用中国共产党领导实现民族独立、人民翻身的艰苦历程，获得执政合法性的历史证明，而且会用中国共产党领导实现国家发展、社会和谐的辉煌成就，获得执政合法性的现实证明，也会用中国共产党不断推进马克思主义这一指导思想的蓬勃发展，获得执政合法性的理论证明。

高校是思想文化交流互动的重要场所，也是意识形态工作的前沿阵地。2013年8月，习近平总书记在全国宣传思想工作会议上指出："能否做好意识形态工作，事关党的前途命运，事关国家长治久安，事关民族凝聚力和向心力。"② 2014年12月，习近平总书记在第23次全国高校党建工作会议上强调："强化思想引领，牢牢把握高校意识形态工作领导权。"③《关于进一步加强和改进新形势下高校宣传思想工作的意见》指出，要牢牢掌握高校意识形态工作领导权、话语权，不断巩固马克思主义指导地位。这些重要精神，具有理论、历史和现实等多方面的深刻意蕴，指明了高校意识形态工作的重大意义和战略要点。

首先，遵循国家意识形态安全的内在要求，自觉把握现代社会意识形态的运行规律。国家意识形态安全是国家文化安全的核心，因而也是

---

① 习近平：《把宣传工作做得更好》，《习近平谈治国理政》，北京：外文出版社，2014，第155页。
② 中共中央宣传部编《习近平总书记系列重要讲话读本》，北京：学习出版社、人民出版社，2014，第105页。
③《坚持立德树人思想引领　加强改进高校党建工作》，《人民日报》2014年12月30日。

国家安全的一个重要组成部分。在现代社会,意识形态安全水平是反映国家政权稳定程度的风向标,意识形态领域的话语主导权成为政党执政的利器。得意识形态话语主导权者得天下,失意识形态话语主导权者失天下,可谓意识形态运行的一大规律。从启蒙运动助推西欧资产阶级战胜封建贵族的历史,到当今世界上一些国家意识形态演变及政权更迭的现实,无不证明马克思的这句名言:"如果从观念上来考察,那么一定的意识形式的解体足以使整个时代覆灭。"① 在当代,一些西方马克思主义者从意识形态领导权角度提出的有关理论,如葛兰西的文化领导权概念、阿尔都塞的意识形态国家机器理论以及霍克海默、阿多诺等人的媒介控制理论,也在一定程度上印证了马克思的上述观点。

善于掌握意识形态话语权,是马克思主义政党的一大优势。在革命时期,马克思主义政党要唤醒工人阶级的阶级意识,就必须帮助其摆脱剥削阶级尤其是资产阶级的话语主宰和思想控制。然而,要完成这项任务并非易事。个中原因,正如列宁所说:"资产阶级思想体系的渊源比社会主义思想体系久远得多,它经过了更加全面的加工,它拥有的传播工具也多得不能相比。"② 因此,对马克思主义理论的任何轻视,其结果只能是加强资产阶级思想体系对工人的影响。

在共产党成为执政党的条件下,作为指导思想的马克思主义往往要面对各种非马克思主义的竞争甚至反马克思主义的攻击。在当前利益分化、价值多样的条件下,这种情况更容易出现。但是,无论形势发生何种变化,我们都不能轻视马克思主义在意识形态领域的话语主导权。作为高校思想理论工作者,我们应该对现代社会意识形态的运行规律多一分了解,对于思想交锋,既要有话好好说,力求以文化人、以理服人,也要有话敢于说,关键时刻不含糊,不做无原则的"好好先生"。

其次,认识高校意识形态工作的重要意义,深刻汲取世界社会主义

---

① 马克思:《经济学手稿(1857-1858年)》,《马克思恩格斯文集》第8卷,北京:人民出版社,2009,第170页。
② 列宁:《怎么办?》,《列宁全集》第6卷,北京:人民出版社,1986,第40页。

运动的经验教训。历史和现实经验表明，青年是各种社会思潮的易感人群，高校是各种意识形态的集散地，大学校园往往成为意识形态争夺的桥头堡。长期以来，西方国家没有停止过对社会主义国家的思想渗透，因为其政治家也懂得意识形态工作的重要性。美国政治家早就扬言："在宣传上花一个美元等于在国防上花五个美元。"① "我们与苏联的竞争是军事、经济和政治的竞争，但是美苏对抗的根本原因是意识形态的……我们在与苏联的意识形态竞争中握有王牌。我们自由和民主的价值观念在全世界具有巨大的感召力。"② 西方在对社会主义国家的思想渗透中往往将大学校园作为突破口，将青年师生作为重点对象，有针对性地推销西方民主价值观，构建所谓"文化武器库"，设立"基金会""研究会""培训中心"，培植"亲西代理人"，播撒"自由种子"。面对西方在意识形态领域的争夺，戈尔巴乔夫选择了放弃与退缩，最终栽倒在西方的"和平演变"战略面前。他倡导所谓的"思想的自由竞争"，将坚持马克思主义的指导视为"精神垄断"，结果在一个共产党领导的国家造成了一种怪象：贬斥马克思主义成为时髦，而坚持马克思主义不仅被视为落伍，还被指责甚至被围攻。在大学校园里，一些人纷纷将矛头指向马克思主义，揭露苏共历史的"黑暗"，控诉社会主义的"罪行"。这种做法，造成广大青年学生的极度思想混乱，无异于自毁思想长城。

与此形成鲜明对照，新中国成立以来，中国共产党人对西方"和平演变"战略始终保持清醒的认识，措施得力，成效显著。党的十八大以来，以习近平同志为核心的党中央高度重视意识形态工作，既有对意识形态工作的全面部署，也有对高校意识形态工作的重点考虑。可以说，这是对社会主义国家意识形态建设历史经验的深刻总结。当前，在认识高校意识形态工作的重要性方面，存在一些亟待澄清的错误认识。一种

---

① 江流、徐崇温主编《20~21世纪：社会主义的回顾与瞻望》，北京：中国社会科学出版社，1995，第257页。

② 〔美〕理查德·尼克松：《1999：不战而胜》，谭朝洁等译，北京：中国人民公安大学出版社，1988，第114页。

观点认为,高校是学术交流场所,学者自由发表思想符合"双百"方针。只要明理讲理的人都知道,在当代中国,不同观点的切磋砥砺,学术流派的相互争鸣,只会得到鼓励,不会招致反对。实际上倒是存在这样一种现象,有些人假学术自由之名,行抹黑党史、唱衰中国之实,还不允许别人批驳。对于这种现象,邓小平早就指出:"如果说百花齐放、百家争鸣可以不顾安定团结,那就是对于这个方针的误解和滥用。"①"有些人把'双百'方针理解为鸣放绝对自由,甚至只让错误的东西放,不让马克思主义争。这还叫什么百家争鸣?"②

还有一种观点认为,思想政治理论课是"中国制度专利"。事实上,西方社会的学校从来都不是价值中立的,高等教育和新闻传播更被当成"现代意识形态建设和传播最重要的机制"。美国各级学校都开设有美国历史、公民教育等课程,并将其归为通识课程。2014年7月美国上映的电影《少年时代》(*Boyhood*)中,就有小学生上学前唱国歌、背誓词的场景。英国的情况与美国类似。有媒体报道,2015年初,英国教育大臣摩根批评那些拿了政府教育经费却传授一些不符合英国核心价值观的"特洛伊木马学校",强调要将"英国核心价值观"教育放在与数学、英语等课程教育同等重要的位置。面对这种情况,如果还对我国高校思想政治理论课的设置冷嘲热讽,如果不是认识上的天真,那就是隐含着某种政治诉求。

再次,直面当前各种社会思潮的严峻挑战,牢牢把握高校意识形态工作领导权。当前,世界范围内各种思想文化交流交融交锋更加频繁,国际思想文化领域斗争深刻复杂。国际国内的各种社会思潮在高校集中投射、迅速集散,使高校意识形态工作面临复杂的形势和严峻的挑战。对此,我们要做到心中有数、应对有方。其一,要深刻认识各种社会思

---

① 邓小平:《目前的形势和任务》,《邓小平文选》第2卷,北京:人民出版社,1994,第256页。

② 邓小平:《党在组织战线和思想战线上的迫切任务》,《邓小平文选》第3卷,北京:人民出版社,1993,第47页。

潮蔓延的成因。改革开放以来我国各种社会意识的兴起、演进，各种西方思潮的涌入及其在我国高校意识形态领域的投射，是有迹可循的。当前中国社会面临复杂的社会转型催生了各种社会思潮，并使其围绕中国与外国、东方与西方、传统与现代、个体与群体、解构与重构等一系列重大关系展开，折射出当前我们面临的多重矛盾。随着社会的变迁，它们表现出主导意识与大众意识交互引导、本土思潮与外来思潮交互渗透、群体意识与个体意识交互作用等一般特点，并在高校青年师生中表现出贴近世界、影射政治、运用网络、反映诉求等校园特性。其二，要积极回应各种社会思潮带来的挑战。应该说，当前各种社会思潮的活跃，既具有激励创新意识、匡正思维方式等积极作用，也具有挑战主流意识形态、威胁国家意识形态安全的负面影响。这种负面影响主要体现在：制造复杂局面，即利用青年的求异思维，向其提供与主流意识形态相异的价值观念、话语体系，打破原有的意识形态格局；消解主流认同，即利用青年的批判精神，通过质疑乃至否定主流意识形态的科学性，消解其对主流意识形态的认同；抢占青年阵地，即利用青年的精神诉求，通过接近边缘群体、扶植积极分子，吸引部分学生认同其基本观点、加入其组织。总之，当前一些非马克思主义甚至反马克思主义思潮极其活跃、手法各异，但其实质都在于与马克思主义争夺话语权，与我们党争夺青年学生。

青年是价值观形成的关键时期，高校是培养中国特色社会主义事业接班人的重要阵地。在高校意识形态领域，主流价值观念不去生根，非主流价值观念就会肆意蔓延。高校思想政治理论工作者要做到守土有责、守土负责、守土尽责。任何态度上的轻视，自身理论上的贫困，"完全不管轻视者自己愿意与否"，客观上都纵容了其他思想体系对青年师生的影响，必然会削弱马克思主义的话语主导权。①

（2）强化问题意识。"坚持问题导向是马克思主义的鲜明特点。问

---

① 孙来斌：《守牢党和国家意识形态工作的前沿阵地》，《光明日报》2015 年 9 月 16 日（《求是》2015 年第 19 期转载）。

题是创新的起点，也是创新的动力源。"① 审视时代发展的要求，针对自身存在的问题加强理论教育与理论灌输，是马克思主义政党的一大优势。列宁一向反对脱离实际问题搞空洞的理论说教。毛泽东曾说过："掌握思想教育，是团结全党进行伟大政治斗争的中心环节。如果这个任务不解决，党的一切政治任务是不能完成的。"② "对于在职干部的教育和干部学校的教育，应确立以研究中国革命实际问题为中心，以马克思列宁主义基本原则为指导的方针，废除静止地孤立地研究马克思列宁主义的方法。"③ 前一段话指明了党内理论教育的重大意义，后一段话强调了党内理论教育的问题导向。当前，我们正在进行具有许多新的历史特点的伟大斗争，进行理论教育尤其是开展科学理论的灌输，必须进一步突出问题导向。

注重解决问题是理论灌输取得实效的关键。每当党的事业发展到新的阶段，我们党总会结合不断发展的实际、着眼于要解决的突出问题不断加强党内集中教育，提高全党的马克思主义水平。这是我们党加强自身建设的一条宝贵历史经验。比如，20世纪40年代初，针对党内存在的主观主义、宗派主义和党八股问题，我们党发动了延安整风运动。正因为有明确的问题针对性，整风运动取得了显著成效，大大增强了党的战斗力，为夺取抗战胜利和新民主主义革命胜利奠定了重要思想基础。改革开放以来，面对党的建设中存在的问题、适应党的事业发展的需要，我们党也开展过多次党内教育，大大增强了党员队伍和党组织的创造力、凝聚力和战斗力。当前，以习近平同志为核心的党中央正在带领全党和全国各族人民朝着实现"两个一百年"奋斗目标、实现中华民族伟大复兴的中国梦阔步前进，但是在党的建设中也还存在与完成艰巨历史任务不相适应的问题，这就要求我们通过党内理论教育有的放矢地解决这

---

① 习近平：《在哲学社会科学工作座谈会上的讲话》，北京：人民出版社，2016，第14页。
② 毛泽东：《论联合政府》，《毛泽东选集》第3卷，北京：人民出版社，1991，第1094页。
③ 毛泽东：《改造我们的学习》，《毛泽东选集》第3卷，北京：人民出版社，1991，第802页。

些问题。

突出问题导向才能有好的学风。马克思指出:"问题就是时代的口号,是它表现自己精神状态的最实际的呼声。"① 突出问题导向彰显了唯物辩证法的理论品格。对于什么是问题,毛泽东站在唯物辩证法的高度做过界定:"问题就是事物的矛盾。哪里有没有解决的矛盾,哪里就有问题。"② 习近平也指出:"问题是事物矛盾的表现形式,我们强调增强问题意识、坚持问题导向,就是承认矛盾的普遍性、客观性,就是要善于把认识和化解矛盾作为打开工作局面的突破口。"③ 这些论述都表明,正视问题是共产党人应有的品格,党内教育突出问题导向的理由也正在于此。同时,突出问题导向反映了马克思主义认识论的内在要求。从马克思主义认识论来看,问题导向也就是实践导向。实践是认识的基础,问题在其中发挥着重要作用。问题既是认识产生的逻辑起点,也是认识发展的重要动力。正如恩格斯所言:"社会一旦有技术上的需要,这种需要就会比十所大学更能把科学推向前进。"④ "这种需要"往往以一定的问题出现,实际上就是解决问题的需要。在党内教育方面,马克思主义认识论体现为马克思主义学风,也就是理论联系实际的学风。问题恰恰是理论联系实际的切入点、基础、中介,实际中的问题有待理论上的回答,理论上的问题需要在实际中解决。习近平提出的"学要带着问题学,做要针对问题改",讲的就是这个道理。

在解决问题中锤炼党员干部的党性。先进性和纯洁性是我们党作为马克思主义政党的本质属性,它依靠千千万万党员的先进性和纯洁性来体现,需要党员不断锤炼党性。我们党历来重视党员党性的锤炼,而且

---

① 马克思:《集权问题》,《马克思恩格斯全集》第40卷,北京:人民出版社,1982,第289~290页。
② 毛泽东:《反对党八股》,《毛泽东选集》第3卷,北京:人民出版社,1991,第839页。
③ 《坚持运用辩证唯物主义世界观方法论 提高解决我国改革发展基本问题本领——习近平主持中共中央政治局第二十次集体学习并发表讲话》,《人民日报》2015年1月25日。
④ 恩格斯:《恩格斯致瓦尔特·博尔吉乌斯》,《马克思恩格斯文集》第10卷,北京:人民出版社,2009,第668页。

强调通过解决实践问题来锤炼党性。刘少奇在《论共产党员的修养》中曾论述过"共产党员修养的方法":"要在革命的实践中修养和锻炼,而这种修养和锻炼的唯一目的又是为了人民,为了革命的实践。"① 历史和现实都表明,面对实践中的问题,面对作风上的差距,能否做到勇于自我解剖、敢于担当责任,是检验一名党员党性修养水平的标尺。当前,一些党员身上存在理想信念模糊动摇、党的意识淡化、宗旨观念淡薄、精神不振、道德行为不端等突出问题。开展党内理论教育与理论灌输,加强党性锤炼,绝不能坐而论道、止于空谈,也不能回避问题、隔靴搔痒。"善治病者,必医其受病之处;善救弊者,必塞其起弊之源。"②"治病""救弊"的关键,就在于针对问题对症下药。只有不断锤炼党员干部的党性,及时解决影响党的创造力、凝聚力、战斗力的问题,认真医治损害党的先进性和纯洁性的病症,坚决祛除滋生在党的健康肌体上的毒瘤,才能使我们党始终成为中国特色社会主义事业的坚强领导核心。③

(3) 保持内容科学性。要实现科学的灌输,保持传授理论内容的科学性,是一个基本的前提条件。如果不能保证这个基本前提,即便是再为有效的灌输,也不会是有益的灌输,甚至是有害的灌输。借用恩格斯的话来说,这个基本的前提可以称为"必要的支点"。为了给当时德国的共产主义宣传提供必要的科学理论,恩格斯曾经对马克思说:"目前首先需要我们做的,就是写出几部较大的著作,以便向许许多多非常愿意干但只靠自己又干不好的一知半解的人提供必要的依据。"④ 在马克思和恩格斯时代,狂热、简单的宣传鼓动多于冷静的理论工作,因而他们

---

① 刘少奇:《论共产党员的修养》,《刘少奇选集》(上卷),北京:人民出版社,1981,第109页。
② 《习近平:善治病者,必医其受病之处;善救弊者,必塞其起弊之原》,环球网,http://china.huanqiu.com/hot/2015-11/7995552.html,最后访问日期:2017年10月8日。
③ 孙来斌:《党内教育必须突出问题导向》,《人民日报》2016年8月14日。
④ 恩格斯:《致马克思(1845年1月20日)》,《马克思恩格斯文集》第10卷,北京:人民出版社,2009,第28页。

特别强调科学论证对宣传的意义。① 俄国民粹派革命家特卡乔夫曾经表现出轻视扎实科学研究而热衷于革命鼓动的倾向，并在 1874 年狂热地鼓动立即发动革命。恩格斯告诫道："当你想从事这种宣传，想为自己招募志同道合者时，仅仅发表宣言是不够的，而必须探究根据，因而，必须从理论上来考虑问题，也就是说归根到底必须科学地对待问题。"② 为了给工人阶级提供科学的革命理论，马克思、恩格斯终其一生都在不懈努力。恩格斯曾经批评一些学风浮躁、动辄创造一个理论体系的德国大学生，要求他们切实为工人提供有益的思想材料："这些先生们往往以为，一切东西对工人来说都是足够好的。他们竟不知道，马克思认为自己的最好的东西对工人来说也还不够好，他认为给工人提供的东西比最好的稍差一点，那就是犯罪！"③ 对于那些将误读、误解的马克思主义作为理论宣传内容的做法，他们明确指出其中的危害。例如，俄国民粹派理论家米海洛夫斯基曾经撰文为马克思做辩护，但是他将一切民族都注定要走西欧式资本主义发展道路的结论强加在马克思的头上。对此，马克思明确指出，《资本论》关于资本主义起源的历史概述只限于西欧，如果有人"一定要把我关于西欧资本主义起源的历史概述彻底变成一般发展道路的历史哲学理论"，将西欧道路泛化为所有国家、所有民族的必经之路，这样做"会给我过多的荣誉，同时也会给我过多的侮辱"。④ 可以说，在保持思想理论宣传内容的科学性上，马克思、恩格斯为我们做出了表率。

在当前，保持灌输理论内容的科学性，从总体来看，我们面临的一个重大问题就是如何实现马克思主义的时代化。众所周知，真正的思想

---

① 陈力丹：《精神交往论：马克思恩格斯的传播观》，北京：中国人民大学出版社，2008，第 186 页。
② 恩格斯：《流亡者文献》，《马克思恩格斯文集》第 3 卷，北京：人民出版社，2009，第 383 页。
③ 恩格斯：《致康·施密特（1890 年 8 月 5 日）》，《马克思恩格斯文集》第 10 卷，北京：人民出版社，2009，第 588 页。
④ 马克思：《给〈祖国纪事〉杂志编辑部的信》，《马克思恩格斯文集》第 3 卷，北京：人民出版社，2009，第 466 页。

理论体系，既是时代的产儿，又是时代的指针；既要反映时代的根本特性，也不可避免地会打上时代的烙印，从而存在时代局限性。马克思主义也存在时代性问题。它要永葆青春活力，就必须与时俱进、实现时代化。马克思主义发展史，就是不断研究时代问题、不断推进理论创新的历史。

在马克思所处的时代，西方处于自由竞争资本主义阶段，东方多处于封建专制社会。社会化大生产与生产资料私人占有相矛盾、资本与劳动相对立、西方与东方相冲突，这是马克思主义得以产生的时代特征，也是马克思主义所要解决的时代课题。在《共产党宣言》《资本论》等著作中，马克思在两个伟大发现的基础上、在哲学和经济学的结合中、在走向历史深处的过程中，创立了科学社会主义，科学回答了前两个时代课题。在晚年，马克思凭借着对俄国等东方国家经济社会发展实证材料的深刻的经济学把握，较为系统地探讨了东方社会的性质、结构、现状和前景等一系列重大问题，提出了非资本主义发展道路的设想，科学回答了第三个时代课题。可以说，正是因为科学回答了时代课题，马克思的学说才赢得了世界历史意义，从西方走向东方，由理论变为实践。

马克思主义是现时代的指南，其内在本质决定它能够实现时代化。当今时代不能离开马克思主义。其一，马克思主义所针对的时代课题仍然没有得到根本解决，它提出的解决措施仍有一定的价值。其二，马克思主义具有科学的前瞻性，其关于未来社会的预测部分已经实现，新的时代为实现其最高目标提供了更有利的条件。其三，马克思主义揭示了自然界、人类社会和思维发展的一般规律，其科学的世界观与方法论对解决新的时代问题具有指导价值。推进马克思主义时代化，就是要使马克思主义始终走在时代前列，敏锐把握时代特征，准确反映时代要求，科学回答时代课题，使当代中国的马克思主义具有更加鲜明的时代特色，从而更好地为指导新的实践提供科学理论指导。放眼天下大势，洞察国际风云，善于把握发展先机，科学预判未来前景，这是推进马克思主义时代化的内在要求。

在当前，保持灌输理论内容的科学性，从高校思想政治课这个角度来看，一个首要的工作就是必须把教材编好，使其科学体现马克思主义的理论逻辑和时代特色，尤其是马克思主义中国化的最新成果。①

（4）坚持师者示范。② 马克思主义理论教育是无产阶级革命事业的一部分，因此，无产阶级政党及其所领导的各种组织都要重视理论教育事业。同时，由于革命分工的需要，无产阶级革命队伍内还必须有一支专门从事理论教育工作的队伍。对于这支队伍的成员（即理论教育者的个体形式，以下简称"教师"）而言，理论教育既是为之奋斗的无产阶级事业，也是专门从事的职业。"事业"有事业的要求，"职业"有职业的规范。

理论教育是社会主义事业的一部分，具有鲜明的政治性。作为理论教育活动的组织者和实施者，教师必须具备良好的政治素质，首要的一条就是坚定地坚持社会主义政治方向。列宁在论及党校教学人员对党校性质的影响时指出："任何监督、任何教学大纲等等，绝对不能改变由教学人员所决定的课程的方向。"③ 党校的教学人员是这样，所有的教师也是这样。因此，列宁在给有关部门推荐理论课教师时，总是首先强调被推荐人具有坚定的社会主义信仰。在他看来，教师的政治方向决定理论教育的政治方向，推荐坚持正确政治方向而且其他条件合适的同志从事理论教育工作，这是对党的事业负责。

理论教育是以马克思主义理论来塑造人的活动，教师在相当大的程

---

① 这涉及诸多方面的问题，党中央高层近期对此有专门批示，中宣部、教育部有一系列文件和布置。囿于篇幅，在此不赘述。
② 在教育教学过程中，教师和学生在教学中到底谁是主体，这是让现代教育学特别是现代教学论很纠结的问题。在我们看来，教和学既相互联系，又可相对分开，教师是教的主体，学生是学的主体。对于学校而言，在马克思主义理论灌输过程中，由于在理论素养和知识储备上存在差异，教师是主体、学生是客体的说法，应该是成立的。但是，我们不反对将学生当成主体，从而调动其学习积极性的理念和做法。不过，马克思主义理论灌输的主客体并不仅限于学校思想政治理论课中的教师和学生，为简便、通俗起见，我们在此采用"师者示范"的说法，在后面采取了"受众参与"的说法。
③ 列宁：《致卡普里学校学员们（1909年8月30日）》，《列宁全集》第45卷，北京：人民出版社，1990，第250页。

度上是理论教育对象塑造的样板,所谓"学高为师,德高为范"。因此,其高尚的人格,是对马克思主义这一先进理论直观而形象的映现,将会激发理论教育对象对马克思主义理论的学习兴趣、接受欲望,从而产生良好的教学效果。这种人格要求,突出体现为高尚的道德信念和道德品质。不同阶级的人具有不同的道德,作为人类最先进阶级的觉悟分子,教师自身必须具有高尚的道德信念和道德品质。首先,他必须树立"为人类社会摆脱对劳动的剥削""为巩固和完成共产主义事业而斗争"的道德信念,因为"这就是共产主义道德的基础","也就是共产主义培养、教育和训练的基础"。同时,反对"我赚我的钱,其他一切都与我无关"的利己主义者和小私有者心理。① 列宁的这一论述,对于市场经济条件下从事思想理论工作的人来说,具有特殊的意义。

具有深厚的理论功底,这是坚持师者示范的基本要求。教师的工作是以彻底科学的理论去说服群众、掌握群众,因此,其工作的成效在很大程度上取决于其自身的理论水平。这就要求教师本人必须有充分的理论准备和深厚的马克思主义理论功底,否则就无法让别人理解并接受理论。马克思、恩格斯曾经批评过德国党内的某些人,指出他们"把领会得很肤浅的社会主义思想"拿来教育工人,"这些教育者的首要原则就是拿自己没有学会的东西教给别人。党完全可以不要这种教育者"。② 正因为如此,列宁多次"提请全体党员注意提高宣传员的理论水平"③ 的重要性,要求全党特别是从事理论工作和理论教育工作的同志不断学习马克思主义,努力提高自身的理论水平。此外,马克思主义不是离开世界文明发展大道而产生的封闭的僵化的学说,它批判地继承和发展了人类文明的优秀成果,回答了人类先进思想已经提出的种种问题。因此,

---

① 参见列宁《青年团的任务》,《列宁全集》第 39 卷,北京:人民出版社,1986,第 306~307 页。
② 马克思、恩格斯:《给奥·倍倍尔等人的通告信》,《马克思恩格斯文集》第 3 卷,北京:人民出版社,2009,第 483~484 页。
③ 列宁:《为俄国社会民主工党第二次代表大会准备的决议草案》,《列宁全集》第 7 卷,北京:人民出版社,1986,第 234 页。

以宣传马克思主义为己任的教师，除了要对马克思主义理论本身有深刻的把握以外，还必须对它本身借以产生的人类先进思想有所了解。如果以为"不掌握人类积累起来的知识就能成为共产主义者"，"如果以为不必领会共产主义本身借以产生的全部知识，只要领会共产主义的口号，领会共产主义科学的结论就足够了，那是错误的"。① 当然，这其中除了重点了解德国古典哲学、英国古典政治经济学、英国和法国的空想社会主义学说以外，教师还必须研究和学习教育学、心理学、社会心理学以及其他各种科学的知识。只有这样，教师才能更深刻地把握马克思主义理论本身，才能更深刻地认识并灵活地运用理论教育的客观规律，根据不同的教育对象及其需要，采取相应的教育形式，更好地完成理论教育的任务。

"榜样的力量是无穷的，广大党员、干部必须带头学习和弘扬社会主义核心价值观，用自己的模范行为和高尚人格感召群众、带动群众。"② 就高校思想政治课教师这个特殊的师者而言，前述示范性要求可以简括和转化为如下几点：首先，教师必须对马克思主义真信、真懂。只有真信，教师才能在教学中动真情，才会用自己对马克思主义理论的至深之爱、对自己从事事业的自豪之情，去打动和感染学生。只有真懂，教师才能把比较抽象的理论原理讲透彻，做到概念明确、层次分明、逻辑连贯、重点突出，才能以彻底的理论说服人。其次，教师必须把马克思主义的精神实质、科学方法作为理论教育的重点内容。马克思主义理论教育的目的不在于教会学生背诵马克思主义的字句，而在于教会他们"像马克思那样去思考问题"的方法，培养他们观察、分析和解决问题的能力。"学马列要精，要管用"，这应当成为教师讲理论、学生学理论的优良教风和学风。再次，教师必须坚持与时俱进。马克思主义不是僵化的教条，与时俱进是其最根本的理论品质。只有将马克思主义发展的

---

① 列宁：《青年团的任务》，《列宁全集》第39卷，北京：人民出版社，1986，第298页。
② 习近平：《培育和弘扬社会主义核心价值观》，《习近平谈治国理政》，北京：外文出版社，2014，第164页。

最新成果及时吸收并反映到教育内容当中，理论教育才能体现时代感、吸引力，教师才能常讲常新，学生才能入耳入心。①

（5）实现受众参与。那种将自己视为大众救世主、福音传播者，而将人民群众当成无知的群氓和信众的做法，与历史唯物主义的基本原理是相悖的，马克思主义经典作家历来予以坚决反对。如本书第二章所述，帮助工人阶级实现阶级自觉，是马克思主义"灌输论"的根本目的。马克思、恩格斯早在《共产党宣言》中就指出："共产党人的最近目的是和其他一切无产阶级政党的最近目的一样的：使无产阶级形成为阶级，推翻资产阶级的统治，由无产阶级夺取政权。"② 列宁在 1895~1896 年起草的俄国社会民主党的第一个纲领中就明确提出，俄国社会民主党宣布自己的任务是帮助俄国工人阶级进行斗争，"方法是提高工人的阶级自觉，促使他们组织起来，指出斗争的任务和目的"。③ 十月革命胜利后，要发动群众建设社会主义，必须让群众知道什么是社会主义，这必须依靠思想宣传和理论教育。"什么是共产主义？整个共产主义宣传归根到底要落实到实际指导国家建设。应该使工人群众把共产主义理解为自己的事业。"④ 当前，这些论述更多的是从工人阶级的理论教育事业的宏大视野出发的。由于受到知识水平、社会分工等方面的局限，受众在传统理论灌输中的主体性、参与度毕竟有限。有学者曾经指出，"具有革命传统的思想政治教育模式是具有广泛群众性和明显权威性的模式"，而现代思想政治教育模式是"民主法制模式""群众参与模式"。⑤ 这是

---

① 孙来斌：《马克思主义理论教育实现理论联系实际的基本路径——列宁的有关思想和实践及其启示》，《思想理论教育》2007 年第 23 期。
② 马克思、恩格斯：《共产党宣言》，《马克思恩格斯文集》第 2 卷，北京：人民出版社，2009，第 44 页。
③ 列宁：《社会民主党纲领草案及其说明》，《列宁全集》第 2 卷，北京：人民出版社，1984，第 70 页。
④ 列宁：《在全俄省、县国民教育局政治教育委员会工作会议上的讲话》，《列宁全集》第 39 卷，北京：人民出版社，1986，第 407 页。
⑤ 郑永廷：《现代思想道德教育理论与方法》，广州：广东高等教育出版社，2000，第 105、109 页。

对整个思想政治教育模式而言的，实际上，理论灌输的模式也要适应这种新的转化。"我说你听""我说你记"的传统灌输，在新的时代条件下行不通，亟待改变。

从哲学方法论的角度来看，传统灌输模式并未充分体现唯物辩证法，带有一些单向传播的色彩。对此，一些西方马克思主义学者也从不同角度进行了反思。美国著名马克思主义经济学家理查德·沃尔夫近年来一再提倡多元决定论（overdetermination）。在他看来，对于其他事物而言，一个事物要么作为原因，要么作为结果，这种情况是不存在的；一切事物都是由其他事物引起的，同时也参与到引起其他事物的过程之中。"从多元决定论的视角来看，个人和社会结构都是类似的，都是接受外界影响的效应场。没有一个可以独立于这些进程的联系，这些联系不仅创造了它们，还让它们交织在一起。"[①] 从这种角度来看，理论的施教者与受教者绝不仅仅是主体与客体、传播与接受的单向灌输关系。正如有学者指出："可以使教育对象在教育者创设的具体教育情境（实际是具体的人际交往环境）中，在社会关系的丰富发展中，在接触那些作为传递社会思想道德信息载体的某种物化形式（指教育工具或教育手段）的活动中，接收到教育者传递的社会思想道德，并通过思想道德内部矛盾运动而自主构建思想道德。"[②] 因此，现代的科学灌输，应该是以交往和互动为基本的理念。受众（包括高校思想政治理论教育中的"学生"）参与理论教育互动的具体方式是多元多样的，如探索性学习、理论研讨、辩论对话、主题演讲等。在互联网条件下，参与互动的方式选择空间就更大了，对此我们在后面再展开论述。

（6）善于运用网络。如本书第三章所述，网络信息技术的广泛运用，是当前"灌输论"面临的一大现实境遇。要实现科学灌输，必须对此进行有效回应。从马克思主义发展史来看，马克思主义创始人高度重

[①] Richard D. Wolff, Stephen A. Resnick, *Contending Economic Theories: Neoclassical, Keynesian, and Marxian*, Cambridge: The MIT Press, 2012, p.45.

[②] 万美容：《思想政治教育方法发展研究》，北京：中国社会科学出版社，2007，第241页。

视自然科学研究和科学技术的发展，他们不仅精通自然科学领域的多个学科，而且对"任何一门理论科学中的每一个新发现——它的实际应用也许还根本无法预见"，都"感到衷心喜悦"①。毫无疑问，马克思主义这一辩证的同时又是唯物主义的世界观，正是在充分占有自然科学新成果的基础上产生的。同时，它也是随着科技进步而不断发展的。正如恩格斯所说："随着自然科学领域中每一个划时代的发现，唯物主义也必然要改变自己的形式。"② 列宁对新技术在思想理论教育上的应用非常感兴趣。在无线电技术刚在俄国应用不久后，他就致信斯大林，指示"在完成组织无线电话通讯事业上，在生产完全适用的扬声器上，绝对不要吝惜资金"。"无论是就进行宣传和鼓动，特别是对没有文化的居民群众进行宣传和鼓动来说，还是就转播讲座来说，实行这个计划都是我们绝对必要的。"③ 可见，积极利用新的科技成果，勇于接受各种挑战，坚持和发展马克思主义，积极宣传马克思主义，这就是列宁的正确态度。

在运用新的科技手段于反思想渗透的斗争中，过去曾长期依靠闭关自守的"保护性"措施（如规定不得收听敌台），来"净化"意识形态，确保思想理论教育的一致性。显然，这种消极防御的做法现在肯定行不通。以日益丰富的信息传播手段（特别是现代通信技术和互联网的应用），将教师、学生放在一个开放的信息世界，对理论教育的平等性、动态交互性提出了新的要求，对教师的传统主体地位提出的挑战。苏联学者姆什韦尼耶拉泽曾断言："今天，在科学和技术革命的时代，随着全世界人士的成就和科学的威望史无前例地增加，如果不使用科学的数据、计算机、模型设计和各种信息系统，任何理论都不能指望具

---

① 恩格斯：《卡尔·马克思的葬仪》，《马克思恩格斯文集》第3卷，北京：人民出版社，2009，第602页。
② 恩格斯：《路德维希·费尔巴哈和德国古典哲学的终结》，《马克思恩格斯文集》第4卷，北京：人民出版社，2009，第281页。
③ 列宁：《就发展无线电技术问题给约·维·斯大林并转俄共（布）中央政治局委员的信》，《列宁全集》第43卷，北京：人民出版社，1987，第192页。

有影响或得到普及。"① 此话虽失之于绝对,却比较客观地反映了现代科技革命对理论教育提出的新要求。

习近平强调:"网络安全和信息化对一个国家很多领域都是牵一发而动全身的,要认清我们面临的形势和任务,充分认识做好工作的重要性和紧迫性,因势而谋,应势而动,顺势而为。""做好网上舆论工作是一项长期任务,要创新改进网上宣传,运用网络传播规律,弘扬主旋律,激发正能量,大力培育和践行社会主义核心价值观,把握好网上舆论引导的时、度、效,使网络空间清朗起来。"② 做好网上舆论工作,无疑关涉方方面面的工作,思想理论教育也要重点关注,积极占领这一新的阵地。如果思想理论工作不去主动占领,搞不好会成为我们的"心头之患"。如本书第三章所述,网络技术的发展对思想理论灌输既带来积极影响,也带来消极作用,关键在于我们怎么应对、如何运用。这是一篇需要大家齐心协力一起来做的大文章。习近平在全国高校思想政治工作会议上强调:"要运用新媒体新技术使工作活起来,推动思想政治工作传统优势同信息技术高度融合,增强时代感和吸引力。"③ 就思想政治理论课教师这个角度而言,当务之急是要培养一批熟悉互联网运用、懂得网民心理、了解现代传播规律的新型师资。当然,在思想政治理论课堂内外利用网络技术,诸如采取微课程、在线答疑、多线互动等方式,也是应该积极提倡的。

(7) 采用柔性方法。如本书第二章所述,马克思主义经典作家虽然强调灌输原则,但是在方法上一向反对强制灌输、反对生硬灌输。恩格斯在致威士涅威茨基夫人的信中强调:"越少从外面把这种理论硬灌输给美国人,而越多由他们通过自己亲身的经验(在德国人的帮助下)去

---

① 〔苏〕B. B. 姆什韦尼耶拉泽:《政治现实与政治意识》,王浦劬等译,北京:中国社会科学出版社,1990,第46页。
② 《习近平:把我国从网络大国建设成为网络强国》,新华网,http://news.xinhuanet.com/politics/2014-02/27/c_119538788.htm,最后访问日期:2017年10月8日。
③ 《习近平:把思想政治工作贯穿教育教学全过程》,新华网,http://news.xinhuanet.com/politics/2016-12/08/c_1120082577.htm,最后访问日期:2017年10月8日。

检验它,它就越会深入他们的心坎。"① 列宁更是多次论述过有关问题。例如,他在论述青年思想理论教育问题时,明确反对"简单生硬地把政治灌输给尚未准备好接受政治的正在成长的年青一代"。② 他在论及农民社会主义思想教育问题时,告诫全党:"不能强迫农民接受社会主义,而只能靠榜样的力量,靠农民群众对日常实际生活的认识。"③ 恩格斯、列宁的上述思想,都强调教育者在理论灌输中的启发、帮助作用,强调受教育者"通过自己亲身的经验""对日常生活的认识"。有学者说得好:"这就启示我们,育人好比种庄稼,农人是'帮助'庄稼生长,而不是代替庄稼生长,更不能拔苗助长。"④

马克思主义经典作家的有关思想精神,用我们今天的话来说,就是提倡柔性灌输。那么,究竟什么是柔性灌输呢?对于这个问题,学界的研究相对较少⑤,且存在一些不同看法,其中,对它的定义和解释,出现了隐性灌输、间接灌输、非强制性灌输等几种倾向。因此,在这里有必要对此做适当的辨析。在我们看来,其一,柔性灌输不等于隐性灌输。思想道德教育的相关研究表明,显性教育与隐性教育各有其利弊(见表5-2),两者的主要区别在于教育目的、教育方式的显在性与隐蔽性。实际上,柔性灌输既能以显性教育的方式进行,也能以隐性教育的方式进行,只不过在当前出于对隐性教育的逐渐重视,我们可以更多地提倡隐性教育的方式。其二,柔性灌输不等于间接灌输。间接灌输是相对于

---

① 恩格斯:《致弗·凯利-威士涅威茨基夫人(1887年1月27日)》,《马克思恩格斯文集》第10卷,北京:人民出版社,2009,第562页。
② 列宁:《在全俄国际主义者教师第二次代表大会上的讲话》,《列宁全集》第35卷,北京:人民出版社,1985,第422页。
③ 列宁:《全俄工兵农苏维埃第三次代表大会文献》,《列宁全集》第33卷,北京:人民出版社,1985,第265页。
④ 刘建军:《恩格斯晚年对"硬灌输"的批评》,《光明日报》2014年5月12日。
⑤ 笔者2014年9月10日在中国知网以"柔性灌输"为篇名关键词搜索,仅得到两篇搜索结果,一篇为广西师范学院高锋的硕士学位论文《网络思想政治教育柔性灌输研究》,另一篇为合肥工业大学人文经济学院的硕士生赵婷婷发表的论文《论高校思想政治教育的"柔性灌输"》[重庆科技学院学报(社会科学版)2011年第15期]。以"柔性灌输"为主题搜索,得到的论文数稍多。

直接灌输而言的，柔性灌输是相对于刚性灌输而言的。间接灌输和直接灌输的区分依据主要在于灌输的中介性，柔性灌输与刚性灌输的区分依据在于灌输的约束性。由此看来，即便是间接灌输也可能是刚性灌输，而直接灌输也可能是柔性灌输。其三，柔性灌输与非强制性灌输有共同的特征，在很多时候可以相互替代，但是，柔性灌输具有非强制性灌输所不具有的内涵和表达优势。如第二章所述，在马克思主义"灌输论"的话语体系中，灌输在原则上具有一定的刚性要求、强制要求，它要反映马克思主义的意识形态性质。但是，在方法上具有非强制性，它要反映马克思主义的科学本质。因此，简单地将柔性灌输解读为非强制性灌输，它就没有多大意义，实际上就是换了一种表达。因此，我们认为，应该在非强制性灌输的基础上，适当增加其他内涵，才足以表达出柔性灌输的意思。

表 5-2　显性教育与隐性教育

显性教育	隐性教育
有明确的目的性	无明确的目的性，带有自发性
一般来说是积极的影响，不排斥有时产生负效应	有积极的影响，也有消极的影响
可控制的、正式的	不可控制的、非正式的
影响因素相对较少，较为单纯	影响因素极其广泛而具有复杂性

资料来源：鲁洁、王逢贤主编《德育新论》，南京：江苏教育出版社，1994，第338页。

按照前述思路，渗透性应该是柔性灌输的应有特征。有学者指出，西欧国家思想政治教育不是采取简单的、正面的强制"灌输"，不是直接向教育对象说"是什么""应该怎么做"。为了避免课堂教学流于形式或概念，注意把现场教学与实践结合作为一种补充方式，如组织各种社区活动、教堂服务活动、社会环境治理活动等。欧洲青年指导委员会强调"青年参与社会"的观点，这在西欧国家中很有代表性。[①] 这一论述注意到欧洲社会思想政治教育的特点，应该说是不错的。实际上，这种

---

① 侯勇、颜素珍：《西欧思想政治教育特色探析》，《思想政治教育》2009年第1期。

渗透性的做法，在我国思想政治教育实践中同样存在，当然还可以做得更好。所谓"随风潜入夜，润物细无声"，可以很好地描述和表达柔性灌输所具有的渗透性特点。对于思想有所准备、亟待理论武装的人，有时当然可以通过暴风骤雨的方式来进行理论灌输，来一番"头脑风暴"，如对党政干部采取的集中理论教育，可以说就是这种方式。对于思想准备不足的人，当然应该采取和风细雨、润物无声的方式。在日常的思想理论教育中，要大力提倡这种方式。习近平在论及培养和弘扬社会主义核心价值观问题时指出："要润物细无声，运用各类文化形式，生动具体地表现社会主义核心价值观，用高质量高水平的作品形象地告诉人们什么是真善美，什么是假恶丑，什么是值得肯定和赞扬的，什么是必须反对和否定的。"①

同样，生活性无疑也是柔性灌输所应具有的特征。前面引用的恩格斯、列宁的有关论述表明，他们都非常重视强调受教育者"通过自己亲身的经验""对日常生活的认识"。实现理论与生活的对接，不仅是为了将抽象的理论还原为具体的生活，从而让人易于接受，而且是为了让书本上的理论融入现实的生活，从而让其发挥作用。习近平指出："一种价值观要真正发挥作用，必须融入社会生活，让人们在实践中感知它、领悟它。要注意把我们所提倡的与人们日常生活紧密联系起来，在落细、落小、落实上下功夫。"② 应该说，这一论述对马克思主义理论灌输同样具有指导意义。"道不可坐论，德不能空谈。于实处用力，从知行合一上下功夫，核心价值观才能内化为人们的精神追求，外化为人们的自觉行动。"③ 这一论述，更是点出了理论与生活对接、认识与实践统一的道理之所在。

---

① 习近平：《培育和弘扬社会主义核心价值观》，《习近平谈治国理政》，北京：外文出版社，2014，第165页。
② 习近平：《培育和弘扬社会主义核心价值观》，《习近平谈治国理政》，北京：外文出版社，2014，第165页。
③ 习近平：《青年要自觉践行社会主义核心价值观》，《习近平谈治国理政》，北京：外文出版社，2014，第173页。

（8）维持合理阈限。在人们日常的学习、工作和生活中，经常会受到广告的影响。如果某一广告频繁地出现在各种媒体和街头巷尾，当然会产生广泛的社会影响。但是，如果出现的频次和概率太高，也有可能招致人的腻味、生厌。在理论灌输过程中，这种心理接受的问题同样存在，我们不妨将其称为灌输的强度问题。现实生活是丰富多彩的，社会的政治生活、经济生活、文化生活等都有其存在的空间，彼此之间既相互联系，又有一定的边界。理论灌输应该保持合适的强度，发挥在社会政治领域的存在优势，巧妙而适当地融入社会的经济和文化生活，避免出现让人生厌的情形。

对于这个问题，有学者从不同侧面进行过探讨。国外学者霍尔曾说："道德教育所面临的问题和挑战是要寻找一种中间路线，它既不强迫年轻人接收一套道德规则，也不给其这样一种印象，即做出决定完全是一件个人主张或者随心所欲的事情。"① 国内有学者指出："如果我们把对受教育者处于无理性自由阶段的灌输称为无灌输，把建立于理性自由阶段的灌输称为灌输引导，把压制和束缚理性自由的灌输称为强制灌输，那么灌输引导就是无灌输和强制灌输之间的中间区域。这一区域就是灌输的实施阈限。"② 应该说，这一认识主要是针对道德灌输而言的，并非针对马克思主义理论灌输。但是，其中的道理对后者也是适用的。根据这种理解，合理灌输应该是在一定阈限内的灌输，这种灌输也许可以用图 5-1 来表示。

无灌输 ⇒ 合理强度的灌输 ⇒ 强制灌输

图 5-1 灌输的阈限

维持合理的阈限，也许可以从听觉的感受来形容。物理学常识告诉

---

① Hall R. T., *Moral Education: A Handbook for Teachers*, Winston Press, Inc., 1979, p. 12.
② 转引自苏静《论我国学校德育中灌输的意义及其实施阈限》，《思想理论教育》2006 年第 1 期。

我们,按照普通人的听觉而言,20分贝以下的声音很难觉察,超过60分贝的声音产生吵闹感,75分贝是影响耳朵舒适度的上限。在不同环境下,如何保持主导声音同时又不至于让人产生烦躁,声音强度应有一定的变化,但一般有合理的阈限。如果用这样的眼光来反思我们所做的思想理论灌输,不难发现还有很大的改进空间。例如,在我们的政治社会生活中,存在思想宣传、理论灌输一阵风的现象。在一定时期内,出于理论宣传需要,各大媒体铺天盖地地报道,各种理论研讨频繁举行,街头巷尾贴满大小标语,等等。这种情况,在特殊情况下是可以采用的(如在意识形态噪音、杂音较大的情况下,确有必要提高主流意识形态的声音强度,从而形成主导声音),但是不宜常态化。如果经常采用这种宣传阵势,实际上没有区分公共生活与私人生活、政治生活与其他生活的界限,让人生出无处躲藏之感,实际上就没有保持好理论灌输的合理强度。因此,这样的阵势必定难以持久,效果也不一定令人满意。再如,在学校的思想政治理论课程中,大学教材与中学教材重复度过高,大学本科、硕士、博士阶段重复度过高,乃至于在同一层次教育中各门课程重复度过高,这无疑也超过了合理的灌输强度,很难让年轻人不生出腻味心理。这些问题,已经到了亟待改变的时候了。习近平在2013年的全国宣传思想工作会议上指出:"做好形势宣传、成就宣传、典型宣传、主题宣传,在真实可靠上动脑筋,在可亲可敬上做文章,在入脑入心上下功夫,增强吸引力感染力,让群众爱听爱看、产生共鸣。要把握好舆论引导的时、度、效,引导广大群众多看主流,不受支流支配。"①这里所讲的"时、度、效",无疑是科学灌输应该把握的几个维度。其中的"度",在这里,我们可以将其理解为理论灌输的合适强度。

(9)夯实实践支撑。"汝果欲学诗,工夫在诗外。"这是大诗人陆游留给后代的至理名言。对于狭义的思想理论灌输而言,当前中国特色社会主义实践可能属于"诗外功夫"。但是,对于广义的思想理论灌输而

---

① 中共中央宣传部编《习近平总书记系列重要讲话读本》,北京:学习出版社、人民出版社,2014,第97页。

言,我们更愿意将这种实践视为"诗内功夫"。理论灌输的效果最终要体现在受众的认同上,可以说,认同内化环节是灌输过程的关键。而认同内化的基础在于利益认同、实践认同。"批判的武器当然不能代替武器的批判,物质力量只能用物质力量来摧毁;但是理论一经掌握群众,也会变成物质力量。理论只要说服人[ad hominem],就能掌握群众;而理论只要彻底,就能说服人[ad hominem]。所谓彻底,就是抓住事物的根本。而人的根本就是人本身。"① 马克思的这段名言,可以视为对马克思主义理论灌输的实现途径的经典阐释。其大意是:一种社会理论,只有从群众的根本利益、根本需要出发,才能具有科学性,也才能具有说服力,并因此被群众所掌握,从而通过群众的实践转为变革社会的物质力量。联系当前实际来看,要实现列宁灌输理论的当代价值、推进马克思主义大众化进程,无疑可以而且应该从多个方面进行努力,但这些努力应该围绕实践展开。②

首先,着眼于新的实践,不断推进理论创新,增强理论的吸引力。增强理论的吸引力,是推进马克思主义大众化的重要前提。《共产党宣言》发表160多年来的实践证明,马克思主义只有与本国国情相结合、与时代发展同进步、与人民群众共命运,才能焕发出强大的生命力、创造力、感召力。因此,党中央反复强调,我们要坚持解放思想、实事求是、与时俱进,坚持"一个中心,三个着眼于",深入研究和回答重大理论和现实问题,不断把党带领人民创造的成功经验上升为理论,不断赋予当代中国马克思主义鲜明的实践特色、民族特色、时代特色,不断推进当代中国马克思主义大众化,让当代中国马克思主义放射出更加灿烂的真理光芒。

其次,服务于新的实践,面向人民大众,增强教育的实效性。走出

---

① 马克思:《〈黑格尔法哲学批判〉导言》,《马克思恩格斯文集》第1卷,北京:人民出版社,2009,第11页。
② 《孙来斌:马克思主义大众化的困境和破解之道》,马克思主义学习网,http://theory.people.com.cn/GB/179412/183941/183950/13613508.html,最后访问日期:2017年10月8日;孙来斌:《为马克思主义大众化提供坚实的实践支撑》,《学习月刊》2010年第7期。

书斋,面向人民大众,这是推进马克思主义大众化的重要路径。毛泽东在延安文艺座谈会上的讲话中指出:"许多同志爱说'大众化',但是什么叫做大众化呢?就是我们的文艺工作者的思想感情和工农兵大众的思想感情打成一片。"① 胡锦涛提出的关于宣传工作"三贴近"的要求,强调的也是这个意思。习近平强调指出:"领导干部要发扬理论联系实际的马克思主义学风,带着问题学,拜人民为师,做到干中学、学中干、学以致用、用以促学、学用相长,千万不能夸夸其谈、陷于'客里空'。"②

最后,依靠新的实践,解决实际问题,增强群众的认同感。中国特色社会主义是一种实践形态的马克思主义,中国共产党的政策兼有马克思主义理论与实践的双重品性。人民群众对马克思主义的认同,关键在于对中国共产党的政策的认同,在于对中国特色社会主义实践的认同。可以说,着力解决民生问题,增强群众的认同感,是实现马克思主义大众化的根本保证。诚如毛泽东指出:"一切群众的实际生活问题,都是我们应当注意的问题。假如我们对这些问题注意了,解决了,满足了群众的需要,我们就真正成了群众生活的组织者,群众就会真正围绕在我们的周围,热烈地拥护我们。"③ 在新的时代条件下,学习中国特色社会主义理论体系,必须同党带领人民进行的发展中国特色社会主义的生动实践紧密结合起来,同推进改革发展稳定各项工作的实际紧密结合起来,坚持研究新情况、解决新问题,努力做到学以致用、用以促学、学用相长。④ 习近平反复强调,开展党的群众路线教育实践活动,就是要使全

---

① 毛泽东:《在延安文艺座谈会上的讲话》,《毛泽东选集》第3卷,北京:人民出版社,1991,第851页。
② 习近平:《依靠学习走向未来》,《习近平谈治国理政》,北京:外文出版社,2014,第406页。"客里空"是苏联卫国战争时期创作的剧本《前线》中的一个角色,即一名惯于弄虚作假、吹牛拍马的战地特派记者。"客里空"是中文音译,在俄文中原意为空喊家。新闻界借用它泛指新闻报道中的虚构、浮夸现象。
③ 毛泽东:《关心群众生活,注意工作方法》,《毛泽东选集》第1卷,北京:人民出版社,1991,第137页。
④ 《胡锦涛在中共中央政治局第八次集体学习时强调坚持中国特色社会主义理论体系》,《人民日报》(海外版)2008年9月30日。

党同志牢记并恪守全心全意为人民服务的根本宗旨,以优良作风把人民紧紧凝聚在一起。要坚持从关系人民群众的切身利益的角度看问题,"出实策、鼓实劲、办实事,不图虚名,不务虚功,以身作则带领群众把各项工作落到实处"。① 当前,如何将这些精神落到实处,大力开展新的改革实践,切实解决关涉广大民众切身利益的民生问题,切实满足人民群众的物质文化生活需要,增强其对马克思主义的情感认同、内化动机,从而为马克思主义大众化提供坚实的实践支撑,是一个值得我们严肃思考的问题。

附录一 革命主体与阶级意识:《共产党宣言》的有关思想及其当代意义②

众所周知,《共产党宣言》(以下简称《宣言》)对社会主义革命主体和工人阶级阶级意识问题做了许多深刻而精彩的论述。20世纪70年代以来,西方资本主义的自我调节和不断发展,使得人们关于西方社会主义革命及其主体的探讨显得似乎非常不合时宜。因此,当卢森堡学者霍夫曼在德国《马克思主义革新杂志》1993年第16期发表《告别社会主义模式》一文,并以醒目的分标题"寻找主体"将这一问题重新提到人们面前时,人们往往一笑了之。近年来,随着全球性经济危机的爆发,一些西方学者开始重新探讨这一问题。其中,美国著名马克思主义经济

---

① 习近平:《实干才能梦想成真》,《习近平谈治国理政》,北京:外文出版社,2014,第48页。
② 本附录作为国家社会科学基金规划项目"列宁的灌输理论及其当代价值研究"(08BKS001)的研究成果,第一次公开发表于《江汉论坛》2011年第2期,署名作者为谢成宇、孙来斌。之所以在课题研究中要探讨这一问题,主要是基于以下考虑:研究列宁灌输理论的当代价值除了对当代中国的关注以外,似乎还应考察一下国外尤其是西方社会的有关情况。但是,直接谈论列宁灌输理论在当代西方的现实价值,似乎又显得有些乌托邦,且超出了课题组已有的研究能力。因此,我们从《共产党宣言》中有关阶级和阶级意识的思想切入,大致探讨了西方工人阶级的现状问题,最后提出:唤醒西方工人阶级的阶级意识,应该是西方工人阶级政党面临的主要任务。也正是出于这种考虑,我们也将有关思考作为附录置于此处。

学家沃尔夫指出,只要资本主义根本制度不改变,它的阶级结构都会系统地、周期性地加剧资本主义的危机。因此,新古典主义和凯恩斯主义都不可能医治经济危机。"在马克思主义看来,由一个阶级结构过渡到另外一个截然不同的阶级结构,是有效解决资本主义危机的必然要求。"① 在此情况之下,重温《宣言》的有关论断,对照霍夫曼、沃尔夫等人的观点,对于我们正确认识当代资本主义发生的新变化,正确认识马克思主义与国际工人运动的关系,都是一件很有意义的事情。

1. 当前西方工人阶级的新变化

众所周知,工人阶级的历史使命就是要推翻资产阶级专政、建立自己的政治统治并为实现全人类的解放而奋斗,这是马克思、恩格斯在《宣言》等著作中强调的一个基本思想。他们明确指出:"工人阶级的解放应当是工人阶级自己的事情。"② 工人阶级"如果不同时使整个社会永远摆脱剥削、压迫和阶级斗争,就不再能使自己从剥削它压迫它的那个阶级(资产阶级)下解放出来"。③ 可见,工人阶级是推翻资产阶级统治的革命主体,这是科学社会主义的一个基本原理。

面对当代资本主义的新变化,一些西方学者对此提出了不同的看法。其中,霍夫曼认为,现在必须重新寻找主体,因为"这个'工人阶级'已不存在。工薪者的人数固然增长了,但传统产业工人的人数却急剧萎缩。劳动条件、生活方式、'雇员'的需求都发生了分化和个体化"。在这种情况下,有必要重新考虑"谁是社会解放的承担者"。④ 要想对霍夫曼的结论进行评判,首先必须分析他得出结论的依据:与《宣言》的时

---

① 〔美〕斯蒂芬·雷斯尼克、理查德·沃尔夫:《经济危机:一种马克思主义的解读》,孙来斌、申海龙译,《国外理论动态》2010年第9期。
② 马克思、恩格斯:《给奥·倍倍儿、威·李卜克内西、威·白拉克等人的通告信》,《马克思恩格斯文集》第3卷,北京:人民出版社,2009,第484页。
③ 马克思、恩格斯:《共产党宣言》,《马克思恩格斯文集》第2卷,北京:人民出版社,2009,第9页。
④ 〔卢森堡〕安·霍夫曼:《告别社会主义模式》,中央编译局世界社会主义研究所《当代国外社会主义:理论与模式》,北京:中央编译出版社,1998,第315页。

代相比,当今西方社会的工人阶级到底发生了哪些变化。

第二次世界大战以后特别是20世纪70年代以来,西方发达资本主义社会工人阶级的内部结构和生活状况与以前相比发生了显著变化,简单说来,这种变化可以归纳为以下几个方面。

第一,雇佣劳动者的数量和质量都有所提高。随着科学技术的不断发展以及现代化、城市化水平的不断提高,第二次世界大战后西方资本主义各国农业人口比重不断下降,工人阶级数量相应扩大。以美国和日本为例,20世纪初,美国农业劳动者占其人口总数的40%,现在已降至3%左右;日本也由原先的46%降至现在的9%。在数量不断扩大的同时,工人阶级的质量也不断得到提高。这主要表现为工人受教育的平均时间不断增加,受教育程度不断提高。据统计,90年代中期,在美国的工人中有近90%受过中等以上的教育,在日本的工厂企业中,有34%的职工受过高等教育,另有58%的职工为高中毕业。在职前学历教育程度提高的同时,在职工人接受新的技术培训和职业教育的现象相当普遍。工人阶级的质量尤其是科学文化素质较之《宣言》时代有了显著的提高。

第二,内部构成日益复杂,呈现多层次化。这主要表现为:传统工业部门的工人减少,新兴工业部门的工人增加;第一、第二产业的工人减少,第三产业的工人增加,现在西方资本主义社会第三产业的工人在工人总数中所占的比重已超过60%;白领工人的比重迅速上升,蓝领工人的比重则相应下降。在马克思写作《宣言》时,在资本主义最发达的英国,其白领工人只占在业人口的7%。到1984年,在西方主要资本主义国家中,白领工人占全部就业人口的56.9%,蓝领工人只占40.3%,其中美国的白领工人占68%,蓝领工人只占32%。另有资料表明,1999年美国的白领工人已占工人总数的75%左右。进入21世纪,白领工人所占比重似乎还有进一步提高的趋势。

第三,工人阶级的生活状况得到了较大改善,收入也有了明显提高。随着科学技术的不断发展和劳动生产率的提高,西方资本主义国家的工人已摆脱了繁重艰苦的体力劳动和肮脏、简陋的劳动环境，劳动时间逐渐缩短，一些国家的工人每年可享受带薪假期。与此同时，资本主义在分配关系上也进行了调整，工人的工资有较大幅度的增长，生活水平明显提高。一些福利国家则给国民提供"从摇篮到坟墓"的福利，通过社会保险和社会救济等形式给工人在生、老、病、死、伤残和失业问题上予以帮助。此外，由于一些西方国家的企业较普遍地推行"职工参与决策制""职工自我管理制"以实现"管理民主化"，甚至通过向工人发行小额股票等措施推行所谓"资本人民化"，工人与资本家的对立关系有所缓和。当然，目前经济危机对工人阶级生活状况产生了一定的影响。

总之，与《宣言》时代相比，当代资本主义国家的工人阶级的结构和生活状况都发生了重大变化，而这些变化对工人阶级的阶级意识产生了不利的影响。其中，传统产业工人比重的下降，削弱了工人阶级的组织性；工人阶级内部结构的复杂以及在受教育程度、职业、工资待遇等方面的差别，会造成工人阶级的内部矛盾；白领工人的增加、工人在工资福利上的提高，弱化了工人阶级的革命意识。

一些西方马克思主义学者已经注意到这种影响。其中，法兰克福学派的代表人物马尔库塞看到了这种影响，并因此而断言当代资本主义国家的工人阶级已不再具备马克思所设想的那种革命性、否定性。在一定意义上，霍夫曼也是基于这种判断才提出"寻找主体""谁是社会解放的承担者"这一问题的。尤为引人注意的是，他用"雇员"一词来替代"工人阶级"，因为在他看来，原来意义上的工人阶级已不存在了，工人阶级已不是社会革命的主体了。霍夫曼的观点得到了许多人的赞同。法国学者米·博德也说，传统社会主义观念已经失去自身存在的基础。在工业资本主义条件下，工业无产阶级是人类解放的主要力量。这个基础已经随着产业结构的改变而发生改变。[①]

[①] 〔法〕米·博德：《资本主义和货币关系的普遍化——世界的转折》，俞可平主编《全球化时代的"社会主义"》，北京：中央编译出版社，1998，第259页。

2. 当前西方工人阶级的新变化的实质

毫无疑问，上述学者正确注意到了西方社会阶级结构的变化，但是，仅仅根据这些变化，就得出结论说工人阶级已不是革命主体，这种做法似乎有些草率。要回答工人阶级还是不是革命主体的问题，实质上就是要回答工人阶级在阶级结构和生活状况等方面的变化是不是实质性的变化，它给工人阶级的地位和作用带来了什么影响。

首先，就阶级结构的变化而言，关键的问题就要搞清白领阶层与工人阶级的关系。白领阶层是随着白领工人的出现和增多而形成的一个"介乎于"无产者和资产者的阶层。这些人一般没有多少生产资料，只是凭借其拥有的知识和管理才能受雇于公司或政府机构，但他们的收入又高于普通产业工人，过着较为宽裕的生活。这样的人在当代西方资本主义国家为数不少且有增多的趋势。那么，他们到底属不属于工人阶级呢？美国学者约翰·卡西迪说："马克思认为一个社会最基本的分界线位于那些拥有用于生产商品的机器和工厂的人（'资产阶级'）和唯一可用来交换的资产是其劳动力的人（'无产阶级'）之间。这种划分过于呆板——它并没有把自雇者、公共部门的雇员、在其雇主的公司拥有股份的工人考虑在内。"[①] 卡西迪提出的阶级划分要把中间阶层考虑进去这一问题，这无疑是合理的，但是，他对马克思的阶级划分的批评却是非历史的，我们不可能要求马克思对其100多年以后的阶级结构具体变化给出明确的规定。即便如此，《宣言》关于资产阶级和工人阶级的定义仍然为我们解决这一问题提供了原则依据。

恩格斯在1888年《宣言》英文版注释中写道："资产阶级是指占有社会生产资料并使用雇佣劳动的现代资本家阶级。无产阶级是指没有自

---

① 〔美〕约翰·卡西迪：《马克思的回归》，参见俞可平主编《全球化时代的"马克思主义"》，北京：中央编译出版社，1998，第8页。

己的生产资料、因而不得不出卖劳动力来维持生活的现代雇佣工人阶级。"① 从根本上说，这一结论在今天仍然是适用的。笼统地将白领阶层统统划归到工人阶级中的做法是不妥的，但是就大多数白领来说，他们依然主要是依靠出卖劳动力为生的，只不过劳动力中体力的因素减少，智力的因素在增多。生活比普通工人过得好一点，工资收入高一点，这只不过是雇佣劳动者在待遇上的变化，雇佣劳动者的这一地位却没有改变。因此，仍应将白领中的大多数视为工人阶级的组成部分。当然，白领中的少数人可能会由管理者上升为资产者，成为公司的大股东，那时他们自然应归为资产阶级之列了。对大多数白领来说，则是不大可能实现这种转变的。白领阶层的出现，减少了传统产业工人，但并没有削减工人阶级的队伍，而是丰富了工人阶级的内涵。② 正如沃尔夫指出："当工人阶级的概念是指所有劳动者或者挣工资者时，工人阶级当然既包括产业工人，也包括非产业工人。""没有直接从事生产的非产业工人是'促成者'——他们的劳动为产业工人创造剩余价值提供条件……例如，经理、主管、文员、采购员和通常由产业资本家雇用的销售员，他们共同为由产业工人生产却被产业资本家拿去出售的商品在市场上的顺利售卖创造条件。"③ 也正如美国著名马克思主义理论家奥尔曼指出："工人阶级由那些只有靠出卖劳动力才能生存下去的人组成……所有这些，既适用于蓝领，也适用于白领，仅仅在形式上稍有不同。"④

其次，就整个工人阶级而言，他们的生活水平的提高是否改变了他

---

① 马克思、恩格斯：《共产党宣言》，《马克思恩格斯文集》第 2 卷，北京：人民出版社，2009，第 31 页。
② 法国学者阿·图雷纳认为，主体不是某个阶级，"主体是一种社会运动"。这一结论的前提是将白领阶层排除在工人阶级之外，并将工人阶级限定为传统产业工人。事实上，社会运动必须是一定人、一定阶级的运动。当代资本主义的社会主义运动离开了扩大了内涵的工人阶级，是无法进行的。
③ 〔美〕理查德·沃尔夫：《卡尔·马克思的〈资本论〉在美国的新解读》，孙来斌等译校，《经济思想史评论》2010 年第 6 辑。
④ 本刊特约记者：《市场经济、经济危机与社会主义前途——奥尔曼教授访谈》，《国外理论动态》2009 年第 9 期。

们的贫困化地位从而改变其历史使命呢？对此，当代世界体系理论的主要代表人物伊曼纽尔·沃勒斯坦的话耐人寻味。他说："长期以来，贫困化的论题遭到了强烈的反对，理由是至少一个世纪以来，工业化国家工人阶级的实际收入一直在增长。他们得出结论说，没有绝对的两极分化，而且即使是相对的两极分化，也由于福利国家的再分配而几近衰退，因此，据说马克思大错特错了。"他反对这种观点，认为："人们只要把资本主义世界经济看作一个分析单元，马上就会发现两件事情：第一，按照世界经济的水平，贫困化一直未停，不仅是相对贫困（连世界银行都接受这一观点）而且绝对贫困也是如此……第二，关于工业化国家工人阶级实际收入不断增长的言论被一种过于狭隘的观点所扭曲……如果我们用一个更有用的定义——主要依靠当前收入为生的人们正在两极分化，就会发现马克思是非常正确的。"① 如果说沃勒斯坦是侧重于宏观的定性分析得出以上结论的话，那么约翰·卡西迪则以确凿的数据告诉人们同样的事实："1980~1996年，这个国家（美国）最富裕的5%的家庭在家庭总收入中所占的比例从15.3%上升到20.3%，而最贫困的60%家庭在家庭总收入中所占的比例则从34.2%下降到30%。"他还援引纽约大学经济学校教授爱德华·沃尔夫的话说，美国金融总资产的一半被人口中最富有的1%的人所拥有，金融总资产的3/4被最富有的10%的人所拥有。联邦储备委员会的一项调查表明，美国每10个家庭中有6个不拥有任何股票，而大多数确实拥有股票的家庭，其所有的股票的价值都不超过2000美元。卡西迪得出结论："这些数字表明马克思最有争议的观点——贫困化理论——可能在东山再起。"② 另一位美国学者莱斯特·瑟罗也以美国为例指出："事实很清楚，资本主义国家收入和财富不平等现象到处都在上升。大多数人的实际工资在下降，生产性经济不想要的流氓

---

① 〔美〕伊曼纽尔·沃勒斯坦：《苏联东欧剧变之后的马克思主义》，俞可平主编《全球化时代的"马克思主义"》，北京：中央编译出版社，1998，第22~23页。
② 〔美〕约翰·卡西迪：《马克思的回归》，俞可平主编《全球化时代的"马克思主义"》，北京：中央编译出版社，1998，第8~9页。

无产者的数量在增加，中产阶级与整体国家美国之间的社会契约已经破裂。过去一百年医治不平等现象的主要办法社会福利国家正在溃退。"①

沃勒斯坦、卡西迪、瑟罗等人都是西方的知名学者，尽管其所持立场与我们可能会有所不同，但在如何看待当代资本主义工人阶级的地位和生活状况问题上，他们的态度是严肃的，其分析是能够说明一些问题的。

依据当代西方资本主义国家工人阶级的新变化，对照《宣言》所揭示的有关原理，我们可以得出如下结论。

第一，尽管工人阶级内部结构发生了明显的变化，但工人阶级并未因此而消失，白领阶层的出现提高了工人阶级的科学文化素质，壮大了工人阶级的力量。工人阶级和资产阶级仍然是资本主义社会的两个主要的对立的阶级。正如沃尔夫指出，当前经济危机深刻表明："实际工资的长期停滞和劳动生产率的不断上升，意味着工人劳动力价值的下降。由工人创造的产品总价值在不断增加，却被资本家以剩余价值的形式据为己有。广大的工人得到的越来越少，而少数的资本家得到的越来越多；资本家所得到的，正是工人们所失去的。"② 可见，"现代资产阶级社会并没有消灭阶级对立。它只是用新的阶级、新的压迫条件、新的斗争形式代替了旧的"③，《宣言》的这一结论直到今天仍然是正确的。

第二，尽管工人的生活水平有了很大的提高，但相对于资本家而言，他们仍然生活在贫困之中，资本主义社会贫富两极分化不仅没有缩小反而在扩大。就当前美国经济危机而言，"剥削率的不断攀升使工人首先陷入债务危机，接着导致违约，那么，一种合乎逻辑的解决方案（或者部分解决方案）显示如下：消除阶级剥削。遵循这种解决方案，马克思主义的政

---

① 〔美〕莱斯特·瑟罗：《资本主义的未来》，周晓钟译，北京：中国社会科学出版社，1998，第307页。
② 〔美〕斯蒂芬·雷斯尼克、理查德·沃尔夫：《经济危机：一种马克思主义的解读》，孙来斌、申海龙译，《国外理论动态》2010年第9期。
③ 马克思、恩格斯：《共产党宣言》，《马克思恩格斯文集》第2卷，北京：人民出版社，2009，第32页。

策主张就既有别于今日的凯恩斯主义也有别于昔日的新古典主义"。① 这表明，如果不消灭资本主义私有制，工人阶级就不可能从根本上改变自己的社会地位。《宣言》的这一结论直到今天也依然是完全正确的。

第三，随着资本主义分配关系的调整和生活水平的提高，在工人当中出现了"政治冷淡"现象，工人阶级的阶级意识和革命主体意识有淡化倾向。奥尔曼以美国大学中青年学生为例分析道："绝大多数学生，要么现在就是工人，要么来自工人家庭，要么毕业之后会成为工人。然而，由于已经习惯于资本主义条件下的社会生活，他们当中很少有人把自己视为工人阶级的一部分，而能够弄清楚阶级含义的人则更少。"② 可见，"共产党一分钟也不忽略教育工人尽可能明确地意识到资产阶级和无产阶级的敌对的对立"③，《宣言》提出的这一任务在今天尤其具有特别重要的意义。

简言之，工人阶级仍是西方社会革命的承担者（这种革命不一定要采取暴力形式），革命的主体不用再寻找，应该寻找的是增强工人阶级的主体意识的办法和途径。

3. 当前西方工人阶级政党的主要任务

马克思主义创始人非常重视工人阶级的阶级意识问题。他们一方面强调工人阶级的解放是他们自己的事情；另一方面一再强调，工人阶级政党要唤醒工人阶级的阶级意识，使其成为一个自为的阶级。他们明确指出："共产党人的最近目的是和其他一切无产阶级政党的最近目的一样的：使无产阶级形成为阶级，推翻资产阶级的统治，由无产阶级夺取

---

① 〔美〕斯蒂芬·雷斯尼克、理查德·沃尔夫：《经济危机：一种马克思主义的解读》，孙来斌、申海龙译，《国外理论动态》2010年第9期。
② 本刊特约记者：《市场经济、经济危机与社会主义前途——奥尔曼教授访谈》，《国外理论动态》2009年第9期。
③ 马克思、恩格斯：《共产党宣言》，《马克思恩格斯文集》第2卷，北京：人民出版社，2009，第66页。

政权。"① 他们将工人阶级阶级意识的觉醒和增强视为社会主义革命的关键条件,为了促成这一条件以推动工人阶级的解放事业,他们付出了毕生的心血。列宁后来评价说:"马克思和恩格斯对工人阶级的功绩,可以这样简单地来表达:他们教会了工人阶级自我认识和自我意识,用科学代替了幻想。"②

十月革命的胜利,苏联、中国等一批国家社会主义国家的建立,不仅标志着科学社会主义由理论变成现实,而且证明了马克思关于工人阶级阶级意识思想的正确性。应该说,这些国家的生产力发展水平相对落后,工人阶级就人数而言并不占优势,它们能够取得社会主义革命的胜利,除了特定的国际国内形势以外,很重要的一点就在于这些国家的工人阶级政党用马克思主义理论掌握了群众,充分唤醒了工人阶级的阶级意识,激发了人民群众的革命热情。与此形成鲜明对比的是,马克思、恩格斯曾经寄予了厚望的西方发达资本主义国家,在工人阶级人数普遍占优势并曾经出现过革命的客观形势比较有利的情况下,大多数国家至今没有发生工人阶级革命,少数国家发生的工人阶级的起义也很快都失败了,这不能不令人深思。究其原因,除了资产阶级统治力量强大以外,也与工人阶级的阶级意识不强有关。对此,卢卡奇在20世纪20年代就开始了探讨,并得出了至今仍不失其深刻性的结论。卢卡奇认为,无产阶级革命的胜利并非客观必然性自身在脱离无产阶级的阶级意识之外而自发实现的,并非第二国际"经济决定论"所认定的客观经济进化的自然结果,无产阶级的阶级意识是决定无产阶级革命取得胜利的基本前提甚至是关键性因素。他说:"当最后的经济危机击中资本主义时,革命的命运(以及与此相关联的是人类的命运)要取决于无产阶级在意识形态上的成熟程度,即取决于它的阶级意识。"③ 后来的西方马克思主义者

---

① 马克思、恩格斯:《共产党宣言》,《马克思恩格斯文集》第2卷,北京:人民出版社,2009,第44页。
② 列宁:《弗里德里希·恩格斯》,《列宁全集》第2卷,北京:人民出版社,1984,第2页。
③ 〔匈〕卢卡奇:《历史与阶级意识——关于马克思主义辩证法的研究》,杜章智等译,北京:商务印书馆,2009,第134页。

深受卢卡奇阶级意识理论的影响，对当代资本主义社会工人阶级的阶级意识的弱化及其原因做了进一步的分析。例如，马尔库塞认为，发达资本主义社会是一个"无对立面的社会"，在生产劳动方式、物质利益、生活方式、意识形态等方面，工人阶级同资本主义社会已经一体化，因而他们不可能起来反对资产阶级。① 马尔库塞显然夸大了当代资本主义社会的阶级关系的变化，其结论过于悲观，但是他看到了工人阶级革命意识弱化的趋势，这无疑是深刻的。

简言之，工人阶级的解放是工人阶级自己的事情，而要实现工人阶级的解放，首先必须使其成为一个阶级，必须唤醒和增强他们的阶级意识。要唤醒和增强西方工人阶级的阶级意识，需要西方各国工人阶级政党长期不懈的努力。从现实看来，努力的结果和成效在很大程度上取决于以下几个方面的情况。

第一，以马克思主义为指导的西方各国共产党能否真正崛起并扩大其对工人阶级影响力。苏东剧变使社会主义遭受严重挫折，给西方工人运动也造成了严重消极影响，西方各国共产党也因之受到重大冲击，有的宣布解散，有的改弦易辙，共产党员的数量也锐减。近几年情况已有所好转，在西方一些国家，共产党的影响力逐渐恢复，党员的人数也有所增加，但与能够对工人阶级发挥领导作用的地位还有相当大的距离。当然，起决定作用的不是党员的数量，而是党的理论水平和战斗力。"在实践方面，共产党人是各国工人政党中最坚决的、始终起推动作用的部分；在理论方面，他们胜过其余无产阶级群众的地方在于他们了解无产阶级运动的条件、进程和一般结果。"② 西方各国的共产党能否发挥领导工人运动、增强工人阶级的阶级意识的作用，首先取决于它们能否达到《宣言》提出的以上要求。《宣言》为它们指出了不断努力的方向。

---

① 参见〔德〕马尔库塞《单向度的人：发达工业社会意识形态研究》，刘继译，上海：世纪出版集团，2008，第4~11页。
② 马克思、恩格斯：《共产党宣言》，《马克思恩格斯文集》第2卷，北京：人民出版社，2009，第44页。

第二，能否把马克思主义基本原理与本国实际相结合，并提出合乎实际的政策与策略。当代西方资本主义经过几次调整，仍显示出一定的生命力，资产阶级的统治也很稳固。在这样的情况下，如果西方各国共产党只是高喊革命的口号，无疑是不切实际的，对工人阶级也不会有多大的吸引力。目前，它们应将帮助工人阶级争取到更好的经济待遇作为自己的主要任务，围绕这个任务提出一些行之有效的政策与策略，逐渐增强和巩固其对工人阶级的领导地位。当然，它们也不应忘记政治斗争、理论斗争的重要性，力争做到"在当前的运动中同时代表运动的未来"，不能把工人运动停留在或降低到工联主义的水平。同时，要善于团结社会主义运动的同情力量、友好力量，在此过程中不断扩大自己的影响。

第三，能否正确看待工人阶级阶级结构的新变化，并充分发挥工人阶级科学文化素质提高的优势。当代西方工人阶级队伍中蓝领工人比例下降、白领工人比例上升，应该说，这对工人阶级阶级意识的影响是双重的：蓝领工人的减少使得工人阶级对自己受剥削、受压迫的地位认识淡化，革命的积极性、主动性削弱，这是不利的一方面；白领工人的增多及其带动的工人阶级科学文化素质的提高，为促进工人阶级从自在阶级向自为阶级的转变，更加深刻地认识资本主义制度的剥削本质提供了可能，这是有利的一方面。西方各国共产党应该辩证地看待工人阶级阶级结构的变化，并提出应对之策。因此，正确地面对这一变化，制定科学的马克思主义理论宣传策略，不断改进理论宣传的方法，充分发挥工人阶级科学文化素质提高的优势，争取用马克思主义理论吸引、掌握工人阶级尤其是白领阶层，增强他们的阶级意识，这也应是西方各国共产党不断努力的方向。

唤醒并增强西方工人阶级的阶级意识，主要依靠西方各国共产党及工人阶级自己的努力，但是也需要一定的外部条件。现实社会主义国家能否大力发展社会生产力，搞好本国经济社会建设，不断增强社会主义制度的吸引力，就是一个很重要的外部条件，对增强西方工人阶级的阶级意识具有重要的影响。因为，当科学社会主义只是处于理论形态时，它主要依靠其科学理论的巨大逻辑力量来动员工人阶级和广大群众为推翻资本主义而奋斗；当科学社会主义已经开始由理论变成实践时，它主要依靠实践的巨大榜样力量来说服工人阶级，使其确信社会主义比资本主义优越，从而增强他们的阶级意识和革命意识。从这种意义上说，中国等现实社会主义国家在很大程度上代表了社会主义的国际形象，不断推进和发展的中国特色社会主义事业，既是对世界社会主义运动的重大贡献，也是对西方工人阶级解放运动的鼓舞和支持。

当然，西方工人阶级阶级意识、革命意识的唤醒与增强，需要经历相当长的历史过程。工人阶级和人类社会解放的道路将是漫长的，但一切真正关心马克思主义和社会主义前途命运的人却不能不想到这个问题。正如奥尔曼教授指出："虽然这种变化不会在一夜之间发生，但是它正在发生。马克思主义者的作用就是尽其所能，利用一切可以利用的场合，通过教育、组织和政治活动来推动这个过程。"[1]

附录二 "辩证法马克思主义"视野中的阶级意识[2]

伯特尔·奥尔曼是美国纽约大学政治系教授，"辩证法马克思主义"

---

[1] 本刊特约记者：《市场经济、经济危机与社会主义前途——奥尔曼教授访谈》，《国外理论动态》2009年第9期。
[2] 本附录是笔者应编辑之约对伯特尔·奥尔曼有关思想而写的简介，原发表于《中国社会科学报》2014年2月19日域外版（附录于此时个别文字出于整体考虑有所变动）。附录于此，旨在为读者理解奥尔曼教授的有关思想提供一点便利，同时也试图对读者了解国外马克思主义学者关于阶级意识方面的研究提供一个窗口。学术界有一种观点认为，列宁的"灌输论"只对经济文化落后国家才有意义，而对发达资本主义国家的社会主义革命没有意义，因为那里的工人阶级具有较高的文化教育水平，每个人都是独立的、能动的主体，"灌输论"发生作用的前提已不存在。对此观点，我们并不赞同。事实上，在发达资本主义条件下，无产阶级要增强自己的阶级意识，仍然离不开革命理论的"灌输"，只不过对"灌输"的方法、手段有了更高的要求而已。法兰克福学派代表人物马尔库塞认为，发达资本主义社会是一个"无对立面的社会"，工人阶级在生产劳动方式、物质利益、生活方式、意识形态等方面，已经同资本主义社会一体化，因而他们不可能起来反对资产阶级（参见〔德〕马尔库塞《单向度的人》，上海：上海译文出版社，1989，第4~10页）。这一结论过于悲观，却从一个侧面表明了"灌输论"对于发达资本主义条件下无产阶级的意义。伯特尔·奥尔曼教授的研究表明，马克思主义者在研究和增强工人阶级意识方面可以而且应该做很多有意义的工作。

（Dialectical Marxism）流派的旗手。他长期担任纽约地区马克思主义学说研讨会召集人和多家国际左翼学术期刊的编委，现在仍然活跃于美国左翼讲坛和论坛。奥尔曼教授长期关注阶级意识问题，有关代表作有《在美国我们如何及为何研究阶级意识》《如何参加考试和如何改造世界》《社会主义教学法研究》《阶级斗争》等。根据笔者对有关著述的初步阅读，现将"辩证法马克思主义"视野中的阶级意识的若干要点梳理如下。

首先，关于阶级意识研究的意义。研究阶级意识，既是马克思主义的本质要求，也是弥补既有研究缺陷的需要。就第一层意思而言，正如列宁曾经指出："马克思和恩格斯对工人阶级的功绩，可以这样简单地来表达：他们教会了工人阶级自我认识和自我意识，用科学代替了幻想。"[①] 可见，马克思主义的主要任务是唤醒工人阶级的阶级意识。那么，这个任务在当前西方社会还有无实现的可能？马克思主义者如何以自己的研究去促进阶级意识的觉醒？这是必须回应的时代课题。就第二层意思而言，当前很少有马克思主义者研究现实工人的阶级意识。在某种程度上，这要归因于马克思主义者中普遍存在的认识：阶级意识是资本主义经济危机必不可少的副产品；阶级意识只有在政治行动中才能观察得到。抱持这些观点的人，常常将工人对资本家简单的愤怒情绪、工会意识同阶级意识混淆起来。因此，现有研究提供给人们的，通常是一幅难以解释事实的、晦涩难懂的抽象拼图，其中还有若干部分已经遗失。这就要求我们，必须对当代工人的阶级意识进行更加专注而系统的马克思主义研究。

其次，关于阶级意识的研究方法。当前马克思主义关于阶级意识研究的缺乏，部分是由于没有切实可行的方法支撑。马克思主义关于阶级意识的研究材料，在很大程度上来源于非马克思主义研究，而后者在方法上存在很大的局限性。态度调查、公共选择解释、跨文化资料运用等，

---

① 列宁：《弗里德里希·恩格斯》，《列宁全集》第 2 卷，北京：人民出版社，1984，第 2 页。

是非马克思主义偏好的研究方法。其中，态度调查往往简单地向工人提一大堆问题，但这种方法在预测工人阶级意识的大爆发方面显得无能为力。公共选择解释、跨文化资料运用等方法，同样存在这样或那样的局限。有鉴于此，奥尔曼提出了如下方法论原则：研究工人阶级的阶级意识，必须将其与工人阶级的地位联系起来，从客观利益与主观利益的辩证统一中加以把握；必须将其与工人的个体意识联系起来，从群体意识与个体意识的辩证统一中加以把握；必须将其与工人的自身解放过程联系起来，从当前与未来的辩证统一中加以把握。而近距离群体观察、贴近群体去理解、恰当的采访与干预等，则是可以采用的具体方法。

最后，关于阶级意识研究的若干结论。①阶级意识的构成要素包括阶级成员的身份与利益、马克思揭露的资本主义动力系统、阶级斗争的大体轮廓、对本阶级团结的和对敌对阶级的理性的敌意的情感、更加民主平等的社会的美好愿景。②阶级意识是一种群体意识、思维方式和思想内容，并通过各种特殊的阶级形势下个体间以及对立群体间彼此相互影响而发展；它是一种以阶级地位和阶级客观利益为主要参照物的意识，而不在于阶级的个体成员公开的主观利益；它本质上是群体从自身意识开始发展到与其地位相适应的意识的一种过程。③研究工人的阶级意识，既要寻找现实工人思想中不存在的东西，还要寻找其思想中已存在的东西；必须将阶级意识作为一种发展的而不是静止的现象来加以研究。④具有完全阶级意识的工人，在一定程度上投身于一定形式的革命活动；而形成完全阶级意识又必须进行革命活动，但是后者实现的步骤需要制订计划。⑤阶级不仅应该有自己的政党，而且会建立它所需要的政党，阶级为政党做好了准备，政党也与阶级的性质及其发展相适应。⑥当前的资本主义危机为阶级意识研究提供了良好的契机，马克思主义者的作用就是尽其所能去推动工人阶级形成自己的阶级意识。

主要参考文献

1. 《马克思恩格斯选集》第1~4卷，北京：人民出版社，2012。
2. 《马克思恩格斯文集》第1~10卷，北京：人民出版社，2009。
3. 《列宁全集》第1~60卷，北京：人民出版社，1984~1990。
4. 《列宁全集补遗》第1~2卷，北京：人民出版社，2001、2014。
5. 《列宁专题文集：论马克思主义》，北京：人民出版社，2009。
6. 《列宁专题文集：论资本主义》，北京：人民出版社，2009。
7. 《列宁专题文集：论社会主义》，北京：人民出版社，2009。
8. 《列宁专题文集：论辩证唯物主义和历史唯物主义》，北京：人民出版社，2009。
9. 《列宁专题文集：论无产阶级政党》，北京：人民出版社，2009。
10. 《列宁选集》第1~4卷，北京：人民出版社，2012。
11. 《斯大林选集》（上、下卷），北京：人民出版社，1979。
12. 《毛泽东选集》第1~4卷，北京：人民出版社，1991。
13. 《建国以来毛泽东文稿》第7册，北京：中央文献出版社，1992。
14. 《毛泽东文集》第6~8卷，北京：中央文献出版社，1999。
15. 《邓小平文选》第1~3卷，北京：人民出版社，1993、1994。
16. 《江泽民文选》第1~3卷，北京：人民出版社，2006。
17. 江泽民：《论"三个代表"》，北京：中央文献出版社，2001。
18. 《胡锦涛文选》第1~3卷，北京：人民出版社，2016。
19. 胡锦涛：《高举中国特色社会主义伟大旗帜 为夺取全面建设小康社会新胜利而奋斗——在中国共产党第十七次全国代表大会上的报

告》，北京：人民出版社，2007。

20. 胡锦涛：《坚定不移沿着中国特色社会主义道路前进 为全面建成小康社会而奋斗——在中国共产党第十八次全国代表大会上的报告》，北京：人民出版社，2012。

21. 习近平：《在哲学社会科学工作座谈会上的讲话》，北京：人民出版社，2016。

22. 中共中央文献研究室编《习近平关于实现中华民族伟大复兴的中国梦论述摘编》，北京：中央文献出版社，2013。

23. 《习近平谈治国理政》，北京：外文出版社，2014。

24. 中共中央宣传部编《习近平总书记系列重要讲话读本》，北京：学习出版社、人民出版社，2014。

25. 中共中央宣传部编《习近平总书记系列重要讲话读本》，北京：学习出版社、人民出版社，2016。

26. 苏联教育科学院编《马克思恩格斯论教育》（上、下卷），北京：人民教育出版社，1985。

27. 解放社：《马恩列斯思想方法论》，北京：中共中央党校出版社，1983。

28. 温济泽等编《马克思恩格斯列宁斯大林论思想方法和工作方法》，北京：人民出版社，1984。

29. 西南师范学院编选《马克思恩格斯列宁斯大林论德育》，成都：四川人民出版社，1983。

30. 中共中央党校经典著作选编组编《论思想方法和工作方法》，上海：上海人民出版社，1987。

31. 侯惠勤主编《马克思恩格斯列宁斯大林论意识形态》，北京：中国社会科学出版社，2012。

32. 田改伟主编《马克思恩格斯列宁斯大林论民主》，北京：中国社会科学出版社，2015。

33. 吴玉贵主编《马克思恩格斯列宁斯大林论社会形态》，北京：中国社会科学出版社，2012。

34. 中共中央党校经典著作选编组编《列宁论科学社会主义》，北京：中共中央党校出版社，1987。
35. 华东师范大学编辑组编《列宁教育文集》（上、下卷），北京：人民教育出版社，1986。
36. 上海师范大学教育系编《列宁论教育》，北京：人民教育出版社，1979。
37. 华东师范大学教育系编选组编注《斯大林论教育》，北京：人民教育出版社，1984。
38. 中共中央宣传部编《毛泽东邓小平江泽民论思想政治工作》，北京：学习出版社，2000。
39. 中共中央宣传部理论局：《世界社会主义五百年》，北京：学习出版社、党建读物出版社，2014。
40. 中国人民大学马列主义发展史研究所主编《列宁思想史》，上海：上海人民出版社，1988。
41. 许征帆：《时代风云变幻中的马克思主义》，北京：中国人民大学出版社，1996。
42. 靳辉明主编《社会主义历史、理论与现实》，合肥：安徽人民出版社，2000。
43. 庄福龄主编《马克思主义史》第1~4卷，北京：人民出版社，1995、1996。
44. 顾海良主编《马克思主义发展史》，北京：中国人民大学出版社、北京出版社，2015。
45. 江流、徐崇温主编《当代社会主义的若干问题——国际社会主义的历史经验和中国特色社会主义》，重庆：重庆出版社，1997。
46. 梁柱：《穿越历史的伟大起步——毛泽东社会主义时期的两大探索》，北京：高等教育出版社，2014。
47. 沙健孙：《毛泽东思想通论》，北京：人民出版社，2013。
48. 李崇富：《论科学社会主义和中国特色社会主义》，北京：中国社会科学出版社，2015。

49. 马绍孟等主编《列宁哲学的理论和实践》，北京：中国人民大学出版社，1998。

50. 周新城、关雪凌等：《苏联东欧国家的演变及其历史教训》，合肥：安徽人民出版社，2000。

51. 田心铭：《认识的反思》，北京：人民出版社，2000。

52. 刘书林：《论民主社会主义思潮》，北京：高等教育出版社，2004。

53. 张雷声：《资本主义的社会矛盾及其历史走向》，合肥：安徽人民出版社，2000。

54. 张雷声、李玉峰：《为什么要坚持马克思主义》，北京：中国人民大学出版社，2013。

55. 陈学明：《永不消逝的"幽灵"——重读〈共产党宣言〉》，北京：人民出版社，2013。

56. 梅荣政等：《有中国特色社会主义的政治与经济》，济南：山东人民出版社，1997。

57. 梅荣政主编《马克思主义中国化史》，北京：中国社会科学出版社，2010。

58. 罗国杰主编《马克思主义思想政治教育理论基础》，北京：高等教育出版社，1992。

59. 邱伟光、张耀灿主编《思想政治教育学原理》，北京：高等教育出版社，1999。

60. 张耀灿、郑永廷等：《现代思想政治教育学》，北京：人民出版社，2001。

61. 郑永廷主编《毛泽东思想政治教育的理论与实践》，武汉：武汉大学出版社，1993。

62. 郑永廷：《现代思想道德教育理论与方法》，广州：广东高等教育出版社，2000。

63. 黄钊：《三德教育论纲》，武汉：武汉大学出版社，1997。

64. 黄钊：《中国古代德育思想史论》（上、下册），北京：中国社会科学出版社，2011。

65. 宋镜明等：《毛泽东建党科学体系发展史》，武汉：武汉大学出版社，1998。

66. 石云霞主编《马克思主义理论教育思想发展史研究》（上、下册），北京：中国社会科学出版社，2012。

67. 石云霞：《新中国成立以来中国共产党思想理论教育历史研究》，北京：中国社会科学出版社，2007。

68. 石云霞等：《"两课"教学法研究》，武汉：武汉大学出版社，2002。

69. 石云霞等：《当代中国价值观论纲》，武汉：武汉大学出版社，1996。

70. 丁俊萍：《中国共产党解放和发展生产力思想研究》，武汉：武汉大学出版社，1999。

71. 孙居涛：《马克思主义经济理论中国化基本问题》，北京：中国社会科学出版社，2008。

72. 陈秉公：《思想政治教育学原理》，沈阳：辽宁人民出版社，2001。

73. 邱柏生、董雅华：《思想政治教育学新论》，上海：复旦大学出版社，2012。

74. 王炳林主编《思想政治理论课教学方法创新研究》，北京：北京师范大学出版社，2011。

75. 侯惠勤等编著《国外马克思主义意识形态研究著作评析》，北京：中国社会科学出版社，2015。

76. 吴潜涛等：《中国化马克思主义伦理思想研究》，北京：中国人民大学出版社，2015。

77. 秦宣主编《中国特色社会主义史》（上、下卷），北京：高等教育出版社，2009。

78. 刘建军：《马克思主义信仰论》，北京：中国人民大学出版社，1998。

79. 郝立新：《当代中国马克思主义哲学研究走向》，北京：中国人民大学出版社，2012。

80. 艾四林、王明初主编《社会主义主流意识形态与当今中国社会思潮》，北京：人民出版社，2014。

81. 肖贵清等：《中国特色社会主义制度基本问题研究》，北京：人民出版社，2013。
82. 孙熙国等：《马克思主义基本原理前沿问题研究》，合肥：安徽人民出版社，2015。
83. 孙代尧、薛汉伟：《与时俱进的科学社会主义》，合肥：安徽人民出版社，2004。
84. 罗文东、吴波、代金平：《中国特色社会主义理论体系新论》，北京：人民出版社，2008。
85. 韩喜平、吴宏政主编《国家核心价值与公民文化研究》，长春：吉林大学出版社，2010。
86. 张骥：《中国文化安全与意识形态战略》，北京：人民出版社，2010。
87. 俞良早：《经典作家东方学说的当代发展》，北京：人民出版社，2013。
88. 王永贵等：《经济全球化与我国社会主流意识形态建设研究》，北京：人民出版社，2010。
89. 荆学民：《当代中国社会信仰论》，北京：人民出版社，2008。
90. 胡鞍钢等：《知识与发展：21世纪的新追赶战略》，北京：人民出版社，2001。
91. 骆郁廷：《精神动力论》，武汉：武汉大学出版社，2003。
92. 骆郁廷主编《高校思想政治理论课程论》，武汉：武汉大学出版社，2006。
93. 沈壮海：《思想政治教育有效性研究》，武汉：武汉大学出版社，2001。
94. 佘双好等：《当代社会思潮对高校师生的影响及对策研究》，北京：中央编译出版社，2012。
95. 周向军：《精神文明发展规律论》，济南：山东大学出版社，2005.
96. 王树荫主编《中国共产党思想政治教育史》，北京：中国人民大学出版社，2011。
97. 殷叙彝等：《第二国际研究》，北京：中央编译出版社，1998。
98. 李宗禹主编《国外学者论斯大林模式》（上、下卷），北京：中央编译出版社，1995。

99. 陈力丹：《精神交往论：马克思恩格斯的传播观》，北京：中国人民大学出版社，2008。

100. 夏鼎铭编著《马克思恩格斯列宁报刊理论与实践》，上海：复旦大学出版社，1991。

101. 陈之骅主编《勃列日涅夫时期的苏联》，北京：中国社会科学出版社，1998。

102. 郑言实编《列宁反对修正主义、机会主义的斗争》，北京：人民出版社，1963。

103. 叶卫平：《西方"列宁学"研究》，北京：中国人民大学出版社，1991。

104. 陈启能等：《马克思主义史学新探》，北京：社会科学文献出版社，1999。

105. 俞良早：《经典作家东方学说的当代发展》，北京：人民出版社，2013。

106. 俞良早：《列宁主义研究》，南宁：广西人民出版社，1993。

107. 王浦劬主编《政治学基础》，北京：北京大学出版社，1995。

108. 刑广程：《苏联高层决策70年》第1~5册，北京：世界知识出版社，1998。

109. 季正矩：《列宁传》，北京：中共中央党校出版社，1998。

110. 叶林编译《列宁生平事业年表》，上海：上海人民出版社，1987。

111. 赵云献：《马克思主义执政党建设原理》，北京：人民出版社，1998。

112. 李永全：《俄国政党史》，北京：中央编译出版社，1999。

113. 李景治主编《国际共运史学百年》，北京：北京出版社，1999。

114. 俞吾金：《意识形态论》，上海：上海人民出版社，1993。

115. 郑永廷等：《社会主义意识形态发展研究》，北京：人民出版社，2002。

116. 樊浩等：《中国大众意识形态报告》，北京：中国社会科学出版社，2012。

117. 张翼星：《列宁哲学思想的思想命运》，重庆：重庆出版社，1992。

118. 张冀星等：《读懂列宁》，成都：四川人民出版社，2001。
119. 郑异凡：《布哈林论稿》，北京：中央编译出版社，1997。
120. 高放等：《普列汉诺夫评传》，北京：中国人民大学出版社，1985。
121. 姜长斌、左凤荣：《读懂斯大林》，成都：四川人民出版社，2001。
122. 姜长斌主编《斯大林政治评传》，北京：中共中央党校出版社，1997。
123. 左凤荣：《致命的错误——苏联对外战略的演变与影响》，北京：世界知识出版社，2001。
124. 倪愫襄主编《思想政治教育元问题研究》，北京：中国社会科学出版社，2014。
125. 项久雨：《思想政治教育价值论》，北京：中国社会科学出版社，2003。
126. 万美容：《思想政治教育方法发展研究》，北京：中国社会科学出版社，2007。
127. 胡守棻主编《德育原理》，北京：北京师范大学出版社，1989。
128. 黄济：《教育哲学通论》，太原：山西教育出版社，1998。
129. 瞿葆奎主编《苏联教育改革》（上册），北京：人民教育出版社，1993。
130. 叶澜：《教育概论》，北京：人民教育出版社，1991。
131. 南京师范大学教育系编《教育学》，北京：人民教育出版社，1984。
132. 张蔚萍：《新编思想政治工作概论（修订本）》，北京：中共中央党校出版社，1996。
133. 张健：《马克思主义教育思想研究》，北京：教育科学出版社，1989。
134. 檀传宝：《信仰教育与道德教育》，北京：教育科学出版社，1999。
135. 戚万学：《冲突与整合：20世纪西方道德教育理论》，济南：山东教育出版社，1995。
136. 敖带芽：《社会主义意识形态建设：热问题与冷思考》，北京：人民出版社，2011。
137. 杨威：《思想政治教育发生论》，北京：中国社会科学出版社，2009。
138. 中央编译局国际共运史研究室编译《俄国民粹派文选》，北京：人民出版社，1983。

139. 苏联高等和中等专业教育部社会科学教学主管局编《苏联高等院校政治理论课教学大纲》，吴虹滨、赵大伦译，北京：求实出版社，1987。

140. 〔苏〕娜·康·克鲁普斯卡娅等：《回忆列宁》，上海外国语学院列宁著作翻译研究室译，北京：人民出版社，1980。

141. 〔苏〕娜·康·克鲁普斯卡娅：《论列宁》，中央编译局译，北京：人民出版社，1960。

142. 联共（布）中央特设委员会编《联共（布）党史简明教程》，中央编译局译，北京：人民出版社，1975。

143. 〔苏〕马·莫·罗森塔尔主编《哲学家列宁》，沈真等译，北京：北京出版社，1985。

144. 〔苏〕л. и. 祖波克主编《第二国际史》第1卷，刘金质译，北京：人民出版社，1984。

145. 〔俄〕德·安·沃尔科戈诺夫：《斯大林》（上、中、下册），张慕良等译，北京：国际文化出版公司、世界知识出版社，2003。

146. 〔苏〕格·季诺维也夫：《列宁主义：列宁主义研究导论》，郑异凡等译，北京：东方出版社，1989。

147. 〔苏〕凯洛夫：《教育学》，沈颖等译，北京：人民教育出版社，1953。

148. 〔苏〕巴班斯基主编《教育学》，李子卓等译，北京：人民出版社，1986。

149. 〔苏〕托先科等：《共产主义教育概论》，李元立、关怀译，北京：工人出版社，1986。

150. 〔美〕詹姆斯·麦克莱伦：《教育哲学》，宋少云、陈平译，北京：三联书店，1988。

151. 〔奥〕卡尔·考茨基：《考茨基文选》，王学东编，北京：人民出版社，2008。

152. 〔奥〕卡尔·考茨基：《爱尔福特纲领解说》，陈冬野译，北京：三联书店，1963。

153. 〔俄〕普列汉诺夫：《在祖国的一年》，荫庭、杨永译，北京：三联书店，1980。

154. 〔苏〕伊·布拉斯拉夫斯基编《第一国际第二国际历史资料·第二国际》，中国人民大学编译室译，北京：三联书店，1964。

155. 〔苏〕彼·尼·波斯别洛夫主编《苏联共产党历史》第1~2卷，彭卓吾等译，上海：上海人民出版社，1983、1987。

156. 〔俄〕维·戈·阿法纳西耶夫：《〈真理报〉总编辑沉浮录》，贾泽林译，北京：东方出版社，1995。

157. 〔苏〕戈尔巴乔夫等：《未来的社会主义》，中央编译局国际发展与合作研究所编译，北京：中央编译出版社，1994。

158. 〔苏〕戈尔巴乔夫：《改革与新思维》，苏群译，北京：新华出版社，1987。

159. 〔美〕理查德·尼克松：《1999：不战而胜》，谭朝洁等译，北京：中国人民公安大学出版社，1988。

160. 〔法〕莫里斯·迪韦尔热：《政治社会学——政治学要素》，杨祖功、王大东译，北京：东方出版社，2007。

161. 〔德〕雅斯贝尔斯：《时代的精神状况》，王德峰译，上海：上海译文出版社，2008。

162. 〔美〕弗雷德里克·S.西伯特等：《传媒的四种理论》，戴鑫译，北京：中国人民大学出版社，2008。

163. 〔匈〕卢卡奇：《历史与阶级意识——关于马克思主义辩证法的研究》，杜章智等译，北京：商务印书馆，2009。

164. 〔意〕安东尼奥·葛兰西：《狱中札记》，曹雷雨等译，北京：中国社会科学出版社，2000。

165. 〔德〕马尔库塞：《单向度的人：发达工业社会意识形态研究》，刘继译，上海：世纪出版集团，2008。

166. 〔英〕查尔斯·狄更斯：《双城记》，盛世教育西方名著翻译委员会译，上海：世界图书出版公司，2009。

167. 〔德〕克劳塞维茨：《战争论》，张蕾芳译，南京：译林出版社，2012。

168. 〔德〕马克斯·韦伯：《新教伦理与资本主义精神》，苏国勋等译，北京：社会科学文献出版社，2010。

169. 〔苏〕B. B. 姆什韦尼耶拉泽：《政治现实与政治意识》，王浦劬等译，北京：中国社会科学出版社，1990。

170. 〔美〕阿尔文·托夫勒：《权力的转移》，吴迎春、傅凌译，北京：中信出版社，2006。

171. 〔美〕保罗·肯尼迪：《大国的兴衰》，陈景彪等译，北京：国际文化出版公司，2006。

172. Richard D. Wolff, Stephen A. Resnick, *Contending Economic Theories: Neoclassical, Keynesian, and Marxian*, Cambridge: The MIT Press, 2012.

173. Lars T. Lih, *Lenin Rediscovered: What is to be Done? in Context*, Chicago: Haymarket Books, 2008.

174. Carmen Cladin-Urondo, *Marxism and the Cultural Revolution*, Sussex: Harvester Press, 1977.

175. Philip Pomper, *Lenin, Trotsky, and Stalin: The Intelligentsia and Power*, New York: Columbia University Press, 1990.

176. Robert Service, *Lenin: A Biography*, Cambridge: Harvard University Press, 2000.

177. Neil Harding, *Leninism*, N. C.: Duke University Press, 1996.

178. Kevin Anderson, *Lenin, Hegel, and Western Marxism: A Critical Study*, Illinois: University of Illinois Press, 1995.

179. William G. Rosenberg, *Social and Cultural History of the Soviet Union: The Lenin and Stalin Years*, New York: Garland Publisher, 1992.

180. Alain Besancon, *The Intellectual Origins of Leninism*, Oxford: Basil Blackwell, Oxford, 1981.

181. Herbert Marcuse, *Soviet Marxism: A Critical Analysis*, Boston: Beacon Press, 1991.

182. D. Bell, *The End of Ideology*, Cambridge, 1988.

183. Stefan T. Possony, *Lenin: The Compulsive Revolutionary*, Chicago: Henry Regnery Company, 1964.

184. Hall R. T., *Moral Education: A Handbook for Teachers*, Winston Press, Inc, 1979.

185. Karl Korsch, *Marxism and Philosophy*, N. Y. : Monthly Review Press, 1970.

186. I. A. Snook, *Indoctrination and Education*, London and Boston: Routledge & Kegan Paul, 1972.

187. I. A. Snook, *The Evolution of the Concept*, Concepts of Indoctrination: *Philosophical Essays*, Routledge & Kegan Paul, 1972.

188. Terence Copley, *Indoctrination, Education and God: The Struggle for the Mind*, London: Ashford Colour Press, 2005.

189. Harvey Siegel, *Educating Reason: Rationality, Critical Thinking, and Education*, New York and London: Routledge, 1988.

190. Terence Copley, "Non-Indoctrinatory Religious Education in Secular Cultures," *Religious Education*, Jan. -Feb. 2008.

191. Michael S. Merry, "Indoctrination, Moral Instruction, and Nonrational Beliefs: A Place for Autonomy?" *Educational Theory*, Number 4, 2005.

192. Tasos Kazepides, "Religious Indoctrination and Freedom," in Ben Spiecker and Roger Straughan (eds.), *Freedom and Indoctrination in Education: International Perspectives*, London: Cassell, 1991.

193. Ben Spiecker, "Indoctrination: The Suppression of Critical Dispositions," in Ben Spiecker and Roger Straughan (eds.), *Freedom and Indoctrination in Education: International Perspectives*, London: Cassell, 1991.

194. Harvey Siegel, "Indoctrination and Education," in Ben Spiecker and Roger Straughan (eds.), *Freedom and Indoctrination in Education: International Perspectives*, London: Cassell, 1991.

195. Brian Burtt, "Intention is not Enough," *Philosophy of Education*, 2007.

196. James C. Lang, "The Great Indoctrination Re-construction Project: The Discourse on Indoctrination as a Legacy of Liberalism," *Philosophy of Education*, 2007.

197. Suzanne Rosenblith, "Indoctrination Reconceived: Religious Knowledge and Liberal Education," *Philosophy of Education*, 2007.

198. Robert Jay Lifton, "*Thought Reform and the Psychology of Talalism: A Study of 'Brainwashing' in China*," New York: W. W. Norton & Company, Inc., 1961.

199. Michio Nagai, *Education and Indoctrination*, Tokyo: University of Tokyo Press, 1976.

200. Barrow, R. & Woods, R. *An Introduction to Philosophy of Education*, London: Routledge, 1998. 71.

201. Osborne, J. F., "Beyond constructivism," *Science Education*, 1996 (1).

202. Jonassen, D. H., "What is cognitive tools?" in: Kommers P, Jonssen D., Mayes J., (eds.) *Cognitive Tools for Learning*, Berlin: Springer-Verlag Publications, 1992.

203. Alexander Gershenkron, *Economic Backwardness in Historical Perspective*, Boston: Harvard University Press, 1962.

后　记

诚如本书导论所言，在人类文化的思想传播、代际延续活动中，灌输是一种普遍的教育活动。在世界德育思想史乃至整个教育思想史上，"灌输"是一个影响深远同时存在重大争议的概念。我对这个选题的关注和研究，始于1999年本人开始做博士研究生之时。在石云霞教授的指导下，我当时选择了"列宁的马克思主义理论教育思想研究"作为博士学位论文选题。在撰写博士学位论文期间，我逐渐意识到"灌输论"在列宁有关思想中所处的重要地位，但当时限于选题只做了初步涉及。在博士学位论文答辩前后，中国人民大学张雷声教授，武汉大学刘德厚教授、梅荣政教授、孙居涛教授等校内外学界前辈先后提出建议，希望我对"灌输论"展开系统的专门研究。经过认真研究和准备，我于2008年申报并获批了国家社会科学基金项目"列宁的灌输理论及其当代价值研究"（批准号为08BKS001）。应该说，课题获得立项后研究进展顺利，取得了比较丰富的研究成果。需要说明的是，从2008年12月至2009年12月，我利用在纽约大学政治系访学期间的集中时间和有关便利，查阅了大量西方学者的有关研究资料，在对西方灌输概念的历史嬗变、当代阐释及其与马克思主义"灌输论"的比较方面取得了一些突破，有关成果在今天看来也还有一些值得骄傲的亮点。当然，与预期的结题时间相比，我先后两次申请了课题结题延期。个中原因，主要是自己在此期间先后参与了几项重大课题的研究，时间和精力不济。好在有关部门体恤我们的难处，对延期申请都给予了批准。令人感到欣慰的是，课题结项成果终于在2014年上交，并顺利通过了国家社科规划办的结题验收，鉴定等级为"优秀"。

以国家社科基金项目为支撑，我们取得的阶段性成果共有论文21篇。其中，被《新华文摘》转载1篇，人大报刊复印资料转载4篇，《红旗文摘》转摘1篇，CSSCI来源期刊10篇，CSSCI来源期刊扩展版3篇。此外，多次阶段性成果获得较高级别的学术奖励。例如，《"灌输"的双重视界——马克思主义"灌输论"与西方灌输批判理论的话语差异》获全国教育科学优秀研究成果二等奖（教育部颁奖），《灌输理论的历史考察与当代思考》（系列论文）获第八届湖北省社会科学研究优秀成果二等奖（湖北省人民政府颁奖），《西方灌输概念的历史嬗变、当代阐释及其启示》获湖北省优秀期刊论文一等奖（中共湖北省委宣传部颁奖）。此外，课题的应用性成果也获得良好的社会反响，《当前我国面临的西方意识形态挑战及应对》被评为2016年度"优秀理论宣讲报告"（中宣部颁奖，全国共13篇获奖），《当前意识形态重大问题》（主笔）获中共湖北省委书记、省宣传部长等上级领导的肯定性批示。课题组的研究成果也受到了学术界同仁的关注和肯定。中国农业大学李明教授在人民网理论频道发表的《马克思主义：灌输、传播与大众化》中指出："对'灌输论'进行系统梳理和研究的文章近年来很多，但最全面和系统的应该属武汉大学孙来斌教授，他有数篇深入探讨'灌输论'的文章。"之所以将以上"成绩"列举出来，一则是希望引起学界同仁更多的关注、认可，二则是继续为自己加油、打气。长期以来，我在研究列宁有关思想的过程中，既得到过来自各方面的鼓励，也遭遇过"这有什么意义"之类的质疑。在2003年出版的博士学位论文的后记中，我为了强调列宁马克思主义理论教育思想的当代价值，曾借用恩格斯当年评价黑格尔哲学体系时的一段话来自勉："人们只要不是无谓地停留在它们面前，而是深入到大厦里面去，那就会发现无数的珍宝，这些珍宝就是在今天也还保持着充分的价值。"十五年时光逝去，当昔日求知若渴的青年变成满头银发的小老头儿时，我想接着用恩格斯的一段话继续自勉："即使只是在一个单独的历史事例上发展唯物主义的观点，也是一项要求多年冷静钻研的科学工作，因为很明显，在这里只说空话是无济于事的，只有靠大量的、批判地审查过的、充分地掌握了的历史资料，才能解决这样的任务。"令人鼓舞的是，马克思主义理论研究在当下受到了中央高度重视。2016年5月17日，习近平总书记在哲学社会科学工作座谈会上的讲话中指出："马克思主义经典作家眼界广阔、知识丰富，马克思主义理论体系和知识体系博大精深，涉及自然界、人类社会、人类思维各个领域，涉及历史、经济、政治、文化、社会、生态、科技、军事、党建等各个方面，不下大气力、不下苦功夫是难以掌握真谛、融会贯通的。"我认为，对于列宁的灌输理论研究而言，情形也是如此。我们没有理由彷徨与退缩，唯有继续努力前行。

本书的写作完成，离不开各位师友的支持和帮助。

除了前面提到的各位前辈学者以外，我首先要感谢华中师范大学的梅萍教授、武汉大学的杨军教授、武汉科技大学的李玉姣教授等课题组成员。几位友人在课题论证上提供的支持，在我常感精力不济时给予的鼓励，我牢记于心。

其次，要感谢参与课题研究的几位博士的支持。谢成宇、韩露、申海龙在资料搜集和整理方面做了积极的工作，与我合作的几篇论文以附录的形式反映在本书当中。对于几位所做的贡献，我在书中相应部分的注释中都给予了说明。

本书有幸得以正式出版，离不开马克思主义理论与中国实践协同创新中心、社会科学文献出版社的支持，特别是曹义恒博士的大力支持和热情帮助。在此谨表示衷心的感谢。

由于学识有限，本文对列宁有关思想的梳理很可能是挂一漏万，理解也难免存在偏差之处，敬请各位专家、学者批评指正。欢迎读者提出宝贵意见，尤其是批评性意见。您可以不同意我的观点，但您的关注就是对我的支持，我没有任何理由不心存感激。

孙来斌

2017年10月28日于珞珈山

图书在版编目(CIP)数据

列宁的灌输理论及其当代价值/孙来斌著. -- 北京：社会科学文献出版社，2017.12（2025.8 重印）
ISBN 978 - 7 - 5201 - 1795 - 1

Ⅰ.①列⋯ Ⅱ.①孙⋯ Ⅲ.①列宁主义 - 理论研究 Ⅳ.①A82

中国版本图书馆 CIP 数据核字（2017）第 312238 号

列宁的灌输理论及其当代价值

著　　者 / 孙来斌

出 版 人 / 冀祥德
项目统筹 / 曹义恒
责任编辑 / 曹义恒　程　艳
责任印制 / 岳　阳

出　　版 / 社会科学文献出版社·马克思主义分社（010）59367126
　　　　　地址：北京市北三环中路甲29号院华龙大厦　邮编：100029
　　　　　网址：www.ssap.com.cn
发　　行 / 社会科学文献出版社（010）59367028
印　　装 / 唐山玺诚印务有限公司

规　　格 / 开本：787mm × 1092mm　1/16
　　　　　印　张：21.75　字　数：314 千字
版　　次 / 2017 年 12 月第 1 版　2025 年 8 月第 3 次印刷
书　　号 / ISBN 978 - 7 - 5201 - 1795 - 1
定　　价 / 98.00 元

读者服务电话：4008918866

版权所有 翻印必究